Judaísmo, Reflexões e Vivências

Coleção Debates
Dirigida por J. Guinsburg

Equipe de Realização – Edição de Texto: Marcio Honorio de Godoy; Revisão: Iracema A. Oliveira; Produção: Ricardo W. Neves, Sergio Kon, Luiz Hemrique Soares e Raquel Fernandes Abranches.

anatol rosenfeld
JUDAÍSMO, REFLEXÕES E VIVÊNCIAS

Organização e Notas:
Nanci Fernandes

CIP-Brasil. Catalogação-na-Fonte
Sindicato Nacional dos Editores de Livros, RJ

R726j

Rosenfeld, Anatol, 1912-1973
    Judaísmo, reflexões e vivências / Anatol Rosenfeld;
organização e notas Nanci Fernandes. – São Paulo:
Perspectiva, 2012.
    (Debates; 324)

    ISBN 978-85-273-0944-8

    1. Judeus - História. I. Fernandes, Nanci. II. Título.
III. Série.

12-0184.   CDD: 909.04924
             CDU: 94(=411.16)

10.01.12   12.01.12   032519

Direitos reservados à

EDITORA PERSPECTIVA S.A.

Av. Brigadeiro Luís Antônio, 3025
01401-000 São Paulo SP Brasil
Telefax: (11) 3885-8388
www.editoraperspectiva.com.br

2012

AGRADECIMENTO ESPECIAL

Este livro, bem como os demais organizados por mim, teria sido impossível sem a cooperação decisiva do dr. A. Jacob Lafer (in memoriam). Dedico-lhe, portanto, muito especialmente a presente obra com gratidão e afeto.

SUMÁRIO

Apresentação – *Nanci Fernandes*...13

Sobre "Anatol Rosenfeld: O Homem e o Intelectual"
   – *J. Guinsburg* 17

Primeira Parte:

A RELIGIÃO JUDAICA

   Um Drama do Hassidismo: *O Dibuk*,
   de Sch. An-Ski...23

   A Religião Judaica e os Judeus no Mundo................39

   Schabat, Laboratório do Espírito 63

   A Mensagem de Martin Buber à Humanidade........69

   As Raízes Primitivas de Pessakh 75

   O Seder é o Mesmo..79

A Religião Modernista... 83

A Renovação da Sinagoga Após a Guerra,
de Will Herberg.. 89

A Religião dos Judeus sem Religião,
de Rudolf Bienenfeld 97

Religião ou Ética Filosófica?............................. 109

Segunda Parte:
VIDA JUDAICA

Heine ou o "Complexo de Exilado"................... 119

A Metamorfose de Koestler............................... 127

Os Justos e os Violentos:
Exodus e *O Último Justo*................................. 147

A Mulher: Posição-Chave entre a Tradição
e o Futuro 173

A História de Uma Grande Ideia
e de Uma Grande Obra:
50 Anos do American Jewish Committee 181

Conflito entre Indivíduo e Estado:
Os Judeus da Diáspora 191

Condicionamento Social do Judaísmo
Moderno: O Judaísmo em Northrup?............... 197

"A *Torá* não se Sujeita à Votação":
O Rabino Yehuda Meyer Abramovicz
Fala à Imprensa Judaica..................................... 201

Os Primeiros Judeus de Nova York 205

Pluralismo Cultural: Nahum Goldmann............ 211

Ludwig Hollaender: Os Judeus na Diáspora 217

Terceira Parte:

VIVÊNCIA DA IMIGRAÇÃO

A Nova Imigração e o Forasteiro K 225

A Assistência Social Judaica:
Entrevistas e Reflexões. Inicia-se a Grande Reportagem da *Crônica Israelita* 231

Ainda o Problema dos Novos
Imigrantes: Um Desafio à Coletividade Judaica
de São Paulo 267

A Imigração da África do Norte para o Brasil 315

Primeiros Refugiados Judeus da Hungria
Chegam a São Paulo 319

Aumenta a Onda Imigratória:
Declarações dos Responsáveis pelo Trabalho 329

Problemas da Imigração Judaica 333

A Nova Corrente Imigratória 337

A Assistência Social Moderna:
Introdução e Entrevistas 361

Quarta Parte:

CULTURA

O Intercâmbio Cultural entre Brasil e Israel 375

Renascimento de Uma Língua 405

Lasar Segall 415

Arnold Zweig 423

A Epopeia dos Macabeus 427

In Memoriam Max Brod 435

Scholem Asch 439

Focos e Motivos 443

Decadência e Regeneração da Cultura 451

Alocução à Juventude 459

O Moisés de Schiller... e de Cecil B. de Mille 471

Humor Judaico 477

Alfred Hirschberg: O Jornalista Admirado 481

25 Anos de Rolândia 485

Um Mártir Judeu 487

Glossário de Termos e Expressões Hebraicos
e Outros 489

APRESENTAÇÃO

As publicações feitas ao longo destes quase quarenta anos desde a morte de Anatol Rosenfeld atestam a importância e a qualidade do seu trabalho intelectual[1]. Vários foram os caminhos e áreas pelos quais se aventurou a partir de sua chegada ao Brasil, em 1937; sem dúvida alguma, ao olhar retrospectivo é admirável a variedade de temas, áreas

1. Obras publicadas: *Doze Estudos*, São Paulo: Conselho Estadual de Cultura, 1959; *O Teatro Épico*, São Paulo: Desa, 1965 (reeditado pela Perspectiva, 1985); *O Teatro Alemão*, São Paulo: Brasiliense, 1968 (incluído em *História da Literatura e do Teatro Alemães*, citado abaixo) e *Anatol Rosenfeld Off Road*, edição especial Edusp, 2003. Pela editora Perspectiva, de São Paulo: *Texto/Contexto I*, 1976; *Estrutura e Problemas da Obra Literária*, 1976; *Mistificações Literárias: "Os Protocolos dos Sábios de Sião"*, 1976; *Teatro Moderno*, 1977; *O Mito e o Herói no Moderno Teatro Brasileiro*, 1982; *O Pensamento Psicológico*, 1984; *Texto/Contexto II*, 1993; *História da Literatura e do Teatro Alemães*, 1993; *Prismas do Teatro*, 1993; *Letras Germânicas*, 1993; *Negro, Macumba e Futebol*, 1993; *Thomas Mann*, 1994; *Letras e Leituras*, 1994; *Na Cinelândia Paulistana*, 2002; *Cinema: Arte & Indústria*, 2002; *Anatol on the Road*, 2006.

13

e atividades contempladas. Todavia, um aspecto em especial ainda não havia sido ressaltado nas publicações, visto dizer respeito, mais especificamente, ao seu perfil pessoal e formativo: o homem histórico diante da condição religiosa. Como Rosenfeld teve, como base intrínseca na sua formação intelectual, uma visão filosófica, evidentemente tal aspecto viria a pesar sobremaneira tanto na sua vida quanto em suas análises da questão judaica. Essa é a principal motivação deste livro.

Acreditamos que muito há para se examinar com relação a esse aspecto seminal no conjunto de sua obra. De todo modo, ao longo da organização tornou-se impossível, na maioria dos casos, dissociar a judaicidade do autor do seu desejo manifesto de independência frente a vínculos religiosos ou institucionais e de sua condição permanente de franco-atirador intelectual. O pensador forjou para si próprio a efígie resultante da ampla atividade em saberes e pensares que transcenderam os estreitos limites de sua condição de refugiado alemão.

Dentre os imigrantes chegados ao país como refugiados da Segunda Guerra Mundial, nenhum outro assumiu as cores brasileiras como Anatol Rosenfeld. Talvez nenhum outro, igualmente, tenha pensado e analisado, baixo o escrínio desses fatores, as raízes filosófico-religiosas que lhe cimentavam as origens. É sob essa ótica que desejamos mostrar a sutileza do pensamento anatolino. Sem qualquer preocupação cronológica, dividimos os artigos sobre o judaísmo em quatro capítulos. No primeiro, inserimos ensaio específico sobre a tradição judaica, "Um Drama do Hassidismo", e, na maior parte desse capítulo, transcrevemos artigos jornalísticos oriundos de sua colaboração para a *Crônica Israelita* – órgão fundado por Alfred Hirschberg no seio da CIP (Congregação Israelita Paulista) –, desde a fundação desse jornal em 1941. Por sua especificidade, tais artigos envolvem assuntos da colônia judaica de São Paulo, na sua vivência religiosa e no enfrentamento de temas e problemas oriundos da adaptação à realidade brasileira.

14

O segundo capítulo visa, especificamente, a questão da vivência judaica enquanto *modus operandi* numa sociedade aberta e pluralista: levando em consideração não apenas a análise e o questionamento da condição do judeu na diáspora (paradigmático, nesse sentido, é o ensaio "Entre Dois Mundos"), como também todos os problemas e decorrências dessa vivência sob a ótica religiosa específica do judaísmo.

No terceiro capítulo, rico em experiências contadas em várias reportagens pelo jornalista de agudo senso crítico e espectador interessado, focaliza-se um panorama vivo e dinâmico do *ischuv* paulistano, que nos dá a conhecer uma etapa importante da formação e adaptação dos novos imigrantes à realidade brasileira.

Finalmente, no quarto capítulo inserimos trabalhos sobre assuntos variados do campo cultural, que além de abordarem temas específicos de figuras, autores e artistas judeus, nos permitem apreciar a agudeza crítica e analítica do autor no trato dessas questões.

Uma consideração derradeira diz respeito à imbricação, muitas vezes ao cruzamento, do tema fulcral deste livro (o judaísmo) com sua contrafação contínua e recorrente: o preconceito e o racismo. Esses dois aspectos, por questão metodológica, foram agrupados em outra obra, *Preconceito, Racismo e Política: Um Olhar de Anatol*, também inserida na coleção Debates.

Nanci Fernandes[2]

---

2. Normas de edição: Na transcrição dos textos jornalísticos, optou-se pela supressão de nomes e personagens cuja utilidade se fazia sentir no calor da hora do evento jornalístico e da comunicação cotidiana com o público ao qual se destinava mas que, na atual circunstância, perdem seu sentido. Quanto às fontes consultadas, optamos por indicar as mais recorrentes (jornais *Crônica Israelita, Jornal de São Paulo* etc.) simplesmente por suas abreviações, como por exemplo, *Crônica Israelita*: CI; *Jornal de S. Paulo*: JSP.

SOBRE "ANATOL ROSENFELD:
O HOMEM E O INTELECTUAL"[1]

A muitos talvez espante que a figura de Anatol Rosenfeld sirva de tema a um dos eventos da exposição "Judeus em São Paulo: A História de uma Imigração", mas, a meu ver, tratou-se de uma escolha muito acertada, tanto pela pessoa que assim se homenageia, como pelo significado que essa homenagem tem.

Primeiramente porque Anatol Rosenfeld foi um imigrante judeu que aqui se fixou, com ampla participação no processo cultural paulista e brasileiro. E ele o fez enquanto intelectual europeu, mas também como judeu, que em momento algum recusou essa identidade. Isso não apenas porque, sendo de origem judaica, teve de abandonar a Alemanha, na época de ascensão do nazismo, vindo para

1. Depoimento prestado na abertura da exposição Judeus em São Paulo – A História de Uma Imigração, 14 set. 1984.

o Brasil na qualidade de refugiado judeu; ou porque durante toda a sua vida em São Paulo permaneceu associado à Congregação Israelita Paulista, o que é por si só um contexto definidor; ou porque na sua atividade profissional de jornalista militou, anos a fio, na *Crônica Israelita*, em cujas páginas abordou, sob a forma de reportagens, comentários e artigos, um largo leque de tópicos e questões da vida comunitária judaica local e de aspectos que a desbordavam; mas principalmente porque, na sua produção intelectual, encontramos numerosos trabalhos dedicados a importantes temas do judaísmo e que denotam, além de preparo e consciência dos problemas, contínua preocupação e meditação a seu respeito.

Não pretendo fazer um levantamento dessa produção; citarei somente, de passagem, alguns trabalhos que me vêm à lembrança. Por exemplo, a análise que fez de Heine, como escritor judeu-alemão, ensaio que publicou a propósito de minha tradução do *Rabi de Bacherach*, do mesmo autor. Na mesma linha pode-se citar o estudo sobre o hassidismo, estampado por ocasião do aparecimento da tradução do *Dibuk*, de Ans-Ki. Esse trabalho, impresso na *Crônica Israelita*, sob o título de "Uma Pompeia Espiritual", foi depois republicado como introdução ao texto da peça, na reedição da editora Brasiliense e na coletânea *Aspectos do Hassidismo*, do Centro de Estudos Judaicos. Tampouco é possível esquecer o excelente ensaio que serve de estudo introdutório à coletânea de ficcionistas judeus que escreveram em línguas europeias e que figura no livro da coleção Judaica intitulado *Entre Dois Mundos*; os artigos acerca de Martin Buber e Nelly Sachs, que vieram à luz no Suplemento Literário de *O Estado de São Paulo*, bem como o estudo enfeixado no livro *Mistificações Literárias: "Os Protocolos dos Sábios de Sion"*, além de numerosos outros escritos sobre o assunto, que se encontram dispersos em várias publicações periódicas como *Comentário*, *Crônica Israelita*, isso sem mencionar elaborações ficcionais inéditas, em que aborda motivos e figuras da vida judaica no Brasil.

No entanto, se a presença de Anatol Rosenfeld no âmbito judaico é tangível, como se verifica pelo pouco que apresentamos, ela nunca significou uma adesão incondicional, acrítica. Três qualidades, a meu ver, distinguiam a personalidade de Anatol, embora eu não pretenda transformá-lo em vulto emblemático, coisa que o revoltaria do fundo de seu túmulo. Na verdade, esses traços aparecem envoltos em elementos contraditórios, como acontece com tudo o que é humano, mas, ainda assim, são destaques de um retrato: amplitude de conhecimentos; integridade intelectual; e agudeza crítica. Esta última, em especial, chama a atenção pelo papel que exerceu em sua atividade de intelectual e escritor. Foi uma de suas armas preferidas. Manejando-a, com maestria, que o passar do tempo ressalta ainda mais, procurou ver claro, distinguir linhas lógicas e precisas na complexidade das produções culturais de todos os tempos e, em particular, no caos da vida moderna e de suas expressões filosóficas, literárias e artísticas. De uma maneira polida, mas não menos direta, empenhou-se, constantemente, em pôr a nu os produtos das falsas, das más ou das meias compreensões, que envolvem até os cepos mais consagrados e venerados pela tradição ou pelo "oba-oba". Um de seus alvos preferidos foi, não menos, o obscurantismo, o fanatismo, a ilogicidade perigosa de crenças e conceitos erigidos em valores devocionais, divinizados sob a forma de mitologias de irracionalismos desvairados.

Na medida em que os judeus, como todos os grupos, também geram e cultivam tais elementos e, na medida em que, entre os judeus, como entre todos os outros grupos, eles ultrapassassem os limites do tolerável ou de eventuais funções contrabalançadoras, que também possuem, Anatol se lhes opôs e os denunciou, toda vez que chamado à liça por acontecimentos ou situações. Sua atitude, nesse sentido, sempre foi clara e corajosa. Vítima que fora deles e convencido como estava de sua periculosidade, jamais os acobertou. O conhecido dialogismo socrático com que procurava discernir as realidades de seus objetos, não o levaram a transigir nesse ângulo, dividindo o *logos* com aquilo que lhe parecia não tê-lo nem aceitá-lo. Não suportava e combatia decididamente as mitificações e as mistificações que se fazem tão frequentemente em nome destas.

Não admitia que se tomasse um dado emocional associado a um nome como a expressão simples da verdade. Era, pois, inatamente, um desmitificador, e um desmistificador no plano geral da cultura, da literatura, das artes, da religião e da política. Isso, naturalmente, envolvia também os produtos, os acontecimentos e os homens da comunidade específica a que pertencia. Mas tal postura jamais significou, como se pretendeu, uma recusa de filiação, um desconhecimento dos valores e das legítimas aspirações do judeu e muito menos, como se chegou a apregoar, um antijudaísmo. Muito pelo contrário.

Na verdade, a sua própria vida e o seu papel, como professor, crítico e pensador, no mundo brasileiro, são uma prova de quão fecunda pode ser a contribuição do elemento judeu para esta nação, desmistificando mitos e preconceitos longamente acalentados e que encontram sempre cultivadores dispostos a reflorescê-los.

J. Guinsburg

Primeira Parte
A RELIGIÃO JUDAICA

UM DRAMA DO HASSIDISMO:
O DIBUK, DE SCH. AN-SKI[1]

Dibuk é o nome da alma errante de um morto. Em certas circunstâncias, um *dibuk* penetra no corpo de um vivo; "encosta-se" nele, como diriam os espíritas. O *dibuk*, que se manifesta no corpo escolhido com a voz do falecido, constitui-se em grave perigo para o hospedeiro e tem de ser expulso por meio de práticas exorcistas. Essa crença, durante muitos séculos viva em amplas camadas dos guetos judaicos do Leste Europeu, é um dos motivos focais da peça *O Dibuk*, de Sch. An-Ski, certamente uma das mais importantes e belas do teatro judaico. A obra, provavelmente escrita no início da Primeira Guerra Mundial, ficou celebrizada pela companhia teatral Habima, que a encenou,

---

1. Publicado em 1952 na CI, com o título original "*O Dibuk*: Uma Pompeia Espiritual", quando da primeira publicação do texto da peça em português, e republicado como prefácio na 2. edição de 1965 e em *O Dibuk*, São Paulo: Perspectiva, 1988, p. 45-57.

pela primeira vez, em 1922, sob a direção do russo-armênio Vakhtangov, discípulo de Stanislávski.

O clima espiritual em que se situa *O Dibuk* não é o do judaísmo ortodoxo, clássico-rabínico, baseado nos textos canônicos, nem evidentemente o dos ramos liberais e "ilustrados" do judaísmo, surgidos no século XIX, como resultado da Revolução Francesa, do pensamento racionalista do Século das Luzes e da emancipação judaica. O mundo de *O Dibuk* é, bem ao contrário, o do misticismo judaico ou, pelo menos, de uma de suas manifestações mais características – o chamado hassidismo.

* * *

No movimento hassídico exprime-se, em termos religiosos, um veemente protesto social das massas judaicas dos guetos do Leste Europeu, principalmente da Polônia. Chamados originalmente a este país a fim de estimularem a sua vida econômica e constituírem uma espécie de classe ou "estado" intermediário entre os barões feudais e os camponeses, formando um grupo dotado de ampla autonomia comunal, os judeus tornaram-se pouco a pouco uma comunidade minoritária desprotegida, em cujos quadros repercutia, redobrada, qualquer perturbação do mundo-ambiente. Empurrados para ocupações marginais, desprestigiados e odiados, acabaram por servir de para-choque entre as classes superiores e as massas esfaimadas, tornando-se as primeiras e maiores vítimas de todas as revoltas populares.

A deterioração econômico-social das comunidades judaicas, no decurso do século XVIII, suscitada pela situação caótica da Polônia, foi acompanhada de profunda decadência espiritual, principalmente nas zonas onde perseguições sangrentas abalaram toda a estrutura interna do gueto. Diante do empobrecimento comunal, o grande surto demográfico e a dispersão de considerável número de judeus pelas zonas rurais, tornava-se difícil manter o sistema do ensino elementar obrigatório e quase impossível a frequência intensa do ensino superior nas escolas talmúdicas, facilitado em tempos melhores, mesmo a jovens sem recursos. Por mais que se possa criticar a estreiteza e a rigidez desse sistema de ensino, baseado quase por inteiro na *Torá* (a Lei Sagrada) e sua interpretação talmúdica, esse gueto espiritual teve pelo menos o mérito de fortalecer a coesão e firmeza dessa sociedade e de proporcionar aos seus membros a profunda satisfação moral de participarem da coisa pública, definida essencialmente em termos religiosos. Espezinhado pelo mundo-ambiente, o judeu orgulhava-se de ser, dentro do próprio grupo, um ser livre entre seres livres. Fraco como indivíduo, sentia-se forte enquanto membro da comunidade. Os seus interesses espirituais, absorvidos através da *Torá* e da Sinagoga, emolduravam o seu pequeno mundo com horizontes metafísicos amplos, tão estáveis e nítidos como o calendário das festas judaicas. Vivia num "universo explicado", no qual mesmo o mistério tinha um lugar certo e o próprio mal a sua função.

A dissolução dessa estrutura sólida não apenas acentuou as discrepâncias econômicas e sociais; dificultou também a participação espiritual na *res publica* teocrática. O ensino religioso restringiu-se a círculos cada vez menores e a superioridade da elite douta, já em si considerável, cresceu de forma desmedida. Abria-se um verdadeiro abismo entre a *intelligentsia* e o povo. Enquanto a massa embrutecia, a elite se esterilizava na torre de marfim da escolástica talmúdica. Essa alienação entre a pequena camada erudita e a vasta maioria, teve graves efeitos sobre a ordem sagrada, cujo ritualismo minucioso dominava todos os momentos, mesmo da vida profana, e sobre cuja observação os chefes religiosos exerciam severa vigilância. As inúmeras leis do rito perdiam o seu sentido na medida em que a massa se alheava dos fundamentos espirituais da religião e se tornava incapaz de penetrar nos meandros complexos de uma infinidade de usos e práticas impostos pelo rigor dos rabinos. Numa sociedade que girava inteiramente em torno do sagrado, tal situação era desastrosa. Os valores espirituais, fortaleza em que encontravam abrigo e compensação as massas vilipendiadas pelo mundo-ambiente, como que lhes escapavam e se diluíam na rabulice dos rabinos. Marginais e não participantes em relação à sociedade ampla viam extinguir-se também a sua participação nos interesses centrais da própria comunidade. Era como se Deus se afastasse inteiramente deles e como se, perdidos no labirinto inextricável da lei rabínica, se defrontassem com um universo esvaziado de todo sentido. Era o exílio definitivo, a angustiosa situação do estranho no seio da própria comunidade.

É a partir de tal situação que talvez se possa entender o surto extraordinário de um movimento religioso que parecia subverter toda a ordem dos valores espirituais (e, com isso, a da hierarquia social), ao deslocar a ênfase, até então posta na erudição, para a subjetividade do sentimento religioso. A imensa repercussão do hassidismo nas massas populares, quase imediatamente depois da sua fundação por Israel ben Eliezer, chamado o Baal Schem Tov (o rabi do bom nome, do nome propiciador), em meados do século XVIII, decorre em essência dessa renovação do fervor religioso, da valorização mais da fé subjetiva do que dos conteúdos e leis objetivas da religião. Movimento dos humildes e desafortunados, nele se traduz o veemente protesto daqueles que não tinham ócio nem recursos para estudar as minúcias da *Torá* e do *Talmud*. Mas sob a forma religiosa – de que nessa sociedade se revestiram todos os ressentimentos e aspirações – sem dúvida fervilhava um forte impulso social, à semelhança do que se nota em muitos movimentos místicos brasileiros. Jorge Andrade, em *Vereda da Salvação*, ainda recentemente ressaltou esse fato com grande poder dramático. Esse impulso social do hassidismo dirigia-se não somente contra a soberba da elite intelectual, mas também contra as desigualdades em geral e contra as instituições envelhecidas, fato que é acentuado em *O Dibuk*. O povo simples e inculto sentia-se atraído por ideias que, em oposição ao ritual exato dos peritos e especialistas, salientavam o valor incomensurável da prece que brota do fundo da alma dos puros. É a prece fervorosa do *hassid* – do pio e beato autêntico – que estabelece a comunicação e comunhão com Deus.

Havia, nesse ressurgimento de tendências místicas – encaradas com desconfiança pelos expoentes oficiais da religião –, sem dúvida certo desvio da tradição clássica ligada a Maimônides e a uma espécie de escolástica medieval influenciada, nos seus aspectos filosóficos, por Aristóteles. À semelhança dos surtos místicos cristãos, geralmente alheios à escolástica aristotelizante, os *hassidim* hauriam, não diretamente mas por meio da Cabala, certa inspiração dir-se-ia romântica em Platão ou, mais de perto, no neoplatonismo, que por sua vez sofrera influências do gnosticismo judaico de Filo. Entretanto, embora tenha adotado ideias essenciais da teosofia cabalística, o hassidismo diverge fortemente do ascetismo exacerbado de certo tipo pós-ibérico da Cabala, pelo valor que os mesmos hassídicos atribuíam à alegria – ao canto, vinho e dança – e pela exaltação da vida que, em alguns casos extremos, chegou a se revestir de feições orgiásticas, no tocante aos métodos de atingir o êxtase, a *unio mystica*. Havia, embora de forma atenuada, um elemento "dionisíaco" no hassidismo, muito do que os adeptos sem dúvida subscreveriam a palavra do poeta persa Rumi: "Quem conhece o poder da dança, mora em Deus". Esse aspecto, aliás, visível também em *O Dibuk*, foi fixado por Marc Chagall, cuja obra está impregnada de espírito hassídico e que foi escolhido para colaborar na apresentação da peça pelo Habima: apenas por circunstâncias fortuitas deixou de projetar a cenografia da obra. Para o verdadeiro *hassid*, de qualquer modo, a prece só tem valor quando inspirada pelo entusiasmo jubiloso do crente. Mágoas e tristezas "apertam" o espírito. "Entupindo" o coração, impedem o fluir e refluir das forças que pulsam entre os mundos superiores e inferiores, entre as esferas divina e humana.

A aproximação e quase interpenetração dessas esferas dá ao hassidismo forte cunho panteísta e o conduz a uma verdadeira remitização do universo que, em todas as suas parcelas, torna a desbordar de forças divinas. Reaparece, no hassidismo – e encontramos esse motivo em *O Dibuk* –, certo tipo de messianismo cabalístico, a crença de que o exílio da humanidade expulsa do paraíso e a diáspora dos judeus expulsos da Terra Santa representam apenas a repetição do exílio das centelhas divinas, dispersas e soterradas no mundo. "Em todas as coisas há uma fagulha divina", proclama o Baal Schem Tov; e Martin Buber, um dos intérpretes do hassidismo, acrescenta: "A glória de Deus é banida para o desterro secreto, ela jaz agrilhoada no fundo de cada coisa. Mas em cada coisa ela é desatada pelo homem, na medida em que, pela visão e ação, liberta a alma dessa coisa. Assim, a cada homem é dada a capacidade de afetar o destino de Deus pela sua própria vida". Graças ao influxo recíproco existente entre as esferas, o homem pode "salvar" as fagulhas e elevá-las à luz eterna de onde provieram. "O fim da criação do homem é que eleve o mundo à sua raiz, isto é, que o torne, pelo estudo, prece e boa obra, tão glorioso como no primeiro dia, ligando-o de novo a Ele".

Em *O Dibuk* encontramos muitos pensamentos antes característicos da teosofia cabalística – da sua cosmogonia e escatologia – do que do ensinamento dos mestres hassídicos, mais propensos a meditar sobre a psicologia e o *ethos* da vida mística pessoal. No tecido de *O Dibuk* reveste-se de importância decisiva a doutrina teosófica de que o mal (degrau mais baixo do bem) é "o outro lado de Deus" e que mesmo no demônio há uma fagulha divina. Daí o paradoxo de alguns cabalistas terem considerado quase um imperativo moral a queda aos "abismos mais profundos" para elevar essas centelhas caídas à sua raiz divina. É como se a diástole cosmogônica do imenso processo criativo (mercê do qual a divindade se expande e desdobra, e suas emanações, de queda em queda, passam a constituir o mundo empírico e material) tivesse de atingir o ponto escatológico – o abismo mais profundo e mais distanciado do *Ein Sof* (o "Sem Fim", princípio supremo da Cabala) –, para que possa começar a sístole, o retorno das centelhas exiladas, a

28

ressurreição, a volta à "terra prometida". Não faltaram seitas cabalísticas (condenadas como heréticas) que exaltassem o ato pecaminoso capaz de apressar a vinda do Messias. Ainda no hassidismo encontramos ideias semelhantes: em todas as ações humanas há centelhas sagradas, mesmo nos atos pecaminosos. "Quando o homem se arrepende e se penitencia, eleva as fagulhas encerradas no pecado ao mundo superior" (Baal Schem Tov). A ideia cabalística dos influxos mútuos foi ainda intensificada pelo hassidismo. O *tzadik* – o santo e o mestre hassídico – é capaz de influenciar as decisões superiores com força mágica. Nessa comunicação com a esfera divina, o fervor da prece reveste-se de intensidade erótica. O próprio ritmo, o balouçar-se do *hassid*, exprime e favorece as "núpcias espirituais" da oração. Essa é a "noiva que de início é enfeitada de muitos vestidos"; mas quando o piedoso a abraça, "tudo que a cobre é tirado dela", a fim de os corpos poderem "tocar-se".

Os *tzadikim* reuniam em torno de si um círculo de adeptos fiéis, muitas vezes fanáticos, e eram venerados pelas massas populares. Serviam de intermediários entre as esferas – função que não se enquadra nas concepções do judaísmo ortodoxo. O rabino tradicional é, antes de tudo, o erudito comentador das escrituras e o guia espiritual dos fiéis. O *tzadik* é mais. Não comenta apenas a revelação, mas é, ele mesmo, fonte de revelação. Sua atuação não se baseia, como a do rabino, no saber e sim no carisma da sua personalidade. O seu valor religioso decorre da sua própria existência, do seu ser total, da sua presença psicofísica. "Aprendi *Torá*, o ensinamento divino, com todos os membros físicos do meu mestre", declara um *hassid*. No entanto, nem sequer se trata de aprender *Torá* graças à simples presença física do iluminado. Basta abrir-se à sua irradiação mágica. "Não fui ver o *Maguid* (famoso pregador ambulante) para com ele aprender *Torá*, mas a fim de ver como laça os cordões de seus sapatos". A subjetivação dos valores religiosos, a ênfase posta na vivência pessoal, vão a tal ponto que o antitradicionalismo se torna tradicional: "Por que não vives segundo a maneira de teu mestre?", pergunta-se a um *hassid*. "Ao contrário", responde. "Sigo-o com rigor; da mesma forma como ele abandonou seu mestre, abandonei--o eu por minha vez". Paradoxalmente, essa doutrina dirigida para o subjetivismo da fé individual, cuja essência não pode ser ensinada, criou um grande movimento de massas ansiosas de ensinamento. É o paradoxo de Kierkegaard, referente ao mestre cuja doutrina segundo a qual não se deve admitir discípulos atrai numerosos discípulos desejosos de difundirem essa doutrina. Há, no hassidismo, um sutil humor religioso que, por vezes, se assemelha àquele de Kafka.

O exposto mostra que, se o *tzadik* é intermediário, não substituía, pelo menos na fase sadia e criativa do movimento, o empenho ardente e a intenção sagrada dos seus fiéis. Apenas lhes facilitava o diálogo com Deus, libertando neles a força e o entusiasmo da prece fervorosa. Somente na fase da decadência e corrupção do movimento, no decurso do século XIX, o *tzadik* se impõe cada vez mais como intermediário mecânico e mágico entre Deus e as massas, atraindo, pela sua oração, a graça divina e tendo, por isso, direito a gordas recompensas. Todavia, é preciso reconhecer que o perigo do "baixo" hassidismo estava inerente desde o início ao movimento. O próprio Baal Schem Tov já exercia atividade de curandeiro, fazendo uso de passes, amuletos e talismãs.

Entretanto, na sua grande fase, o hassidismo tornou-se fonte de uma espantosa produtividade religiosa. Os famosos *tzadikin* costumavam narrar aos seus discípulos pequenos contos ou parábolas ou estes relatavam as façanhas dos seus mestres. Essas historietas e anedotas legendárias testemunham, no seu conteúdo muitas vezes paradoxal, o pensamento e a vida místicos dos santos hassídicos. A palavra não tem aí valor meramente literário. Ela é "verbo", *logos*, é espírito e ação, e transmite o acontecimento "fatualmente" às gerações futuras. O narrar é o próprio acontecer e tem o valor carismático de um ato sagrado. O verbo genuíno reveste-se ainda do seu sentido mítico-mágico primevo, ele é – é de fato –, e não apenas representa a coisa. Nele se manifesta a luz divina que, impregnando todos os atos do *tzadik*, jorra também do seu verbo. Pediu-se a um rabi, cujo avô fora discípulo do Baal Schem Tov, que narrasse um conto. "Um conto", responde o rabi, "deve ser narrado de modo a se transformar em auxílio". E narrou:

Meu avô era aleijado. Certa vez pediu-se-lhe que narrasse um caso de seu mestre. Então ele narrou como o santo Baal Schem Tov costumava saltar e dançar enquanto rezava. Meu avô estava de pé, parado, e narrava e a narração empolgou-o de tal modo que, embora aleijado, se pôs, ele mesmo, a saltar e dançar para demonstrar como o fizera o mestre. Desde aquela hora estava curado. É assim que se deve narrar uma história.

Observa-se o afastamento temporal, quase mítico, do acontecido: pede-se um conto a um rabi, cujo avô fora discípulo do santo; o narrador narra o que outrem narrou de alguém que narrara uma façanha de outrem… O processo lembra a maneira de como Platão dá realce dir-se-ia mítico a um diálogo. Também em *O Dibuk* se narram contos assim.

Os contos hassídicos representam um dos mais preciosos tesouros da literatura religiosa judaica e universal. Neles vive o espírito do hassidismo – espírito ao mesmo tempo ingênuo, sagaz e profundo. Entretanto, através da encantadora e humilde simplicidade dessas anedotas lendárias transparecem pensamentos e atitudes milenares, muitas vezes contraditórios, mas fundidos no calor de uma ardente vivência mística. A irrupção do hassidismo em pleno século XVIII, século da Ilustração, de Voltaire, Hume e Kant, de Diderot e Lessing, é, ao mesmo tempo, anacrônica e magnificente, na sua síntese de ideias e anelos remotos que ligam o hassidismo à grande tradição da revolta contra o pensamento e os dogmas tradicionais de cunho oficial. Revolta de um mundo quase sempre subterrâneo, arcaico e misterioso, antirracionalista e anticientífico, mas que ainda assim faz parte da totalidade do espírito ocidental. Movimentos semelhantes desempenharam papel importante no mundo cristão, alcançando também relevo no Brasil. O seu fervor e autenticidade, frequentemente dispersos e malbaratados entre seitas estranhas, às vezes absurdas, às vezes confusas e mesmo perigosas, constituem, quando filtrados e canalizados em função de valores objetivos, uma fonte de renovações e renascimentos, manancial inesgotável de energias espirituais.

* * *

Todo esse mundo remoto revive com força avassaladora e primitiva na "lenda dramática" *O Dibuk*, magicamente invocado pela arte de An-Ski que, na carinhosa tradução portuguesa de Jacó Guinsburg, conserva toda a sua pujança. Conquanto ainda existam, espalhados pelo mundo, grupos hassídicos, trata-se de certo modo da "escavação de uma Pompeia espiritual". No entanto, seria injustiça se considerássemos An-Ski apenas colecionador folclorístico ou um arqueólogo do hassidismo. Sem dúvida percorreu amplas regiões do leste europeu para recolher o material folclórico dos grupos judaicos ali radicados. Antes de tudo, porém, é um poeta de grande força de evocação. Por mais que se tenha identificado com o mundo hassídico e participado da sua experiência vivida de mística e magia, o poeta ultrapassou o particular e pitoresco para alcançar o universalmente humano.

Seria fácil mostrar que faltam à peça muitas das qualidades que se costumam exigir de uma grande obra teatral. Não há construção dramática rigorosa, a exposição é lenta e pesada, o diálogo carece, em largos trechos, de dramaticidade e o elemento narrativo, destinado a situar o ambiente social e espiritual acima exposto, sufoca com frequência a ação, sem que o autor se tenha dado conta da problemática formal manifesta no forte cunho narrativo da sua "lenda dramática". Desse modo, nem sempre consegue evitar a impressão de que expõe material folclórico a um público "esclarecido" e moderno, que precisa ser posto a par dos costumes de um mundo remoto.

Tudo isso, porém, pouco ou nada significa em face da sua extraordinária capacidade de comunicar o clima espiritual e emocional do hassidismo e de traduzir em poesia a situação humana e social do gueto. O mundo hassídico, por si só, contém tanta riqueza de sugestões, transborda de tamanha força coletiva, que só precisava de um porta-voz adequado para que resultasse em uma obra-prima. A sua arte se manifesta sobretudo na seleção e estilização, pois a matéria literária já lhe veio das lendas e parábolas hassídicas e da sociedade do gueto, com seu folclore de incomparável beleza, com suas figuras de *tzadikim*, *rabinos*, *hassidim*, *balebatim*, *batlonim*, cuja situação e função social nos são explicadas pelas notas de Jacó Guinsburg. Acresce a aura espiritual em que An-Ski soube envolver esse mundo – aura inerente mais ao folclore do que à própria realidade social. Essa realidade encontra-se transfigurada na obra, através de um processo de depuração que, no entanto, não parece deformar os traços essenciais. Poder-se-ia dizer que o autor deu um verdadeiro banho de beleza àquele mundo – banho certamente necessário. Daí a sensação de inominável pureza que se tem ao apreciar *O Dibuk*.

Essa pureza manifesta-se de modo particular na figura de Lea e no seu amor por Hanã, o cabalista. Hanã une-se "aos entes das trevas" e recorre a práticas de magia negra para vencer a resistência do pai da amada, o rico *Reb* Sender que, desprezando o pobre cabalista, pretende casar a filha com um moço de "boa família" (isto é, família rica), apesar de romper, assim, com a palavra dada ao falecido pai de Hanã. Enquanto isso, o jovem asceta sucumbe aos próprios feitiços. É "atingido" pelas forças malignas, morrendo no momento em que se vê a amada coagida a se casar com outrem. Morto, penetra como *dibuk* no corpo da amada, que enlouquece. É uma variação de um tema universal. Do amor-paixão fatal, tornado destrutivo pelos obstáculos que lhe impedem a realização. Romeu e Julieta no gueto. Porém, que distância entre o esplendor sensual e a barroca efusividade da linguagem de Shakespeare e a reserva casta e cheia de reticências de

An-Ski, que mais sugere do que expõe a paixão. No decurso da peça, o jovem Hanã – enquanto vivo – só tem um único encontro com Lea e, mesmo nessa ocasião, só a vê de longe, na sinagoga. Apenas através de gestos é sugerida a paixão que lhes abrasa os corações. Não fica bem "a uma moça falar com um rapaz estranho", diz Lea à sua companheira, e "acaricia e beija a cortina", que é "tão terna e melancólica". Abraça também a *Torá* e "oprime o rolo contra os lábios, beijando-o apaixonadamente", enquanto Hanã a observa à distância. A mistura de volúpia e pureza, nessa cena, é de infinita beleza no palco. É preciso saber que, na concepção mística, a *Torá* não é apenas a lei, fria e seca, feita de palavras e sentenças, mas a encarnação vivente da sabedoria divina. Dela emanam raios que pulsam na harmonia cósmica e que fazem dançar as nuvens, impelindo a luz e a relva a se abraçar aos beijos. Porém, mesmo àqueles que nada souberem dessas particularidades, mesmo àqueles que não se ativerem aos aspectos peculiares do folclore e do hassidismo, sem dúvida revelar-se-á a força poética desse amor, cuja eternidade é selada por sagrado acordo dos pais e que não pode ser desfeito pelo rompimento da promessa por parte de Sender.

Na esfera espiritual da peça, não se estranha que Hanã exponha toda uma teoria "rasputiniana" da santidade do pecado, conforme os preceitos cabalísticos já expostos. "Tudo o que Deus criou tem uma centelha de santidade". O pecado é obra de Satã, mas "quem criou Satã?" Deus, também. "Satã é o nome do outro lado de Deus. E, por ser um lado de Deus, Satã contém em si, necessariamente, santidade" (pensamento que é também básico no *Fausto*, de Goethe: Deus toca o órgão enquanto o demônio move os foles). O maior pecado não será desejar uma mulher? Mas, "quando esse pecado se purifica na chama de um fogo intenso, a mais negra mácula se transforma na mais pura santidade… Torna-se Cântico dos Cânticos"[2]. O pecado é superado e elevado ao reino divino.

2. *O Dibuk*, p. 79.

34

Considera-se em geral *O Dibuk* como uma glorificação do hassidismo. Com efeito, An-Ski soube valorizar certos aspectos daquele movimento, particularmente a beleza dos seus contos lendários. Contudo não se pode deixar de reconhecer os traços de crítica social contidos na peça; crítica que atinge não apenas a sociedade do gueto com seus ricaços sovinas e com seus pobretões e beatos pacientes e inertes, sem outra profissão que a de rezar, mas também o próprio misticismo enquanto, invertendo a rebeldia inicial, passa a fornecer motivos de evasão do mundo real, motivos tendentes a justificar uma vida paralisada, ociosa e indolente que se esgota na exaltação da emotividade religiosa.

A figura do pai de Lea, comerciante rico que causa a desgraça dos namorados, não passa do estereótipo tradicional, maravilhosamente expresso na parábola do "*hassid* opulento e sovina" que, olhando através da janela para a rua, vê gente andando, mas, olhando o espelho, vê apenas a si mesmo, pois "a janela é de vidro e o espelho também é de vidro. Mas o vidro do espelho é um pouco prateado e, uma vez que é prateado, deixa-se de ver gente e se começa a enxergar apenas a si próprio"[3].

Todavia, muito mais importante do que essa crítica explícita é o fato de que o *tzadik* – empenhado em esconjurar o *dibuk* – fracassa com toda a sua magia; já não é um dos grandes *tzadikim*, mas um sucessor fraco que duvida da sua própria força. Ainda que triunfe sobre o *dibuk*, expulsando-o do corpo de Lea, graças aos seus exorcismos, não consegue vencer o amor "transformado na mais pura santidade"; não consegue desfazer o laço da paixão e não tem o poder para impor o noivo escolhido pelo pai de quem o *tzadik*, afinal, se torna cúmplice involuntário. No malogro do *tzadik* fracassa toda uma sociedade, com os seus padrões envelhecidos que não dão margem à paixão terrena, à escolha individual e à personalidade autônoma da mulher. E o expoente do hassidismo fracassa

---

3. Idem. p. 86.

diante da intervenção da transcendência representada pelo misterioso "mensageiro", personagem central da peça. Essa encarnação do profeta Elias é o verdadeiro intermediário entre as esferas mais altas e esse mundo de aparências. É, no fundo, o mensageiro quem provoca o desenlace do drama ao sugerir a Lea o mecanismo da loucura – se é admissível uma interpretação psicológica que reduz o *dibuk* real da lenda a uma projeção psíquica de Lea, "possessa" pela alma do seu namorado morto. Ao narrar a Lea a lenda do *dibuk*, o mensageiro dá-lhe, por assim dizer, a mão, ajudando-a a fugir para a doença e a morte e a unir a sua alma misticamente à do amado. É essa intervenção mais alta que restabelece o equilíbrio, ao unir, para toda a eternidade, aquilo que foi dissolvido no mundo terreno pelo cálculo mesquinho.

A figura do mensageiro e intermediário – espécie de Hermes judaico, psicagogo que guia as almas para o outro mundo – faz parte do mito universal. Ela aparece também na obra *José e seus Irmãos*, de Thomas Mann, com a mesma função que lhe cabe em *O Dibuk*. Guia José para a desgraça, para a "queda" no poço, que é o início da sua ressurreição, como a queda dos namorados na loucura e no pecado da magia negra é o começo da sua redenção.

> Por que, por que
> do cimo, das alturas
> caiu a alma
> no mais profundo dos abismos?
> A queda, em si mesma,
> contém a ressurreição...[4]

Este canto, com o qual se inicia e encerra *O Dibuk*, e que poderia constar também no *Fausto*, de Goethe, projeta o drama de Lea e Hanã contra um imenso fundo cósmico. Através da sua queda e redenção, mercê do que se elevam as

4. Idem, p. 67.

centelhas desterradas à sua raiz divina, transparece o plano metafísico universal.

Pondo de lado a exaltação do amor, tema fundamental da obra, *O Dibuk* é, em última análise, um enaltecimento dos aspectos positivos do hassidismo e uma crítica aos elementos que se impuseram na fase de sua decadência. Não é uma tragédia: num mundo em que todos os males se resolvem segundo os desígnios do plano cósmico superior, estabelecido por uma divindade onipotente e de suma bondade, não pode haver tragédia. Ainda assim, o drama tem o efeito catártico que Aristóteles exige da tragédia. Toda grande arte tem efeito purificador e libertador. Mensageira também e intermediária alada entre as esferas, a arte, com a sua "magia branca", exorciza e esconjura os *dibukim* e demônios que povoam a nossa mente.

A RELIGIÃO JUDAICA E OS JUDEUS NO MUNDO

O Professor Ernst Simon em São Paulo[1]

A semana que o professor dr. Ernst Simon passou entre nós certamente será lembrada por muitos durante muito tempo. Entre todas as personalidades eminentes que já nos vieram visitar de Israel, foi ele sem dúvida uma das mais destacadas. As conferências que muitos dentre nós tiveram a oportunidade de ouvir, apesar de terem sido de divulgação, testemunharam sempre o excepcional nível intelectual e a imensa erudição do conferencista. Sem que se pudesse chamá-las de "populares", no sentido menos recomendável do termo, permaneceram sempre acessíveis a círculos amplos, em virtude da brilhante capacidade didática do grande pedagogo.

---

1. CI 16 ago. 1958.

Homem de conhecimentos ubíquos pôde ora abordar nos debates, com sagacidade filológica, uma nuança talmúdica, para logo depois discorrer sobre certas peculiaridades da *Odisseia* de Homero ou sobre a técnica mágica dos povos primitivos. Os detalhes mais minúsculos do ritual judaico não têm segredos para ele, tampouco a filosofia de Kant ou Maimônides. E se alguém o desafiar no campo da física moderna, é perfeitamente capaz de responder à altura. É incrível com que agilidade mental se move nesses e em outros campos do saber humano. Apesar dos seus quase sessenta nos, mantém-se alerta durante horas a fio, anota o teor das réplicas e não perde o bom humor, mesmo ante objeções que se referem a tudo, menos ao tema. Traço característico é a alegria quase juvenil que sente pela expressão plástica, exata, burilada. A sua linguagem é um modelo de sobriedade, finura, correção e graça estilística. Por vezes transborda de uma verdadeira volúpia pela palavra elegante, pelo torneio requintado da frase e jamais descamba para a eloquência barata dos "tribunos" que buscam efeitos fáceis.

É evidente que se podem fazer objeções e levantar dúvidas acerca de certas teses do professor Simon. Poderíamos facilmente enumerar pontos em que divergimos dele, em que encontramos mesmo argumentos pouco concludentes, ou em que não nos parece que as ideias apresentadas tenham correspondido aos últimos avanços da ciência em determinado campo. Porém, tais momentos de divergência são da própria essência do movimento espiritual. Onde há espírito, há contestações e embate de ideias. O próprio professor Simon – que é um educador e não um propagandista – seria o último a desejar um auditório passivo, mole e "entreguista"; seria o último a admitir que fosse considerado um "monstro sagrado", intocável, mero objeto de sensacionalismo para aqueles que se interessam muito mais pela celebridade dos nomes (o que faz o esnobe) do que pela profundeza da exposição. Esperamos que não seja por ele ser "astro" (pois também isso ele é), mas pelo que disse, pela maneira por que o disse, esperamos que seja por isso que ele provocou uma verdadeira efervescência espiritual na CIP – um fervilhar de ideias e iniciativas que certamente dará os seus frutos, pelo menos entre aqueles que, mais que os nomes, apreciam os temas e os problemas.

Entrevista Coletiva à Imprensa Judaica

A 29 de junho, o dr. Ernst Simon concedeu uma entrevista coletiva à imprensa judaica de São Paulo, tendo sido apresentado pelo dr. Alfred Hirschberg.

O teor de sua exposição, pontilhada, aliás, de perguntas e respostas, concentrou-se sobre os problemas criados pela imigração dos judeus orientais. Donos de uma cultura judaica tradicional, encontram-se contudo num estágio de atraso com referência à civilização ocidental; bem ao contrário dos recentes imigrantes do Leste Europeu que, esvaziados do legado judaico pelo comunismo, são típicos expoentes da mentalidade europeia. Dirigiu-se o professor Simon contra aqueles que querem aculturar os judeus orientais, por assim dizer, a golpes de machado. Considera tal assimilação relâmpago perigosíssima, já que arrancaria as crianças (dos pais nem se fala) da continuidade tradicional, sem que se pudesse garantir-lhes, em compensação, um verdadeiro ajustamento ao novo ambiente, em tempo igualmente breve. Ficariam, por assim dizer, no ar. Nesse campo, perder tempo é ganhar tempo.

O dr. Simon é adepto decidido da aculturação lenta, embora não desconheça os múltiplos problemas que daí hão de surgir. Nas escolas, por exemplo, é preciso tomar em conta o seu atraso – com relação à mentalidade ocidental – dando-lhes notas superiores ao seu aproveitamento real, a fim de não colocar as crianças orientais em posição de inferioridade, frente aos outros alunos. De um modo geral, pode-se dizer que a primeira geração ainda se encontra no estágio do pensamento mágico (primitivismo que não é apenas atraso, mas que tem os seus próprios valores); na segunda geração, entram na fase do pensamento concreto, imaginoso (do qual muito poderiam aprender os ocidentais); somente na terceira geração pode-se esperar que surja a capacidade de os judeus orientais começarem a pensar segundo os moldes abstratos do raciocínio ocidental avançado.

Prediz o professor Simon que, nesse campo, haverá ainda muitas decepções. E não suprimiu por inteiro o receio de que esses elementos orientais, por ora concentrados nas profissões pouco prestigiadas, logo se vejam etiquetados devido à sua visibilidade (a cor morena) como um grupo incapaz de ascender na escala social. Não admitiu, porém, que se pudesse formar em Israel um verdadeiro "preconceito de cor", já que tudo vem sendo feito para evitar tais consequências e para facilitar-lhes a integração completa e a adaptação à mentalidade dominante.

As Conferências na CIP: "Tradição e Tarefas no Futuro"

Um dia antes da entrevista, o professor Simon falara na CIP sobre o tema: "Israel e os Judeus do Mundo" – conferência cujo resumo será reproduzido no próximo número da *Crônica*.

A 29 de julho, orientando uma "Arbeitsgemeinschaft" (reunião de debates), apresentou uma introdução relativamente breve sobre o tema "Tradição e Tarefas do Futuro", ocasião em que foi apresentado pelo dr. Alfred Hirschberg que, citando Martin Buber, disse que uma *Gemeinschaft* (comunidade) se constitui onde haja um centro – centro esse representando, no caso, pelo dr. Simon.

Iniciando sua exposição, o dr. Simon declarou que nega ligar-se ao conceito da tradição como passado e a tomar o futuro como falta de tradição. "Eu defendo", disse:

uma tradição prenhe de futuro e um futuro prenhe de tradição. É verdade, no entanto, que Israel é ameaçado pelo perigo de um futuro sem tradição, ao passo que a Diáspora enfrente a ameaça de uma tradição sem futuro. Quando, por exemplo, se canta em Israel uma canção que diz: "Temos um Amanhã, não temos um Ontem", considero isso sumamente perigoso. Mas na Diáspora ocorre

42

precisamente o contrário. Aqui os judeus prosseguem arrastando as tradições atrás de si, nutrindo-se, por assim dizer, de um estoque antiquado de alcaides. As tradições, aqui, se transformam muitas vezes em peças de museu: pede-se o favor de não tocar nos objetos, os quais, aliás, se encontram fechados em vitrinas. Eis aí uma tradição sem futuro. Por isso, é indispensável a cooperação entre o país e o povo de Israel e os judeus da Diáspora.

Há, em toda tradição, elementos negativos e outros positivos. A juventude naturalmente se dirige contra a tradição, visto ela pretender que é com ela que se inicia uma nova tradição.

Citando o *Fausto* de Goethe, o conferencista deu em seguida uma fina interpretação da atitude juvenil: para o jovem, o mundo se inicia com ele mesmo. A crise se manifesta quando descobre que o mundo já existiu antes dele e que já havia, antes de ele surgir, um legado com que é preciso se defrontar. Em seguida, o conferencista analisa minuciosamente o conceito judaico da tradição, segundo a *Mischná*. Moisés *recebeu* a verdade do Sinai, *transmitindo-a* aos outros que, então, a *transmitiram* de geração a geração, enquanto ao mesmo tempo a enriqueciam. Assim também se entendeu a si mesma a tradição mística da Cabala, que significa igualmente *receber algo*, mas que se sabe ao mesmo tempo em movimento, reunindo o antigo e o novo (*Altneues*). Mesmo as revoluções internas, portanto, se entendem como tradição baseada naquilo que foi "recebido".

Prosseguindo na interpretação da *Mischná*, o conferencista salienta que nela não se menciona o sacerdote como portador da tradição, pelo fato de ele se ligar somente à tradição no sentido de passado. Menciona-se, ao contrário, o tipo do professor: esse, sim, é verdadeiro representante da tradição porque a sua é uma tradição que, ao mesmo tempo, aponta para o futuro. A tradição judaica é, pois, um *processo*, nunca um *estado*. O sacerdotismo, contudo, é um estado. O que importa, pois, não é cuidar de uma tradição morta, mas de pô-la em movimento, transmiti-la e, ao mesmo tempo, enriquecê-la e modificá-la, mantendo sempre a continuidade.

Ao problema da tradição liga-se intimamente o da interpretação da *Bíblia*. Apresentando uma "opinião heterodoxa", o conferencista define a *Bíblia* como uma obra que, não sendo inteiramente de Deus, tampouco é inteiramente humana. É uma espécie de palimpsesto em que, sobre os textos antigos e originais, sobrepõem-se textos mais recentes. A reconstituição do texto é difícil e as interpretações significam também "transinterpretações" e versões sempre renovadas, tanto mais possíveis visto o texto original ser quase ilegível. Maimônides, por exemplo, já foi um grande "tradutor", fornecendo agudas transinterpretações. Tais "traduções" devem ser duplas: para trás e para diante, de retorno e de avanço. Temos de traduzir a *Bíblia*, cada vez de novo, para as novas gerações. Se ela é eterna, ela suportará essas transformações. Mas ao mesmo tempo temos de reinterpretá-la, em busca da origem divina. Não se deve perder o texto original, pois que é a partir dele que ouvimos o eco da voz divina na sua própria origem. Assim, temos de estudar o texto com desvelo, confrontando-o sempre com as nossas tarefas futuras, pondo aquele e estas constantemente em referência.

Os debates foram introduzidos pelo dr. Alfred Hirschberg, desenvolvendo-se com vivacidade e caracterizando-se pela intervenção de numerosos contestantes.

"De que Modo Educar os Nossos Filhos como Judeus?"

A 30 de julho, introduzido pelo sr. Hans Borger, o professor Simon pronunciou uma conferência sobre o tema: "De que Modo Educar os Nossos Filhos como Judeus?". Disse o conferencista que uma comunidade morre quando já não tem a vontade de viver e não procura continuar nos filhos. Pois a vontade de viver manifesta-se sobretudo no anseio de continuar nos filhos. Infelizmente, o moderno judeu assimilado perdeu o *know how*, os métodos para sobreviver nos filhos como judeu. Não lhe falta a vontade, faltam-lhe os métodos.

Antes de tudo, porém, é preciso saber o que é ser judeu para poder pensar nos métodos destinados a continuar judeu. Não basta sermos judeus – na Diáspora – que vivem em duas culturas colocadas uma ao lado da outra, a judaica e a do povo-hospedeiro. Nesse caso, o judeu da Diáspora não pode resistir à pressão da "grande sociedade", da sociedade-ambiente. Se quer continuar judeu na Diáspora, somente tem chances seguindo a fórmula "centro e periferia": o judaísmo tem de ser centro, fonte de energia e foco de forças plasmadoras. Nesse caso, a cultura-ambiente pode exercer sua pressão: ela será assimilada segundo os nossos próprios padrões (e não nós a ela) e tomará a cor judaica. Se o judaísmo, porém, for apenas uma peça ao lado de outra, a assimilação desagregadora se tornará inevitável, visto que nesse caso a outra cultura forçosamente se imporá com maior energia plasmadora.

Para dar ao judaísmo toda a sua força centralizadora, o passo essencial é a santificação do cotidiano. A vida judaica na sua plenitude é o cotidiano sagrado. Casa, escola, sinagoga e todas as esferas da vida: negócios, política, educação e recreação – nada deveria escapar a essa santificação, como muito bem disse o Rav Cook. Nenhuma esfera deveria existir que, isolada, se subtraia a essa judaização. Em Israel, tal processo, de uma ou de outra forma, é um processo natural. Mas na Diáspora, é mister fazer um esforço especial para manter o máximo da nossa realidade e da nossa vida dentro desse foco judaico.

O esforço para alcançar isso deveria iniciar-se com a criação de um instituto capaz de aconselhar e educar os pais antes de surgirem os filhos. Deve haver uma espécie de "Mother Gardens Clinic" judaica, dirigida por uma psicóloga judia inteligente, apta a ser uma espécie de guia para as futuras mães judias. Essencial é a *casa judaica*, pelo menos *na medida do possível*. Nenhum totalitarismo judaico deve ser imposto – pois que o tudo não leva a nada. Nessa casa judaica deve reinar um *ritmo* judaico que pulse no compasso do Schabat e das festas judaicas. A partir do Schabat é preciso reconquistar o dia comum. Indispensável é a diferenciação judaica através das leis alimentícias. Pois a comida é parte importante da santificação do dia comum. Uma pessoa que come sem dizer a bênção, alimenta-se como se roubasse algo do Santuário. A *brakhá* é indispensável: assim, os filhos de Deus reconhecem Deus como doador do pão.

Importante é que os próprios pais levem seu judaísmo a sério. Não podem ensinar nada a seus filhos, pela instrução direta, se estes não aprendem as coisas principalmente de forma casual e inconsciente pela simples atmosfera judaica da casa. As crianças aprendem, antes de tudo, aquilo que veem fazer os pais *autenticamente* para si mesmos (e não como demonstração para os filhos). Elas sentem a autenticidade dos atos paternos. Sem essa *teschuvá*, sem essa seriedade religiosa, pouco pode ser feito, em face do olhar crítico das crianças.

Outro ponto importante é a insistência em fazer o bem – virtude judaica que se mantém vigorosa até os nossos dias. Que as crianças façam o bem! Que contribuam com parte do seu dinheiro para fins escolhidos por elas mesmas! Que se tornem parceiros ativos do bem que os próprios pais costumam fazer! No que se refere à educação escolar, o conferencista prefere pessoalmente a escola judaica integral, embora reconheça que ela, da mesma forma como a escola religiosa complementar, tem, ao lado das vantagens, sérias desvantagens. De qualquer modo, porém, um núcleo de jovens deveria ser educado na escola integral para que não falte uma liderança judaica espiritual. Deve haver representantes judaicos capazes de dirigir a comunidade não só em assuntos externos e sim também em assuntos internos; bem diversos, portanto, dos judeus periféricos centro-europeus, geralmente capazes de representar a coletividade externamente, incapazes, porém, de dirigi-la ao mesmo tempo internamente.

"A vossa congregação", disse o conferencista, "passará maus bocados se não tiverdes na próxima geração judeus com reais conhecimentos judaicos". Quanto mais liberal é uma casa, tanto mais importante se torna a escola integral.

Reconheceu o conferencista, contudo, que no tocante à maioria prevalecerá a escola religiosa complementar. Tanto mais importante é cuidar de que não se trata de uma espécie de escola domingueira de duas aulas semanais. Deve haver no mínimo de três a quatro aulas por semana. Nesse caso, é preciso tomar uma resolução. Certo, as crianças estão sobrecarregadas. Deve-se então decidir se vão aprender a dançar ou a ser judeus (simbolicamente falando). Não se pode ter tudo. É preciso escolher o que mais importa. A nossa vida consiste em decisões dessa espécie. Dentro de uma infinidade de possibilidades (quando somos crianças), vai-se definindo o nosso caminho pela escolha dentro de um número cada vez menor de possibilidades que vão restando. É assim o caminho da maturação.

Após essa exemplificação existencialista, o professor Simon insistiu em que isso também se refere às moças. Também estas devem adquirir sua maioridade religiosa através da *Bat-mitzvá*. O preparo para esse momento sublime e esse próprio momento – tempo decisivo para a formação judaica da criança – infelizmente costuma ser malbaratado com ostentações de brilho social, sem valor, superficialidade automática para uma atitude completamente vazia em face das coisas mais séries. Somente depois de Bar- e Bat-mitzvá, quando para a maioria se encerra o ensino religioso, vem o período crítico. Muitas vezes, ocorre então – na idade entre 14 e 16 anos – que todos os esforços resultem em vão. Se nesse período as ideias centrais não girarem em torno do judaísmo, então os filhos judeus não se tornarão pais judeus. Nessa fase crítica da puberdade, a assistência humana e judaica que os pais puderem dar aos filhos será ao mesmo tempo um exame de maturidade para os próprios pais. Pois que até então, acompanhando os filhos, os pais deverão ter desenvolvido o seu próprio judaísmo, ao ponto de poderem ser-lhes conselheiros e amigos nas horas críticas. Os pais devem, pois, aprender juntamente com os filhos.

Temos de nos transformar de intelectuais que são judeus (se formos intelectuais) em judeus intelectuais. Precisamente os mais bem dotados são rebeldes e muitas vezes abandonam o judaísmo. Há um rol tremendo de baixas no povo judeu, por falta de uma educação adequada dos adultos, ministrada *depois* do ensino religioso para as crianças. A educação para os adultos é parte integral da formação geral. Precisamente na crise há possibilidades de educar também os adultos que, no máximo, admitem precisar de um pouco de instrução, mas nunca de educação. A crise abre o ser humano à comunicação. É verdade, a crise exterior passou, mas a crise íntima nunca cessa. Podemos e devemos desejá-la. O judaísmo significa não estar nunca seguro, estar sempre exposto. Assim, estando em crise (crise íntima), o adulto pode ajudar os filhos quando passam por sua crise específica.

O professor Simon destacou depois a necessidade de aprender a língua hebraica e pôs em relevo o papel do Mahon. Somente através do conhecimento do hebraico, Israel poderá prestar a plenitude da sua contribuição para responder as perguntas que nos assediam. Exaltou o conferencista também a *aliá* que, de qualquer modo, irá levar só poucos jovens. Porém, estes representarão um laço importante com Israel: a Diáspora se torna mais forte através da *aliá*. A língua hebraica é a chave para os tesouros do judaísmo – chave perdida na Diáspora e reencontrada pela criação do Estado judeu.

A reunião encerrou-se com palavras de agradecimento do sr. Hans Borger e movimentados debates que demonstraram o grande interesse despertado pelo tema e pela exposição do conferencista.

Israel e os Judeus do Mundo[2]

No último número da *Crônica*, foi reproduzido o teor da 2ª e 3ª conferências do prof. Ernst Simon. O repórter infelizmente não pôde assistir à 1ª conferência. Por isso, apoiou-se, no resumo que segue, numa cópia escrita, baseada na

---

2. CI 31 ago. 1958.

gravação da conferência – gravação que, aliás, não teve oportunidade de ouvir. A cópia é, por ora, fragmentária, eivada de trechos desconexos, lacunas, omissões e erros, provavelmente devido a falhas de gravação, já que o conferencista raramente falou em direção do microfone. Pedimos por isso aos leitores que desculpem se apresentamos um resumo falho, omisso de trechos provavelmente importantes. Acreditamos, no entanto, que será possível reconstituir o texto exato pela cuidadosa interpretação da gravação.

O prof. Simon, abordando o tema "Israel e os Judeus do Mundo", apresentou inicialmente as seis posições que sobressaem face a esse problema:

1. O ponto de vista defendido de forma radical por A. Koestler: uma vez criado o Estado de Israel, o judeu da Diáspora já não precisa ser judeu e pode assimilar-se completamente, de boa consciência, já que a pecha de fraqueza moral ligada ao afastamento do judaísmo deixou de existir. Normalizado o povo judeu através da existência do Estado de Israel, os que querem permanecer judeus podem ir a Israel, ao passo que os outros, desejosos de permanecerem fora dele, podem tranquilamente assimilar-se. O judaísmo da Diáspora forçosamente desaparecerá.

2. O ponto de vista contrário é o dos Neturei Karta[3]. Dizem eles: pode-se ser judeu em toda parte se se vive segundo a *Torá*. Se o judaísmo é a *Torá* – como acredita em essência o conferencista –, ele certamente independe do lugar em que se cumprem as leis da *Torá*. Eis um ponto de vista anti-israeli e antissionista extremo.

3. David Ben-Gurion chega por vezes a opiniões semelhantes às de Koestler, embora partindo da posição exatamente contrária. Também ele acha que a Diáspora é fadada ao ocaso e à decadência, pelo menos a longo prazo. O sionismo só existe verdadeiramente para quem estiver pronto

---

3. Seita judaica ultrarreligiosa ortodoxa que, à espera do Messias, não reconhece o Estado de Israel.

para ir a Israel, visto ser absurdo falar hoje de *Galut* e Diáspora, uma vez que estas deixaram de ter caráter inevitável. Como pode um judeu julgar-se no exílio se está nas suas mãos pôr fim a esse exílio que, na realidade, deixou de ser um exílio no momento em que se tornou uma ausência voluntária? Daí a palavra de Ben-Gurion: "Se vós vos chamais de sionistas, eu não sou sionista!"

4. O ponto de vista de Nahum Goldmann, presidente da Organização Sionista Mundial, é naturalmente de compromisso: é verdade, a Diáspora não é lá o ideal – a longo prazo Ben-Gurion talvez tenha razão –, mas o que nos preocupa é a atualidade. Durante as próximas gerações, a estrutura do povo judeu permanecerá mais ou menos a atual. Diante disso, há dois objetivos principais: a permissão de os judeus russos emigrarem para Israel e a paz árabe-israeli. Quanto ao resto, temos que fazer o possível na Diáspora para fortalecer as relações com Israel. Não adianta dizer ao doente que ele vai morrer. Isso pode ser extremamente prejudicial. O pior seria fazer pouco do sionismo e preferir os não sionistas, só por estes atuarem hoje em favor de Israel: isso significaria punir os sionistas pelo seu passado e compensar os não sionistas pela sua atitude atual. É preciso dar novos estímulos à Diáspora, transformando-a de mero instrumento pró-israeli em aliada de Israel.

5. O rabino americano Kaplan (*Reconstructionism*) considera igualmente superada a terminologia de *Galut*, pois ninguém permanece voluntariamente naquilo que se chama *Galut*. Se permanecem é porque ela deixou de ser para eles o *Galut*. O judeu da Diáspora vive em duas civilizações: na judaica e na do mundo-ambiente. À civilização judaica pertence, como centro integral, o Estado de Israel. Quem não conhece isso, abandona seu judaísmo. Além disso, porém, vive na civilização do povo hospedeiro. Assim, ser judeu na Diáspora significa aceitar a tensão de uma vida em duas civilizações – tensão difícil, mas também fecunda.

6. O último ponto de vista, aliás defendido por poucos, particularmente por Simon Rabinovitch, dirige-se contra

a opinião de que Israel seja "o" centro. O povo judeu não tem um só centro e sim uma multiplicidade de focos, todos eles de valor igual. Israel não é o centro e a Diáspora não é periferia. Onde vivem judeus (de forma intensa, autêntica), ali há povo judeu; também em Israel, claro está.

Eis as seis ideologias essenciais a respeito do nosso problema.

Pessoalmente, disse o sr. Simon, confesso minha simpatia pela concepção de Ahad Haam (quando bem interpretada), a qual considerava, prosseguiu ele, Israel como centro espiritual capaz de solucionar não a questão judaica, mas a questão do judaísmo; não a dos judeus e das comunidades judaicas individuais, mas a da entidade judaica (*Judentum*), e isso seja pela concentração do espírito judaico em Israel, país transformado em fonte de energias espirituais, apto a fecundar a vida judaica cultural em toda parte. Isso naturalmente pressupõe que Israel se torne também um centro político e social, pois o espírito não é fabricado no vácuo. Porém, o efeito desse centro territorial seria antes de tudo espiritual, pressuposto que ali se realize realmente valioso trabalho cultural.

Esse efeito sobre a Diáspora, no entanto, exige maior compreensão da Diáspora por parte de Israel. Infelizmente, é muito difícil fazer com que as novas gerações israelis compreendam o direito de um judeu viver na Diáspora. Seria perigoso se surgisse na juventude israeli um complexo de superioridade face a um complexo de inferioridade dos judeus da Diáspora, aos quais se diz constantemente que não prestam.

Israel foi edificado por dois tipos de *aliá*: um, de caráter individual, abrangendo personalidades ou pequenos grupos tão ardentemente judeus que não suportaram viver fora de Israel. Fizeram a *aliá* não forçados, mas de próprio impulso. O outro tipo abrange as grandes massas que, sempre, emigram sob a pressão do mundo-ambiente, coagidos por perseguições ou por outras circunstâncias prementes. Ambas as migrações são importantes para Israel. Pois o país não pode ser reconstruído sem as massas, nem sem

51

os indivíduos idealistas que chegam de livre vontade. Infelizmente, o número destes últimos é muito pequeno, razão pela qual a influência da Diáspora avançada é muito pequena em Israel. Pois são esses os elementos que mais poderiam beneficiar Israel, imprimindo-lhe uma democratização interna e dando-lhe consciência dos problemas religiosos, visto que precisamente esses elementos vêm de países em que tiveram oportunidade de conhecer de perto a verdadeira democracia e a liberdade de pensamento. Desgraçadamente, a maioria dos judeus israelis (as massas coagidas) veio de países em que a democracia era desconhecida (Rússia czarista ou bolchevista, Polônia de Pilsudski, Estados norte-africanos, semifeudais). De onde, então, viria o espírito que haveria de inculcar nas formas democráticas de Israel o verdadeiro espírito democrático?

Precisamente os elementos voluntários, familiarizados com todos os problemas, hesitações e dúvidas do judeu culto da Diáspora, poderiam ser de grande benefício, também em outros terrenos – o religioso, por exemplo – por combaterem o enrijecimento em esquemas e contribuírem para a fluidificação da mentalidade, graças à sua qualidade de fermento e à sua maneira de verem o judaísmo ainda como problema.

Em conexão com isso, o prof. Simon reconheceu que é necessário dar nova formação aos *schelikhim*. Estes não devem dizer: "Vós enfrentais um novo Hitler e novas catástrofes!" Se isso fosse verdade, as consequências seriam igualmente desastrosas para Israel, que só pode existir num mundo livre. É péssimo esse tipo de propaganda psicológica; ao mesmo tempo, os *schelikhim* devem ser donos de qualidades didáticas excelentes; não devem solapar as bases religiosas da Diáspora, mesmo se forem ateus. E devem conhecer a língua, cultura e história do país em que pretendem atuar.

O povo judeu é uma comunidade forjada pelo destino, mas ao mesmo tempo uma comunidade voluntária da qual cada um de nós pode separar-se. O rol das "baixas" é grande. A nação judaica é um "plebiscito cotidiano". Fazer parte de Israel é, pois, uma decisão permanente e nem o israeli é livre desse plebiscito cotidiano. A essência daquilo que vós aqui chamais sionismo é o amor ao país de Israel e o sionismo em Israel deve ser: o amor ao povo israelita, onde quer que viva.

Religião, Filosofia, Ciência:
A Quarta e Última Conferência do Professor Ernst Simon[4]

A 30 de julho, o professor dr. Ernst Simon falou sobre o tema "Religião, Filosofia, Ciência", afirmando que teria sido esta a sucessão histórica em que tais manifestações espirituais surgiram entre todos os povos. Tal sucessão foi, evidentemente, muito bem demonstrada pelo conferencista no caso da Grécia antiga. No que se refere ao povo judeu, reconheceu que a filosofia surgiu com muita tardança e, mesmo assim, apenas em virtude de necessidades apologéticas, devido a disputas com o mundo "exterior". Assim, a filosofia judaica era, quase sempre, reflexo de movimentos filosóficos externos, iniciando-se com Filo – em fricção com o mundo grego –, continuando com Saadia, em fricção com o mundo árabe da primeira fase, e com Maimônides, igualmente em atrito com o mundo árabe, mas da fase tardia (por sua vez dependente da filosofia grega). Mais recentemente teve novo surto com Cohen (baseado na filosofia alemã, particularmente em Kant) e com Kaplan (em disputa com o pragmatismo americano de James e Dewey). Spinoza evidentemente não foi mencionado porque, por mais que se queira, não se pode considerá-lo filósofo "judaico".

Finalmente, com enorme atraso, surgiu o que o conferencista chamou de *Juedische Wissenschaft*, a "ciência judaica", expressão que nos permitimos chamar de equívoca, já que se trata de ciência do judaísmo e não de ciência judaica. Essa ciência inicia-se com a biografia – tendência em si alheia ao judaísmo clássico, que preferiu em geral o anonimato dos seus expoentes.

4. CI 15 set. 1958.

No entanto, prosseguiu o conferencista, se historicamente o início foi a religião, ao passo que a ciência ia surgindo somente em fases tardias, afigura-se exatamente inversa a situação do judeu de hoje: ao judeu moderno afigura-se mais próxima e imediata a ciência, já que todos nós vivemos num mundo, por assim dizer, carregado de ciência. Somente em segundo lugar apresentam-se os problemas da filosofia, sendo o acesso a eles, para nós, já mais difícil. Muito mais difícil, no entanto, é hoje o caminho que conduz à religião, esfera que, atualmente, se apresenta como a mais remota e menos familiar para o judeu moderno, embora tenha sido a mais próxima e mais natural para o judeu antigo.

Em seguida, na parte sistemática, o professor Simon procurou definir a essência das três esferas. A *ciência* parte de um problema teórico, levantando uma pergunta. Por exemplo: por que e como cai esta caneta? Propõe-se, em seguida, uma hipótese de trabalho, seguindo-se depois a observação pela qual visa verificar se a hipótese é acertada. Fazem-se experimentos, na suposição de que, repetidas nas mesmas condições, levem aos mesmos resultados. Graças a esse procedimento, chega-se a verificar regularidades, à base das quais se formulam generalizações provisórias, leis, que constatam que, em determinadas condições, resultam consequências tais e tais. Fato essencial é o constante re-exame dos problemas, acompanhado da dúvida permanente. Assim, chega-se a resultados cada vez mais exatos.

No que se refere à *filosofia*, cristaliza-se, conforme o sr. Simon, em três tipos principais: como metafísica; como metodologia, crítica do conhecimento (epistemologia), exame das bases do nosso conhecimento e dos limites da nossa razão; e finalmente como empenho e apelo existenciais.

Na metafísica indaga-se da essência do Universo, do Ser em geral. Ela pode ser de tendência religiosa, mas não o é necessariamente. Há teorias não religiosas sobre o Ser em geral. Se, pois, a metafísica não é necessariamente religiosa, a religião, contudo, é necessariamente metafísica, não é necessariamente religiosa a recriada, em essência, por Kant (embora os problemas respectivos tenham sido abordados bem anteriormente). Hoje, não se pode filosofar seriamente sem pelo menos tomar em conta as proposições de Kant. Este devolveu ao homem a sua posição central, como portador da razão que "impõe" à natureza as leis, tornando o mundo inteligível através da organização conceitual do caos das experiências. As perguntas básicas de Kant são estas: O que posso saber? O que devo fazer? O que posso esperar? O que é o homem? O homem não pode saber tudo (como verifica Kant através da sua análise crítica). A razão tem de impor a si mesma limites. Em compensação, podemos postular ideias como as de Deus, Liberdade, Imortalidade – ideias que, contudo, têm apenas valor regulador (não constitutivo), já que não caem no campo da existência e, portanto, não podem ser provadas.

O terceiro tipo de filosofia, a existencial (exemplificado de início radicalmente por Kierkegaard), considera a verdade não como uma proposição lógica, mas como um viver apaixonado. A verdade não é provada, mas vivida na provação e realizada no empenho fervoroso pela meta visada. A verdade não é uma fórmula objetiva, um juízo abstrato, mas a atuação decidida que compromete toda a nossa existência.

A *religião*, finalmente, apresenta-se nas suas fases mais primitivas, como magia – espécie de ciência e técnica rudimentares. Certos rituais e fórmulas, minuciosamente repetidos, têm sempre as mesmas consequências, conjurando os espíritos (ou os demônios) que garantem o domínio sobre as coisas, produzindo, por exemplo, a chuva ou uma boa colheita. Mais tarde, a religião, ou parte dela, passa a ser uma espécie de metafísica, isto é, ela interpreta o mundo em geral.

Finalmente, ela se manifesta como religião existencial, religião do empenho pessoal. A isso correspondem três tipos humanos que se desenvolvem nos quadros da religião: 1. o feiticeiro, mago e sacerdote; 2. o sábio e pensador; 3. principalmente, o profeta.

Todas as três fases se manifestam no judaísmo, a mágica, porém, é combatida: o nome não deve ser pronunciamento (o seu pronunciamento é parte essencial do formulário mágico) e a prece é depurada dos elementos mágicos que porventura lhe são impostos.

Mais tarde, acrescenta-se o elemento metafísico, na forma de uma filosofia narrada e assistemática: filosofia que leva a sério o fator tempo que, em toda filosofia sistemática da Europa, é eliminado (acrescentamos que o fator tempo é essencial na moderna filosofia existencialista: veja-se o título da obra principal de Heidegger: *Ser e Tempo*).

A religião judaica, contudo, é principalmente religião realizadora, existencial. Esse caráter se condensa na lei, na profecia e na ênfase social. O tipo profético, em essência, é aquele que nunca deixa de aferir a realidade inferior face à realidade superior de uma verdade que deve ser posta à prova pela provação. A sua atitude é a da crítica permanente da realidade empírica, a aferição constante daquilo que é, face àquilo que deve ser. O tipo legalista (*Halakhá*) é outra figuração do princípio fundamental de uma religião realizadora. Se o profeta é o homem da vocação pessoal, o homem da lei é aquele que ouve o apelo dirigido ao povo inteiro. A profecia é individual, a lealdade à lei tende a impor-se coletivamente. Ela implica silenciosa e humilde transmissão da tradição, a lealdade coletiva na provação de um povo inteiro. Ao lado do profeta são necessários aqueles que conservam os patriarcas, os juízes – tipos bem mais humildes que o do profeta, mas nem por isso menos importantes. E há ainda o tipo de homem dedicado à realização social, aquele que reside em meio dos homens, que constrói, edifica e auxilia. Os tipos acima mencionados não podem deixar de abarcar também este. Não existe profeta ou patriarca sem amor atuante ao homem. Mas, evidentemente, não há nada mais difícil e raro do que a reunião de todos os três tipos numa só personalidade.

Todos os três tipos totalizam a religião judaica, cujo serviço é, essencialmente, obediência ao mandamento divino. Os dez mandamentos são a utopia eterna do judaísmo. Medimos segundo eles a sociedade ideal. Esta será uma sociedade em que todos os homens e todos os povos poderão cumprir os dez mandamentos. Uma sociedade em que os homens não se verão forçados, pelas circunstâncias sociais, a transgredir os mandamentos divinos.

Algumas Observações Críticas à Margem da Última Conferência

Quer nos parecer que parte da última conferência do prof. Simon, aliás tão brilhante como as outras, é particularmente suscetível de provocar críticas. Poderíamos reduzir tais críticas (que naturalmente são apenas as do repórter) a três ou quatro pontos:

1. A sucessão de religião, filosofia e ciência é autóctone, genuína, somente na Grécia antiga. A maioria dos outros povos chegou somente até a religião e, no máximo, até a filosofia. Isso inclui também o povo judeu.

2. A filosofia judaica, de resto, não é autóctone e genuína, como foi reconhecido pelo próprio conferencista. Surgiu à base da filosofia de outros povos, procurando, mediante a conceituação dela, interpretar e racionalizar a religião judaica para fins apologéticos.

3. Não existe uma "ciência judaica", é evidente, pois existe uma só ciência universal, ainda que trazendo por vezes características de cunho nacional. As bases dessa ciência foram lançadas pelos gregos antigos e somente por eles (pois os conhecimentos dos egípcios e dos povos da Ásia Menor eram dados puramente casuais e com fins práticos). Mais tarde, a partir do Renascimento (ao diminuir a influência da religião), os povos ocidentais continuaram a desenvolver os inícios científicos gregos, superando-os e, em parte, invertendo-lhe o método. Portanto, a sucessão mencionada aplica-se ao povo judeu somente de um modo impróprio. Não existe uma ciência especificamente judaica. O que existe é a ciência do judaísmo. Esta usa os métodos científicos elaborados pelo Ocidente; a única coisa judaica

nessa ciência é o objeto, o campo de pesquisas. O especificamente científico, no entanto, é o método ocidental. Por maior que tenha sido o número de grandes cientistas judeus, como povo os judeus não foram criativos nesse terreno.

4. O porquê desse fato é fácil de se explicar: povo essencialmente criativo no campo da religião, entregou-se de corpo e alma à *autoridade* que emana da revelação divina, ao texto que apenas podia ser explicado, comentado e interpretado. A ciência (e filosofia), bem ao contrário, não reconhece nenhuma autoridade. É da própria essência do espírito filosófico-científico derrubar e refazer constantemente o seu edifício. Esse *ethos* da eterna busca, que nunca se satisfaz e constantemente se renova, não admitindo que a verdade se tenha manifestado num passado remoto, já que se fia no progresso infinito do futuro: esse *ethos*, por insatisfatório que possa parecer a muitos, é a glória da ciência.

Há, dessa forma, um legítimo conflito entre o espírito religioso, baseado na autoridade, e o espírito filosófico-científico, negador de toda autoridade. Conflito que, se não se manifesta necessariamente entre religião e ciência, cujo campo de problemas raramente coincide (e quando coincide, a religião bate em retirada ou busca ajustar-se), manifesta-se tanto mais entre religião e filosofia, já que parte desta (a metafísica) aborda os mesmos problemas daquela. Infelizmente, o prof. Simon deixou de entrar no mérito dessa questão: analisou cada qual dos três itens por si, sucessivamente, sem referi-los um ao outro e sem mostrar os pontos de atrito entre o espírito religioso e o espírito filosófico-científico.

Não diremos que se trata de um conflito irreconciliável. Tem havido épocas ou sistemas de acomodação entre religião e filosofia. Geralmente, porém, ou foi a filosofia que sofreu as consequências ou a religião.

As tentativas judaicas mais recentes, nesse terreno, parte de Martin Buber e de certos pensadores norte-americanos com tendência "existencialista". Parece que foi nessa direção fecunda (embora de modo algum satisfatória) que também se orientou o pensamento do prof. Ernst Simon, que assim mostrou mais uma vez a intensa participação e a grande atualidade das suas concepções, emanações de um espírito ágil e penetrante e de uma personalidade humanista de singular encanto.

Homenagem ao Prof. Ernst Simon, por Motivo de seu 60º Aniversário: Evocando a Lembrança[5]

É ainda viva a lembrança da estada de Ernst Simon entre nós que é quase escusado evocá-la. Quem dentre aqueles que o ouviram falar poderia esquecer o grande professor e conferencista, o encanto da sua palavra sagaz, elegante e equilibrada; a sua agilidade mental, a serenidade sorridente da sua maneira de expor e debater e, ao mesmo tempo, o profundo *páthos* que se nutre, em todos os instantes, do seu apaixonado *eros* pedagógico? Quem olvidaria tudo isso? No entanto, a impressão exercida pela sua personalidade não teria sido tão intensa e de influência tão permanente – a ponto de ela haver inspirado empreendimentos de grande futuro dentro da CIP – se não se tivesse percebido, em cada momento, que Ernst Simon, longe de discorrer com maestria didática sobre um assunto qualquer, expunha sempre a si mesmo o seu próprio centro vital, a sua própria existência, a sua intimidade de judeu. Não houve nenhuma das suas conferências que não tivesse sido "fragmento de uma grande confissão". Todos devem ter tido, consciente ou inconscientemente, uma sensação rara: esse homem vive o que diz; não há fenda entre o conteúdo das suas teses e a sua atuação cotidiana; ainda aquilo que ataca e nega, existe dentro dele próprio e ele o tem de atacar e negar diariamente em si mesmo. E foi certamente essa "musicalidade socrática" – de que fala Platão –, essa harmonia profunda entre concepção e existência, entre doutrina e ato que, mais

5. CI 28 fev. 1959.

do que tudo, empolgou os ouvintes dessa personalidade angular.

Creio não estar enganado se digo que a vida e o pensamento de Ernst Simon são dedicados à experiência, realização e concepção de um judaísmo autêntico e integral. Nesse afã, ao mesmo tempo teológico, filosófico e existencial, foi de grande importância o atrito e a fricção permanentes com o pensamento de Martin Buber de quem, por maior que tenha sido a sua influência sobre ele, contudo se distancia por uma visão mais equilibrada e integradora do judaísmo (e por isso naturalmente menos empolgante e avassaladora). Não admite, por exemplo, a atitude negativa de Buber no que se refere ao judaísmo rabínico. E, embora concorde com o destaque que Buber dá à profecia e aos profetas, dirige-se contra o enaltecimento unilateral deles. O polo oposto aos profetas não é representado, segundo Simon, pelos sacerdotes e sim pelos patriarcas e juízes e por aqueles que conservam humildemente a tradição. E é a estes que, ao contrário de Buber, Ernst Simon atribui importância decisiva. Ao passo que o profeta necessita da revelação individual, não transmissível e por isso inteiramente singular – eis por que não há legítimos "filhos de profetas" –, o patriarca pode transmitir a revelação concedida a ele aos filhos e através deles aos netos e à coletividade. Por isso, as nossas preces se dirigem ao "Deus de Abraão, Isaac e Jacó", não, porém, ao "deus dos Profetas". Pode-se imaginar a história religiosa de Israel sem a presença dos profetas. Tremendamente empobrecida, ela no entanto ainda existiria. Todavia, sem os patriarcas faltaria a bigorna sobre a qual cai o martelo do verbo profético (essas ideias foram expostas numa conferência em Nova York, elaboradas de forma mais extensa no seu trabalho *Martin Buber e a Fé de Israel*).

Foi, aliás, essa mesma visão integral do judaísmo que Ernst Simon expôs aos ouvintes da Congregação, a 30 de julho de 1958, ao falar sobre o tema "Religião, Filosofia, Ciência". Naquela ocasião, ao definir o judaísmo como uma religião realizadora e existencial, disse que ao lado do profeta são necessários os que conservam a lei e a tradição, os patriarcas e juízes. E acrescentou mais um tipo humano: o do homem dedicado à realização social, aquele que reside em meio dos homens, construindo, edificando, auxiliando. E concluindo disse que são estes três tipos – e não apenas um deles – que totalizam a religião judaica.

Participo com entusiasmo da homenagem que a *Crônica Israelita* rende hoje a Ernst Simon. Parece que alguns leitores desta folha não apreciaram as modestas críticas marginais que fiz a um ou outro ponto das conferências do nosso hóspede. Não existe ser humano acima de qualquer crítica e eu não renderia a minha homenagem a quem estivesse abaixo de qualquer crítica. Os meus comentários nasceram de profundo respeito, como – em nível mais elevado –, sem dúvida, nascem de profundo respeito e amor as observações críticas de Ernst Simon no tocante ao pensamento de Martin Buber.

SCHABAT, LABORATÓRIO DO ESPÍRITO[1]

Os sócios e amigos da Congregação Israelita Paulista tiveram, a 3 de agosto, o privilégio de apreciarem, pouco depois das conferências do professor Ernst Simon, uma palestra de tipo inteiramente diverso, a de Abraham J. Heschel, professor de filosofia judaica no Hebrew Union College, em Cincinnati, Estados Unidos.

Sabemos perfeitamente que o termo "palestra" é impróprio. Tratava-se, ao mesmo tempo, de um sermão, de uma admoestação e, ainda, de um constante apelar; por vezes, de conversa, confissão e "autoconversa" de quem falasse consigo mesmo. Em alemão, acrescentaríamos ainda expressões como *Herzensergiessung, Erbauungsrede, Einschaerfung, Zurechtweisung* e *Mahnrede*. Porém, além disso, tratava-se de uma preleção.

---

1. CI 15 set. 1958.

Enfim, não temos ocidentalmente nenhum termo para essa forma de discurso que não se dirige, antes de tudo, ao intelecto, mas ao mesmo tempo às nossas virtualidades emocionais e morais e que procura nos fazer participar do ato, do próprio *Vollzug* de um pensamento fortemente carregado daquele teor de "filosofia narrativa", de que falava o professor Simon, ao dizer que a filosofia ocidental procura expulsar dos seus sistemas o *tempo*, ao passo que este é o ponto essencial do pensamento judaico. O pensamento – na exortação de A. Heschel – gira em torno do assunto focal, atacando-o de todos os lados. Abre, por assim dizer (como se fosse uma rosa em botão de que levantássemos folha após folha), abre – dizemos nós – o núcleo do assunto até despontar o âmago. Daí a "técnica" cheia de hesitação, o tom de conversa, o envolvimento da audiência num jogo de perguntas e "provocações". O ouvinte não é ouvinte, cabe-lhe ser participante. Temos certeza de que o professor Heschel fala muito melhor alemão do que deixou entrever a sua "pretensão" inversa. A sua dificuldade em se exprimir – que inicialmente chocou o público – fazia parte da "técnica". Havia necessidade de vencer as "resistências" dos ouvintes que, inicialmente, quase se rebelaram. Era necessário pedir aos presentes a tradução de termos, lutar com cada um dos ouvintes, disputar com eles palmo a palmo o terreno.

Vê-se bem que a reprodução do conteúdo da "conferência" é de pouca valia, já que, no caso, tudo depende da presença viva do mestre e da colaboração do seu pensamento no decurso temporal, no próprio vir-a-ser. Mesmo a gravação num disco ou fio – num *medium* espacial, portanto – nada resolveria, porque neles apenas se reproduz um processo já acontecido que, por isso, deixou de ser processo no próprio acontecer.

Ao dizermos isso, estamos no centro da exposição de Heschel: pois a forma do seu discurso – toda ela baseada no fazer sentir o *decorrer* do tempo através do evolver do pensamento (e não foi gratuitamente que tantas vezes chamou a atenção sobre o tempo passado e a hora avançada) –, essa forma se relaciona com o próprio tema: o tempo.

Toda a conferência foi uma luta "bergsoniana" contra a "espacialização" (e, portanto, da materialização) dos processos temporais e do vir-a-ser. É abordando o problema do espírito e, em especial, do espírito judaico, que o orador se lançou aos árduos problemas de espaço e tempo. Pois que, a fim de definir o judaísmo, é preciso compreender o espírito desse espírito (*Geist*). Para compreender o âmago do espírito judaico é preciso buscar os textos em que ele se manifesta. Por exemplo, os Dez Mandamentos. Aí se encontra uma palavra que, mesmo nas traduções, aparece na sua versão original: Schabat. Essa palavra talvez contenha a essência do espírito do judaísmo: a ideia do *kadosch*, do sagrado (*holy*, *heilig*). Essa expressão surge pela primeira vez quando Deus "abençoa" o sétimo dia. Abençoa um dia? Pode-se santificar um dia, certo decurso de tempo, portanto? Sim, senhores! Eis que temos o curioso fenômeno de ser sagrado não um rio, não um monte, não uma coisa qualquer – mas um período temporal. Também na sexta-feira à noite o que se santifica com o *Kidusch* não é o pão ou vinho, mas sim o *momento*. O santuário de Deus não se encontra no espaço e sim no tempo. Só em segundo lugar se estabeleceu a santificação do homem – de um povo inteiro – e só muito depois, o santuário espacial da sinagoga, que é apenas uma concessão às necessidades materiais do homem.

E dirigindo-se contra a religião excessiva do corpo e contra a glorificação dos poderes materiais, do dinheiro, da coisa extensa (isto é, no espaço), o orador salientou a importância do "imponderável" – daquilo que não se pode medir e pesar –, enaltecendo a "arquitetura do tempo". A essência do homem – alma, espírito – se manifesta muito mais no tempo do que no espaço. O mais profundo que nos aconteceu, aconteceu no tempo: o *momento* do Sinai é sagrado, não o monte.

Temos que nos lembrar disso numa época em que se faz o possível para "matar o tempo" e em que se diz a palavra abjeta: *time is money*. Matar o tempo – isso é assassínio, suicídio.

Podemos ser mestres sobre o espaço, nunca sobre o tempo. Mesmo Rockefeller não é capaz de agarrar o tempo fugidio. Nesse ponto talvez possa irromper a fé no Supremo. Há, contudo, algo de permanente no fluxo do tempo? Sim, o próprio tempo. As coisas desaparecem nesse fluxo. Só o tempo permanece.

O que devemos começar com o tempo? O judaísmo é uma resposta a esse problema. O judaísmo lançou âncoras no próprio tempo: tem um início e um fim (isto é, meta). Partiu do Sinai e se dirige para a meta do Messias. Tudo que é grande nos é dado através do tempo. A *mitzvá* é um momento sagrado. Um ato (como tal temporal) de amor. É assim que encontramos e sentimos o eterno no fluxo do tempo. Uma hora de *teschuvá*, de "retorno" e de boa ação *nesse* mundo é maior e mais sublime do que a vida eterna.

É, portanto, no Schabat que devemos santificar o tempo. Vivemos então na presença do sagrado, eis porque não devemos fazer certas coisas vulgares nesse dia. Deve ser um dia cheio de nobreza. Durante seis dias podemos trabalhar e nos dedicarmos ao progresso tecnológico no espaço e à conquista do espaço; pois não negamos o progresso e a civilização. Apenas devemos nos manter acima disso: graças ao Schabat. Nesse dia, habitamos o próprio tempo, instalamo-nos no coração do espírito. Schabat é o dia da família: é o nosso lar.

O êxito material (no espaço) é como a água salgada do mar: quanto mais bebermos dela, tanto mais sede teremos, e o mar é imenso. Hoje, há mais pessoas no mundo morrendo de êxito do que de câncer. Mas no Schabat estamos livres dessa doença: é um dia sem êxito, em compensação, pleno de dignidade. O Schabat não serve para repousar dos seis dias de trabalho. O que se dá é o contrário. Durante seis dias estamos a caminho do Schabat – nosso palácio no tempo. O povo judeu é um povo enamorado de um dia. E a namorada vem, recebida duplamente pelo *Cabalat Schabat*:

ocasião em que recebemos e assumimos os deveres da lei e em que recepcionamos um dia, dizendo bem-vindo a este dia que é rainha e noiva.

Schabat é o dia da alma – ela ressurge no sétimo dia, depois de ter dormido durante seis dias. Alma é tempo. O Schabat é um laboratório do espírito. Todo o retorno ao judaísmo se inicia com o Schabat: sem este não existe judaísmo. Pois Schabat é o próprio espírito na forma do tempo. Mas como os homens não podem viver solitários, também se dá o mesmo com o Schabat. Também este precisa de companhia. Assim, também a quarta-feira (e certamente ainda a segunda-feira) deve ter algo do espírito do Schabat. Por isso se pode dizer: o judaísmo nada mais é senão *Schabbesdigkeit*.

*   *   *

Os nossos preclaros leitores terão notado a relação íntima do pensamento de Heschel com certas tendências "existencialistas" que insistem no destaque dado ao tempo (*Ser e Tempo* chama-se a principal obra de Heidegger). No teor, digamos, existencialista (já antecipado no "temporalismo" de Bergson), Heschel encontra-se, de certa forma, na proximidade de Ernst Simon, apesar do modo inteiramente diverso de abordar o problema. Porém, será fácil mostrar que é precisamente o judaísmo quem, desde o início, se opõe ao pensamento grego pelo impacto "existencial" e "temporal". Isso não é nenhuma novidade. Mesmo este modesto repórter já escreveu, em *"Die Religion der religionslosen Juden von Rudolf Bienenfeld"*[2], que entre os gregos preponderou completamente o elemento racional, espacial e visual; entre os judeus o elemento irracional, temporal e auditivo. Deus é invisível (sem localização no espaço), mas sua palavra emana audivelmente (no tempo) aos homens. Destacamos, então,

---

2. Ver infra: "*A Religião dos Judeus sem Religião* de Rudolf Bienenfeld", p. 97.

também que o pensamento judaico visa ao "vir-a-ser", à *história*, ao contrário do pensamento grego, que visa ao "Ser" (excetuando-se Heráclito) e à natureza.

O orador foi apresentado salientando-se a maioridade do judaísmo sul-americano que, de repente, vem sendo visitado por tantas personalidades proeminentes do judaísmo (Simon, Heschel, a delegação do American Jewish Committee). Na ocasião, destacou-se o sacrifício feito pelo orador ao se demorar 24 horas em São Paulo, além de enaltecer a importância filosófica deste descendente do hassidismo. Ao encerrar a reunião – extraordinária em todos os sentidos –, exprimiu-se a esperança de que esse breve contato levasse a uma comunicação constante com o grande líder espiritual judeu.

A MENSAGEM DE MARTIN BUBER
À HUMANIDADE[1]

É muito cedo para avaliarmos todo o alcance da obra de Martin Buber, dentro do pensamento judaico e universal. Todavia, desde já se pode dizer, sem receio de errar, que Buber é um dos poucos, senão o único pensador judeu da nossa época, que, como judeu, inteiramente como judeu, conquanto profundamente moldado pelo pensamento europeu, exerceu uma influência que, ultrapassando as fronteiras do judaísmo, se manifesta com vigor na filosofia ocidental e na teologia cristã (protestante).

Pode-se arriscar, também, a afirmação de que, ao lado de Franz Rosenzweig, talvez seja o único pensador judeu da nossa época que deu uma contribuição original e renovadora para as concepções religiosas do judaísmo atual.

---

1. CI 31 jan. 1958.

Essa afirmação não significa que toda sua contribuição tenha sido positiva ou benéfica: Buber pagou amplo tributo às tendências ambíguas e mesmo perigosas de nossa época, concorrendo, por sua vez, para estimulá-las. Aquela afirmação pretende apenas atribuir a Buber o seu justo valor local, como potência virulenta de renovação. Mesmo um pensamento em muitos pontos duvidoso pode revestir-se de imenso valor quando arrebenta com a morna satisfação *bourgeois* da *peace of mind*. Buber é uma explosão. E não há dúvida de que o judaísmo precisa de uma explosão.

Buber, da mesma forma como Rosenzweig, superou o velho antagonismo entre ortodoxia legalista e liberalismo racionalista. Seu caminho é igualmente distante e oposto ao tradicionalismo convencional e ao liberalismo "moderno", ligado a um racionalismo que, infelizmente, não podemos deixar de considerar superado na forma diluída e exangue em que costuma ser apresentado. A sua "redescoberta" e revalorização do hassidismo tem, nesse sentido, uma importância extraordinária. Diga-se o que quiser, aqui se vislumbra um judaísmo que impregna, de forma autêntica, a vida; que é experiência pessoal, empolgando toda a existência, longe de se reduzir a uma lição abstrata de teoria ética. Baseando-se nas fontes, Buber apresentou a judeus e cristãos igualmente espantados um judaísmo inteiramente diverso daquele que rigidamente se congelou no rabinismo ortodoxo, ou que se evaporou tenuemente num liberalismo que tece considerações tão abstratas quanto sentimentais sobre um humanismo primevo, poderoso, vital, no qual se manifesta um encontro entre a divindade e o povo, numa experiência mística de tremendo impacto. Experiência tão autêntica que foi à base dela que Rudolf Otto, pensador protestante, definiu o fenômeno do sagrado e do santo. Nessa concepção ressurge o Deus de Abrão, de Pascal e de Kirkegaard. Buber mostrou que nas raízes dessa religiosidade existencial está o judaísmo. Este, na sua acepção verdadeira, não é uma teia de aranha de conceitos intelectualizados e "objetivos", que se pode apreciar e "conhecer" como uma fórmula matemática, com o *détachement* e a frieza de um espectador entretido com a elegância das soluções e a retórica dos sermões (como se se tratasse de um espetáculo); não é uma religião que transforma Deus em conceito, ideia, ideal ou entidade neutra, sem valor real para a existência humana. A essa religião despotencializada opõe-se o verdadeiro judaísmo, que não dispensa a equação pessoal e subjetiva do homem religioso; que se impõe como verdade destinada a comprometer todo ser humano, envolvendo integralmente a existência; judaísmo que é expressão de uma vivência que exige a responsabilidade total do homem, comprovada numa decisão igualmente total. Responsabilidade – isso significa responder a alguém: responder à palavra de Deus: "Onde estás, Adão?" "Aqui estou eu!" Não é um Deus-Ideia quem assim chama, não um legislador distante, mas um Deus que fala e ouve, um Deus a quem se pode responder e dirigir preces. Um Deus que é o Tu absoluto da "vida dialógica".

A um mundo espantado, Buber revelou um judaísmo inteiramente diverso dos clichês multisseculares que o ligam a um intelectualismo depauperado, clichês fabricados, segundo Buber, pelo "rabinismo". Revelou um judaísmo na plenitude viçosa de um povo criador de mitos – mitologia há muito esquecida, já que o judaísmo nos vem sendo apresentado por um "sacerdotismo oficial que [...] encara a fonte inspiradora de toda a verdadeira religiosidade, o mito, como inimigo natural da religião". De acordo com isso, os sacerdotes removem tudo que tem caráter mítico, chamando esse trabalho de censura, "a purificação progressiva da ideia". A luta para "libertar a religião judaica da mitologia é reformulada por Buber em termos que invertem a situação de valores: "A história do desenvolvimento da religião judaica é a história da luta entre a religião popular, natural, mítico-monoteísta (expressa, por exemplo, no 'monopluralismo' do mito dos *Elohim*) e a religião monoteísta e intelectualista dos rabis". De modo nenhum é verdade que monoteísmo e mito se excluem. "Ao contrário, qualquer monoteísmo *vivente* é repleto de elementos míticos, e somente enquanto o for ele pode ser chamado vivente". É ao mito que o judaísmo deve a sua fortaleza íntima em tempos de perigo. Não foi o Gaon de Vilna, mas o Baal Schem quem realmente deu força ao judaísmo e o cercou contra os perigos circundantes. Foi a religião popular que renovou a personalidade nacional, por debruçar-se sobre as fontes míticas do judaísmo. O pensamento mítico, porém, o que significa? Significa viver integrado num universo vivente, animado, universo que, ao Eu do homem, se revela como Tu.

É visível que essa concepção do monoteísmo, "tão amplamente desvirtuado e tão cruelmente racionalizado", se liga estreitamente à filosofia buberiana das relações Eu-Tu e Eu-*It* – filosofia "existencialista" anterior ao próprio existencialismo "oficial". São duas as relações possíveis que o Eu humano pode ter com o Ser: encarando este como "*It*" (*Es*), como coisa impessoal e objetivamente dada, relação que ocorre no ato cognoscitivo do cientista e na vida utilitária do *homo faber*. Naquele ato, um sujeito enfrenta um objeto, numa atitude inteiramente intelectual, de completo *détachement* e frieza; nesta vida, o homem reduz o ente a uma coisa destinada ao uso: a árvore transforma-se em madeira, o boi em bife, a queda d'água em energia elétrica, o homem em mão de obra ou "material humano". Tal atitude do Eu diante do *It* prevalece hoje esmagadoramente, impessoalizando as relações. O Eu, deparando-se somente com coisas e ideias – a própria divindade se volatiliza em ideia e *It* – vira, por sua vez, coisa e *It*. Fenômeno que Marx chamou de auto-alienação.

A outra relação possível é a do Eu-Tu. Nela, o Eu reconhece o "outro" como um ser independente, autônomo. Trata-se de um encontro, de um lado havendo um homem não reduzido ao intelecto ou ao *homo faber*, mas que vibra na plenitude do seu ser espiritual e emocional, de outro lado havendo um ente que se impõe em toda a riqueza infinita do seu ser peculiar. O Eu abraça o outro ente com todas as forças amorosas, não sendo mais sujeito diante de um objeto ou um ser rapace diante do "material", mas um ente em face de outro ente, em face do Tu. O amor é a energia constituinte dessa relação. O Tu tanto pode ser uma árvore ou um riacho como um poema ou um candelabro: entes que então são apreendidos na totalidade do seu ser peculiar por um ser que se lhes entrega com toda sua intensidade existencial. E nessa entrega ao Tu, o Eu descobre-se a si mesmo em toda sua plenitude. É Evidente que Buber moldou essa concepção da relação Eu-Tu, embora ela possa abarcar todo o universo revivificado, de conformidade com as relações humanas, cuja comunhão autêntica se exprime no diálogo (daí o termo "filosofia dialógica"). Nesse encontro místico, que restitui o Eu (alienado) a si mesmo, ao entregar-se a outro, o Eu descobre ao mesmo tempo o Tu que vive em todas as coisas, já que estas, em última análise, nada são senão criação e expressão do Tu absoluto, de Deus.

Não é assim, evidentemente, que o homem, de início, viveu na relação Eu-Tu, transformando todo o universo em mecanismo causal, para só mais tarde destacar uma área especial, inter-humana, que é livre dessa mecanização e se oferece à relação Eu-Tu. Bem ao contrário: a relação original é a do Eu-Tu, face a um universo animado e mítico; no início, em tempos pré-históricos, por assim dizer, existiu uma profunda continuidade e comunhão entre o homem e a natureza. Essa valorização da face primeva mostra distintamente a tendência de Buber de enaltecer o primitivo e de apresentar, como ocorre em certo círculo intelectual descrito por Thomas Mann no seu *Fausto*, o mais antigo como o mais novo, o mais arcaico como o ultramoderno (de acordo com uma tendência acentuada da nossa época).

Em essência, todo verdadeiro encontro Eu-Tu leva o homem para além dos limites imanentes do Tu, pois cada ente assim apreendido aponta o Tu eterno, o criador de todos os entes. Nessa concepção confluem pensamentos antiquíssimos, revividos com vigor e beleza singulares no hassidismo, movimento tantas vezes exaltado por Buber: o divino, qual centelha, impregna todos os seres, todas as coisas. No entanto, vive neles como que submerso em profundo sono, Deus necessita do homem. Na comunhão verdadeira entre Eu e Tu, o homem desperta a centelha divina nas coisas. Aproximando-se delas com dedicação amorosa, reanimando nelas o Tu adormecido, o homem santifica-se, por sua vez, através delas. Pois a realidade sensorial, toda ela, é divina. Porém, ela tem de ser reconhecida na sua divindade pelo homem que a vive autenticamente. "A glória de Deus é banida para o desterro secreto, ela jaz agrilhoada no fundamento de cada coisa. Mas em cada coisa ela é desatada pelo homem que, pela visão e ação, liberta a alma desta coisa. Assim, a todo homem é dada a capacidade de afetar o destino de Deus pela sua própria vida; cada homem vivente tem as suas raízes no mito vivente".

AS RAÍZES PRIMITIVAS DE PESSAKH[1]

Theodor Herzl Gaster é professor de religião comparada em The Dropsie College, Filadélfia, e professor associado das Civilizações Antigas do Oriente Médio no The Asia Institute. Apesar disso, consegue apresentar, nesse pequeno livro de feitio simplesmente encantador, um trabalho extremamente interessante e de leitura amena, conforme a insuperável tradição americana de divulgação popular.

O fascínio do livro reside no fato de que o autor não só apresenta a história tradicional, tal como todos a conhecemos e interpretamos, mas que a projeta contra um plano de fundo arqueológico e folclórico brilhantemente esboçado. Ao mesmo tempo, retrocede aos tempos remotos em que o ritual de Pessakh ainda não adquirira o sentimento atual. Integra a festa no seu ambiente original e primitivo, como

---

1. CI mar. 1958. O título faz referência ao livro de Theodor H. Gaster, *Passover, Its History and Traditions*, Nova York: Henry Schuman.

ritual mágico-místico da primavera. E vemos então que a interpretação de Pessakh como um rito mágico, de uma tribo primitiva, rito idêntico ao de muitas outras tribos no mundo inteiro, não deslustra a tradição sagrada, tampouco o conhecimento da origem mágica (e de modo algum higiênica) do *Brit* e de muitos tabus alimentícios inferioriza tais costumes: o importante na história do povo judeu é a serenidade com que as tradições originais e as "bárbaras" são adaptadas e reinterpretadas segundo o desenvolvimento espiritual e social do povo milenar.

Assim, é com extremo interesse que tomamos conhecimento de que Pessakh começa como uma festa que enaltece a liberdade física de forças externas destruidoras, torna-se uma festa enaltecendo a liberdade social, ao comentar a libertação de um povo particular da escravidão, e acaba sendo uma festa da liberdade humana, celebrando o próprio ideal da liberdade de que essa libertação social nada é senão um símbolo.

Pessakh é inicialmente uma festa de primavera, marcando a estação da cevada. No crepúsculo, antes do cair da noite, era abatido, em cada lar, um cordeiro ou cabrito selecionado quatro dias antes. Tomava-se o sangue, passando-o com um feixe de uma espécie de hortelã nos postes e vergas da porta. À noite, à luz da lua cheia, comia-se o animal junto com *matzot* – pão não fermentado – e ervas amargas. Tinha-se que comer depressa e nada deveria ficar da carne para a outra manhã. Aquilo que não se comia era queimado.

Tudo isso não se referia, no princípio, ao êxodo apressado do Egito e aos sinais na porta para que Deus passasse sem fazer mal aos judeus. A nossa narração atual é apenas uma "racionalização" do sentido original em termos da história peculiar dos judeus, à semelhança daquilo que fazem os ingleses ao interpretarem a festa pagã da luta entre verão e inverno como a batalha entre os cristãos (São Jorge) e os sarracenos, ou mesmo como a luta do Rei Jorge III contra Napoleão.

O padrão primitivo da festa pôde ser descoberto pela etnologia moderna. Vê-se, então, que o ritual de Pessakh é típico de muitas tribos através do mundo, entre as quais as festas de primavera são uma cerimônia comum.

A cerimônia central é a ceia coletiva de que participam todos os membros da família à lua cheia do primeiro mês do ano. Quem não participasse, separar-se-ia, com isso, da comunidade.

Ora, tal coisa coletiva é um método tradicional – através do mundo – para estabelecer e revigorar laços de família ou de aliança, sendo a ideia mágica a absorção ou ingestão de uma *substância comum* de que todos possam participar. Tais rituais são conhecidos também na Índia, Papua, em Madagascar etc.; fazem-se alianças pela ingestão de um cabrito, enquanto o sangue é bebido e passado nas faces ou no corpo dos participantes (o mesmo sentido tem a inalação coletiva da fumaça de um cachimbo de paz entre os índios). Assim, todos se irmanam porque a mesma substância faz parte de todos. São agora "um corpo e uma alma". Entre os árabes, ainda hoje é costume que cada um que comer da sua comida (do árabe) tem direito à proteção do mesmo. A pessoa com quem se comia a carne, as *matzot* e as ervas amargas também tinha sentido mágico. A pressa se tornava necessária porque a carne sacramental tinha de ser extremamente pura e não contaminada, antes, portanto, de se tornar corrompida. Daí a necessidade de queimar os restos. As *matzot* não são fermentados e, por isso, têm a qualidade da pureza sacramental, pois a fermentação significa putrefação. As ervas amargas tinham sentido catártico, purificador, e são o remédio padrão dos antigos médicos e feiticeiros: purificam não só a doença e sim, também, demônios, fantasmas e espíritos maus. Eram usadas, nesse sentido (e ainda se usam), em muitas partes do mundo. Desse modo, neutralizavam as impurezas que porventura se ingerisse apesar de todas as precauções.

É evidente que, numa sociedade primitiva, durante essa cerimônia estavam presentes os deuses, associando-se aos laços familiares. Os próprios deuses são unidos à família pela *ceia sacramental*, como ocorre na maioria dos povos primitivos. E os laços familiares, cuja essência é o *sangue*, tinham de se tornar manifestos. Aqueles que participavam do ritual tinham de assinalar a sua união pelo sinal do sangue comum, através do qual se efetuava a sua comunhão psicofísica. Esse costume de passar sangue sacramental no corpo era muito difundido. No culto da Frígia, os iniciandos eram até imersos no sangue de um touro abatido, costume que, em última análise, é a base da ideia cristã de alguém ser "lavado no sangue do cordeiro" como marca de comunhão e regeneração. No caso de Pessakh, porém, o que estava envolvido era não tanto a união de indivíduos com suas famílias mas, antes, a união destas com a tribo. Assim, o sinal tinha de ser feito nas casas ou portas e não nos corpos. Tal costume é ainda hoje muito difundido (entre árabes, curdos, drusos, em Madagascar etc.).

Além disso, o Pessakh primitivo era um ritual mágico elaborado, destinado a evitar males e desgraças. Nesse sentido, que se fundiu com o outro da comunhão, o animal abatido era um substituto do povo e dos seus bens (gado), tendo o sentido de um "refém" ou bode expiatório; o seu sangue ornando as portas evitava a penetração de maus espíritos. Sob o impacto dessa ideia é que o nome atual se fixou: assegurava-se, com a oferenda do animal e com o seu sangue espargido, que os deuses *passassem* sem fazer mal aos habitantes da casa ou aos membros da tribo.

Eis as raízes primitivas de Pessakh: mútua comunhão mística dos membros da família e das famílias com a tribo, associando-se todos aos deuses; e libertação, através de meios mágicos, dos males que forças malignas ou iracundas poderiam enviar àqueles que não lhes clareiam os sinais da sua humildade e do seu desejo de redimir-se pela magia do holocausto. Depois, veio a reintegração: libertação do povo da escravidão, pelo êxodo do Egito, e finalmente a festa se torna a cerimônia que glorifica a liberdade humana e espiritual, da qual a libertação social se torna apenas símbolo, como esta já é um símbolo de uma libertação mais primitiva, a dos poderes físicos da natureza irracional, pela intervenção dos poderes mais sublimes.

O SEDER É O MESMO[1]

Festas religiosas têm a particularidade de se repetirem ano por ano no mesmo compasso e de, através da firmeza de sua repetição, darem, ao ano, ritmo e organização. Também no seu próprio decurso, mantêm certa precisão ritual que se reflete na repetição de detalhes mínimos e na observância de regras rigorosas. Para os participantes crentes, isso tem grande importância, já que dessa forma mergulham na magia dos mesmos gestos e atos e no sortilégio do mesmo verbo primevo que os embala. Entregando-se à prática segura do ritual, são transportados à fonte mítica de uma história imemorial. Encontram-se de novo na origem, comungando com os antepassados remotos como se fossem a mesma carne e alma, vivendo a mesma aventura da libertação. Mas para quem não é crente e assiste ao ritual

---

1. CI, sem data. Discurso proferido provavelmente no Lar das Crianças da CIP.

apenas como turista, há pelo menos o encanto do pitoresco; a observância transforma-se em observação e apreciação estética de um espetáculo.

Para o repórter, que não se considera nem crente e nem turista, já que para isso sabe e sente ao mesmo tempo demais e de menos do Seder, há pelo menos a satisfação de lembrar-se de outro Seder, igualmente passado no Lar, há oito anos. Mas como se trata de um ritual, todas as diferenças individuais, assaz numerosas, no modo de celebrá-lo, não modificam a estrutura essencial, a tal ponto que se justifica perfeitamente imitar o ritual e repetir, pelo menos parcialmente, o verbo que daquela vez deitamos, ainda que lhe falte toda a magia: "As crianças [...] participaram intensamente de todas as fases do ritual, quer da *Hagadá*, quer cantando em coro, quer respondendo ao rabino". Igualmente o rabino entrou "em confabulação tradicional e humorística com a turma, presidindo à mesa patriarcal com visível prazer e entrando em minuciosas considerações sobre o êxodo do Egito" –, cujas causas, dessa vez, foram, aliás, apresentadas por algumas crianças que certamente ainda não tinham nascido no outro Seder. O desaparecimento do *aficoman* foi transformado pelo rabino "em acontecimento sensacional – representação dramática que causou muito alvoroço, tudo redundando, ao fim, em uma entrada de cinema para a pequena ladra, não qualquer cinema comum e sim um daqueles super-horrorosos cinemascópios que estragam o filme, mas que em compensação custam 180,00 cruzeiros de entrada". O fato é que a coisa, dessa vez, variou um pouco, porém, o que principalmente variou, foi o preço da entrada – o que não deixa de ser um fino aceno para os Amigos do Lar.

Aplaudimos com entusiasmo o repórter nosso antecessor (que, por acaso, tem o mesmo nome do atual) por haver tecido sábias considerações como estas, de profunda intuição da alma humana: "Um verdadeiro Seder [...] é um ato de ascese que bem evoca o heroísmo dos judeus que preferiram o deserto às feijoadas do Egito". Pois não se tem de ficar rezando durante uma hora diante de mesas bem postas (dessa vez, ainda por cima, encarando a fome espetacular do sr. M. M. à nossa frente), diante dos múltiplos pratos e brilhantes talheres, tudo muito convidativo mas completamente deserto. Então um ouvido, que representa a nossa parte espiritual, goza a formosura do rito, a solenidade vetusta repassada de arrepios sagrados, o canto das crianças que se entregam com entusiasmo à execução da cerimônia e com vozinha de fio de prata, logo de cá, logo de lá, logo daqui, logo dali, recitam as famosas e ilustres palavras da tradição milenar. Mas o outro ouvido – que corresponde à mão boba e à nossa parte material – ouve o suave tilintar de uma terrina lá na cozinha, nos domínios de D. E. E vejam lá! Esse estrabismo dos ouvidos, esses ouvidos vesgos podem provocar até uma esquizofrenia quando as duas almas do nosso peito entram decididamente em conflito. Esse drama faz parte do Seder.

Verificamos também, desta vez, que ante um Seder tão magistral como este do lar, não pode deixar de vencer a nossa parte espiritual – forçosamente, pois o que se haveria de fazer? Também dessa vez, como então, a recompensa – se de recompensa se precisava em se tratando de tão bela solenidade – foi tanto mais farta e gloriosa: disso continua a cuidar, felizmente, D. E. "com peixes de sabor lírico, sopa folclórica e outros pratos de linhagem nobre e multissecular" (dessa vez faltou, porém, o *khrein*: o que terá havido? O *khrein* faz decididamente parte do ritual!).

Como se vê, houve muitas diferenças entre este Seder e o de há oito anos: faltou o *khrein*, foi outro quem dirigiu a celebração, outras foram as crianças na sua maioria, o lar aumentou, renovou-se e ficou mais moderno; também D. E. e o repórter mudaram, apesar de conservarem os mesmos nomes; são outros, já não são os mesmos depois de oito anos. Tudo flui, como lá dizia aquele grego profano[2].

2. Referência à doutrina do fluxo eterno de Heráclito, filósofo grego do início do século v a.C.

81

Quanto ao preço do cinema, aumentou quase vinte vezes. Mas embora tudo tenha mudado, o Seder continua o mesmo. É verdade: agora querem renovar também o Seder (veja a última *Crônica*[3]). Talvez seja necessário, quem sabe. Continua o mesmo, porém, ainda (e esperamos que sempre continue!), o carinho dos dirigentes do Lar que, como antes, sabem criar o ambiente de aconchego maternal indispensável a todas as crianças e, ainda mais, a estas do Lar que, em geral, passaram por tantas atribulações e por tantas crises econômicas.

3. Referência a CI.

A RELIGIÃO MODERNISTA...[1]

Ninguém mais do que o sionista americano ficaria surpreso e chocado se de Sião realmente emanasse a Lei e o Verbo do Senhor de Jerusalém. O que o judeu americano espera que venha de Sião são bons rotarianos israelitas e vendedores que oferecem salsichas em hebraico.

DAVID DAICHES, depoimento de
"Como Vejo a Religião Modernista..."

Chegando aos Estados Unidos, fui convidado para pronunciar, do púlpito de uma sinagoga, uma conferência. Preferi falar, após o serviço religioso, na sala contígua sem atender antes o serviço. O fato é que, em se tratando da liturgia e

---

1. Condensado e transcrito de *Commentary*, sem data. David Daiches, judeu inglês, filho de um rabino, conhecedor profundo da história, da religião e do ritual judaicos, ao mesmo tempo, porém, agnóstico que não acredita na existência de Deus, expõe com grande sinceridade o seu ponto de vista sobre a "religião modernista" dos judeus americanos.

83

tradição judaicas, sou exigente: desejo o serviço genuíno ou nada. Oponho-me a qualquer espécie de *ersatz*. Oponho-me aos rabinos que fazem sermões sobre a política estrangeira de Truman. E para dizê-lo com uma palavra: oponho-me à pretensão de que valha a pena manter vivo o judaísmo se tudo quanto o distingue de outras religiões foi cuidadosamente eliminado.

Não tenho certeza, aliás, se vale realmente a pena manter vivo o judaísmo como religião praticada. Embora eu respeite o homem que diz *tahanun* nos dias certos e embora eu possa participar com prazer do serviço matutino com um *minian* ortodoxo, não creio que essas coisas são valiosas em si ou que elas decorram de uma concepção da vida que se possa aceitar como "verdadeira". Não creio que Moisés recebeu a Lei de Deus no Sinai. Não creio que Deus se ofende quando misturamos leite com carne. Não tenho nem certeza de que Deus exista e que, existindo, se preocupe conosco. Tudo isso pressupõe fé – uma fé que nunca tive.

Por que, então, sinto-me tão chocado pelo modo de como os judeus americanos vão eliminando tantas coisas em que nem chego a acreditar? Evidentemente, não porque eu acredite que os judeus deveriam retirar-se para um gueto, deixando de envidar esforços para se integrarem na tradição da civilização ocidental. Talvez porque, como menino na Escócia, vi aceito meu judaísmo ortodoxo de então com respeito e reverência pelos vizinhos, precisamente porque minha religião era diversa, porque era realmente a velha tradição hebraica. O pessoal presbiteriano sentia-se atraído pela intransigência hebraica e tratava-me com muito respeito. Quero dizer com isso que o judaísmo ortodoxo, vivo e agressivo até, representava para mim uma entrada eficiente para o mundo não judaico em torno de mim.

O antissemitismo foi uma coisa desconhecida para mim – até chegar nos Estados Unidos, de visita. De modo que suponho haver dois caminhos para um judeu poder viver com naturalidade no mundo ocidental: ou conservando firmemente a sua religião ortodoxa, ou assimilando-se radicalmente. Parece-me que os judeus americanos procuram um confuso compromisso, um terceiro caminho que não é nem filosoficamente sustentável, nem socialmente praticá-vel. Costumamos dizer de uma "grávida" que ela está "em circunstâncias especiais", e imbuídos do mesmo espírito co-varde, fazendo uso de "eufemismos", chamam o judaísmo aqui de "americanismo século xx", a sinagoga, de "templo", e empregam uma nomenclatura gentílica para mascarar as crenças e práticas do judaísmo.

Decorre isso em parte do fato de que os judeus ameri-canos ficam muito nervosos quando se toca no seu america-nismo. A não ser que falemos com um sionista, preparado para ir já para Israel, ninguém admitiria qualquer diferença entre o judeu e o americano. A um não americano, os ju-deus americanos parecem menos felizes e seguros com re-ferência ao seu *status* civil do que os judeus britânicos. Os judeus americanos parecem estar constantemente na defesa contra o antissemitismo, tendo de provar, ininterruptamente, que são ótimos americanos e, só muito depois, também ju-deus. E o caminho mais fácil para tal é unirem-se ao coro democrático geral de que ninguém difere de ninguém, de que todas as religiões são igualmente certas e que o serviço religioso judaico é essencialmente o mesmo que o cristão.

Há por trás de tudo isso a ideia de que a "cultura" ju-daica pode sobreviver como algo puro e separado, tirando o seu alimento de nenhuma posição religiosa definida. Quem são, porém, na nossa época, os grandes contribuin-tes para a cultura judaica? De Spinoza a Einstein, nenhum fez as suas contribuições como judeus, mas apenas como homem e pensador. Qual é a nossa contribuição específica para o mundo moderno? Monoteísmo? Os Unitários têm isso também, sem o embaraço da nossa tradição particula-rista. Humanismo? Matthew Arnold ensinou-nos há muito onde poderíamos encontrá-lo. Senso de justiça? Os mais eloquentes apelos em favor da justiça social, em nosso tempo, não foram feitos, de modo particularmente vigoroso ou em quantidade superior por judeus. Judaísmo rabínico – com sua combinação de legalismo e humanismo, seu encanto litúrgico, sua rigorosa erudição, sua sábia atitude em face do homem nos aspectos sexuais e sociais e sua magnificente, mas insustentável, concepção teológica e histórica? Muito bem! É uma crença nobre e se você pode digerir tudo isso, então faça-o e irá enriquecer a sociedade! Mas selecionando só aquilo que há no judaísmo de comum com outras crenças e posições, você não fortalece a cultura judaica, mas está praticando simplesmente a assimilação.

Parece que o impulso básico do judeu americano é o da assimilação – a fim de provar o seu americanismo –, mas como tem um sentimento de culpa por causa desse desejo, ele nunca o admitirá e misturará a sua tendência assimilatória com uma espécie virulenta de sionismo. Enquanto com uma mão remove do judaísmo apressadamente tudo que o distingue de outras crenças modernas, acena com a outra febrilmente em direção do sionismo. Ninguém mais do que o sionista americano ficaria surpreso e chocado se de Sião realmente emanasse a Lei e o Verbo do Senhor de Jerusalém. O que ele espera que venha de Sião são bons rotarianos israelitas e vendedores que ofereçam salsichas em hebraico. Quando aprendem hebraico, não o fazem para sentir a tremenda eloquência de Isaías ou a melancólica beleza de *Qohelet*. Aprendem-no para pedir uma coca-cola em hebraico.

Se o sionismo é apenas um recurso político contra o antissemitismo, então não é necessário associá-lo ao judaísmo ou ligar o moderno movimento sionista à tradicional atitude judaica em face de Sião. O resultado do tratamento moderno do problema será mais um pequeno Estado levantino, motivo nenhum, portanto, para mútuas congratulações. Se, de outro lado, o sionismo deve basear-se nas aspirações históricas dos judeus, então é lógico que todo mundo fica com raiva por causa da influência dos rabinos ortodoxos em Israel. Afinal, é precisamente isso o que, historicamente, o sionismo *judaico* visou. Os sionistas verdadeiramente judeus não desejavam apenas uma

Tchecoslováquia jeffersoniana, tipo americano, mas uma verdadeira Teocracia.

Eu desejava que os judeus americanos enfrentassem os problemas honestamente, sem pularem em torno deles como futebolistas que driblam a bola. Se, como parece, acreditam que num moderno Estado democrático é possível desenvolver um humanismo eclético que se nutre de uma variedade de religiões e tradições, mas que não é ligado a uma posição religiosa específica, então digam-no francamente e enfrentem as consequências lógicas: aceitem de vez a assimilação como um ideal. Se, de outro lado, acreditam que a religião judaica, como religião, pode oferecer-lhes um sistema de vida completo e que ele representa uma verdade central, que não se pode encontrar em nenhuma outra concepção, então cultivem o judaísmo de verdade, salientando as suas qualidades peculiares. Porém, se continuarem judeus por mero orgulho, medo, jingoísmo ou costume, se cultivarem uma "consciência" judaica e ignorarem, ao mesmo tempo – ou não aceitar intimamente –, as ideias e doutrinas que constituem a crença judaica, isso me parece ilógico e nada inteligente. Se você acredita que a religião judaica pode ser manipulada até tornar-se uma mistura de Freud e Jefferson (como foi feito naquele absurdo livro *Paz do Espírito*), brincando de chamar isso de judaísmo, então suponho que ninguém possa impedir você: mas não mofe dos assimilacionistas – eles pelo menos são honestos e você não é.

A *Bíblia* é parte integral da cultura ocidental, tanto quanto Homero ou a tradição cristã. Porém não é preciso ser um nacionalista grego para estudar Homero, ou um adepto do cristianismo medieval para apreciar Dante ou ser judeu para estudar e gostar das grandes obras da literatura hebraica. Que os nossos filhos estudem Isaías e Amos e Iehudá Halevi no original! Muito bem. Daí não segue que somos judeus. Se não aceitarmos as bases teológicas da religião judaica, então vamos ser honestos para conosco mesmos e para com os nossos filhos! Deixemos de pretender, de um lado, que nesse grande país cada qual realmente crê nas mesmas coisas, e, por outro lado, que temos razões válidas a fim de permanecermos para sempre separados como judeus. Os únicos que têm razões válidas para tal são os ortodoxos que creem na doutrina antiamericana da eleição de Israel.

A RENOVAÇÃO DA SINAGOGA
APÓS A GUERRA, DE WILL HERBERG[1]

Não resta a menor dúvida de que, atualmente, se verifica nos Estados Unidos uma verdadeira renovação da sinagoga. Muitas centenas de sinagogas e de instituições de educação religiosa levam a cabo programas de expansão. A afluência às sinagogas, mesmo nos serviços religiosos de sexta-feira, e o número de sócios crescem constantemente. Escolas e institutos de ensino superior de teologia e hebraico contam com grande número de calouros, devendo-se destacar que a participação da juventude se faz notar em grau cada vez maior. A atividade religiosa dos veteranos de guerra é intensa e a própria prática de cerimônias religiosas nos

1. O artigo que segue é condensação e a transcrição de um ensaio publicado no periódico *Commentary* (abril de 1950), resultado de prolongadas pesquisas e de inquéritos entre figuras representativas do judaísmo norte-americano. Apresenta a renovação da sinagoga nos Estados Unidos, realmente, um renascimento religioso? Eis a questão analisada pelo conhecido autor. (N. do A.)

lares – *kidusch* aos sábados, o uso da *mezuzá* etc. – encontra repercussão mais ampla.

Todavia, mesmo assim a sinagoga representa apenas uma minoria dos judeus estadunidenses, que por sua vez se divide em certo número de movimentos em fraca competição. Indubitavelmente, observa-se uma renovação no terreno das organizações religiosas; mas é geral a dúvida a respeito de quanto de verdadeira religiosidade entra nesse *boom*. Com efeito, as causas do fenômeno não precisam ser necessariamente religiosas. Outros fatores concorrem: por exemplo, a prosperidade do após-guerra, dando às congregações os meios de expansão; o desejo de impressionar o mundo-ambiente; principalmente, porém, o anseio de autoafirmação judaica que deflui das tremendas experiências das últimas décadas, de um lado, e do emergir triunfante do Estado de Israel, de outro. Tais experiências naturalmente inverteram as tendências assimilatórias dos judeus americanos. Nota-se um desejo de identificação orgulhosa com qualquer coisa de sobreindividual; mesmo indivíduos religiosamente indiferentes encontram tal possibilidade de identificação nos serviços religiosos ou na resolução de dar aos filhos uma "educação judaica", isto é, um pouquinho de hebraico e um pouquinho de ensino religioso. Isso naturalmente envolve um lanço qualquer com a sinagoga.

É verdade, em outros tempos a autoidentificação se realizava, eventualmente, por outros meios, quer sejam políticos, sociais ou culturais. Em Vilna, antigamente, um judeu antirreligioso podia afirmar-se como judeu mandando seus filhos para uma escola ídiche, e semelhante atitude era possível, durante certo tempo, nos Estados Unidos. Por que então, atualmente, a procura de identificação através da sinagoga, embora não pareça haver um verdadeiro renascimento religioso?

O fato é que, nas condições americanas, é muito difícil um judeu afirmar o seu judaísmo senão através de qualquer ligação com uma instituição religiosa. Os Estados Unidos não conhecem minorias nacionais cristalizadas; admite-se, todavia, livremente, uma grande variedade de grupos religiosos. O *status* de judeu só é possível, realmente, como membro de um grupo religioso, e é só assim que um judeu, por mais indiferente que seja nesse terreno, pode integrar-se, como judeu, satisfatoriamente na nação americana. Assim, a sobrevivência do judaísmo nos Estados Unidos só é possível na sua forma religiosa. "A religião judaica provou ser o aspecto mais resistente à tempestade na existência judaica. Ela é a única força capaz de preservar os judeus como grupo".

Dessa forma, a religião judaica tornou-se instrumento de sobrevivência, simplesmente. Nas condições tradicionais da América, nem a cultura, nem a língua, nem concepções políticas ou sociais particulares podem garantir essa sobrevivência. Portanto, mesmo os judeus indiferentes inclinam-se para uma atitude favorável à religião como sendo uma "boa coisa", que deve ser encorajada, para garantir o futuro do grupo judaico no mundo atual. Isso não exclui que, em numerosos casos, se trate de verdadeiro renascimento religioso, no sentido mais profundo da palavra. Parecem predominar, contudo, os motivos enumerados.

Os três grupos principais, em que se divide a sinagoga nos Estados Unidos – a ortodoxa, a conservadora e a reformista –, se beneficiaram em escala diversa com a expansão dos últimos anos. Seria difícil definir em poucas palavras a natureza real dessas divisões, que não se referem a seitas reais diferenciadas essencialmente em virtude de crença, ritual e liturgia, mas decorrem parcialmente de razões históricas; tanto assim que certas divergências de crença e serviço religioso atravessam as demarcações grupais. Contudo, há certas vagas distinções doutrinárias relativas à concepção da *Halakhá* como lei, à pureza dos costumes dos rabinos, à obrigação de cobrir a cabeça e ao uso do órgão etc. Tais distinções, porém, são de pouca relevância prática. Seja como for, a renovação das atividades religiosas parece ter beneficiado principalmente os conservadores, pois esse grupo não só admite ampla escala de variação, mas parece mais capaz de combinar um considerável grau de tradicionalismo nas formas religiosas com perspectivas americanas, no que se refere às demais concepções. Com efeito, precisamente a geração mais nova sente-se, em certa medida, atraída, em matéria de crença e pertinência, pela ortodoxia, especialmente no tocante à liturgia, dentro de uma estrutura de concepções modernas.

Ao passo que também a "ala moderna ou americana" dos ortodoxos fez bastante progresso, nota-se que o grupo reformista é aquele que menos proveito tirou da renovação geral. Segundo estatísticas, em 1949 a Conservative United Synagogue of America contava com 365 sinagogas afiliadas, a Reform Union of American Hebrew Congregations com 392 e a Union of Orthodox Jewish Congregations com 500. Daí, não se pode tirar conclusões relativas ao número de indivíduos afiliados, pois as congregações divergem bastante em tamanho. O dr. Davies avalia o total dos sócios de congregações em 1,5 milhão de judeus, devendo supor-se que muitos milhares só frequentam a sinagoga nos Dias Santos mais altos. O número real deve ser bem mais baixo.

Apesar de certos esforços, partindo particularmente de veteranos e capelães da última guerra, a unificação dos judeus americanos continua tão remota como antes, embora não haja nenhuma divergência realmente fundamental entre os "partidos". A guerra mostrou que qualquer pressão exterior é capaz de superar tais distinções. Mas a autoconservação é a lógica de todas as instituições e organizações: uma vez constituídas, tornam-se forças próprias, com gravitação própria e interesses próprios e tradições, que impedem a sua integração num todo mais amplo. Tanto assim que parece impossível, no momento, eliminar a "concorrência" dos três movimentos, a não ser que se imponha um novo tipo de "judeu religioso" – um judeu para o qual as crenças e tradições do judaísmo não sejam apenas rotina herdada, mas algo novo, pessoal, excitante. Esse judeu existe, mas é difícil avaliar o seu número.

Dividida, portanto, nos seus próprios quadros internos, a sinagoga, como um todo, mostra-se, além disso, separada das áreas vitais da vida judaica.

Já vimos que, menos de uma terça parte de todos os judeus americanos, apesar da renovação ritual, tem uma relação mínima com a sinagoga. Cerca de 18% atendem os serviços religiosos ao menos uma vez por mês. No exército, esse número atingiu 31%, mas isso em condições especiais de guerra. Porém, mesmo essa minoria não considera a sinagoga o centro dos seus interesses. Há outros, mais importantes: sionismo, sindicalismo, filantropismo, serviços sociais, antiantissemitismo etc. – interesses que apelam mais à vida imediata e às emoções do judeu em geral e com os quais a religião parece ter pouca relação. Assim, a religião se torna uma "ocupação das horas de folga", uma atividade "suplementar".

Isso, porém, é gravíssimo. Significa a fragmentação da existência judaica e a secularização das instituições e atividades judaicas. Até o século XIX, todas as atividades judaicas estavam, até certo ponto, impregnadas de sentido religioso. Os novos interesses – tais como sionismo, socialismo e a aquisição da cultura ocidental – eliminaram da existência judaica o valor religioso. A vida judaica perdeu a sua unidade e a sinagoga se tornou uma instituição secundária. Tanto assim que o sionismo e os movimentos laboristas não se mostraram indiferentes à religião, mas com frequência estavam imbuídos de espírito antirreligioso.

Atualmente, portanto, todas as atividades consideradas vitais realizam-se nos Estados Unidos fora da esfera ou da influência da religião. O fracasso da sinagoga é particularmente visível na sua relação com os operários judeus, decorrendo tal fenômeno do seu conservadorismo inveterado no terreno social, e da falta de interesse pelos problemas modernos da classe trabalhadora. Daí essa atitude de total indiferença com relação à sinagoga que se nota entre os operários sindicalizados. Destarte, ela se torna uma instituição da "classe média", tendo sido eliminada uma das seções mais amplas e socialmente significativas das fileiras da sinagoga. O mesmo pode ser dito dos intelectuais, embora não em grau tão acentuado.

Tendo sido empurrada, portanto, para a periferia da vida judaica, a sinagoga, além disso, passa por um processo de decadência íntima e qualitativa, apesar da renovação quantitativa. Em breves palavras: ela já não representa uma comunidade de crentes, quer se trate de ortodoxos, conservadores ou reformistas. Nenhuma fé verdadeira parece empolgar os sócios – fato que, do lado dos líderes religiosos, não encontra outra atitude senão profunda resignação.

Além de fragmentada nas suas fileiras, a sinagoga deixou de ser, destarte, uma comunidade de crentes. Está se tornando, cada vez mais, uma instituição em que a religião já não é indispensável.

O que se pode fazer em tal situação? Religião vital, sentimento religioso não podem ser criados por campanhas de propaganda. Também não se pode retroceder a épocas passadas. Se a renovação da sinagoga há de ser realizada, isso tem de acontecer de acordo com as condições da vida moderna.

Contudo, sionismo, cultura nacional e coisas semelhantes, sendo ideologias seculares, não podem ser a base de tal renovação. A existência judaica coletiva sempre foi, e é, na sua natureza fundamental, religiosa. "O nosso povo é um povo somente em virtude da *Torá*". O povo judeu só pode sobreviver, particularmente nos Estados Unidos, como uma comunidade religiosa, e isso significa uma comunidade em que a sinagoga, como uma instituição *religiosa*, esteja colocada no seu lugar central. Dizemos conscientemente "sinagoga religiosa" – pois ela, atualmente, já é considerada uma instituição como qualquer outra.

É necessário restaurar a religião como uma força redentora na vida da comunidade. No entanto a força da religião é uma força para a vida. A fé judaica não conhece qualquer separação entre a religião e o mundo. Todas as atividades da vida se desenrolam debaixo da lei e do julgamento divinos. Religião, no sentido judaico, impregna a totalidade da vida no seu último e mais profundo sentido. Torna-se necessário empreender um esforço sério para procurar e reunir as centelhas de fé dispersas entre os fragmentos da vida judaica contemporânea. O rabino deveria tornar-se, de novo, educador e conselheiro religioso.

O mais importante é criar uma sinagoga não interessada, principalmente, em tornar-se dominante como organização, mas em transformar o judaísmo em força ativa dentro do coração e dentro da vida dos judeus que ela consegue alcançar.

A RELIGIÃO DOS JUDEUS SEM RELIGIÃO, DE RUDOLF BIENENFELD[1]

As Principais Teses do Autor

Esse pequeno livro de Rudolf Bienenfeld torna disponível para o público uma palestra realizada por ele em 1937, na Sociedade Judaica para Sociologia e Antropologia de Viena, na qualidade de presidente da seção austríaca do Congresso Judaico Mundial, realizado três meses antes da ocupação da Áustria por Hitler. A conferência teve sua 1ª edição em 1938 (e a 2ª em 1944, em Londres).

A Primeira Tese do Autor

Trata-se de um importante debate sobre o problema dos judeus "sem religião" – aquele grupo que não cumpre mais

---

1. CI 31 ago. 1956, publicado em alemão com o título *Die Religion der religionslosen Juden* von Rudolf Beinenfeld. Trad. Iracema A. de Oliveira.

97

"os rituais da religião judaica (eles até mesmo os desdenham), e que se distingue por estar completamente fora do grande número de judeus ortodoxos". Não obstante, porém, os adeptos desse grupo são totalmente reconhecidos como judeus, assim como, também, sempre que desejam, podem assumir a forma de vida de seu meio. O autor avalia que, desse grupo, de um terço a um quarto de todos os judeus, aproximadamente, se desligam da religião.

A despeito de seu número relativamente baixo, contudo, esse grupo, com sua influência, afeta consideravelmente o destino da humanidade por estar ligado a um grande número de eminentes personalidades. Einstein, Freud e Marx, em seus respectivos campos, inauguraram um novo período, e um número surpreendente de ganhadores do Prêmio Nobel provém desse grupo.

O autor faz uma correta observação dessas considerações sobre os judeus sem religião, visto que eles não podem ser rotulados nem por filiação a uma nação judaica (falta compartilhar língua, cultura e estrutura social), nem à raça judaica (que não há), nem, muito menos, a uma confissão (pois eles não se sentem unidos). Não obstante, eles são parte da comunidade judaica. Em que, então, consiste essa comunhão incontestável? Na opinião do autor, é na sua orientação básica espiritual, no modo como o judeu é identificado. O fundamento íntimo de suas vidas é o mesmo: "Eu defendo que, inconscientemente, certas características básicas da religião judaica estão presentes nos judeus sem religião". A religião sendo aquele princípio mental e emocional oculto, construindo a existência por sobre o espírito da humanidade, com todas aquelas orações que ele considera como tão naturais, e que, ainda assim, ele [o judeu sem religião], de modo algum pode pôr em dúvida como legado.

A fim de demonstrar, na convenção, que os judeus sem religião são, como judeus, marcados pelo que eles retêm junto à doutrina, o autor define os sinais característicos da fé ortodoxa judaica, como ela se apresenta aos nossos olhos no Velho Testamento, desde *Esdras* (abrandado na *Mischná*, G[u]emará e no *Talmud*).

Os quatros pensamentos básicos do judaísmo:

1. A Ideia da Fraternidade Radical:
   Todos, como filhos, têm os mesmo direitos, sem precisar de mediador para com Deus-pai. Os rabinos são apenas mestres, não intermediários entre Deus e o crente (em nenhuma outra religião essa ideia é tão central).
2. A Ideia de Justiça:
   Importante, porém, é a diferenciação do bem e do mal (não do belo e do feio; do verdadeiro e do falso). Vida espiritual e boa é equivalente à vida justa, de acordo com a Lei da *Torá*.
3. A Ideia do Conhecimento e do Primado da Razão ou Racionalidade:
   A Justiça não se dá através de um sentimento místico, uma voz interior, mas através de uma aprendizagem constante pelo conhecimento sensato do bem e do mal. "Aquele que sabe o que é bom e mau será um justo e capaz de triunfar sobre todas as paixões", esse axioma, altamente duvidoso, é evidente para o *Velho Testamento*, e igualmente para todo sábio do *Talmud*.
4. A Ideia de Além-Mundo:
   Aqui, e não em uma vida após a morte, o ser humano faz suas escolhas, e aqui tudo sobre ele é decidido. O Messias, como um mensageiro de Deus, promoverá, aqui na Terra, um reino de justiça, de fraternidade e de ordenação da razão.

A Segunda Tese do Autor

A segunda tese, altamente original, do autor defende que a entrada dos judeus no mundo europeu não foi uma consequência da emancipação. Ao contrário, eles teriam sido levados a esse movimento. Primeiro, como os judeus desejavam a emancipação, pouco a pouco eles foram ficando divididos. Queriam-na no século XVIII porque, precisamente naquele momento, as quatro ideias básicas do judaísmo tinham certo domínio – graças a um contexto histórico, não sob a influência dos judeus – e haviam se tornado propriedade comum do pensamento europeu. Justamente nesse tempo, os judeus foram despertados para o desejo de sair do gueto e de participar na formação do mundo e, em seus termos próprios, que agora também eram os termos deles, colaborar nos princípios gerais da Europa. Isso, no entanto, foi feito pelas melhores mentes do espírito emancipado judeu, sem o conhecimento claro de sua tradição, ou de qualquer outro fundamento, mas em função, apenas, de sua crença sagrada.

O autor tenta justificar sua tese com base no exemplo de três filósofos da economia: vê-se, pois, que de Marx resulta a ideia de justiça; de Josef Popper-Lynkeus (dever universal), a de fraternidade; Rathenau, por sua vez, representava o planejamento econômico racional, que objetivava conseguir, por meio da ordem na economia, um acordo com os princípios racionais para impor fins éticos à vida.

Esses conceitos básicos, portanto, sendo eles produzidos pelos judeus, mesmo os sem religião, manifestariam os interesses comuns a todos, que eles, como judeus, claramente identificaram, destacando-se, assim, naquele ambiente.

Comentário Crítico

As observações de Rudolf Bienenfeld são, sem dúvida, brilhantes e expostas com convicção. Isso nos permitiu o contato com um trabalho de peso sobre esse tema que foi, então, bem examinado. Todavia, não se pode deixar de levantar algumas dúvidas fundamentais sobre o quadro assim perfeitamente exposto, que, com certeza, poderia ter sido por ele questionado.

Um defeito fundamental

Um defeito básico do trabalho parece-nos estar situado neste particular de que o autor manifesta uma concepção muito atenuada de religião. Isso fica claro a partir da definição acima transcrita por ele, o que significa nada mais que um projeto típico de judeus esclarecidos sobre o pensamento e sentimento como um todo. Essa inclinação intelectual e emocional de base oculta, que o homem constrói, pode, de fato, ser moldada pela religião, mas a visão de mundo integral dos seres humanos é, em geral, mediada pela cultura. E essa cultura pode, eventualmente, ser inteiramente profana. Os fundamentos espirituais de muitos homens de nosso tempo são, em grande medida, formados por uma maneira difusa de ciência popular, e, além disso, também, por convenções e tradições que, de fato, podem ter sido cunhadas pela religião, mas essa substância há muito tempo se perdeu. Do mesmo modo, um homem totalmente indiferente pode, do ponto de vista espiritual-anímico, ter fundamento religioso, que é construído sobre sua vida intelectual: essas bases, que ele considera "como tão natural" e que ele, de modo algum, pode pôr em dúvida", não precisam, portanto, de toda "religião" para existir. Bases que são irreligiosas, não se tornam, com isso, religiosas (esse é um equívoco tão moderno quanto perigoso), posto que são fundamentos. A concepção religiosa, completamente secular-profana, do autor explica o paradoxo do título. Judeus sem religião podem apenas ter uma religião se esta for definida como na concepção do autor. Na verdade, esses judeus, na opinião do autor, não são sem religião, visto que as ideias essenciais da religião judaica são a sua base. Conforme essa definição, portanto, a religião judaica, por ela mesma, determina que eles "têm" a religião judaica. O que falta é o ritual, que, nessa definição, distingui-se como uma característica de modo algum essencial. O livro, portanto, deveria chamar-se: *A Religião dos Judeus sem Ritual*.

As consequências
Evidentemente, retoma-se a noção da religião judaica não no sentido de diminuir a maneira de pensar do autor, mas sim para resgatar a plena profundidade da relação viva dos judeus

para com o Deus vivo. É claro que os judeus sem ritual (e, de quando em quando, também esses judeus ritualizam), muitas vezes, certamente, também são sem religião. E, como tal, não tendo eles nenhuma religião, podem ter, na melhor das hipóteses, uma visão de mundo e, por oportuno, preferem ter uma tonalidade religiosa mais fraca. Nesse sentido, o livro deveria chamar-se: *A Visão de Mundo dos Judeus sem Religião*.

Essas observações são importantes porque só uma visão religiosa muito tênue do autor e, portanto, uma ênfase unilateral nos quatro princípios abstratos de sua tese, deixa claro que esses princípios básicos, "a casca", sempre se mantiveram preservados junto aos não religiosos, mesmo depois da perda dos rituais religiosos (pois o autor remete tudo e todos a tal ajuste). Se ele tivesse ressaltado a enorme pressão sobre o sentimento religioso e para além dele, manifestada na *Bíblia* de uma forma avassaladora, possivelmente não se equivocaria tão facilmente sobre essa questão, insistindo apenas em nos fazer crer que, após a dissolução do núcleo, não obstante a falta de base religiosa, eles têm conservado as ideias fundamentais.

Que pelo menos duas ou três dessas ideias, de fato, são essenciais para a religião judaica, isso não deve ser posto em dúvida. O que temos dúvida – e que o autor não demonstrou – é se essas ideias básicas tenham subsistido após a remoção do seu suporte à vida e ao mundo do sentimento pelos judeus não religiosos, como algo especificamente judaico.

São os judeus racionalistas?
Duas das ideias precisam, por ora, ser eliminadas: a ideia de mundanismo é realmente peculiar a uma certa categoria da religião judaica, mas também pertence, em geral, a todas as pessoas sem religião. Que, para os judeus sem religião, a ideia de mundanidade é essencial, é uma tautologia[2], eis porque não precisaria ser mais levada em consideração.

---

2. Em alemão: ein weisser Schimmel.

A ideia do conhecimento e do primado da razão e da racionalidade não é inerente, pelo menos, ao judaísmo bíblico característico. O povo intelectual, por excelência, foi o grego, bem como a opinião, que descende de Sócrates, de que o conhecimento implica em procedimentos imediatos de princípios morais. O tardio racionalismo judaico foi alimentado por fontes do helenismo. Os gregos eram motivados pela matemática e pela filosofia, enquanto os primitivos judeus se mantinham completamente incólumes, despreocupados com essa tendência racional; então, sobre o mesmo nível elevado daqueles, e de acordo com seu gênio, criou-se uma religião poderosa, que, como religião, não é racional, mas sim sobre (ou além) do racional. Não podemos confundir racionalidade com a perspicácia do Talmud. Racional é a atitude de Sócrates, o qual (pela definição) pretende que os princípios morais derivem da razão, enquanto no Talmud as regras morais (que, como tal, não são derivadas da razão, embora, na verdade, possam até ser razoáveis, como a lei que é derivada da razão) são dadas pela Revelação. A perspicácia, portanto, não se conduz pela dedução da razão, mas sim pela aplicação concreta de casos individuais (causuística). Para Sócrates, é a suprema autoridade da razão, para o Talmud, a fonte é como uma revelação de Deus, uma entidade que não é um princípio intelectual, como para os filósofos (Platão, Aristóteles), mas sim um atributo cuja pessoa, mesmo um racionalista como Maimônides, admite ser inconcebível. Sim, até Maimônides, cujo sistema racional é diferente de Aristóteles (e que foi tão perseguido por rabinos fanáticos e selvagens), reconhece a primazia da revelação sobre a suprarrazão; assim como, mais tarde Tomás de Aquino e, de certo modo, ainda mesmo Kant (Primado da Razão Prática, ou seja, a vontade moral sobre a razão teórica). Os judeus podem ter sido muito perspicazes e inteligentes e, sem dúvida, a sua religião como religião é a de maior defesa do primado da razão, mas, em seu sentimento de valor, eles não reconhecem a razão como sendo a mais elevada (como fizeram os gregos) e isso explica o papel secundário da razão em todo o seu trabalho original. Sua visão de mundo é profundamente irracional e não se coaduna com a lei natural (como para os gregos), como também com a não tão clara história legal (para a qual, em hebraico, não há sequer uma palavra exata), aquela cujo ser não se reveste de um conceito definido; e dela não deriva essencialmente um caráter de Estado racional (Platão), mas sim, finalmente, em sua existência individual única e irrepetível, ser inesgotável, insondável, livre, responsável, enquanto para os gregos o caso único só é importante contanto que consigamos nos afastar dele, juntamente com outras "armadilhas", para alcançar as leis gerais. Estamos confrontados com diferentes tipos básicos de ser humano. Entre os gregos, com certeza, prevalece o elemento racional, espacial e visual, entre os judeus o que prevalece é o auditivo, temporal e irracional: Deus é invisível, porém sua palavra se faz perceptível para os homens.

Fraternidade e justiça

Isso nos deixa com duas ideias básicas do judaísmo, que são, sem dúvida, singulares desde antigos tempos e que nos parecem ser relevantes nesse contexto. Em vista do exposto, a hipótese do autor, de que as ideias dos judeus sem religião foram mantidas como especificamente judaicas, devem ser consideradas fora de questão. Muito provavelmente, parece-nos ser mais fácil provar uma contra-hipótese: que mesmo que todas as minorias, simplesmente por causa de sua situação, enfatizem a justiça e a fraternidade, elas dependem da disseminação desses princípios para a manutenção de seu bem-estar. Os judeus emancipados da Diáspora, como uma minoria, modelo de continuidade exemplar, precisavam manter essas ideias particularmente elevadas, pois elas eram a condição fundamental de sua emancipação. Por essa razão, elas se mantiveram, mesmo depois da supressão da religião pelos judeus emancipados; e esse princípio elevado não se conservou especificamente para os judeus emancipados, mas sim para qualquer minoria. Essas ideias tiveram que se unir, simultaneamente, em seu mais alto nível, com a razão, visto que em uma igualdade secular de todos os povos confronta-se o poder histórico e o irracional, como a tradição e a herança de sangue; as comunidades enraizadas no mesmo solo, a ancestral aristocracia, pareciam atestar os privilégios adquiridos. Diante da razão, todos os homens são, precisamente, dotados de natureza sensata, podem partilhar o mesmo domínio do conhecimento, contanto que eles se esforcem para galgar as alturas do conhecimento. A intelectualidade dos judeus de hoje em dia e sua sede de conhecimento são particularidades do homem comum, que transcendem as barreiras sobre essa forma tradicional do conhecimento que costumam dificultar a afluência para o "estrangeiro".

As versões do autor nada provam

Então, ainda que estivéssemos em conformidade à opinião do autor, de que essas ideias básicas dos judeus sem religião são, de fato, provenientes de suas tradições judaicas, mesmo não estando inteiramente de acordo com ele, todavia nisto poderíamos estar de acordo: que essas ideias são essenciais para eles, em outro nível. Mas isso explicaria o fato de que eles são facilmente reconhecíveis como parte da comunidade judaica e se distinguem como judeus pelo seu meio? Se uma atitude mental básica fosse abalizada para isso, então os judeus sem religião da Europa e América, que no meio são reconhecidos como liberais-democráticos, sem dúvida, se distinguiriam muito mais do que os judeus ortodoxos no mundo. O próprio autor afirma isto, que foram as ideias dos judeus que influenciaram a emancipação do bem público na Europa (e na América). E em muitos países essas terras permaneceram como propriedade pública. Todavia, porque os judeus prosseguiram ausentes disso, embora reconhecidos como tal? A tese do autor nem mesmo explica o que pretende afirmar. E não esclarece o fenômeno que trouxe à baila, porque o autor, mesmo falando pela Associação de Sociologia, trata as questões de mudança cultural de

105

maneira completamente não sociológica e, de resto, reduz drasticamente, de modo simplificado, complexos processos históricos. É uma realidade amarga que os fenômenos fundamentais, como a história e a mudança cultural judaicas, sejam praticamente inexplorados, pois parece ser impossível enfrentar essas questões com espírito científico e imparcial. A perspectiva é ou apologética ou antissemita. O resultado é que o povo judeu, que acredita conhecer tão bem o caminho do autoconhecimento, lamentavelmente nisso fica para trás.

A sobrevivência dos judeus não religiosos enquanto judeus – o que em si já é bastante questionável, pois inúmeros judeus não religiosos foram absorvidos pelo meio – não pode ser atribuída apenas a uma atitude mental. Relações com as histórias social, econômica e política são tão importantes quanto cruciais, para além desse momento. Por enquanto é suficiente, neste contexto, registrar que a argumentação do autor não prova nada.

A segunda tese do autor
Em sua segunda tese, que, a saber, os judeus inicialmente queriam a emancipação – porque, naquele momento, sem influência judaica, pela constelação histórica, teve lugar uma coincidência com as ideias básicas do judaísmo, e que a emancipação lhes foi atribuída, porque a desejavam – parece-nos, antes, como plano de fundo, um entrelaçamento histórico difícil de ser provado. O fenômeno fundamental do Esclarecimento (Iluminismo) é, aliás, um enfraquecimento da visão como tal, num cenário de crescimento do *Deismus* em que Deus pouco a pouco se desvanece, em função de um límpido princípio de Esclarecimento; um entendimento de Deus, aliás, que se dirige contra um iminente pensador do "judaísmo", como Pascal, quando ele luta com o Deus de Abraão. A concepção deísta-racional de Deus não como uma natureza verdadeira, atuante e viva, mas sim como um princípio lógico explicativo, enquanto permanece como plano de fundo para o argumento "deus ex maquina", foi depois alcançada, pelos judeus do leste,

na *Halakhá*. Trata-se de um gigantesco processo de secularização. Primeiramente priva-se-lhes da parte essencial da religião: as chamadas quatro ideias básicas do judaísmo podem ser, afinal, analisadas, enquanto tal, fora da plenitude da fé. O próprio autor é, de forma clara, aliás, um primoroso produto do Esclarecimento (Iluminismo). Mas o Esclarecimento precisa ser levado para além dele mesmo: ele deve voltar-se para seu próprio conhecimento e, como tal, compreender-se. Nathan, o personagem de Lessing, que representa todas as características eminentes da corrente religiosa em favor da razão pura, é outro excelente produto do Esclarecimento. Trata-se de um processo integrado que, progressivamente, inclui uma grande parte da Europa e dos judeus e encontra a sua expressão radical em elementos da religião racional na Revolução Francesa.

Diante desse plano de fundo, a tese do autor perde seu verdadeiro sentido. Os judeus, aliás, queriam apenas a sua emancipação, pois eles próprios podiam compreender o Esclarecimento e, no íntimo de sua postura, ter iniciado a "modernidade". Somente a partir de então é possível, mesmo, que na unidade inseparável da religião judaica, algumas ideias básicas do racional se destaquem nas tendências dominantes do meio redescoberto. Em vista desses acontecimentos, é completamente inútil perguntar se o primeiro judeu queria sair do gueto e então veio a emancipação ou vice-versa. O fenômeno é afirmado pelo Esclarecimento. É um processo uniforme de secularização, que não pode ser decomposto na forma racional e a-histórica do autor.

Chamada

O Autor deste Comentário está bem ciente de que sua opinião pode ser contestada, tanto quanto a do autor do livreto comentado. Basta dizer que os trabalhos que dão origem a esses conflitos muitas vezes não aparecem. É necessário que, pelo menos, as ideias importantes sejam sistematicamente apresentadas. Esse fato, por si só, já é uma melhor demonstração para elevar a categoria dessa pequena obra que, com suas trinta páginas de texto, aproximadamente, oferece mais material para discussão do que um grande calhamaço de quinhentas páginas. Certamente, seria no interesse do autor, como é em conformidade com este comentarista, se tese e contratese pudessem provocar um debate mais aprofundado por parte dos leitores desta coluna da *Crônica*.

RELIGIÃO OU ÉTICA FILOSÓFICA?[1]

O artigo do sr. S.A., ora em debate – Construímos não a Nossa Casa, mas o Centro de toda a Coletividade –, parece-me conter ideias sábias e dignas de nota, as quais não se pode deixar de aprovar de pleno coração. Afora o título, que me parece pouco psicológico, discordo de um ponto somente: o trecho que se refere ao rabino Newman, de Nova York, que convida os componentes da sua congregação para dormirem na sinagoga, já que demonstram assim estarem "em estado de repouso, livre de qualquer tensão", dando, portanto, vazão à sua "saudade de um certo relaxamento".

Não se pode discutir tais problemas sem entrar em considerações de ordem pessoal. Não me julgo pessoa religiosa e, por isso talvez, nem deveria entrar nesse debate. No entanto, apaixono-me pelos problemas envolvidos.

1. CI 16 jan. 1956.

109

Alcanço, remotamente, (talvez como um cego que fala da luz) as possibilidades de humano enriquecimento e de vivências decisivas, inerentes ao estado religioso. Talvez, por não participar desse estado, eu nutra ideias demasiadamente rigorosas a respeito da religião e da pureza dos seus domínios. A exigência da perfeição inflexível – reconheço-o – muitas vezes pode ter aspectos niilistas, pois a perfeição não se coaduna com os compromissos da vida.

Vejo a religião – como culto, corpo de doutrinas e imperativos – em relação com a religiosidade de quem está em referência com um mundo sobrenatural, com Deus. A experiência dessa outra realidade, dessa esfera divina, do Deus pessoal, afigura-se-me decisiva. Para o corpo de doutrinas éticas e sociais, bem como para o ritual, a divindade é constitutiva, tudo emana do mandante dos mandamentos. Faltando a vivência pessoal de Deus, como ser dotado de plenitude de realidade, resta uma doutrina ética que não julgo ser religião na acepção rigorosa da palavra. Religião e moral são dois fenômenos distintos; por vezes contrários podem entrar, no entanto, numa relação instável de simbiose, vantajosa até certo ponto para ambos os valores que, destarte, se fortalecem mutuamente. Temos esse caso no judaísmo e na maioria das grandes religiões. A diferença essencial entre religião e moral é magistralmente sugerida na história de Abrão e do virtual holocausto de seu filho Isaac.

Sei que me dirão tratar-se de especulações totalmente alheias ao judaísmo – religião terra a terra, essencialmente ética e social, devotada por inteiro à ação e à vida. Religião que, além de uma doutrina ética elevada, no melhor dos seus casos e depois de passar por um processo de eficiente americanização para torná-la *up to date*, é ainda capaz de proporcionar *peace of mind* – paz espiritual. É por isso que nos ensina o famoso rabi Joshua Loth Liebman: "Religião é para mim a sabedoria espiritual acumulada e a soma de preceitos éticos, datando do tempo dos primeiros profetas e gradualmente formulados até formarem um corpo de verdades testadas (sic!) para a orientação moral do homem e para ele se sentir em casa no universo"[2].

Esse rabino, no entanto, ainda está muito atrasado. Ainda não chegou a transformar Deus em mero "princípio", mas apenas em sócio do homem, gerente de uma gigantesca sociedade anônima, cujo fim é a distribuição anual, entre os sócios, de dividendos em forma de felicidade e paz. "Homens que intimamente são atormentados e emocionalmente infelizes nunca podem ser bons parceiros (*partners*) de Deus"[3] – opinião que deixa Moisés e os profetas em má situação. Para o rabino pragmatista, a religião é o instrumento de "conforto humano" e, para ela ser depurativo psíquico eficiente, precisa recorrer a uma aliada – à "psicologia revelada"[4], cujo profeta é Freud. Em suma: religião como terapêutica.

A integração ordenada, dentro da cultura, das esferas da religião e da ciência, certamente é um grave problema da nossa época, problema que dificilmente pode ser motivo de paz de espírito. São duas regiões que se defrontam, ou não tomando conhecimento uma da outra, ou entrando em choque veemente. A terceira relação é espúria e redunda, nas épocas de supremacia da religião (Idade Média), em prejuízo das ciências, e, nas épocas de supremacia da filosofia ou da ciência, em prejuízo da religião (época dos sofistas; Sócrates; Ilustração; atualidade). A associação entre religião e psicanálise (considerada como ciência e técnica terapêutica) resulta inteiramente em desfavor para a religião: esta é secularizada e tem de reconhecer a ciência como "guia"[5]; submete-se, portanto, à esfera terrena e temporal. Através de todo o livro do rabino Liebman – e o que surpreende, no caso, é que se trata precisamente de um rabino –, a religião é "psicologizada" e se reveste de aspecto "funcional" – nada é senão um recurso terapêutico para criar "paz de espírito".

2. *Peace of Mind*, New York: Bantam Books, 1955, p. 8 (N. do A.).
3. Idem, p. 9.
4. Idem, p. 10.
5. Idem, p. 154.

111

Ainda assim, não chega aos extremos do rabino Newman. Interpreta o culto, de modo aceitável embora unilateral, como uma forma de provocar descargas coletivas organizadas e sabiamente canalizadas para libertar os congregados das tensões acumuladas. Naturalmente não se pode dormir durante as descargas. Em compensação, pode-se dormir depois, com a alma limpa e purgada e a consciência tranquila. Isso, afinal, ainda é aceitável.

Com efeito, não se pode deixar de concordar com os belos trechos em que o rabino Liebman enaltece a sábia "estratégia emocional" da liturgia judaica:

> Vejamos... os grandes dias santos e festivos dos judeus: com quanto senso artístico (!) eles [os construtores do judaísmo] cuidaram da expressão dos sentimentos e da canalização das emoções! O Ano Novo e o *Iom Kipur* eram ocasiões para a expressão coletiva do pecado e da culpa; a participação do grupo inteiro, nessa verbalização, produziu purificação e paz íntima... *Hanucá* e *Purim* capacitaram o povo a exprimir os seus impulsos agressivos, a sublimar emoções de cólera e ódio e a atingir assim nova serenidade, pela libertação verbal... Todo o calendário do ano judaico afigura-se, assim, sabiamente organizado para a canalização emocional sistemática e coletiva, a purificação das emoções, o controle da vida íntima – para aquilo, portanto, que os psicologistas chamariam um processo de verbalização e sublimação[6].

Isso não deixa de ser excelente e, certamente, não inclui sonecas durante o ritual e os sermões. Mas não nos enganemos. A linguagem totalmente secular e profana, em estilo de divulgação científica, reduz religião e culto a fenômenos inteiramente temporais e terrenos. O culto, na sua função, lembra a do teatro grego, conforme a tese de Aristóteles: produz a "catarse" do público. Não admira que o rabino fale do senso "artístico" com que o ritual é arranjado. Ora, ritual e teatro religioso indubitavelmente têm semelhanças extremas e há autores que os identificam com o conceito de "jogo". Existe, no entanto, uma diferença fundamental,

6. Idem, p. 156-157.

não percebida pelo rabino Liebman. O teatro religioso *representa* a presença de Deus, quer visivelmente, por meio de máscaras etc., quer auditivamente, por meio de instrumentos musicais que *representam* a voz do Deus. O teatro é um "faz de conta que". Apresenta parecer, não ser (*Schein, nicht Sein*). O ritual não representa: estabelece a presença real da divindade. Não representa: presenta. É daí que decorre a "eficácia" do ritual em todos os sentidos. Esqueceu-se o rabino de um "pormenor": o contato real – para o religioso – entre duas esferas em si mutuamente incomensuráveis, entre a esfera transcendente, sobrenatural e eterna, e a esfera imanente, natural, temporal. Concomitantemente, a audiência do ritual não é "pública", mas participante num ato festivo que restabelece, revigora e consagra o confronto do mundo sagrado com o mundo profano. Nos seus estágios mais elevados, o ritual, liberto da magia, cristaliza-se na oração, diálogo real com Deus presente na Casa de Deus. Essa tarefa essencial do culto – do qual podem decorrer *acessoriamente* resultados terapêuticos como os destacados de modo unilateral pelo rabino Liebman – evidentemente não pode ser tomada em consideração, quando o Divino deixou de ser a realidade suprema para os congregados; quando, enfim, Deus se transforma em mero sócio de transações psicológicas e deixa de ser a *tremenda majestas* da esfera luminosa.

Trata-se, nos casos dos rabinos Newman e Liebman, de uma verdadeira deteriorização do Divino. E essa atividade corroedora é efetuada por expoentes precisamente daquela religião a que um pensador religioso como Rudolf Otto recorre para dar os exemplos mais vivos e vigorosos da religiosidade autêntica! É um protestante que busca no judaísmo a vivência do *misterium tremendum* e analisa termos como, por exemplo, *qadosch*. "O sagrado", declara,

vive com vigor supremo nas religiões semíticas e mormente na *Bíblia*. Tem aqui seu próprio nome: isto é, *qadosch*, ao qual correspondem o *hagios* e *sanctus* e, mais exatamente, o *sacer*. É certo que esses nomes, em todas as três línguas, abrangem também o "Bem", o *summum bonum*, isto é, na última fase do desenvolvimento e maturação da ideia, e nesse caso traduzimos o termo por "santo". Mas esse "santo" nada é senão a paulatina esquematização e impregnação ética de um momento peculiar e original que, em si, pode ser indiferente ao ético e que pode ser analisado por si mesmo"[7].

O *Emat Javé* – o terror pânico (*awe*, em inglês) – ante Deus se manifesta no profundo respeito imbuído de temor (*Ehrfurcht*, em alemão, ainda contendo o momento do medo), no arrepio e no estremecimento íntimo, emoções indicadoras da presença da divindade que não desaparecem nem sequer depois de decantadas e sublimadas nos níveis mais elevados do desenvolvimento posterior. Constituem, ainda então, o fundo subjetivo da atitude do religioso ante a presença da *tremenda majestas* do Divino.

O culto, como celebração solene da relação coletiva com o *misterium tremendum*, nunca pode ter o aspecto acentuado pelo rabino Newman. Evidentemente, a experiência religiosa da maioria não será tão veemente como a dos grandes homens religiosos. A maioria vive uma religião de segunda mão, aceitando a experiência tremenda dos líderes religiosos – personalidades certamente não muito aptas para gozar da beata paz de espírito do rabino Liebman. Precisamente o culto, porém, deve avivar e revigorar um sentimento religioso pouco desenvolvido. Nesse sentido, a opinião do rabino Newman parece-me uma heresia completa, sintoma do que ocorre quando a esfera religiosa é sujeita a uma psicologização que lhe atribui valores apenas terapêuticos.

O fortalecimento religioso, através do culto, naturalmente implica também a reafirmação da doutrina ética, emanação da esfera religiosa na fase da maturidade do judaísmo. O *ethos* judaico, porém, nunca foi de repouso e relaxamento, mas sim de luta e protesto, busca e anseio. Não há quietismo e contemplação beata nem sequer nas manifestações místicas do judaísmo, excetuando-se os movimentos de forte influência neoplatônica.

7. *Das Heilige*, p. 6 (N. do A.).

*   *   *

Tenho para mim que boa parte dos judeus de hoje, comparada com o padrão acima delineado, é irreligiosa ou indiferente. A *tremenda majestas*, o Deus pessoal com quem os congregados estabelecem um diálogo durante o culto, celebrando assim o encontro do eterno com a história, ficou reduzida a um princípio ético – nada mais. Ainda nesse sentido de secularização completa, atribuo ao culto uma importância peculiar que não admite sonolência.

Há uma diferença entre a filosofia moral e a religião secular transformada em mera ética. O filósofo apenas analisa os conceitos morais; ele prova, deduz e verifica. Ele tem de provar o seu pensamento moral com argumentos racionais, não tem de vivê-lo, necessariamente. O homem religioso, mesmo no sentido secularizado, tem de vivê-lo; prova os preceitos morais somente através da sua vida. O culto, nessa acepção reduzida, seria uma técnica para transformar princípios abstratos em vivência coletiva concreta, em vida e ação. O ritual não é veículo de informação, como a filosofia tomada apenas como sistema de argumentos lógicos. Mesmo reduzido à mera técnica secular, é atuação plena e, como tal, em vez de informação, é veículo de formação e transformação do homem.

Segunda Parte:
VIDA JUDAICA

HEINE OU O "COMPLEXO DE EXILADO"[1]

I

Folheando velhos números do excelente periódico *Commentary*, publicação do American Jewish Committee, encontramos um interessante ensaio sobre a "Religião de Heine", de Leo Lowenthal, norte-americano nascido em Frankfurt. Não concordamos inteiramente com o ponto de vista do autor. De qualquer maneira, vale a pena tecer algumas considerações, talvez muito subjetivas, sobre o caso do eternamente jovem poeta.

Muitas razões podem determinar a conversão de um judeu: motivos econômicos; a tentativa de escapar a perseguições através da conversão exterior (caso dos marranos); o anseio de integração na comunidade do povo-hospedeiro; até, às vezes, a inclinação por outra religião.

---

1. Junção de artigos: da CI sem data e de 1 mar. 1949.

119

Qual terá sido o motivo decisivo da conversão heiniana? Heine não era oportunista – a sua atitude política, que muito o prejudicou, é testemunho disso; o dinheiro – ele o desprezava; não se pode falar de uma profunda inclinação pelo cristianismo, embora nos pareça que o autor do artigo mencionado não diferencie suficientemente entre o protestantismo e o catolicismo; Heine fala frequentemente com entusiasmo em favor do protestantismo na sua acepção liberal, isto é, na sua forma secularizada e racionalista.

De um modo geral, a conversão complicou bastante a sua situação social e psíquica – ele não podia deixar de prevê-lo. Mais tarde, confessou-o: "Sinto imensamente a minha conversão; não posso dizer que desde então eu tenha andado melhor. Ao contrário: isso só me trouxe desgostos".

O verdadeiro motivo da sua atitude, ele mesmo o indicou: "O certificado de batismo é o bilhete de admissão à cultura europeia". É verdade, isso também tem cheiro de oportunismo. Um marinheiro que abandona, em alto mar, o seu barco frágil para se transferir a outro, mais sólido, não pode deixar de atrair as nossas dúvidas, por melhores que sejam os seus argumentos. Somente um judeu na Palestina atual pode se converter sem que duvidemos da sua sinceridade.

Heine também tinha bons argumentos: agora, como cristão, poderia ajudar com mais eficiência os seus antigos correligionários; agora poderia combater os lados tidos por ele como negativos, tanto do cristianismo como do judaísmo da sua época. Realmente, ambas as religiões representavam para ele o *judaeische Spiritualismus*, de tendência "nazarena", esquelética, ascética, opondo-se ao "tipo grego", carnudo, *weltfromm*, epicúreo e amante da beleza. O que o apaixonava era a "cultura europeia" e a conversão a um protestantismo liberal e racionalista – aquele protestantismo combatido por Kierkegaard –, era o bilhete de acesso a ela. Essa cultura europeia a que Heine se referia era a do Século das Luzes e do seu querido Lessing, da Revolução Francesa e da religião secularizada. Impelido por uma espécie de messianismo mundanal, desejava, no fundo, não ser nem judeu nem cristão, mas simplesmente "homem". Todavia, parecia-lhe mais fácil ser "homem" como protestante do que como judeu.

Assim, não trocou apenas a religião, porém, como acentua muito bem o autor do artigo da *Commentary*, também a pátria, provocando, por assim dizer, a relatividade de todos os laços históricos e sociais e estabelecendo-se onde quer que a liberdade e o "homem" parecessem predominar. Embora profundamente influenciado pelo romantismo, pertence, pelo menos com uma das raízes do seu ser, à época da Ilustração.

Divergimos, no entanto, quando Lowenthal se refere à "volta" de Heine ao judaísmo ou quando fala do seu amor específico pelo judaísmo. É preciso excluir talvez os últimos anos de grave doença, quando de fato mostrava propensão forte pela fé dos ancestrais, mas mesmo então caçoava de todas as religiões positivas e proibiu, no seu testamento, qualquer cerimônia religiosa por ocasião do seu enterro.

O amor heineano pelo judaísmo não era "específico", mas era, como no caso do seu amor ambíguo pela Alemanha, o amor do exilado, tanto das montanhas do Harz como de Jerusalém, uma espécie de nostalgia estética, saudade romântica. Heine era o tipo acabado do exilado *tout court*. Como livre escritor, não pertencia propriamente à burguesia; como convertido, não pertencia aos judeus; como judeu, não pertencia aos cristãos; como protestante, não fazia parte da maioria católica francesa; também como alemão, não pertencia aos franceses; e, como politicamente suspeito, não agradava aos alemães. Exilado de Jerusalém, da burguesia, do judaísmo, da Alemanha, da "Grécia", perdido na liberdade absoluta do homem não ligado a nada, procurava raízes de qualquer ordem. Não as encontrava nos braços do sexo frágil apesar do amor a Mathilde, nem na religião, nem na política. Odiava a burguesia capitalista; mas, profetizando, como amigo de Marx, o advento do socialismo, era, como individualista extremo, já de antemão um exilado de qualquer país socialista. O "complexo do exilado", do homem libérrimo, que vive "de fora" e "de cima", externa-se na sua ironia que, no seu caso, é o símbolo de uma liberdade niilista não limitada por nenhum lastro de valores absolutos.

A própria arte não lhe podia servir de refúgio: não ganhava o suficiente para isso. Mas quer nos parecer que Heine pertencia essencialmente à espécie do Homem Estético, violentamente combatido por Kierkegaard. A sua hierarquia de valores é, no fundo, coroada pelo frágil valor estético, não pelo valor religioso ou político-social. Os poderosos impulsos políticos, que frequentemente lhe incendiavam as obras, eram sinceros. Mas a própria justiça social tornava-se para ele um valor estético – base de um mundo belo, harmonioso, alegre e sensualmente "grego", como ensinava o saint-simonista Père Enfantin. Semelhante socialismo individualista foi pregado, mais tarde, por Oscar Wilde, depois de "convertido" ao cristianismo. Conhecem-se as palavras de Heine de que não gostava do cheiro dos operários mal lavados. Também o sr. Lowenthal reconhece que Heine converteu-se porque ansiava por uma vida "limpa e formosa". Era a conversão de um esteta.

II

Racionalmente, Heine era um socialista. Mas a sua sensibilidade estética opunha-se a um socialismo disciplinado e coletivista e essa sensibilidade era decisiva. "Meu temor ante o comunismo nada tem de comum com o receio do felizardo que treme pelos seus capitais [...] Obceca-me o medo secreto do artista e estudioso [...] Lavaria minha mão se o povo soberano me honrasse com o seu aperto de mão" Se deixou de ser ateísta, confessa, é por esnobismo aristocrático: o ateísmo ficou sendo coisa corriqueira, o bem comum ou o mal comum das massas mal cheirosas.

Longe estamos de querer afirmar que Heine pertenceu aos adeptos do *l'art pour l'art*, concepção que, por volta de

1830, depois do esteticismo dos anglo-saxões Keats, Wainewright e Poe, tomou forma radical na teoria do amigo de Heine, Théophile Gautier, depois com Baudelaire, o discípulo de Poe, com Flaubert, Huysmans, Wilde e outros. O seu empenho e ativismo políticos eram por demais intensos para que pudesse chegar a tal exclusivismo. É conhecida a sua crítica a Goethe, cujo indiferentismo político acha censurável. Todavia, mesmo o seu impulso político era sede de beleza. No epos *Atta Troll* (a história de um urso comunista – Heine era profeta, mesmo sem querer), condena a poesia tendenciosa e escreve romanticamente:

FANTÁSTICO

Sem fim é meu canto. Sim, sem fim
como o amor, como a vida.
Meu querido pégaso
não é um matungo de carroça, útil e virtuoso,
nem um corcel da fúria partidária
que, empinando-se, relincha pateticamente[2].

Se mesmo os seus impulsos políticos subordinam-se ao valor estético, isso acontece em grau muito mais alto no caso da religião, que nunca (ou quase) era verdadeiramente central para ele. O amor intermitente pelo judaísmo não se relacionava com um valor em si, mas nasceu do amor estético de certas tradições judaicas, da *Bíblia*, de certas coincidências com a fé racionalista da Ilustração e dos momentos poéticos da história e do sofrimento judaicos. Isso não exclui a sinceridade desse amor, mas a arte representa para ele um valor mais essencial: "Nunca costumei interessar-me muito por Moisés, provavelmente porque o espírito helênico predominava em mim. Não pude perdoar

---

2. Phantastich / Zwecklos ist mein Lied., Ja zwecklos / Wie die Liebe, wie das Leben… / Mein Geliebter Pegasus / Ist kein nuetzlich tugendhafter / Karrengaul des Buergertums / Noch ein Schlachferd der Parteiwut / Das pathetisch stampft und wiehert…

123

ao legislador dos judeus o ódio a toda representação artística e à arte plástica".

Mesmo o seu interesse posterior por Moisés reveste-se de uma terminologia estética: "Eu não percebera (antes) que o próprio Moisés, apesar da sua hostilidade à arte, era um grande artista e possuidor de verdadeiro espírito artístico. Só que o seu espírito artístico – assim como o dos seus compatriotas egípcios – era dirigido para o colossal e o indestrutível. Todavia, ao invés de erguer estátuas de tijolos e granito, Moisés construiu pirâmides e obeliscos humanos".

Repetimos, não obstante, que a concepção de Gautier da arte pela arte não era a mesma que a sua. A própria arte havia de ser instrumento de um esteticismo mais amplo – a de um mundo humano pleno de beleza, harmonia e esplendor sensual. Tal mundo, porém, parecia-lhe impossível sem justiça e liberdade. É exatamente aqui que o seu esteticismo se transforma – às vezes – em messianismo mundanal e social e se torna religião.

Dois anos antes de sua morte, o doente da rua d'Amsterdam diz que "ser bom é melhor do que a beleza" e proclama Moisés como o representante supremo das ideias da liberdade e da justiça.

É esta a última, a definitiva opinião do poeta contraditório?

Em seu último poema *Fuer die Mouche* (Para o Mouche), escrito poucas semanas antes de morrer, exclama:

Ai! Esse conflito não terminará nunca!
A luta entre a verdade e a beleza continuará eternamente
e o exército da humanidade estará sempre dividido
em dois partidos: Bárbaros e Helenos![3]

Heine continuou um exilado até a última hora. Nenhuma conversão poderia salvá-lo.

---

3 O, dieser Streit wirde, enden nimmermehr, / Stets wird die Wahrheit hadern mit dem Schoenen, / Stets wird geschieden sein der Menschheit Heer / In zwei Partein: Barbaren und Hellenen.

A beleza e a perfeição que ele procurava não são deste mundo. Somente a morte, a 17 de fevereiro de 1856, concedeu ao homem sem pátria o aconchego que a vida lhe recusara.

A METAMORFOSE DE KOESTLER

Sombra e Água Fresca:
À Margem da Filosofia de Koestler[1]

O assunto debatido por Koestler com grande brilho e argumentação sedutora, e ao qual a *Crônica Israelita*, num esforço realmente digno das suas tradições, deu o máximo relevo, é dos mais delicados devido à extrema susceptibilidade de certos maus sionistas, completamente isentos de

1. CI 30 jun. 1950. Nota de introdução ao artigo: "Esta contribuição do nosso colaborador Anatol H. Rosenfeld encerra uma etapa da discussão sobre a entrevista de Koestler, que teve tamanha repercussão e na qual Maurício Carr reproduziu as razões que levaram o autor de *O Iogue e o Comissário* a renegar o judaísmo. Numa conversa com Rosenfeld, verificaremos que a construção ideológica de Koestler, dentro das categorias por ele utilizadas, apresenta-se muito bem cimentada, somente sendo possível abalá-la se nos colocarmos no plano das próprias concepções dele. Acreditamos que a contribuição de Rosenfeld representa um trabalho particularmente valioso por ser uma crítica em si concludente às teorias de Koestler". (Redação da *Crônica Israelita*.)

127

espírito democrático. Esses elementos conseguiram criar, em determinados casos, por meio da pressão psicológica, um ambiente de certo modo totalitário, no qual é difícil externar uma opinião autônoma.

Ora, sabemos que a esmagadora maioria dos verdadeiros sionistas soube manter-se livre de tal coação, reconhecendo o valor de discussões francas e leais de pontos de vista diversos, ou até contrários. Conhecemos pessoalmente sionistas que dedicaram toda a sua vida ao seu ideal – não apenas algumas horas de folga, com entusiasmo marcado pelos ponteiros do relógio –, e que, no entanto, procuram responder a objeções com elevação desapaixonada e argumentos racionais. Afinal, a base ideológica do sionismo não é tão fraca que se necessitasse, para expô-la e defendê-la, de recursos demagógicos.

1. Convém salientar, inicialmente, que a pessoa de Koestler não importa nesse nexo: não julgamos aqui o seu caráter, mas sim os seus argumentos. Por maiores que sejam as dúvidas que a pessoa do autor de *O Iogue e o Comissário* nos inspirem, isso não impede que as suas concepções possam estar corretas. São elas corretas?

2.Vamos dizer que elas são extremamente lógicas e, precisamente por isso, incorretas. Surpreende-nos que Koestler, antigo marxista, tenha esquecido os ensinamentos da dialética, que é uma lógica de contradições. No entanto, tiramos o chapéu diante da lógica de Koestler. Ela é inatacável. Porém a vida não se comporta segundo a lógica aristotélica, e muito menos a história – com isso não queremos dizer que os processos históricos estão despidos de sentido. Se tudo corresse segundo a lógica de Koestler, não existiria nacionalismo, nem antissemitismo, nem sionismo; não existiriam crises e nem guerras. A humanidade estaria vivendo, há muito, pacificamente debaixo de um governo mundial e Estado nenhum faria questão de soberanias políticas.

3. Ora, o fato é que os fatos históricos não são rigorosamente lógicos, o que deploramos profundamente. Deveríamos

128

envidar os máximos esforços para torná-los cada vez mais lógicos. Mas por enquanto eles são, em alto grau, irracionais, inacessíveis à lógica simplista de Koestler. Temos de contar com os fatos como eles são. O próprio sionismo tornou-se um movimento vitorioso porque o mundo em que vivemos, irracional como é, tornou inevitável uma reação dos judeus; uma reação que avaliava os fatos como fatos, reconhecendo que o racionalismo da Ilustração fracassara, não porque o racionalismo fosse mau – longe disso! –, mas porque o mundo em que vivemos é preponderantemente irracional. Reconhecemos que isso é trágico. Preferiríamos o mundo lógico de Koestler aos fatos demoníacos. Será que Koestler quererá exclamar com Hegel, o qual, ao dizer-lhe alguém que o seu sistema não correspondia aos fatos, respondeu: "Tanto pior para os fatos!"? Sim, tanto pior para nós. Mas os fatos aí estão.

4. Nenhum nacionalismo é lógico: a lógica não tem nação. E nem é o judeu, tampouco, como os outros homens, um *homo logicus*. Como os outros homens, ele é um ser cujo raciocínio é modificado, na sua estrutura lógica, por emoções, sentimentos, desejos, paixões, sonhos e interesses: influem tradições, atitudes formadas por uma longa história de sofrimentos, arroubos transcendentes e transportes místicos. Não há lógica na história judaica: ela é um milagre. De maneira lógica, não existiria hoje nenhum judeu sobre a face da terra.

5. Se os judeus fossem *homines logici* – como parece pressupor Koestler –, a "escolha" radical seria possível: dentro de cinco anos, os "judeus-judeus" iriam para Israel e os "judeus-não judeus" escolheriam a assimilação radical, eliminado de vez o problema judaico. Visto, porém, que os judeus são homens humanos – isto é, imbuídos de sentimentos e emoções, às vezes de fé religiosa, vivendo em conflito, com interesses vários e contraditórios –, é inevitável que em numerosos casos deixem de "escolher", para continuarem vivendo como vivem, obedecendo a diversas lealdades que, às vezes, se chocam.

6. Toda a teoria de Koestler relativa à escolha absoluta de uma só lealdade é uma teoria de crise, como a dos existencialistas. Sim, supondo-se hipoteticamente um caso de guerra entre a nação hospedeira e Israel, o judeu teria de escolher, de vez, a sua lealdade política. Trata-se de uma teoria que só enxerga extremos. Contudo, na vida comum de todos os dias coexistem muitas lealdades. Somos leais à nossa família, aos nossos colegas, ao nosso clube de futebol, à nossa classe, à nossa religião, à nossa nação, às leis morais (se for possível). Se a lealdade para com a família chegar ao extremo, ela se choca com a lealdade para com a nação, a classe, as leis morais. O médico de Truman, multimilionário, especulou aproveitando-se de informações confidenciais do presidente, ganhando assim mais alguns milhões. Diante do tribunal, exclamou: "Mas meus senhores, eu tenho que manter minha família!" Ora, essa lealdade extrema para com a família – chamemo-la assim – chocou-se com a lealdade devida às leis.

A lealdade do comunista para com o seu partido não se coaduna, em casos extremos, com a lealdade que deve à família, às leis morais, à nação. A lealdade do nacionalista destrói, em casos extremos, aquela que deve à religião e às leis morais.

7. Em reconhecimento a esse fato, admite-se em alguns países que os objetores de consciência, pertencentes a certas seitas religiosas, se abstenham do serviço militar. Garante-se-lhes, portanto, oficialmente, a livre escolha entre a lealdade para com a sua religião e aquela devida à nação. Não comparamos esse caso com aquele dos judeus. Demonstramos apenas que todo homem vive constantemente na encruzilhada de muitas lealdades; tal é a vida do homem. Somente em casos de conflito é inevitável a decisão absoluta.

8. Uma decisão absoluta, porém, uma escolha autônoma e livre – como aquela que, certamente, deseja Koestler –, não deveria estar sujeita à casualidade de um indivíduo pertencer a determinada nação ou comunidade. Uma escolha absoluta

deveria escolher a causa justa, independentemente da nação a que o indivíduo casualmente pertence. Essa escolha livre, fizeram aqueles poucos alemães "arianos" que lutaram, com perigo para suas vidas, contra a própria pátria, a qual abraçara a causa injusta do nazismo.

9. Se existe uma hierarquia de lealdades, é evidente que, para escolhermos livremente, em casos extremos, em "situações-limite", teremos que escolher a lealdade para com os valores mais altos – as leis divinas, as leis morais –, que transcendem os valores terrenos da nação empírica, muitas vezes devotada a causas injustas e amorais. É por isso que a religião judaica não se confunde com o nacionalismo judaico. A escolha de Koestler, porém, bem ao contrário, é uma escolha oportunista, circunstancial, eivada de heteronomia, sem traço de autonomia. Falando em termos extremos: por que deveria eu decidir-me, em caso de guerra – sendo, por exemplo, judeu e espanhol –, em favor dos espanhóis ou dos israeli se, por acaso, nenhuma das duas nações estiver defendendo a causa justa a que, em todo caso, deveria pertencer a minha máxima lealdade?

10. É a tais conclusões que leva a lógica extrema, a teoria de crise de Koestler. Geralmente, porém, coexistem as lealdades, não dizemos em harmonia, mas em estado de ajustamento instável – e é assim que vivemos normalmente. Toda a concepção de Koestler parte de axiomas extremos e chega, por isso, a conclusões extremas. Mas o estado natural do homem – pelo menos em nossa sociedade – é o da "cisão", não o da "de-cisão" extrema. A teoria sartriana da escolha, que Koestler defende, nasceu na vida extrema dos maquis. Ora, a nossa vida não decorre constantemente em tais circunstâncias extraordinárias. Não vivemos a vida toda no fio da navalha. Não sejamos demasiadamente existencialistas. Koestler quer o judeu completamente "normal" e, por isso, exige uma decisão completamente anormal.

11. O motivo mais profundo – pelos menos confessado – da argumentação de Koestler é o desejo de ver os filhos dos judeus vivendo uma vida normal e feliz. Não temos

o direito, argumenta ele, de impor aos filhos uma situação marginal somente por causa do vago sentimento judeu: "Devemos continuar a ser perseguidos para produzir gênios".

O argumento é perfeitamente lúcido e lógico. Koestler deseja a normalidade completa e absoluta através da integração. Ah! Desejá-la-íamos nós também. Mas onde existe, pelo amor de Deus, o homem "normal" numa sociedade anormal como a nossa? Ninguém o viu. O homem "normal" é um espécime tão raro que, caso alguém o encontrasse, deveria fechá-lo imediatamente numa gaiola para gáudio da esmagadora maioria dos "anormais". Em verdade, o homem normal é uma abstração lógica, um tipo ideal que não existe. Há a aproximação de Klabund: "*Er wurde dick und rund und rot / Und ward ein Vollidiot*" (Ele era gordo e redondo e vermelho / E era um perfeito idiota).

Evidentemente, não é esse o ideal de Koestler. O fato é que o judeu, na sua anormalidade extrema – que decorre da sua situação marginal na sociedade –, simboliza exemplarmente a anormalidade metafísica do *homo sapiens* em geral.

Todavia, no que se refere à normalidade, coincidem os sionistas com Koestler: ambos almejam-na como último objetivo. Os sionistas a querem em Israel, Koestler a deseja onde quer que seja: trata-se de uma fuga para a normalidade sob qualquer condição, não de uma livre escolha. Koestler, que pensa em termos de Sartre, deveria saber que essa escolha não seria uma escolha autêntica.

12. O maior absurdo atinge o logicismo de Koestler quando se refere ao fator tempo. Pretende ele liquidar o assunto em cinco anos. A maioria dos judeus, portanto, não poderia escolher livremente, mas seria forçada a se converter, pois Israel não é capaz de absorvê-la nesse breve espaço de tempo. Paciência não parece ser a virtude de Koestler. Aos russos ainda concedeu cerca de trinta anos para estabelecerem definitivamente o Estado Ideal: eles o decepcionaram. Aos judeus só concede a sexta parte, depois de dois mil anos de Diáspora. Convenhamos: isso é calcular em termos da era atômica. É fazer história a jato-propulsão (*juedische Hast*).

13. Toda a teoria de Koestler parte de uma concepção hedonista: o que ele visa, em última instância, é o conforto dos filhos e paz de consciência para si próprio. Para isso, tamanha decisão, tamanha escolha! É uma filosofia de poltrona, não digamos de poltrão. Pois não duvidamos da nobreza dos motivos. Duvidamos, isso sim, de que a realização dessa filosofia poderia dar conforto aos filhos e que tenha dado paz de consciência ao seu autor.

14. Koestler, sem dúvida alguma, é uma figura fascinante, exemplo típico do nosso tempo caótico e niilista. Quanto à maleabilidade, assemelha-se a Georges Sorel, que sucessivamente foi conservador, marxista, revisionista, sindicalista, revolucionário, nacionalista, bolchevista, anticlerical e arauto do retorno de Deus. Ao lado disso, é simplesmente mesquinho o recorde de Koestler, que até agora só foi bolchevista, trotskista, socialista moderado, sionista pró-terrorismo, assimilante, judeu e renegado. Nunca, porém, renegou a tendência de renegar. Abre-se, portanto, diante do brilhante escritor um campo cheio de possibilidades impressionantes. Não deixará de ser divertido acompanharmos as suas futuras metamorfoses. Afinal, ele as expõe de modo elegante. Convenhamos: o homem sabe escrever. Se lhe negamos caráter, não lhe neguemos o estilo primoroso.

Discussão sobre Koestler na CIP[2]

> Prosseguindo no seu fecundo labor em prol da dinamização espiritual do judaísmo paulistano, a Comissão de Cultura da CIP realizou, a 13 de julho, uma reunião destinada a contribuir, através da discussão, para o esclarecimento dos momentosos problemas focalizados pela última metamorfose de Koestler.
>
> Após palavras de introdução proferidas pelo dr. H. Hamburger, falou o rabino dr. Gruenenwald, que debateu a tese koestleriana – ida a Israel, dentro de cinco anos, ou assimilação radical – do ponto de vista

2. CI 20 jul. 1950.

teológico, acentuando que não o interessava o "caso" (*Fall*) Koestler, porém a sua "queda" (*fallen*).

Dificilmente se poderia resistir à impressão, prosseguiu, de que o autor de *Ladrões na Noite* empregou os métodos do *Dubner Magid*, que primeiramente encontrava uma parábola e depois ajustava a ela um raciocínio adequado. Assim também parecer ser, nesse caso, o desejo do pai do pensamento. Koestler não saberia que "judaicidade", Estado judaico e judaísmo são três conceitos não congruentes, embora exijam a síntese para que se realize o Estado ideal. Quem, porém, ousaria estabelecer a alternativa – ou o Estado ideal ou o mais indigno de todos os Estados? Koestler não sabe que o apelo de Ciro, no sentido da imediata volta a Israel, só atraiu 42 mil judeus, sem que os severos rabinos e profetas tivessem ousado excluir os judeus restantes do judaísmo por não seguirem *imediatamente* o apelo.

Koestler fala da anormalidade da vida judaica sem compreender origem e razão dessa anormalidade. Para o judaísmo, é a *galut*, o exílio do povo judeu planejado pela divina providência, como nova missão imposta ao povo eleito. Um milagre divino restituiu-nos, após dois mil anos, o bem almejado através da boca da ONU, um milagre divino fez com que um pequeno grupo de gente mal armada vencesse a luta contra um inimigo mais numeroso e mais bem armado, e um milagre divino nos dá a força para construir, passo a passo, o país. *EIN DOKHIN ET HÁ-SCHAÁ*, não se deve forçar o tempo e a história, deixando que a divina providência aja – o que, naturalmente, não livra o homem da necessidade de cumprir o seu dever. Koestler não aprendeu ainda que, apesar de toda assimilação externa, uma assimilação íntima da judaicidade é coisa impossível e que tais tentativas só podem redundar em naufrágio. Que surjam e pereçam novos renegados como Koestler – o povo judaico permanece eterno como Sião: vive e viverá.

Em seguida, tomou a palavra o sr. W. S. que, abstraindo a pessoa de Koestler, procurou dar resposta a três perguntas, a saber:

1. Em que consistem os erros do raciocínio do autor de *O Zero e o Infinito*?

Tais erros residiriam na falsa concepção referente à religião judaica e na apreciação superficial da assimilação, apreciação perfeitamente alheia à realidade histórica. Em análise pormenorizada, o orador procurou em seguida responder à segunda pergunta:

2. Por que tantos judeus se sentem tão indefesos em face das teses de Koestler?

A razão disso seria o fato de que o terreno foi preparado, nesse sentido, pelo dogma simplista do "sionismo vulgar": *A gente não pode ser um bom judeu senão em Israel.*

3. A terceira pergunta preparou a parte positiva da argumentação aprofundada do sr. S.: Como podemos imunizar a nossa *galut* contra o vírus da decomposição?

O programa proposto pelo orador, em minucioso estudo das condições da Diáspora, pode ser reduzido aos seguintes pontos: 1. Cultivação do sionismo legítimo: a ideia da união indivisível de Israel; e 2. A divulgação e generalização do conhecimento dos valores legítimos do judaísmo. Tal programa, em vista do silêncio dos líderes – que, diante de questões tão importantes como as debatidas, se abstêm de tomar posição –, poderia ser levado adiante no nosso meio pela criação de um "Partido dos Apartidários" e de uma "Academia Israelita Paulista", destinada a transmitir os verdadeiros valores e conteúdos judaicos.

Como terceiro orador, apresentou-se o sr. W. S., que afirmou ser Koestler a primeira pessoa a considerar a fundação do Estado de Israel como ponto de partida de uma crise que levaria à fragmentação entre os israeli e os judeus da *galut*. Ao nascimento de um novo tipo de judeu, com concepções peculiares, em Israel, o judeu da Diáspora não poderia opor –, segundo Koestler – valores próprios capazes de justificar-lhe a existência futura. O próprio orador reconhece a possibilidade de que tal crise dirige-se, todavia, com ênfase, contra a solução de Koestler, "superficial, jornalística e sem visão no tocante à singularidade irredutível ao raciocínio lógico do judaísmo, e por isso não acessível à comparação histórica". Koestler teria visto apenas a exterioridade política sem penetrar a essência. Em todas as épocas teria havido uma crise no judaísmo e toda época teria exigido uma decisão. Tal decisão, porém, não pode ser aquela de uma consciente integração na essência judaica. A ideia, que se deveria opor à argumentação de Koestler, é a da "volta" – volta espiritual ao lado da política. O judeu deve ser visto como personalidade histórica, consciente da sua singularidade, optando por ela e decidido a estruturá-la.

O orador concluiu as suas interessantes considerações confessando a sua fé na possibilidade de um intercâmbio cultural entre Israel e a Diáspora. O judaísmo da *galut* significaria, para Israel, um laço com o mundo, ao passo que Israel se tornaria centro espiritual e ponto de partida do renascimento cultural.

Finalmente, falou o sr. Anatol H. Rosenfeld como "advogado do diabo", tentando defender a tese de Koestler sem, naturalmente, se identificar com ela. Expôs que, em tempos de crise, urge tomar decisões radicais. Um deixar-se ficar na Diáspora, sem assimilação total, poderia provocar novas ondas de antissemitismo, eternizando ademais o estado de anormalidade, de mau ajustamento ao ambiente, que é causa de sofrimentos atrozes. Na crise atual, existiriam três atitudes judaicas possíveis: a do judaísmo liberal que, em essência, nada representa senão um elevado etos, uma filosofia que, todavia, tornou-se universal e que, de tal maneira se infiltrou no pensamento ocidental que não é preciso ser judeu para viver sob o signo desse etos. O judeu liberal, portanto, poderia assimilar-se sem perder a sua essência.

A segunda atitude seria aquela do judeu ortodoxo, única que com certa lógica admite uma existência não assimilada na Diáspora. Todavia, a religião ortodoxa judaica está tão profundamente ligada ao povo, à "raça" judaica, que o seu adepto deveria preferir a ida a Israel, onde reencontraria dois atributos indispensáveis da vida nacional: território e língua. Ficado, não obstante, na Diáspora, a única solução possível, a longo prazo, seria a do gueto.

A terceira atitude, a do sionista, vulgar ou não, exigiria, evidentemente, a ida a Israel. Para evidenciar que a assimilação coletiva dos judeus da Diáspora surgiria como um fenômeno sociológico inexorável após a criação do Estado de Israel, o sr. Rosenfeld leu vários trechos de um livro do famoso teórico sionista Jakob Klatzkin, escrito em 1921, no qual o autor procura provar que a definição caracteristicamente nacional dos judeus em Israel estigmatizaria, paulatinamente, os judeus da *galut* como estranhos, fadados, por isso, à assimilação.

A Última Metamorfose de Koestler[3]

É supérfluo insistir no exploradíssimo assunto da relação entre a capacidade criadora de um lado e retidão e firmeza de caráter de outro lado. A verdade é que não existe relação nenhuma. É sempre estimulante ver um grande artista, um grande sábio que, ao mesmo tempo, demonstra ter

3. JSP 28 jul. 1950.

fibra moral, caráter másculo e capacidade de resistir ao sutil veneno da corrupção. Sócrates, porém, é um caso raro. Significaria revelar uma atitude de compendiador de escola primária a tentativa de atribuir à maioria dos homens que se distinguem no terreno das artes e ciências um valor moral acima da média. Com a diferença de que, no caso dos homens de escola, essa mediocridade moral costuma chamar a atenção universal, provocando, por via de contraste, uma impressão muito mais penosa do que no caso do "homem comum", de quem não se esperam qualidades especiais nem no terreno moral (as quais, no entanto, muitas vezes possui em grau elevado).

Há pouco tempo, apareceu no periódico norte-americano *Esquire* uma entrevista do falecido escritor Klaus Mann com o compositor Richard Strauss. Deduz-se daí que essa glória da música universal foi, como homem, um autêntico biltre. Isso, aliás, não é nenhuma novidade. A atitude de autores como, por exemplo, Knut Hamsun, Ezra Pound, Jean Giono, Ferdinand Céline, Pierre Ham, La Fouchardière, durante a Segunda Guerra Mundial, ensinou-nos coisas amargas a respeito. Afinal, o que podemos fazer em face de um fato tão perturbador? Deixar de lhes apreciar as obras? Seria uma reação absurda. Autênticos monstros criaram grandes obras de arte.

A Maleabilidade de Koestler

Não diremos de Koestler que se trata de uma figura moralmente desprezível e de um autor excepcional. Longe disso. Não possui a necessária magnitude nem a esse, nem àquele respeito. É um escritor de inteligência lúcida, grande repórter, com dons notáveis de transformar as suas ideias em obras de ficção de valor apreciável, não lhe faltando suficiente lastro filosófico e cultural e talento brilhante de exposição para tornar a leitura dos seus livros uma ocupação fascinante.

No que se refere ao caráter, só se pode dizer que é de uma maleabilidade semelhante à de Georges Sorel, que sucessi-

137

vamente foi conservador, bolchevista, anticlerical e arauto do retorno de Deus. Ao lado isso, é simplesmente mesquinho o recorde de Koestler, que até agora só foi comunista, trotskista, democrata ocidental, nacionalista judeu com tendência terrorista e judeu renegado. Reconhece-se, todavia, uma constante em sua vida: nunca renegou a tendência de renegar.

Otimamente instalado no seu lindo palacete em Ile de France, anunciou há pouco ao mundo que renegou o sionismo e a luta em prol do Estado de Israel, quando ainda ultimamente, no seu livro *Ladrão na Noite*, apresentava-se como porta-voz das alas mais extremistas do judaísmo palestino. Não satisfeito com isso, fez tábula rasa e renunciou logo também ao judaísmo. Ao mesmo tempo, recomendou aos judeus do mundo inteiro que resolvessem de uma vez para sempre a sua situação, quer indo dentro de cinco anos para Israel – uma vez que já existe o Estado sonhado –, quer ficando onde estiverem, mas adotando, nesse caso, a religião da maioria e renunciando completamente a qualquer veleidade de continuarem "judeus". Ele, Koestler, sentindo-se ligado à cultura ocidental, teria escolhido o segundo caminho, aliás, sem se converter para a religião da maioria.

Um Democrata que Não Acredita na Democracia

Não resta a menor dúvida de que Koestler tem o pleno direito de modificar as suas opiniões e lealdades quantas vezes quiser, bem como de recomendar aos seus antigos correligionários aquilo que lhe parecer certo. É um direito que assiste a toda pessoa. É preciso reconhecer mesmo que a decisão e recomendação do autor de *O Zero ao Infinito* é perfeitamente lógica. Trata-se, porém, de uma lógica estreita que não se adapta à vida. Se a vida e a história estivessem dominadas por raciocínios rigorosamente lógicos, o super-nacionalismo de Hitler, de consequências tão funestas para os judeus, teria resultado numa posição anti-nacionalista por parte dos filhos de Israel, uma vez que os males do excessivo nacionalismo ficaram claramente provados. No entanto, a reação foi exatamente o contrário. O furioso nacionalismo hitlerista provocou um exacerbado nacionalismo judeu – segundo as "razões do coração" e a lógica emocional que, afinal, não é lógica nenhuma, mas com que é necessário contar quando se pretende compreender a história e a vida.

Seja como for, não se pode censurar o brilhante escritor por ter-se transformado de comunista em anticomunista e de apaixonado nacionalista israelita em moderado democrata ocidental. Curioso é que se tornou democrata sem ter fé na democracia. Pois a razão profunda de sua "escolha" é o receio de que uma "dupla lealdade" dos judeus dispersos pelo mundo – lealdade para com a sua pátria real e lealdade para com o Estado de Israel – poderia provocar uma onda antijudaica nos Estados ocidentais. Daí propor a "escolha radical", à maneira de Sartre.

É evidente que esse raciocínio de Koestler parece ser tão lógico quanto as suas opiniões em geral. Com efeito, diversas lealdades podem, em determinados casos extremos, entrar em choque. É óbvio, por exemplo, que no caso pouco provável de uma guerra entre os Estados Unidos e Israel, os cidadãos estadunidenses de ascendência judaica teriam de escolher, de vez, a sua lealdade.

O Problema das Lealdades

Assim no plano da lógica. No plano da vida, porém, o fato é que todos nós vivemos constantemente na encruzilhada de muitas lealdades – lealdade para com a pátria, a família, a classe, o clube de futebol, o nosso Estado, o nosso bairro, o partido, a religião, a lei moral (se for possível). E todas essas lealdades tendem, em casos extremos, a entrar em choque sem que isso impeça a sua existência. Em casos extremos, a nossa lealdade para com a família choca-se com aquela devida à nação, à classe, à religião, às leis (nepotismo). Grande parte da tragédia do povo chinês decorre da sua excessiva lealdade para com a família, fato que explica em parte a corrupção sistemática e a dificuldade de substituir a *res privata* por uma *res publica*. O médico de Truman, milionário, especulou aproveitando-se de informações confidenciais do presidente. Assim, ganhou mais alguns milhões. Diante do Tribunal, exclamou: "Mas meus senhores, eu tenho de manter a minha família!" Ora, essa lealdade extrema para com a família – chamemo-la assim – não respeitou a lealdade que se deve às leis. A nossa lealdade para com a nação pode, em caso de guerra, contradizer aquela que devemos à religião (objetores de consciência); e a lealdade para com a classe pode entrar em choque com as nossas obrigações para com a nação, as leis e a religião (comunistas).

Tudo isso, porém, só se verifica em casos de crise, em situações extremas ou quando uma lealdade se torna excessiva. Em geral, todas as lealdades coexistem em estado de ajustamento instável – é assim que, normalmente, vivemos. A opinião koestleriana é uma concepção nascida da crise, como a de Sartre, de quem se mostra influenciado e cujas concepções surgiram na "situação-limite" dos *maquis*. Ora, a democracia é fundamentalmente uma concepção que parte de situações relativamente normais e cuja própria essência é a da tolerância em face da multiplicidade das lealdades íntimas dos cidadãos.

É por isso que, em casos de crise, ela se vê forçada a recorrer a recursos totalitários, a leis de exceção, estado de sítio etc., a fim de condenar as lealdades divergentes dos cidadãos.

A Crise Permanente Aniquila a Democracia

Nos Estados Unidos, por exemplo, nunca se supõe que os seus cidadãos de ascendência irlandesa deixassem de sentir-se ligados à pátria por seus ancestrais. Tanto assim que, durante mais de um século, o movimento revolucionário da Irlanda foi apoiado, material e espiritualmente, por excelentes cidadãos americanos de ascendência irlandesa, que mandaram dinheiro e homens para incentivar a "causa sagrada". Os Estados Unidos chegaram ao ponto de defender intransigentemente o direito dos seus cidadãos irlandeses de fomentar a rebelião armada contra um país amigo, a Inglaterra. Trata-se apenas de um exemplo dentre muitos. O interessante é que Koestler, precisamente na hora em que se confessa democrata no sentido ocidental, dá mostras de profundo pessimismo com relação à possibilidade de um futuro normal da democracia. A escolha recomendada por Koestler tem a sua lógica em momentos extremos, nos quais os Estados têm de exigir dos seus cidadãos uma definição radical das suas lealdades. Foi essa a atitude da União Soviética no que se refere aos seus cidadãos judeus. Se reconhecêssemos que atravessamos, atualmente, uma fase de crise permanente, nesse caso o pessimismo de Koestler relativo à democracia seria justificado.

Ainda o Artigo de David Daiches[4]

Antes de entrar no mérito da questão – assimilação total, ou judaísmo verdadeiro, integral, religioso –, o sr. S. encarregou-se da defesa de David Daiches contra o autor do resumo que teria suprimido "a parte essencial do artigo: os trechos finais"; e que (o autor do resumo) destarte teria aproximado "injustamente o nosso autor (Daiches) do nível intelectual e moral do Sr. Arthur Koestler, com o qual ele não tem nada que ver".

Antes de tudo, creio ser necessário refutar a insinuação de que o modesto autor do resumo tivesse cometido qualquer coisa semelhante a uma falsificação do espírito do ar-

---

4. CI 30 abr. 1951. Nota de introdução ao artigo: "O autor desta segunda contribuição para o debate em torno do artigo de David Daiches ('American Judaism: A Personal View', *Commentary*, fev. 1951) é, ao mesmo tempo, o autor da tradução e condensação do mesmo artigo, publicada no n. 300 da *Crônica*. A primeira contribuição foi a do sr. Speyer, publicada no n. 308 da *Crônica*".

141

tigo. Se suprimi trechos foi por se tratar de uma condensação e creio ter reproduzido o pensamento fundamental de Daiches. Afirma o sr. S. que falta no resumo a opinião de Daiches de que os judeus deveriam ter conhecimentos positivos do judaísmo. No entanto, leem-se as seguintes frases no resumo: "Que os nossos filhos estudem Isaías e Amos e Iehudá Halevi no original! Muito bem. Daí não segue que somos judeus. Se não aceitarmos as bases teológicas da religião judaica, então vamos ser ao menos honestos para conosco mesmos e para com os nossos filhos!"

Em seguida, Daiches volta a falar dos conhecimentos judaicos (suprimi a repetição), mas somente para dizer que ele, Daiches, apesar dos conhecimentos, deve ser considerado um agnóstico que vai para a *schul* como se se tratasse de "um exercício sentimental" (isto é, uma espécie de atitude estética ou teórica, profundamente antirreligiosa, pois a atitude religiosa não é um "exercício sentimental"; é uma vivência em que todo o ser, toda a substância do indivíduo é envolvida). Os trechos finais, por cuja supressão o sr. Speyer me repreende, apenas confirmam essa atitude estética ou teórica, demonstrando à saciedade que reproduzi fielmente o espírito do artigo.

Daiches representa, sem dúvida, um espírito nobre – e nisso estou de acordo com o sr. S. Mas a posição defendida pelo sr. S. é precisamente a posição que Daiches qualifica de confusa e pouco lógica. O sr. S. afirma que a atitude de Daiches é emocional e, por isso, "inexpugnável". Não: a sua atitude é rigorosamente lógica. Ele simplesmente afirma que apenas profundos conhecimentos do judaísmo e da sua história não são suficientes para transformar alguém em judeu religioso, assim como tampouco basta conhecer a fundo Platão ou Tomás de Aquino para alguém se transformar em grego ou em católico.

Para se ser judeu religioso necessita-se de algo mais do que conhecimentos teóricos. Necessita-se mesmo de algo mais do que da rigorosa prática do ritual – pois quem não conhece o ritual sem religião? Necessita-se de uma

142

coisa muito singela, de fé em Deus. Ora, replica o sr. S. com sutileza, não é preciso ter fé em Deus, pois a palavra *emuna*, na *Bíblia*, não significa fé, mas confiança. O judeu religioso, portanto, não precisa ter fé, mas confiança em Deus. Evidentemente, para se ter confiança em Deus é preciso ter-se fé na sua existência. E, de qualquer maneira, sem nos alongarmos em tais sutilezas semânticas, o judeu religioso precisa sentir o impacto poderoso da realidade divina, sem o que não é religioso, por maiores que sejam os seus conhecimentos do judaísmo. Ele precisa acreditar firmemente na revelação, e a revelação é o revelar-se da Divindade e da Sua Vontade – o *Gilui Schekhiná* e o *min ha-schamaim*. Sempre pensei que uma das concepções essenciais do judaísmo é a doutrina de que o homem foi feito à semelhança de Deus. Ou seja, todo o pensamento judaico pressupõe, implicitamente, a fé na existência de Deus. Os mandamentos religiosos pressupõem um mandante dos mandamentos. Se não Deus, quem então mandou? A razão moral, ao modo de Kant? Se reduzíssemos o judaísmo a isso, não precisaríamos ser judeus: bastaria sermos kantianos.

De tudo isso, Daiches tirou uma conclusão lógica e sincera: não acredito na existência de Deus; portanto, apesar de todos os meus conhecimentos, não sou um judeu na plena acepção da palavra. Sinto certa afeição pelo ritual, é verdade; trata-se, porém, apenas de um "exercício sentimental" – uma atitude estética. Da mesma forma, sinto-me comovido ao ler Platão, Homero ou Shakespeare.

Ora, toda essa controvérsia é velha. Já era velha quando Kierkegaard, há cem anos, escrevia:

Se alguém, que vive em meio ao cristianismo, fosse à Casa de Deus, do verdadeiro Deus, e depois rezasse, mas não rezasse de verdade; e se alguém vivesse num país pagão, mas rezasse com toda a paixão do infinito, embora os seus olhos se fixassem num ídolo: onde estaria então a verdade? Este último adora em verdade Deus, não obstante dirigir-se a um ídolo; aquele adora o verdadeiro Deus de modo falso e, por isso, adora em verdade um ídolo.

Evidentemente, trata-se de um protestante, porém de um pensador que teve profunda influência sobre os maiores pensadores judeus da nossa época (Martin Huber, Franz Rosenzweig), preocupados com a renovação do judaísmo. O sr. Speyer, no entanto, é de opinião de que do estudo – bem orientado – nasceria o entusiasmo pelos valores judaicos. "Entusiasmo pelos valores judaicos" é uma expressão um tanto pálida e difusa. O autor destas linhas confessa que, do estudo de Platão, nasceu-lhe o entusiasmo pelos valores gregos, mas não por isso sente-se grego; e do estudo do budismo não lhe nasceu o entusiasmo pelos valores budistas, embora reconheça que se trata de uma grande concepção. E do estudo (certamente bem orientado) da história e da tradição judaicas não nasceu em Daiches a confiança em Deus. O sentimento religioso, em épocas e ambientes não religiosos, é uma experiência profundamente pessoal, sofrida. Em épocas e ambientes religiosos, a religiosidade, ao contrário, não tem nenhum caráter específico de religião: é o ingênuo viver na confiança em Deus, na certeza nunca abalada da relação pai-filho; em tais épocas e comunidades, a presença constante de Deus envolve de tal modo a vida diária que seria ridículo levantar a pergunta a respeito da existência de Deus: ela está mesclada a toda atividade, a todo pensamento, a todo sentimento; em torno dela gravita tudo, o nascer e o morrer, o luto e a festa. Tudo está impregnado de Deus, como a flor, de perfume, para falarmos como os místicos. O judeu, que não vive em tal época e coletividade – como é o nosso caso – tem de reconquistar pessoalmente aquela relação, que já não será ingênua, mas que será uma experiência semelhante a uma conversão, uma revolução que atinge o âmago de sua alma. Ou, para citar o destacado pensador Will Herberg, num ensaio sobre Franz Rosenzweig:

> O Deus da religião judaica não é um remoto legislador; tampouco é uma ideia ou um sinônimo para ideais e sentimentos. O Deus da religião judaica é um Deus que 'fala e ouve', um Deus que

entra na vida em cada ponto e sem o qual nenhum momento da vida pode ter sentido.

Não me parece fecundo entrar na discussão da questão se as obras de Spinoza ou Einstein são "judaicas" ou apenas obras de judeus. É demasiadamente óbvio que Daiches tem razão nesse particular. Creio que na obra do teísta católico Tomás de Aquino há mais judaísmo do que panteísmo na de Spinoza, filósofo muito mais influenciado por Descartes e Giordano Bruno do que pela tradição judaica. Maimônides, sim, criou uma obra essencialmente judaica, embora sob forte influxo de Aristóteles. O que aqui conta são as influências essenciais, e estas, no caso de Maimônides, foram as judaicas. Quanto à Teoria da Relatividade, quero crer que nela é muito mais decisiva do que a da tradição judaica a influência de Kepler, Galileu, Newton e da matemática não oriental de Bernhard Riemann, cujo trabalho *Sobre Hipótese em que se Baseia a Geometria*, fundamentou a teoria do espaço esférico e, portanto, a teoria da relatividade. A única física essencialmente judaica que conheço é a cosmologia da *Bíblia*; toda a física moderna, e dentro dela a de Einstein, são fundamentalmente rebentos do espírito científico dos gregos, inteiramente alheio ao espírito da legítima tradição judaica.

Quero dizer, em resumo – e peço perdão se formulei as minhas dúvidas em termos radicais –, quero dizer que o sr. Speyer, apesar da sua brilhante e sutil argumentação, não me parece ter refutado o pensamento essencial de David Daiches: qual seja, que um judaísmo sem religião é como uma omelete pela qual não vale a pena fazer *tant de bruit*. Evidentemente, para o judeu descrente há, hoje, outro caminho sincero e leal para afirmar o seu judaísmo: Israel. É nisso que consiste a diferença essencial entre Daiches e Koestler: aquele diz que o judeu tem de escolher entre a assimilação e o judaísmo integral, religioso. Este diz que o judeu tem de escolher entre a assimilação e o "sionismo integral" em Israel. Não vejo a superioridade da posição de Daiches, superioridade que o sr. S. afirma; pois o laço que liga o agnóstico Daiches ao judaísmo é, em essência, um laço estético ou teórico – no fundo, a atitude de um espectador fascinado pelo espetáculo, mas que não participa da ação.

Ambos dizem, no fundo, o mesmo: digno do nosso respeito é o judeu que entra resolutamente na substância do judaísmo, quer como israeli, quer como homem religioso; digno, da mesma forma, é aquele judeu que entra resolutamente na substância de uma outra esfera, de valores diferentes com que se possa identificar sinceramente e pelos quais possa viver. Trata-se, portanto, de uma "de-cisão". O que eles combatem é o estado de "cisão", o estado fragmentário do judeu que não é verdadeiramente judeu nem qualquer outra coisa – um homem sem substância, símbolo de uma cultura cujos valores fundamentais são o Pif-Paf e os gibis das várias procedências. Um homem-cebola, enfim: tiram-se as cascas e não sobra nada, apenas há cascas mas nenhum caroço.

A dificuldade é que tal pensamento é extremamente lógico e desconfortável; não é possível refutá-lo por meio de parábolas.

OS JUSTOS E OS VIOLENTOS:
EXODUS E *O ÚLTIMO JUSTO*[1]

Dois romances, dedicados essencialmente ao mesmo tema – o drama dos judeus – foram recebidos ultimamente com interesse considerável pelo público leitor. Trata-se de *O Último Justo*, de A. Schwarz-Bart, e *Exodus*, de Leon Uris. É pouco proveitoso comparar o valor literário desses livros porque não há, no fundo, termo de comparação. A obra de Uris não alcança o nível de obra de arte literária, categoria em que, indubitavelmente, se situa o livro de Schwarz-Bart, embora talvez não se trate de um romance de qualidade excepcional. Entretanto, *Exodus* não passa de um romance de entretenimento, medíocre mesmo nos limites desse gênero

---

1. Suplemento Literário de *O Estado de S.Paulo*, 23 set. 1961. Este artigo provocou uma polêmica com leitores da *Crônica Israelita* e, para aqueles que se interessarem pela mesma, remetemos às edições desse jornal de 15 e 30 nov. 1961 e 28 fev. 1962.

(com o que não se quer insinuar que uma obra de arte literária não deva, também, entreter).

Já se escreveu o suficiente sobre a lamentável qualidade literária do *best seller* de Uris, essa súmula de clichês invertidos que transformam o "judeuzinho" judiado em "besta loira" e super-homem, num quadro de faroeste do Oriente Próximo. Não se nega ao autor certa facilidade em armar enredos para suscitar o interesse linear dos romances de aventura, mas isso num estilo que é qualquer coisa de pavoroso. Livro superficial, sem nenhuma visão histórica real do conflito entre árabes e israelenses, cria certa impressão de importância em virtude do tema grave e apaixonante. Contudo, sente-se alguma repulsa ao notar que o autor recorre à história para dar peso à ficção e, de outro lado, recorre à ficção para maquilar a história.

Na obra de Schwarz-Bart a tensão não decorre da mera trama dos acontecimentos, como no romance de Uris, e sim da própria estrutura: da atitude dúbia do narrador fictício em face do mundo narrado, em face da família daqueles Levi que, segundo a velha lenda mística, desde há séculos fornecem ao mundo um *lamed-vav*[2] por geração, um dos 36 justos sobre os quais repousa o universo e os quais são o coração multiplicado em que se condensam todas as dores da humanidade. A tradição sagrada da família é o martírio. Aqueles justos que, por qualquer desgraça, não conseguem ser massacrados, sentem quase vergonha diante do fracasso. Falharam na sua vocação de, pelo sacrifício da vida, dar testemunho da sua fé em Jeová, assim como da injustiça do mundo e da perversidade dos homens (aliás, feitos à semelhança de Deus). O que demonstram, em última análise, é que os justos só podem viver num mundo justo; e que somente este apresenta as condições para que os homens possam viver como justos.

---

2. No *Talmud* essa expressão designa um "justo", os 36 justos da lenda decorrem da soma do valor numérico das duas letras hebraicas, 6 para o *vav* e 30 para o *lamed*.

Nota-se a atitude ambígua do narrador fictício em face do mundo narrado e da própria esfera divina e mística. Há, nesse livro de mórbida crueldade, uma infinita ternura. A ironia, o humor negro, o sarcasmo, não destroem: antes ressaltam a doçura e a solidariedade do narrador. O equilíbrio é difícil, a dúvida permanece. A crítica acerba incide sobre a própria simpatia pelos heróis negativos e dá ao livro efeitos opalescentes. A ira reprimida se choca com o amor. Não será esta a palavra final? Entretanto, a dissonância situa-se no âmago dessa obra e comunica ao seu mundo uma dimensão trágica. Trágico não é propriamente o destino das personagens: estas cumprem a sua missão, que é a do sacrifício. O mártir não é figura trágica. O clima trágico decorre do fato de o narrador não participar intimamente da fé das personagens, pondo em dúvida o sentido do seu destino. É a atitude desse narrador que nos coloca diante de um universo rasgado por fendas e contradições; é como se o demônio fizesse parte da própria divindade que parece divertir-se com o sofrimento dos seus fiéis adeptos.

É óbvio que na constituição do universo romanesco de *O Último Justo* é de importância fundamental a reverberação peculiar do estilo, com os seus sentidos duplos e aspas invisíveis, com o seu cunho por vezes grotesco, a sua poesia metafórica e fantástica que, frequentemente, move-se na esfera cabalística ou hassídica. Há quem deplore que Schwarz-Bart não tenha escrito o livro de Leon Uris. Ideia absurda. Todo autor possui as suas palavras. E as palavras de Schwarz-Bart são visceralmente incapazes de constituir o mundo de Uris – mundo plano, autossuficiente e autossatisfeito, maciço como uma pedra.

No entanto, é inútil comparar aquilo que não pode ser comparado. Convém pôr em referência, em vez da qualidade literária, os motivos psicológicos que explicam o êxito fenomenal de venda do livro de Uris e o sucesso material relativamente modesto de Schwarz-Bart. Para explicar o imenso êxito de *Exodus* não basta, certamente, apontar a qualidade inferior do livro. Parece concorrer ainda o fato de o drama dos judeus, tema de ambos os livros, ser abordado por Uris de um ângulo que leva em conta os sentimentos dos envolvidos, os quais, sem dúvida, representam a maioria dos leitores. Essa maioria sente-se farta por ver-se retratada como eterna vítima de perseguições. A esse padrão tradicional de povo sofredor e desamparado corresponde, precisamente, a obra de Schwarz-Bart. Já os heróis de Uris, audazes, atléticos e rápidos no gatilho, estimulam o orgulho nacional e individual de boa parte dos leitores. São, dessa vez, os "outros" que apanham.

A reação psicológica do mercado é, portanto, perfeitamente compreensível. E isso se refere também à massa dos leitores não diretamente "interessados" ou atingidos. O que se aprecia, em geral, é o herói viril, violento, o bamba e tira-prosa. É o cabra duro que empolga, não o intelectual "bio-negativo", o *highbrow* (intelectual) e sabichão de vitalidade pouco espetacular. Num filme como *Eu e o Coronel*, todas as profundas simpatias dirigiram-se para o garboso polonês (Curd Juergens) e não para o estereótipo do "filho de Israel", ágil e inteligente, mas fisicamente reduzido (Danny Kaye). Quem conquista a mocinha da fita é evidentemente o coronel. As pesquisas feitas há vários anos nos Estados Unidos da América do Norte, em relação ao filme *Crossfire* (Fogo Cruzado), produzido com o louvável propósito de combater o preconceito, tiveram um resultado surpreendente. Não foi o intelectual assassinado a personagem por quem a maioria do público sentiu simpatia. Foi precisamente o assassino brutal e primitivo, o soldado inadaptado à paz, quem suscitou a comovida participação das multidões (nos últimos filmes que visam combater o ódio racial já se leva em conta que é má psicologia apresentar os negros sempre como vítimas e em situação inferior).

A reação descrita talvez seria um tanto primitiva e infantil, principalmente na medida em que independe do valor literário dos dois livros. Porém ela corresponde às valorizações profundas da nossa sociedade. Oficialmente, exaltam-se os valores morais ligados à tradição religiosa do Ocidente – valores que implicam a negação radical da violência. De fato, os justos de Schwarz-Bart oferecem também a outra face. Intimamente, porém, preferem-se os valores vitais, cuja glorificação, embora tradicional em nossa cultura, raramente chegou ao excesso de hoje. Atualmente, essa valorização prepondera de modo deveras obsessivo, ao ponto de uma pessoa não ligada às instituições que pregam o comportamento meigo e clemente por dever de ofício, sentir-se quase ridícula e em situação penosa ao quebrar uma lança pelos valores morais. Usar o termo "virtude" corresponde a um suicídio intelectual. Isso vai tão longe que uma pessoa de "princípios morais firmes" provoca a suspeita de sofrer de intermináveis distúrbios do inconsciente ou, pelo menos, de mau funcionamento das glândulas.

Sem dúvida, para satisfazer também os princípios oficiais, a brutalidade dos valentões é geralmente posta a serviço de valores morais. Porém a ênfase incide com tamanha insistência sobre aquilo que deveria ser apenas meio que, ao fim, resulta na completa emancipação da violência e na degradação dos próprios valores morais devido à crueldade posta a serviço deles. Hoje, até a moral é "rearmada". Evidentemente, quando se trata de uma obra de arte literária, tais considerações – com o seu ar de moralismo murcho e puritano – são secundárias e sem importância. A própria organização estética "suspenderá" a materialidade da violência dentro de um contexto mais amplo; ela será apenas parte – e não a mais decisiva – dentro da riqueza do todo. Já num medíocre romance de aventuras – como o de Uris –, o que se ressalta é quase que exclusivamente esse aspecto.

Em *O Último Justo*, há um episódio característico. Um dos justos, Mordecai, leva pancadas de um camponês, conforme a tradição sagrada. Depois de sofrer tremendo castigo de seus punhos, reage de súbito e, de um só golpe, o põe fora de combate. Os outros camponeses ficam de boca aberta e passam a admirar o vencedor. Este, no entanto, sente vergonha. De um só golpe – pensa – ingressou no "universo cristão da violência". O coitado não conhece outra coisa que a violência desse universo. É fácil corrigir o erro. A expressão "correta" seria "universo pagão da violência".

Um pouco da vergonha de Mordecai seria útil a Uris e aos seus leitores entusiasmados. Sem dúvida, Mordecai se defende, tem que se defender. Mas que o tenha que fazer a socos não é motivo para ficar deliciado ou de boca aberta como aqueles camponeses. Mordecai sabe que com cada soco de defesa abala o universo espiritual que defende. Não se discutem aqui as violências cometidas no conflito entre os israelenses e os árabes, nem a necessidade dessas violências. O que inspira repulsa é a profunda satisfação, é o entusiasmo e o sentimento de íntimo triunfo com que o autor e os leitores se atêm a esse aspecto.

Há, em tudo isso, uma grave confusão de valores. O valor de Ari (herói de Uris) no manejo da metralhadora é confundido com o valor da causa que defende. Não é esta que justifica aquele, mas aquele que enobrece esta. E o valor no lançamento de bombas é confundido com o valor do livro. Não é este que nos faz aceitar aquele, mas aquele que, aos olhos da maioria dos leitores, fundamenta este. Tal confusão tende a reduzir a gama complexa das valorizações daquilo que de mais primitivo sobrevive no próprio termo "valor": valentia, força e virilidade, isto é, aquilo que existe de arcaico no termo "virtude", derivado de *vir* (virilidade, força); significado que se emancipou no termo *virtù*, com a exaltação do super-homem renascentista, violento, cruel, livre de inibições morais.

Entende-se, pois, a preferência que o mercado mostra pelo livro de Uris. Nela se manifesta uma escolha. A tradição dos justos não é apenas posta em dúvida, não é motivo de angustiosa aflição, como ocorre no livro de Schwarz--Bart; ela é negada de frente. Toda essa tradição milenária identifica-se com o esforço de cultivar a vergonha de Mordecai, de superar aquele arcaico núcleo semântico que resta no termo valor e de atribuir ao *vir*, dentro da hierarquia dos valores, o seu lugar correto.

Pode parecer estranho que se ponha toda a ênfase não na eliminação da violência e sim na atitude em face dela.

Contudo, tal atitude é talvez de grande importância. De outro lado, porventura há nisso certa ingenuidade, certa esperança infantil de que, a partir da atitude moral dos indivíduos, qualquer coisa possa ser modificada. A atitude do mercado em face do livro de Uris é, afinal, apenas um sintoma. Ainda assim, é necessário dizer que a preferência pelo livro de Uris (face ao livro de Schwarz-Bart), preferência na qual se exprime não somente um equívoco estético, mas também a escolha de determinado ideal humano, é um sintoma pouco animador. A Mordecai não resta outra coisa a não ser sentir vergonha.

Um Livro Apaixonante que Divide os Espíritos:
Exodus, *com e sem Sinai*[3]

> Nota introdutória:
>
> A Redação da *Crônica* vê-se diante de uma situação um tanto incomum: ela recebeu um artigo que se dirige contra outro artigo publicado por um colaborador permanente e estimado da *Crônica Israelita* num diário, em *O Estado de S. Paulo*, de cujo Suplemento Literário é igualmente colaborador permanente: referimo-nos a Anatol Rosenfeld. Apresentaram-se duas possibilidades à Redação: recomendar ao autor do artigo a nós enviado, o nosso amigo J. N., que remetesse as suas observações críticas ao jornal no qual aparecera o objeto da sua crítica; ou então aproveitar a oportunidade dessa crítica para promover um pequeno simpósio sobre um problema significativo da nossa atual existência judaica.
>
> Os nossos leitores não se surpreenderão por termos escolhido o segundo caminho. Pedimos a Anatol Rosenfeld duas coisas: que nos desse a permissão de publicar nas nossas colunas o seu artigo (que apareceu no *Estado*[4]). Parecia-nos que os nossos leitores somente poderiam obter uma ideia clara acerca do que se tratava se tivessem diante dos olhos não somente breves citações e sim o texto integral do artigo criticado. Mesmo um leitor muito atento não pode se lembrar, depois de muitas semanas, de todos os pormenores de um artigo, por maior que tenha sido o seu interesse ao lê-lo.

3. ci de 15 nov. 1961.
4. Cf. p. 147 supra.

Além disso, pedimos a Rosenfeld que respondesse à crítica dirigida contra o seu artigo. Correspondeu ele, como mostra o presente número da *Crônica*, ao nosso desejo, numa réplica que visa ater-se a princípios fundamentais. A problemática do tema certamente não está esgotada com isso.

Recebemos de Londres, há alguns meses, um número da *Synagogue Review*, dirigida com distinção e vivacidade por Hans Bach, número no qual, por motivo da estreia fílmica de *Exodus* em Londres, um velho amigo dos judeus, de Israel e da solidariedade humana, publicara uma dura crítica a *Exodus*. Não tivemos na ocasião nenhum motivo para publicar uma tradução desse artigo; agora, no entanto, publicaremos essa crítica como mais uma contribuição para o debate. Temos a certeza de que também essa contribuição suscitará respostas.

Quanto a nós mesmos, gostaríamos de aguardar o decurso da discussão antes de tentarmos apresentar a nossa opinião a título de conclusão.

Desde já, porém, queremos apresentar algumas observações:

Há pouco lemos, num semanário inglês, o comentário de um crítico conhecido sobre um livro recentemente lançado. Gravamos a seguinte oração na nossa memória: "Uma ampla acolhida [...] geralmente indica que se trata ou de uma obra de gênio ou da satisfação de uma necessidade contemporânea."

Outra observação: O cunhado de Goethe, Vulpius, era o autor de inúmeros romances de cavaleiros e bandidos, em torno da figura de Rinaldo Rinaldini. Pela mesma época, mais ou menos, apareceu um dos mais sutis romances da literatura universal, no qual se interpretam com profundeza e grande previsão psicológica as relações humanas: o romance *Afinidades Eletivas*. A tiragem dos romances em série, de Vulpius, em torno da figura de Rinaldi, superou pelo múltiplo a do romance de Goethe.

Mais uma observação: nenhum *Exodus* terá sentido judaico se ele não conduzir a um Sinai. Esta observação é plágio da opinião de um pensador judaico, cujo nome no momento nos escapou.

Participamos da curiosidade dos nossos leitores acerca de quem, entre os nossos dois autores, estará mais disposto a aceitar este postulado.

São eles agora quem estão com a palavra" (Alfred Hirschberg).

Paraíso das Pedras[5]

É com certo esforço que procuro responder de um modo justo à exposição violenta do sr. J. N. Quero deixar claro que não respondo aos "N's", apesar de o sr. J. N. se referir muito mais a certa espécie fictícia de "Rosenfelds" do que ao sr. Rosenfeld que publicou um artigo no Suplemento Literário de *O Estado de S. Paulo*. Com efeito, a polêmica do sr. N. só longinquamente se refere ao texto de meu artigo. Dirige-se, muito mais, contra certas intenções tenebrosas que nada têm a ver comigo e que, certamente, devem ser atribuídas aos "Rosenfelds". É possível que estes nutram, disfarçadamente, ideias sinistras acerca do destino do povo judeu. No texto do meu artigo não consta nada disso. Este serviu ao sr. J. N. apenas de trampolim para se lançar à construção de moinhos contra os quais depois investe de lança em riste.

Meu artigo no Suplemento não pretendeu ser uma "crítica literária". Se o sr. J. N. o chama de crítica literária para poder dizer, logo depois, com ar triunfal, que não é uma crítica literária, isso é lá com ele. Toda a introdução de meu artigo destina-se a demonstrar que uma comparação dos dois livros em termos literários é de pouca valia, dado o desnível existente entre eles. Não vou repetir e repisar o já sabido e ressabido. O próprio sr. J. N. reconhece que Uris não tem pretensões literárias.

Ainda assim, o meu artigo se enquadra perfeitamente no Suplemento. O sr. J. N. talvez já tenha percebido que, nele, não aparecem apenas críticas literárias. Mesmo não tomando em conta as seções de cinema, teatro, artes plásticas etc., convém esclarecer que a própria literatura pode ser focalizada através de perspectivas extra-literárias. Há muitas possibilidades para pôr dois livros em referência. Pode-se abordá-los pelos ângulos sociológico, psicológico, moral, por exemplo. Foi o que fiz, e não há nisso nenhuma incongruência, nem malabarismo. Haverá certamente possibilidades para comparar *O Velho e o Mar* e *Os Velhos Marinheiros*, mas deixo

5. Resposta à carta do articulista.

ao sr. J. N. a tarefa de encontrar o ângulo próprio ou impróprio. Incongruente seria comparar uma baleia à polifonia ou uma cor à soma dos ângulos de um triângulo. Cabe perfeitamente, dentro do Suplemento, um pequeno estudo sobre o público leitor e o gosto das massas.

Como amabilidade sem par, o sr. J. N. admite como "estratagema", não totalmente condenável, o fato de eu exprimir no meu próprio artigo as minhas próprias ideias – em vez de as dele. Em paga, exige rigorosa objetividade na defesa dessas ideias. Não sei exatamente como o sr. J. N. pode exigir que se defendam ideias subjetivas com argumentos objetivos. Parece que argumentos objetivos – isto é, válidos – deveriam conduzir-nos a ideias igualmente objetivas e válidas. Porém, seja isso como for, já Aristóteles diz, logo no início da sua *Ética*, que «o traço característico do homem culto reside no fato de que esperará de cada tipo de ciência somente aquele rigor que se ajusta à natureza do objeto». É claro que o objeto em foco não permite rigor matemático. Apesar disso, esforcei-me ao máximo para ser objetivo, bem de acordo com o desejo do sr. J. N., o qual, no entanto, ao mesmo tempo me repreende por fazer uso maciço do raciocínio, pedindo mais daquela paixão e emocionalidade de que anda cheio o seu escrito. O sr. J. N., enfim, pede que eu seja igualmente objetivo e subjetivo, frio e quente.

Se há uma paixão no meu artigo, é a do raciocínio, da razão, da objetividade, portanto. É uma paixão difícil. Exige esforço e abnegação, enquanto as paixões corriqueiras nada pedem senão que a gente se lhes entregue como se entrega a uma poltrona confortável, seguindo apenas as inclinações naturais. Destas emoções irracionais o mundo anda cheio. Boa parte das calamidades que nos afligem se deve a elas. Atualmente, a coragem se manifesta na defesa da pouca razão que ainda sobrou. Destaquei, aliás, no meu artigo, que o tema de *Exodus* é "grave e apaixonante". Todavia, a paixão pela objetividade não me permitiu atribuir a esse romance um valor que reside no tema e não no livro, o qual, ao contrário, usa e abusa do tema grave e apaixonante para dele fazer um romance barato de aventuras.

Apesar de tudo, concedo ao sr. J. N. aquele tratamento indulgente e delicadamente cauteloso com que, não sem um leve piscar de olhos, se cercam os apaixonados. Não levo a mal que, na redação da sua polêmica, se tenha entregue às suas nobres e simpáticas emoções que, como sói acontecer, lhe obnubilaram as faculdades racionais. Se não fosse isso, teria que chamar de demagógico o modo como interpreta o meu texto, ignorando as mais comezinhas regras da lógica. Quando, por exemplo, digo que "não basta apontar a qualidade inferior do livro de Uris para explicar-lhe o imenso êxito", o sr. J. N. atribui-me ter dito que somente livros ruins encontram muitos leitores. Embora isso, em muitos casos, seja verdade, é precisamente isso que neguei no caso em foco. O sr. J. N. transformou um juízo negativo e particular em juízo afirmativo e universal – conversão contra a qual já o mesmo Aristóteles protesta, chamando-a um sofisma grosseiro. Contudo, em face da paixão extrema com que escreveu a sua polêmica, o sr. J. N. torna-se merecedor de absolução, apesar do grave pecado lógico que, no fundo, só pelo arrependimento pode ser expiado. Mais difícil é ser indulgente quando afirma que "a teoria de Rosenfeld é a de apanhar dizendo obrigado", embora no meu artigo conste: "Sem dúvida, Mordecai se defende, tem de se defender". Se não fosse a sinceridade da sua paixão – de que continuo convencido –, seria difícil deixar de falar de má-fé quando me convida para fazer uma pequena defesa dos nazistas que, segundo meu texto, teriam apenas cumprido o seu destino ao assassinarem judeus. Para qualquer pessoa menos perturbada pela emoção é evidente que o teor de meu artigo se dirige exatamente contra toda a mitologia nazista da violência, da qual o sr. J. N., lamentavelmente, se aproxima pelo lado oposto, no seu infeliz esforço em denegrir os justos e exaltar os violentos.

Pois, afinal de contas, o que significa a polêmica do sr. N. senão a confirmação completa do meu artigo, até na maneira violenta em que se exprime? Procurei mostrar que o êxito de Uris *não* se explica apenas pela sua inferioridade literária, e sim, particularmente, por razões psicológicas, precisamente as razões que o sr. J. N. repete na sua polêmica. Não são as razões do sr. J. N. (se é que se pode falar de razões, quando se trata apenas da expressão de impulsos), exatamente, as mesmas que aduzo no meu artigo para explicar o êxito do livro de Uris? Considerei (e considero) esses motivos perfeitamente compreensíveis e fiz uma pequena análise da reação psicológica das massas, judaicas e não judaicas, à apresentação de brutalidades em romances e fitas. Trata-se, no caso, de uma exposição baseada em amplo material de pesquisa, em parte publicado no periódico *Commentary*. Não inventei nada; recorri aos dados acessíveis a todos os estudiosos desapaixonados. Depois dessa pequena análise psicológica – que contém apenas enunciados científicos, isto é, argumentos objetivos –, passei a uma apreciação moral dessa situação psicológica. Nessa parte, evidentemente, já não se trata de juízos de fatos, e sim de juízos de valor, cujo cunho não pode ser científico. O ajuizamento moral não pode ser científico porque não se trata, no caso, de fatos ou daquilo que é, isso sim, de imperativos, ou daquilo que *deveria ser*. Mas mesmo nesse campo fiz o possível para me manter objetivo, isto é, obedeci aos postulados da razão e não segui os impulsos, paixões ou inclinações naturais, convencido de que o homem é, por definição, um animal racional, embora essa racionalidade raramente se confirme. É que o homem empírico deve se tornar aquilo que, na sua essência, ele é – pelo menos deve fazer esse esforço.

Fazendo esse esforço, eu não disse nada senão, simplesmente, que julgo pouco alentadora uma situação em que a violência não somente reina soberana, mas que ainda por cima é exaltada. Ninguém ignora que o judaísmo e o cristianismo praticante nada conseguiram no seu empenho de destruir o império da violência. Continuamos vivendo num mundo em que o domínio não cabe aos justos. Contudo,

158

ambas as religiões ao menos consideram essa situação como indigna do homem e exaltam os imperativos morais. Creio que não se deve desprezar a importância dessa atitude em face da situação de fato. Sei-me, nisso, perfeitamente identificado com as melhores tradições judaicas. Por isso, disse no meu artigo que julgo ser importante a atitude que se toma em face da violência. É nosso dever desaprová-la. E as pessoas de maior sensibilidade moral – como Mordecai – sentirão até vergonha ante a impossibilidade de eliminá-la. É enorme a diferença que vai entre a necessidade de admiti-la, em casos excepcionais, e a tendência emocional de glorificá-la.

Creio não menosprezar o heroísmo e a coragem. No entanto, estou convencido de que são felizes os países e o mundo em que não se necessitam de heróis. Quando se necessitam de heróis, alguma coisa está podre na Dinamarca. A virilidade deveria manifestar-se precisamente nas competições de boxe e em outros jogos esportivos – e não em batalhas mortais que, de qualquer modo, tendem a ser, cada vez mais, apenas choques entre técnicos competentes e não entre heróis. Quanto a mim, confesso que, ao contrário do sr. J. N., prefiro uma luta de boxe a uma luta de tanques ou aviões a jato. É curioso como algumas pessoas de nervos muito delicados, incapazes de assistirem a uma luta livre, se mostram fascinadas pelas hecatombes. Não podem ver um nariz sangrando, mas inebriam-se com a descrição de holocaustos. Os grandes livros sobre as duas últimas guerras, quase sem exceção, deixaram de exaltar os heróis. São documentos terríveis da miséria humana e de carnificinas medonhas. O livro de Uris é um retorno a certa literatura anterior à Primeira Guerra Mundial, na qual pululam os heróis. Mesmo os livros de guerra de Ernst Juenger, que enaltecem o heroísmo, têm, além do seu valor literário muito superior, ao menos o cunho de *depoimento* terrível de um combatente sobre a petrificação e desumanização que o homem sofre ao se entregar à mística da violência.

Reconheço que, visto vivermos no mundo que está aí, não se pode, infelizmente, dispensar por inteiro os violen-

159

tos. O importante é ver esse "valor" (a bravura) não como valor supremo ou exaltá-lo em demasia. Em si, a coragem pode ser posta a serviço das ideias mais hediondas. Por isso, não concordo inteiramente com o sr. J. N. quando diz que "respeito os homens que sabem lutar – de armas na mão quando preciso – por um ideal". Na maioria dos casos, aqueles que empunham armas acreditam sinceramente lutar por um ideal valioso, mesmo quando se trata de ideias sinistras. O heroísmo se compara, de certa forma, à Lua: a sua luz lhe provém do Sol, isto é, de valores superiores. A estes deve servir dentro de limites rigorosamente determinados para que não corrompa os próprios valores superiores. Há uma perigosa rebeldia dos meios que procuram usurpar o lugar dos fins. Os exércitos, por exemplo, repartições dos profissionais do heroísmo, tendem a essa perigosa emancipação dos meios que se sobrepõem aos fins. Por tudo isso, acho que a glorificação exagerada da bravura é funesta e representa um retorno a uma visão primitiva do mundo. Não nego que eu mesmo me sinta, frequentemente, empolgado pelas façanhas de gente brava; em cada um de nós há sobrevivências míticas e infantis, certo lastro arcaico. No entanto, deveríamos cuidar para não nos entregarmos a estas tendências irracionais, presentes em todos nós.

O sr. J. N. declara que o meu mundo é um mundo plano, maciço como uma pedra, por não sentir nele a vibração de sentimentos; seria um mundo feito só de raciocínio, sem "coração". Pergunta-me se o meu coração nunca pulsou mais depressa ao saber dos feitos de jovens judeus pela conquista de sua pátria. O sr. J. N. achará estranho, mas o fato é que o meu coração pulsou mais depressa. Não obstante, esforcei-me para que pulsasse mais devagar. Talvez seja porque eu tenha mais coração ou mais fantasia – que me desculpem o que parece ser falta de modéstia –, mas de qualquer modo achei do meu dever pensar também nos árabes. Martin Buber, por exemplo, recomenda que se pense também nos árabes. Se há uma coisa que não se pode comparar serão certamente os feitos dos israelis e o dos nazistas. No entanto, muitos corações alemães pulsaram mais depressa ante os feitos dos soldados nazistas, assim como pulsaram depressa no mundo inteiro inúmeros corações ante as façanhas dos respectivos soldados. Claro, as ideias em prol das quais os soldados lutaram eram diversas – na medida em que lutaram por ideias. Mas os corações dos patrícios pulsaram da mesma maneira: depressa. Por isso, não me fio muito na pressa com que os corações pulsam. Quanto mais depressa pulsam, tanto mais difícil é julgar as ideias em favor das quais pulsam. O que importa são as ideias.

Não sei se o sr. J. N. já sofreu alguma vez a tortura da dúvida. O termo português, assim como o alemão, *Zweifel*, provém do número dois. Na dúvida (dualidade), o homem se desdobra, torna-se dois, e uma parte se dirige contra a outra. Chamei o mundo do romance de Uris de "plano" e "maciço como uma pedra" porque, nele, não se manifesta a dúvida, como não se manifesta, tampouco, no mundo da polêmica do sr. J. N. É tudo tão simples. A pedra não duvida, é una, maciça. O que dá ao livro de Schwarz-Bart a sua dimensão humana e literária é o fato de a tradição dos justos ser posta em dúvida e se tornar motivo de angustiosa aflição (para repetir os termos do meu artigo). Participo dessa angústia e dúvida, e o meu artigo é expressão disso. Daí que não acredito que o meu mundo seja maciço como uma pedra.

O imperativo é ser justo. É um imperativo categórico que não admite exceções. Entretanto, os justos podem viver sem violência num mundo de violentos? Será necessário admiti-la? Dúvidas. Contudo, não abala cada violência em defesa da ideia justa a justiça da ideia? Todavia, pode a ideia justa manter-se sem violência? Não haverá, então, o perigo de que a ideia justa comece, pouco a pouco, a justificar todas as violências? Temos visto isso. Isso aconteceu. A ideia justa não chega a dar, paulatinamente, uma boa consciência àqueles que praticam as violências em prol da ideia justa? Dúvidas. A violência não chega a se emancipar da ideia justa? Se, no início, a ideia justificava a violência, esta não passa, depois, a justificar a ideia? Isso ocorreu. Isso ocorre constantemente. A violência não corrompe, finalmente, a ideia? Tantas perguntas, tantas dúvidas.

Confesso a fragilidade dessa minha posição. Com efeito, a dúvida envolve mesmo a curta tradição dos justos. Os violentos não duvidam, eis a sua força. Porém não invejo a posição daqueles que não sentem nenhuma dúvida, já não digo ante a tradição dos justos, mas nem sequer em face da "tradição" bem mais antiga dos violentos; se é que se pode falar de tradição quando se trata, ao invés de um legado histórico e espiritual, apenas de uma continuidade biológica – continuidade antiquíssima que se prolonga até épocas anteriores ao surgir da espécie humana: épocas sem história nas quais não existiu, ainda, a dúvida. Épocas felizes, paraíso das pedras. Entretanto, esse paraíso não me atrai.

Ainda: Exodus – Palavra Final Provisória[6]

Introdução da Redação:

Com a resposta que Anatol H. Rosenfeld apresenta aos seus últimos oponentes que se dirigiram na *Crônica Israelita* contra seu artigo sobre *Exodus* (publicado no Suplemento Literário de *O Estado de S. Paulo*), resposta que publicamos hoje, a discussão como tal em torno desse tema certamente não está ainda encerrada. Seguramente ela se reanimará em conexão com a próxima exibição do filme *Exodus*.

Além de tudo, devemos aos nossos leitores ainda a crítica que um conhecido autor inglês (não judeu) publicou na *Synagogue Review* pôr motivo da estreia da fita *Exodus* em Londres.

De qualquer modo, gostaríamos de manifestar a nossa satisfação pelo fato de a *Crônica Israelita* ter sido cena de uma discussão tão viva e animada que se tornou verdadeiro "simpósio".

Não se nos leve a mal uma observação adicional, que talvez se afigure um tanto amarga: iniciamos há pouco um novo simpósio, com excelentes condições para futuras discussões: 'O Judeu Indiferente e a Sinagoga'. A repercussão nas fileiras dos nossos leitores permanece porém, até agora, igual a zero. Será que devemos,

6. CI 28 fev. 1962.

> com base nesse resultado, formular algumas equações lógicas que, longinquamente, se assemelham a silogismos? Se nós tivéssemos qualquer afinidade com o precioso lógico de Ionesco, em *Rinocerontes*, talvez acabássemos formulando: "Os judeus modernos da CIP não se interessam pôr sinagogas"; o *Exodus*, todavia, interessa os judeus modernos da CIP. De tais premissas, o nosso lógico – que não é nenhum burro – tiraria a conclusão de que somente se poderá evitar os êxodos das sinagogas introduzindo nelas o *Exodus*. Pelo menos algumas cenas dele. Falando seriamente: é muito estranho que um debate em torno de um livro como *Exodus* possa despertar muito maior paixão entre os judeus do que um debate em torno do grave problema proposto. (A. H.)

Respondendo aos meus oponentes, lamento de início o grande número de mal-entendidos. O fato é que, na maioria dos casos, dirigem seus argumentos contra um fantasma. No que toca a mim, em carne e osso, nunca neguei o direito da defesa; ao contrário, realcei esse direito nos dois artigos por mim escritos. Assim, boa parte dos meus contestadores chove no molhado.

Sr. Incógnito

Quanto ao sr. B. E. N., que por razões ignoradas se mantém anônimo, parece-me que se desqualificou a si mesmo ao confessar que: 1. não leu *Exodus*, e que 2. não entendeu meu artigo publicado no Suplemento de *O Estado de S.Paulo*. Posso acrescentar que: 3. não entendeu também *O Último dos Justos*. Isso se explica facilmente, visto reconhecer que se preocupou, antes de tudo, com o problema totalmente insignificante das razões pelas quais Schwarz-Bart recebeu o Prêmio Goncourt. Ademais, confessa que costuma ler romances só de vez em quando como mero entretenimento. Nisso é perfeitamente humano, mas não cria condições favoráveis para apreender as nuanças de romances mais exigentes. À semelhança do apelo que o sr. J. N. dirigiu a mim – Vá a Israel! –, eu poderia aqui concluir o debate com o sr. B. E. N. dirigindo-lhe um apelo amigável: "Leia mais romances!! Depois volte a debater!" Todavia, abstenho-me de semelhante apelo. Abstenho-me também de contar anedotas, já que não me faltam argumentos. Prefiro expor razões.

De início, cabe-me dizer a um confessado leigo em matéria de literatura de ficção que um romance não se baseia em "argumentação", como parece acreditar o sr. B. E. N. ao criticar Schwarz-Bart. Uma obra de pura ficção é tampouco necessariamente invalidada por "dados errados". O sr. B. E. N. usa critérios que devem ser aplicados à obra de Uris, já que este mistura ficção e trechos de reportagem, pretendendo ainda apresentar corretamente acontecimentos recentes – mas não a uma obra de pura ficção. Na ficção como tal, o que importa é que se apresente uma visão e interpretação profundas da realidade e, de qualquer modo, uma transposição imaginária que tenha coerência interna, seja em si congruente e se imponha com força e intensidade. De resto, é evidente que o mundo apresentado por Schwarz-Bart é uma transposição imaginária de uma ampla tradição judaico-mística. Não é possível desfazer essa tradição – de certo modo, "recente" – com a citação de um trecho bíblico antiquíssimo, referente a um patriarca que não hesitava em imolar seu filho.

A um leitor atento, evidencia-se que o termo "justo" não se limita a designar apenas a quem tenha a virtude de se guiar pela ideia da justiça. O termo é usado, tanto na tradição judaica como na grega (Platão), como ainda na obra de Schwarz-Bart, num sentido muito mais amplo: refere-se à virtude suprema que encerra todas as outras. O justo é simplesmente o homem que vive *integralmente* o mandamento divino. E como o sr. B. E. N. certamente não ignora, há um mandamento que diz: "Não matarás". Os justos levam os mandamentos a sério, eis tudo.

Vemos, portanto, que o sr. B. E. N. não entendeu a obra de Schwarz-Bart. Nem sequer lhe apreendeu o forte cunho de ironia e sarcasmo com que o autor coloca entre aspas o mundo dos seus justos. Explico-me para que o sr. B. E. N. não tenha, novamente, dificuldade em entender-me. Quando digo "entre aspas", quero sugerir que Schwarz--Bart não se identifica com o mundo dos justos. Ele põe esse

164

mundo em dúvida, embora, ainda assim, até certo ponto se solidarize com ele e lhe dedique grande ternura. Aliás, nenhum dos meus contestadores parece ter percebido que, no meu artigo no Suplemento, acompanho essa ironia ao dizer: "Aqueles justos que, por qualquer desgraça, não conseguem ser massacrados, sentem quase vergonha diante do fracasso". Identifico-me, assim, com a atitude ambígua de Schwarz-Bart, atitude sutil, dúbia, fragmentada – que, em termos literários, aumenta o valor do livro, conquanto naturalmente não se possa tirar dele as satisfações grosseiras e primitivas da obra de Uris.

Do exposto, segue que Schwarz-Bart, embora pareça salientar o ideal da justiça, não defende a submissão à injustiça, como afirma o sr. B. E. N. Simplesmente apresenta, com ironia e ternura, personagens dedicados aos valores supremos. Isso não significa, evidentemente, que "defenda" a submissão à injustiça. O argumento é especioso e sofisticado. O autor apenas mostra – e com quanto sarcasmo e melancolia! – que os homens consagrados aos valores morais não sobrevivem nesse mundo dos "realistas". Contudo, para o homem devotado a esses valores supremos não se trata da sobrevivência pessoal e sim daquela dos valores. Nisso, há bem mais heroísmo do que em jogar bombinhas. O justo não tem nada de cordeiro, já que assume *livremente* o seu destino, vencendo o impulso da autopreservação e o impulso de dar tiros e socos. Para também colaborar com uma citaçãozinha: o rabi Ben Zoma, louvado seja, disse: "Quem é um herói? Aquele que vence os seus impulsos" (*Talmud*, *Pirkei Avot* [provérbios dos patriarcas]).

Não se exige de povo nenhum (visto como coletivo) o heroísmo radical dos justos, nem sequer do povo dito eleito. Mas alguns excepcionais – os justos – testemunham, através do seu sacrifício, o imperativo eterno que emana desses valores (um justo, nesse sentido, foi por exemplo Sócrates). É claro que tais homens não se submetem à injustiça. São precisamente eles que a vencem, já que somente se submetem aos valores supremos. Quem, de fato, se submete à injustiça são os "realistas", ao adotarem os padrões antiéticos da realidade, ao pactuarem, entusiasmados, com a realidade da violência, com a violência da realidade. Quem realmente se submete aos nazistas são aqueles que lhes copiam o espírito e os métodos.

Dr. A. C.

O dr. A. C. repete e defende em parte conceitos expostos e defendidos por mim mesmo. Expus longamente que o livro de Uris satisfaz certas necessidades psicológicas. Divergimos, contudo, em vários pontos. Temos opiniões diferentes sobre quais sejam essas necessidades; sobre a oportunidade de satisfazer certas necessidades; e satisfazendo-se, sobre a forma dessa satisfação.

Quanto a mim, não acredito que todas as necessidades psicológicas devem ser satisfeitas, mas somente aquelas que se coadunam com certos padrões morais. Sem a repressão de certas necessidades não há cultura (até Freud reconheceu isso). Certa parte dessas necessidades, felizmente, não entra em conflito com padrão nenhum. Há, depois, necessidades psicológicas inocentes – por exemplo, a de roer as unhas – que, embora inocentes, costumam ser criticadas. Há outras, perigosas, agressivas, que devem ser combatidas. E há ainda aquelas que, precisando ser satisfeitas, por se associarem a necessidades fisiológicas, devem ter a satisfação regulamentada, sujeita a certos padrões impostos pela sociedade. Nessa reflexão parto, naturalmente, do pressuposto de que o homem não é um joguete dos seus impulsos, mas dotado, em certa medida, de livre arbítrio.

O fato, portanto, de que o livro de Uris corresponde a uma necessidade psicológica não representa, por si, nenhuma justificação do livro, nem lhe proporciona, por si, qualquer valor. No sentido, puramente psicológico (e não literário, já que a discussão se atém às necessidades psicológicas), o que importa (e poderia dar certo valor ao livro) é o *tipo* de satisfação que o livro proporciona.

Diz o dr. A. C. que, no caso da obra de Uris, "a satisfação de que se trata não é a exaltação da violência mas a legítima defesa de um povo". Se interpreto bem o pensamento do meu contestador, essa oração quer dizer – já que a necessidade político-militar de defender Israel foi, e vem sendo, plenamente satisfeita e, de qualquer modo, não poderia ser satisfeita por um livro – que a necessidade satisfeita foi a de ver exaltada essa defesa e não a violência para tal empregada. Se fosse, de fato, essa necessidade – o que naturalmente é difícil verificar sem pesquisas –, ainda assim eu não concordaria com a forma pela qual essa necessidade foi satisfeita. Precisamente essa forma – o enorme acúmulo de brutalidade e violência contidas e exaltadas no livro – fez supor que as necessidades satisfeitas fossem bem outras, precisamente as que descrevi no Suplemento. E apoiei-me nisso em dados razoavelmente pesquisados, ao passo que o dr. A. C. simplesmente afirma, sem aduzir nada em favor da sua opinião. Nenhum leitor de *Exodus* – que leia sem *parti pris* – chegará à conclusão de que, para exaltar a "legítima defesa", teria sido necessário exaltar a tal ponto a violência. E as pessoas despreconceituosas concordarão comigo em que a mera exaltação da defesa, sem a apresentação de violentíssimos super-homens do tipo "gibi", nunca teria tornado o livro em *bestseller*.

Ora, essas "necessidades" psicológicas não me parecem dignas de aprovação. Acho-as criticáveis e critiquei-as. Critiquei ainda o autor por esse apelar, conscientemente, para tais impulsos, sem apresentar nenhuma compensação literária.

Diz o dr. A. C. ainda que *Exodus* apaixonou inúmeros leitores "pela possibilidade de viver novamente o que foi a tremenda tensão de algumas semanas de 1947". Isso só se pode referir a uma parcela dos leitores, já que o próprio dr. A. C. reconhece que talvez 40% – todos os jovens – não viveram aqueles dias dramáticos e, portanto, não podem vivê-los novamente. A estes últimos devem-se acrescentar cerca de 20% de leitores não judeus. Infelizmente, não acredito que mesmo os 40% dos leitores restantes consigam, através do livro de Uris, reviver autenticamente aqueles dias. Enquanto ficção, a obra é de uma indigência tamanha que é preciso ter estômago para viver com aqueles clichês grosseiros de personagens que povoam a obra. E enquanto reportagem e história, representa uma reprodução muito deformada daqueles dias devido a uma seleção unilateral, omissa, falsa e demagógica. Lembro-me que inúmeros conhecidos meus e, da mesma forma, inúmeros judeus de todas as partes e de Israel desaprovaram, naquela época, com veemência, os atos de terrorismo. Felizmente, não faltam judeus nem aqui, nem lá, que deploraram, esses atos. Quem admite a glorificação desses atos no livro de Uris, não quer reviver autenticamente aqueles dias; pactua com a violência e com a mitização da brutalidade, repelida em plena excitação da luta e muito mais repelente hoje, quando já se conhece o desfecho e se pode apreciar os fatos com mais calma. Concordo plenamente com o que escreveu o dr. Hans I. Bach na *Synagogue Review* (Londres), quando fala da "blasfêmia atroz" contida em *Exodus* e "da falsificação monstruosa da verdade histórica ao reduzir o contraste – entre uma maioria esmagadora, firmemente oposta a atos terroristas, e uma minoria pequena – a uma rixa entre dois irmãos; e ao concentrar todas as simpatias nos terroristas".

A isso se associa a insidiosa citação de trechos da *Bíblia*, como se esta de antemão aprovasse os atos do Stern-Gang, os quais Hans Bach chama de simples "assassinato" (n. 564 da *Crônica Israelita*). Não compreendo como se pode minimizar tais fatos; compreendo ainda menos que se possa recomendar tal obra à juventude como uma valiosa oportunidade de conhecer essa página do sofrimento judaico. Os jovens devem conhecer essa página, sem dúvida. Mas através de fontes puras e honestas para que não se lhes envenene o espírito.

Repito mais uma vez o que já disse no Suplemento: todos esses problemas não se colocariam de forma tão aguda se o *Exodus* fosse uma grande obra literária, já que, no caso, a riqueza de outros valores poria à margem os momentos que critico. Há tempos escrevi, nesta mesma *Crônica Is-*

168

raelita, uma crítica altamente favorável ao livro de Howard Fast sobre os macabeus. *Os Meus Gloriosos Irmãos* é um livro repleto de violências. Mas é uma obra literária de valor. Os macabeus são glorificados, não porém a violência. E o autor tem o engenho artístico de focalizar a história de dois lados: do ângulo judaico e do ângulo romano.

É para mim surpreendente que o dr. A. C., pessoa lúcida e de boa vontade, seja capaz de exaltar o *Exodus* e de declarar, ao mesmo tempo, "que devemos agir para que os 'justos' encontrem mais lugar neste mundo de egoismos". Há uma contradição radical entre estas duas atitudes. Quem enaltece livros como esse, age no sentido de impedir que o mundo ofereça lugar aos justos. Defende uma mentalidade chauvinista, fanática, soberba. Defende esse mundo atual, em que não há lugar para os justos. "Até que a humanidade não se corrija", diz o dr. A. C., "haverá os 'justos' e os 'valentes" (isto é, os violentos). A exaltação de livros como esse em nada contribui para que a humanidade se corrija. Ao contrário. É o método para reforçar as tendências de uma humanidade embrutecida.

Discordo em cheio do dr. A. C. quando me censura por ter debatido o assunto num grande jornal brasileiro. Não acredito ter mostrado o que ele chama de "ausência completa de sensibilidade política". Antes de tudo, não sou político e não tenho, tampouco, deveres diplomáticos. Escrevo o que acredito ser a verdade. Sou, em seguida, da opinião de Kant: são suspeitas as opiniões que se receiam manifestar publicamente e, ainda mais, quando nem sequer envolvem opiniões politicamente "perigosas". Depois, considero-me "interessado" e "envolvido"; mas isso não impede que eu procure ser objetivo e racional, em vez de fanático. Além disso, tomei partido: o partido dos valores morais que realcei como valores essenciais do pensamento judaico. Será que nisso há falta de "sensibilidade política"? Pretende o dr. A. C. confirmar o que eu disse no Suplemento: "que atualmente sentimos quase vergonha ao quebrar uma lança pelos valores morais"?

169

Antes de concluir, gostaria de mostrar aos meus contestadores e aos leitores em geral que, de modo algum, me são alheias as "necessidades psicológicas", quando razoáveis. No nº 541 da *Crônica*, criticando um livro, escrevi o seguinte:

Psicologicamente falando, duvidamos da oportunidade desse tipo *muito unilateral* de literatura. O judeu, nessa coletânea, é vítima e só vítima – é o eterno *punching ball* de esmurradores sádicos. A reação do leitor, no melhor dos casos, é a comiseração. O livro teria maior *equilíbrio* se o autor tivesse inserido também alguns contos que sugerissem a existência de outro tipo de judeu – judeu capaz de reagir e de se defender – como os macabeus, os heroicos combatentes do gueto de Varsóvia.

Como se vê, realço o valor da defesa e a necessidade de equilíbrio. Este falta na obra de Uris. É um livro unilateral, falso, retrógrado, escrito no pior estilo de certo tipo de romances de guerra que, com suas patriotadas, corromperam gerações inteiras de jovens alemães e franceses. O livro de Schwarz-Bart não se ressente do desequilíbrio contrário. Envolvendo o holocausto dos justos na sua amarga ironia e tristeza, a obra está longe de glorificar a passividade, sendo ao mesmo tempo uma das terríveis acusações ao nosso mundo que exalta a violência.

*   *   *

Ao fim, desejo ressaltar, em geral, dirigindo-me a quem me leia e a nenhum dos meus oponentes em particular, que – embora tentando ser racional – não me considero "realista", confusão feita por um dos meus contestadores. Quem segue o pensamento racional não admite, pelo menos enquanto pensa, compromissos. Estes, contudo, são o traço distinto dos "realistas" (com aspas). De outro lado, não sou sonhador, outra confusão. Sei perfeitamente que a realidade geralmente não corresponde à razão ou aos princípios racionais (tanto pior para a realidade).

Sei que a nossa realidade é violenta. Contudo, se me dirijo, com argumentos racionais, contra a *exaltação* dessa realidade violenta, nem por isso se trata de "ideias abstratas", "sonhos", falta de realismo (sem aspas), como pensam algumas pessoas – pessoas que parecem ser representantes da opinião de que a moral é uma coisa muito boa para o púlpito e para o Schabat, mas que não serve para o balcão e para os dias comuns.

No entanto, o enaltecimento da violência – ou a tergiversação e argumentação sofística em torno do assunto – torna-se hoje, cada vez mais, uma atitude perigosíssima e sinistra, além de se afigurar irremediavelmente antirrealista (sem aspas) e saudosista. A época desse tipo de heroísmo passou. Estamos na fase da bomba H e os heroísmos do tipo Uris já agora passam a ser uma espécie de nostalgia da Idade Média. Vemos, mais uma vez, que os "realistas" (com aspas) nada percebem da realidade. Vivem com tapa-olhos; somente percebem o que se situa no estreito círculo dos seus interesses provinciais. Tornam-se cada vez mais aldeões num mundo que se torna cada vez mais universal. Não têm visão de conjunto; não sabem adaptar-se ao futuro. Condenar todo tipo de violência armada – e não exaltar nenhum – é hoje uma questão de vida e morte. Ou acabamos com a violência ou a violência acaba conosco.

Os "realistas" julgam com escárnio o enaltecimento dos valores morais; é "sonho", é "ideia abstrata". Declaram que o homem não muda; é o que é; um animal incapaz de superar a sua "natureza" violenta e agressiva. Contudo, o desenvolvimento moral do homem – ou pelo menos dos costumes morais – é um fato. Na antiguidade, a escravidão era uma coisa corriqueira e "natural"; hoje, mesmo nas suas formas mascaradas, ela provoca pelo menos indignação em amplos círculos. Ainda há poucos séculos houve formas legais e internacionais de executar a pena capital, por exemplo, pelo suplício da empalação, que hoje não existem mais. Há revezes, sem dúvida. Mas pelo menos os costumes gerais progrediram. A sensibilidade pela violação de certos valores é hoje mais difundida. Quem conhece a história da brutalidade não pode nutrir dúvidas a respeito. Há 50 mil anos, todos os homens assinaláveis na Europa e África do Norte eram canibais. Há 10 mil anos já não o eram. Tenho certeza de que, aos homens futuros – se os "realistas" deixarem que haja futuro para o homem –, a nossa humanidade atual se afigurará tão bárbara como a nós se afiguram os canibais.

A MULHER: POSIÇÃO-CHAVE
ENTRE A TRADIÇÃO E O FUTURO[1]

Certo é que os homens são, por natureza, ou excessivamente, ardentes ou frios: para o calor harmonioso devem ser educados. As mulheres, ao contrário, têm por natureza esse calor espiritual.

FRIEDRICH SCHLEGEL,
marido de Dorothea Veil-Mendelssohn

A Descoberta do Próximo

Em um pequeno ensaio, Leo Baeck fala da criação fundamental do judaísmo: a descoberta do próximo, do irmão, do outro ser ao nosso lado.

Com efeito, o pensamento grego, por mais lúcido e amplo que tenha sido, descobriu apenas o indivíduo, o cidadão

---

1. Artigo de revista não identificada.

político, a personalidade isolada pelas limitações do próprio "ego". Não se lhe revelou a ideia do homem como homem *tout court*. Essa concepção, contudo, já se encontrava cristalizada muito antes do voo filosófico dos gregos, na singela parábola que nos ensina a considerar todo homem como filho de Deus, feito á semelhança do Eterno.

Só em virtude desse pensamento, ao mesmo tempo simples e profundo, foi descoberto o próximo, o ser humano ao nosso lado, essencialmente idêntico a nós outros. Se em todos se manifesta a imagem divina somos, por isso, no fundo os mesmos, irmãos. No que há de mais importante no homem, não existe diferença.

Essa ideia está na raiz do clássico mandamento da *Torá*: "Ama o teu próximo como a ti mesmo". Isso significa realmente: "Ama o teu próximo, ele é como tu". A ênfase recai sobre a segunda parte da sentença – "ele é como tu". Essas palavras constituem, numa tremenda síntese conceitual, a unidade do ser humano e, por isso, ultrapassam em importância a palavra ambígua e incerta do amor. Não é o sentimento do amor, por mais sublime que seja, que pode fundamentar o pensamento social da unidade humana e de um único direito para todos os homens. Não é o sentimento, é o pensamento que estabelece a base da unidade humana. Já na idade moderna, Kant partiu de semelhante discernimento ao criar o seu sistema moral. Porém Simão ben Asai dissera, muitos séculos atrás: "Ama o teu próximo como a ti! – uma grande palavra; mas, maior ainda é a outra: [...] quando Deus criou o homem, fê-lo à sua imagem – e essa frase suporta toda a *Torá*!"

É esse axioma que dá ao sentimento do amor e da caridade, por assim dizer, a estrutura conceitual e a determinação social. "Só ele impede", diz Leo Baeck, "que o amor se desfaça em sentimentalismo comovido".

Com isso, o judaísmo se torna uma religião que não visa ao indivíduo no seu isolamento, mas como a um ser integrado na sociedade – uma sociedade considerada, em última instância, essencialmente una, abrangendo a humanidade como um todo.

Outras religiões há que conhecem o indivíduo insulado, o eremita devotado inteiramente à salvação da sua alma pessoal. O judaísmo, no entanto, só concebe o homem em comunicação com o próximo. Decorre daí a ideia de uma sociedade em que cada um não é apenas indivíduo, mas ao mesmo tempo irmão do outro; na qual nada se iguala ao *páthos* do imperativo ético que exige a justiça social; na qual uma injustiça cometida contra um é uma injustiça cometida contra todos; e na qual a pobreza do próximo é um apelo moral a todos os homens, idênticos, no fundo, àquele que sofre.

A Posição Elevada da Mulher Judia

Em duplo sentido, aplica-se o que foi exposto à mulher judia: criada, também ela, à imagem de Deus, encontra-se no mesmo nível do homem e é-lhe companheira e conselheira, nunca servidora e criada. A própria língua hebraica expressa essa atitude em face da mulher pelo fato de existir um único termo para ambos os sexos: *Isch* – homem masculino –, *Ischá* – mulher.

As narrações bíblicas estão repletas de grandes figuras – Sara, Rebeca, Léa, Miriam, a imensa profeta Débora, conduta do povo, autora da célebre cantiga de triunfo, da qual A. G. Niemayer escreveu: "Não me lembro de nenhum canto oriental em que se encontrasse tamanha abundância de pensamentos".

Inúmeras são as mulheres judias que se distinguem quer pelo seu heroísmo e grandeza de espírito, quer pelo coração terno e bondoso; pertencem ao tesouro da história judaica nomes como os de Ruth, Hannah, Hulda, Judith e Esther; como a rainha Salomé Alexandra, cujo reino foi considerado a fase áurea do período macabeu, e a filha de Jefta, que não temeu a morte quando se tratava de cumprir o voto do pai.

É altíssima a posição da mulher como esposa e mãe. "Sempre cuida o homem", diz o *Talmud*, "de honrar a sua esposa, pois só por sua causa a sua casa será abençoada".

O homem "tome cuidado para não ofender a sua esposa, pois facilmente lhe surgem as lágrimas e a ofensa sobe até ao trono de Deus".

A mulher é conselheira do marido; já no primeiro livro do *Pentateuco* temos: "Em tudo quanto Sara te disser, ouve-lhe a voz". E no *Talmud* encontramos essa frase cheia de poesia e ternura: "Se tua mulher é baixinha, inclina-te e sussurra-lhe ao ouvido" (*Baba Metzia*, 59a).

É proverbial o respeito que envolve a mãe judia. Quando o rabi Josche ouvia os passos da mãe, dizia: "Quero levantar-me diante da santidade de Deus que aparece". Típica é a comovente história do rabi Tarfon sobre quem se relata que, certa feita, andava sua mãe pelo jardim quando sua sandália arrebentou, de modo que ela teve de voltar para casa descalça. O rabi Tarfon, então, colocou as palmas de suas mãos esticadas sob seus pés para que ela caminhasse sobre elas ao longo de todo o caminho. Um dia ele estava doente e sábios vieram visitá-lo. Sua mãe, então, lhe disse: "Orai por meu filho, pois ele me honra mais do que mereço" – e, em seguida, narrou-lhes o sucedido. Os sábios, porém, responderam: "E se ele fizesse cem e mil vezes mais, ainda assim não honraria a mãe na medida prescrita pela *Torá*" (*Ieruschalmi*, 31a; cf. *Qiduschim*, 31b).

A Mulher Judia, Transformando a Descoberta do Próximo em Ação e Obra

Se assim a mulher judia, mesmo dentro da lei patriarcal, confirma integralmente o conceito da unidade do ser humano pelo vigor da sua posição concreta na vida judaica, que a equipara em importância à do homem, é ainda num segundo sentido que a ela se aplica a grande descoberta judaica do próximo, criado à imagem de Deus.

Pois essa descoberta não se limita a ser para ela um simples fato, uma mera afirmação teológica; mas é, ao mesmo tempo, um imperativo moral, um mandamento de sua consciência. Não lhe basta a certeza teórica da unidade humana; tal certeza tem de ser vivida, tem de ser transformada em conquista diária pela ação e pela obra que emanam do seu coração bondoso. Com razão foi dito que os gregos descobriram a beleza do corpo humano, ao passo que o povo israelita descobriu a beleza do coração humano.

Teríamos de encher páginas se procurássemos glorificar a alma caridosa de tantas mulheres judias que, de acordo com a melhor tradição judaica, consideravam a boa obra como a essência da religiosidade – tradição que se manifesta nas múltiplas prescrições bíblicas e talmúdicas no tocante ao tratamento dos necessitados. Não admira que se encontre mencionado em lápides sepulcrais romanas, ao lado do "Pai da Sinagoga", também uma "Mãe da Sinagoga", especialmente nomeada para serviços caridosos.

Quem não conhece a extraordinária figura de Gracia Mendesia, filha de marranos portugueses que, em pleno século XVI, dirige uma casa bancária em Antuérpia, confessa publicamente a sua volta à fé dos ancestrais e, retirando-se para Constantinopla, devota a sua vida e fortuna para fins beneficentes, ajudando estudantes e protegendo judeus fugitivos!

Não menos notável é a linda Henriette Herz, filha do médico português De Lemos, cuja atividade beneficente, no início do século XIX, se tornou conhecida na Alemanha. Da mesma forma, destacaram-se em Viena as filhas do banqueiro Itzig, Fanny von Arnstein e Cecília von Eskeles, cuja dedicação ilimitada aos necessitados as celebrizou mesmo além das fronteiras da velha Áustria. Ao mesmo gênero de mulheres pertence a mãe do compositor Meyerbeer, Amalie Beer, da qual Heinrich Heine escreveu:

Nenhum dia passa sem que ela tivesse ajudado um pobre. Sim, é como se não pudesse dormir sossegadamente sem antes ter feito uma boa obra. Com tudo isso, ela distribuiu as suas dádivas a adeptos de todas as religiões, a judeus, cristãos, turcos e mesmo a incrédulos da pior espécie. Ela é incansável como benfeitora e parece considerar isso a sua mais alta vocação.

Em tempos mais recentes, é legião o nome de mulheres judias dedicadas a obras filantrópicas e sociais; entre as primeiras mulheres representantes de uma concepção mais moderna de assistência social encontram-se judias.

Mencionamos o nome de Lina Morgenstern, que transformou em realidade a ideia de Froebel no tocante à fundação de jardins de infância e lares para crianças, além de ter-se empenhado com energia pela organização de cozinhas populares. Nomes como os da francesa Coralie Cahen, da belga Clara von Hirsch-Gereuth e da inglesa lady Judith Montefiore pertencem à história.

Todas essas mulheres viveram a grande tradição do judaísmo e sentiram arder-lhes na alma o imperativo que deflui da descoberta do próximo. Com orgulho constatamos que também no Brasil, e especialmente em São Paulo, continua pura e inexaurível a fonte generosa do coração judaico e que também nas terras do Novo Mundo se dedicam mulheres judias à tarefa de manterem viva a tradição milenar.

Um belo exemplo dessa atitude da mulher judia em face das necessidades prementes de ordem social foi dado por mulheres como Bertha Klabin, Olga Nebel e Olga Tabacow, que, já na fase inicial da imigração judaica a São Paulo, se empenharam com energia e dedicação em proporcionar à novel comunidade a assistência social de que carecia.

Fundando em 15 de junho de 1915 a Sociedade Beneficente das Damas Israelitas de São Paulo e devotando todas as suas forças ao progresso dessa obra, transmitiram para as terras de Piratininga o impulso tradicional, herdado pelos ancestrais. E esse impulso, uma vez dado, não esmoreceu.

O germe lançado pelas pioneiras encontrou solo fecundo nos corações e mentes de outras mulheres, dispostas a continuarem uma obra tão auspiciosamente iniciada.

É na Ofidas (Organização Feminina Israelita de Assistência Social) que a Sociedade Beneficente das Damas Israelitas encontra a sua sucessora direta que lhe absorveu as atividades e ampliou as suas iniciativas, modernizando-

-as e acompanhando simultaneamente os progressos das ciências sociológica e psicológica.

Nunca será esquecida a sensibilidade humana das fundadoras que, em muitos casos, levaram pessoalmente às casas dos necessitados o consolo e amparo da sua profunda solidariedade e compreensão, tecendo relações pessoais com as famílias assistidas, relações que ainda hoje perduram no contato com a Ofidas.

Outro grande passo a frente foi executado por dona Luba Klabin que, levada pelo seu proverbial interesse no tocante à educação da criança, deu iniciativa para a construção do Lar da Criança Israelita. O magnífico êxito das primeiras atividades é demonstrado pelo fato de que, inspiradas pela obra das pioneiras, surgiram outras sociedades: a Gota de Leite B'Nai Brith, além do já mencionado Lar da Criança Israelita.

Todas essas agremiações fundiram-se finalmente na organização da Ofidas, que captou os impulsos iniciais, transferindo-os para uma nova estrutura baseada nos princípios da moderna assistência social.

Não podemos deixar de mencionar, nesse conexo, o nome da saudosa Rosa Hottinger que, imbuída de profunda compreensão dos deveres para com o próximo, legou metade de sua fortuna, em partes iguais, à Santa Casa de Misericórdia de São Paulo, à Sociedade Vicentina e à Ofidas.

É assim que mulheres judias se empenham por criar uma base sólida para com o desenvolvimento sadio da comunidade no que representa a sua mais íntima substância – a mulher e a criança.

A mulher ocupa a posição-chave entre a tradição milenar e o futuro representado pela criança, tarefa essa que lhe foi confiada pela própria natureza e a comunidade judaica deve estar compenetrada disso.

A HISTÓRIA DE UMA GRANDE IDEIA
E DE UMA GRANDE OBRA: 50 ANOS DO
AMERICAN JEWISH COMMITTEE[1]

Os Primeiros Passos

Foi o choque dos *pogroms* de Kischinev, em 1903, que induziu alguns judeus americanos, oriundos da Alemanha, a se reunir para deliberarem sobre uma possível assistência aos correligionários russos. Visto não ter existido, então, nenhum mecanismo adequado ao levantamento de fundos, nos Estados Unidos, o grupo fez campanhas particulares, por meio das quais levantou, em 1903, 100 mil e 1.250 mil dólares em 1905.

Para dar maior continuidade a tais esforços, o grupo concebeu criar um grêmio permanente que deveria ocupar-se também com problemas judaicos americanos, à

---

1. CI 8 abr. 1957.

181

semelhança dos grêmios de formato parecido existentes na Europa. Assim, ganhou corpo a ideia de se constituir uma organização judaico-americana de alguma forma representativa, destinada a lidar com problemas judaicos, num sentido amplo e elevado. Numerosos encontros informais entre homens como Louis Marshall, jurista; Samuel Greenbaum, membro da Corte Suprema de Nova York; Nathan Bijur, jurista; Joseph Jacobs, historiador; e outros, fizeram amadurecer a ideia. Finalmente, em 1906, foi fundado o American Jewish Committee.

No centro do grupo atuava a poderosa figura de Jacob H. Schiff, que em 1865 viera de Frankfurt para os Estados Unidos, tornando-se uma potência no mundo dos negócios, além de grande filantropista. Empenhou-se intensamente em prol dos negros, da educação pública livre, dos direitos dos sindicatos. Orgulhava-se do seu judaísmo e participava vivamente das atividades judaicas. Ao seu lado, impunha-se Louis Marshall. O líder intelectual do grupo era Cyrus Adler. Outras personalidades relacionadas eram Adolph S. Ochs, que fez do *New York Times* o maior jornal dos Estados Unidos; os Strauss, Sulzberger e Guggenheim, todos eles pertencentes à primeira ou segunda geração de imigrantes. Oriundos da Alemanha, todos eles se mantiveram leais ao judaísmo, demonstrando a sua lealdade na ocasião em que, a partir de 1890, se iniciou a corrente imigratória de judeus do Leste Europeu. Vítimas de perseguições, chegaram em situação de penúria e o grupo em torno de Schiff aceitou plenamente os deveres que lhes impunha o seu senso de solidariedade para com os correligionários, ainda que surgissem numerosos mal-entendidos entre os recém-chegados e os radicados, já que havia grandes divergências de cultura e de situação social.

No entanto, os elementos do grupo, enquanto judeus leais e orgulhosos, sentiam-se plenamente identificados com a sua pátria americana. O judaísmo e o americanismo pareciam-lhes não somente compatíveis como também complementares: o americanismo, fluido e receptivo, não exigia conformismo total e uniformidade; e o judaísmo não os condenava, de modo algum, a uma vida limitada a um gueto espiritual. Ambos, ao contrário, permitiam e exaltavam – segundo a sua opinião – a variedade e a multiplicidade; ambos idealizavam um mundo em que as diferenças deveriam ser respeitadas e as peculiaridades toleradas. A missão judaica – o etos profético de redenção social – poderia ser cumprida da melhor forma precisamente na democracia dos Estados Unidos. Tais ideias de democracia liberal e liberalismo democrático, de completa harmonia entre americanismo e judaísmo, tudo isso fundido numa ideologia de "liberalismo conservador", que se nutria das concepções mais nobres da época das Luzes (século XVIII), iriam no futuro definir o caráter do American Jewish Committee e explicar a sua atitude benevolente, mas não sionista, positiva, mas não nacionalista, em face do Estado de Israel.

O Ideal Democrático

Surgido como reação a uma onda de antissemitismo que também alcançara a França (Dreyfus) e se fazia notar nos Estados Unidos, o Committee não teve, de início, ideias claras sobre a sua atuação prática. Procurou-se, inicialmente, chegar a uma representação amplam, compreendendo todo o judaísmo norte-americano. Verificou-se logo que as divergências internas do judaísmo norte-americano eram demasiadamente acentuadas para pensar em tal escopo: ortodoxos e reformistas, socialistas e conservadores, sionistas e antissionistas dificilmente poderiam ser unidos numa só organização. Quando surgiu a ideia de um Congresso Nacional, o Committee já se opôs, convencido de que a própria ideia de uma organização destinada a falar em nome de todos os judeus norte-americanos era perigosa. No entanto, não desejando manter-se inteiramente à parte, concordou com compromissos, mercê dos quais o Committee conservou a sua autonomia, enquanto o Congresso se beneficiou do

183

apoio financeiro e intelectual do Committee: combinação que deu bons resultados imediatos quando da definição dos direitos dos judeus por ocasião das deliberações dos Tratados de Paz, em 1919, nas quais expoentes do Committee desempenharam importante papel.

Desde então, o Committee sempre manteve o seu *status* de autonomia, enquanto ao mesmo tempo deixou de nutrir a pretensão de exprimir a opinião de todos os judeus norte-americanos. Essa atitude de autolimitação, indispensável à autonomia, suscitou fortes ataques e muita crítica. Acusou-se o Committee de uma atitude autocrática; nada mais seria, dizia-se, senão o instrumento de um grupo restrito de judeus ricos, desejosos de controlar toda a comunidade. Tais ressentimentos acentuaram-se quando ia crescendo a influência dos judeus do Leste Europeu e dos seus descendentes, e particularmente quando, em 1933, o sionismo tomou um impulso cada vez mais forte. No entanto, o Committee de modo algum deseja controlar a coletividade global: exprime apenas as tendências do grupo que se filia voluntariamente a ele.

Sempre quando necessário, o Committee procura colaborar com organizações integrativas e coordenadoras – assim, por exemplo, na década de 1940, com o National Community Relations Advisory Council; não admitindo, porém, que se lhe limite a independência e liberdade de ação. Tal atitude se manteve mesmo depois de profundas transformações estruturais, mercê da penetração ampla de membros de grupos de origem diversa daquela dos fundadores. Essa ampliação era inevitável, pois as tarefas cada vez mais complexas e vastas já não permitiam que um grupo restrito sustentasse toda a organização. Verificou-se certa descentralização, enquanto o número de membros, fora de Nova York, aumentou rapidamente. Entretanto, apesar disso o princípio fundamental de independência permaneceu inabalado. Depreende-se isso da famosa "Declaração de Princípios", na qual o Committee se dirige contra a constituição de uma organização judaica mundial, sob a liderança do presidente do Congresso Judaico Mundial (que é também presidente da Organização Sionista Mundial e da Agência Judaica). Esse plano, de um grêmio revestido do poder de falar em nome de todos os judeus do mundo é, segundo essa declaração, prejudicial para os judeus de toda parte.

Nenhuma organização peculiar pode falar em nome dos judeus dos Estados Unidos; pois estes, da mesma forma como americanos de outras confissões, divergem entre si em questões sociais, econômicas e políticas e têm variados pontos de vista sobre problemas domésticos e mundiais.

Os laços entre judeus de vários países seriam exclusivamente os de religião, herança cultural e história comum. Embora apoiando o Estado judeu, "as nossas relações com os judeus de lá apoiam-se somente nos laços reconhecidos de uma religião e história comum e no impulso filantrópico". Reiteramos que "cidadãos dos Estados Unidos são americanos e cidadãos de Israel israelis; afirmamos isso com todas as implicações decorrentes". Por isso, "não podemos aceitar um grêmio global permanente que se põe a tratar de questões que afetam as relações civis de judeus de vários países [...] O A. J. C. opõe-se, sem reservas, à filosofia de um nacionalismo judaico mundial".

*Relações Positivas com a Palestina
e o Estado de Israel*

Essa atitude, no entanto, de modo algum exclui uma posição de profunda simpatia para com o Estado judeu. Tal ponto de vista foi expresso claramente por Joseph M. Proskauer, ao especificar que é dever do judeu norte-americano apoiar vigorosamente o Estado de Israel. Quando da guerra dos árabes movida contra Israel, ele declarou que "nós, como americanos, temos o direito e o dever de apresentar ao Departamento de Estado o pleno significado da violência que atualmente está vertendo sangue humano na Palestina". É digno de nota também o papel extremamente ativo que o A. J. C. desempenhou ao combater o *White Paper* inglês que impediu, durante o mandato, a imigração de judeus para a Palestina. O A. J. C. colaborou ativamente na criação do Estado judeu. Jacob Blaustein, atual presidente do A. J. C., está plenamente identificado com a declaração especial que o Committee fez acerca da sua posição em face do Estado judeu:

> Consideramos o estabelecimento do Estado judeu como um acontecimento de importância histórica. Aplaudimos o seu reconhecimento pelo nosso e por outros governos [...] dentro da estrutura dos interesses americanos, apoiaremos a reconstrução de Israel como um vital centro espiritual e cultural e o desenvolvimento da sua capacidade de garantir uma vida livre e digna a todos aqueles que desejarem estabelecer ali o seu lar.

Convidado por Ben-Gurion, Jacob Blaustein esteve em Israel e discutiu com o primeiro-ministro israeli "o receio de alguns de que o governo israeli poderia presumir que esteja falando em nome de todos os judeus do mundo. Ele nos assegurou o contrário – e ele cumpriu plenamente essa promessa". São palavras do atual presidente do Committee, que timbra em salientar "minha grande admiração por Israel e pelos israelis. Vi com meus próprios olhos os milagres ali realizados e a coragem e capacidade de estadismo que demonstraram possuir".

Vale realçar que David Ben-Gurion, naquela ocasião, satisfez plenamente os pontos de vista do A. J. C., ao emitir uma declaração sobre os seguintes itens decisivos: que os judeus dos EUA, como comunidade e como indivíduos, têm apenas uma ligação política, a saber, com os Estados Unidos; que o governo e o povo de Israel respeitam a integridade da vida judaica nos países democráticos e o direito das comunidades judaicas de desenvolverem as suas próprias aspirações sociais, econômicas e culturais de acordo com suas próprias necessidades e instituições; e que Israel aceita plenamente o fato de que os judeus dos Estados Unidos não vivem "no exílio" e que a América representa, para eles, a pátria.

186

O sr. Jacob Blaustein, por sua vez, declarou que o A. J. C. envidou todos os esforços possíveis, dentro dos limites de sua situação de instituição norte-americana, para prestar todo apoio a Israel. "E estou certo de que esse apoio continuará e que faremos todo o possível para aumentar ainda mais a nossa parte na tarefa histórica de ajudar Israel a solucionar os seus problemas e desenvolver-se como democracia livre, independente e florescente".

A Luta Construtiva

Fundado em 1906 para prevenir a violação dos direitos civis e religiosos dos judeus de toda parte e para garantir-lhes a igualdade de oportunidades econômicas, sociais e educacionais, o A. J. C. tem desenvolvido, nesse campo, uma atividade magnífica, imensa, de uma lucidez e sagacidade sem par – sem que com isso se queira dizer que tenha atingido pleno êxito, já que o preconceito e a discriminação são fenômenos extremamente complexos, muito esquivos, difíceis de localizar e alvejar. A grande contribuição do A. J. C., nesse campo, tem sido a autossuperação dos seus próprios métodos iniciais, que consistiam na intervenção individual e particular de judeus influentes e na pressão direta, por intermédio de tais personalidades, sobre as agências discriminadoras, mercê de contatos particulares com norte-americanos influentes (não judeus), sem falar, naturalmente, do recurso à intervenção jurídica. No entanto, essa abordagem individual – em determinados casos, realmente mais útil do que o apelo à opinião pública através de comícios e protestos de ampla divulgação – é inteiramente ineficaz em se tratando de preconceitos coletivos e amplos movimentos antissemitas. Ela alcança somente – no melhor dos casos – sintomas superficiais e não a raiz do mal. Numa democracia, a abordagem individual pode chegar a se tornar até nociva, já que causa irritações e ressentimentos de repercussão muito mais profunda e ampla do que corresponde à importância do caso imediato combatido por tal intervenção e pressão pessoais.

Amplo Programa Literário

Superando tal método antiquado e antipsicológico (e seria bom que se aprendesse em outras partes do globo com essa lição), o Committee tampouco adotou o método contrário, dos amplos protestos coletivos e dos comícios, que, embora por vezes necessários numa democracia, nunca deixam prever os resultados. Ao invés disso, desenvolveu um vasto programa de pesquisas sobre o preconceito, cujos resultados são depositados em obras de repercussão mundial, tais como, por exemplo, *The Authoritarian Personality*, obras nas quais expoentes máximos das ciências psicológicas e sociais estudaram as condições que criam as personalidades acessíveis ao preconceito e analisaram a estrutura caracteriológica dessas personalidades. Verificou-se que não é a vítima do preconceito que merece estudos particulares, mas o agressor, quase sempre um ser doente, neurótico em consequência de numerosos fatores sociais, econômicos, educacionais e, particularmente, devido ao ambiente familial. Somente esse conhecimento mais exato do preconceito poderia fornecer os recursos para combatê-lo eficazmente, como o A. J. C. tem feito através de um grande programa de esforços educacionais a longo prazo, junto e através de igrejas, sindicatos e numerosas outras agências, lançando mão de todos os meios de comunicação como rádio, televisão, filmes, desenhos, histórias em quadrinhos etc. Todo esse grande esforço a longo prazo, baseado em sólidas pesquisas científicas (cujo resultado naturalmente não deve ser superestimado), ataca o preconceito na sua raiz e não apenas os sintomas superficiais. Visa melhorar o clima social, as próprias relações humanas, por todos os meios possíveis. Manifesta-se na intensa *colaboração com as igrejas cristãs* e com as escolas, por exemplo, numa tarefa como a de retirar das obras didáticas trechos perniciosos e preconceituosos. Age junto às minorias e seus órgãos que adotam muitos preconceitos com uma virulência superior à da maioria (a própria coletividade judaica é um dos grupos que mais preconceitos abriga e cultiva). E proclama, de uma forma geral, que o preconceito é indivisível: não adianta argumentar somente em favor dos direitos judeus quando os direitos de outros grupos não estão garantidos. O preconceito é um só, quer contra os judeus, quer contra os homens de cor, irlandeses, católicos, protestantes, muçulmanos, automobilistas ou pedestres. Mais útil do que argumentar em favor dos direitos dos judeus é defender os direitos de todos os americanos, ou argentinos, ou brasileiros.

O longo esforço da A. J. C., nesse campo, será coroado pela criação do Institute of Human Relations – destinado a fomentar as relações intergrupais –, o qual abrigará, num prédio de oito andares em Nova York, um Centro de Pesquisas e outros centros dedicados a problemas de comunicação coletiva, ação social, problemas mundiais e serviços judaicos comunais, bem como uma completa biblioteca especializada.

Não podemos concluir essa apreciação das atividades do A. J. C. sem nos referirmos a esse grande periódico que é, ao lado do *Committee Repórter*, mais dedicado ao noticiário, o *Commentary* – um periódico que reflete, *in nuce*, o espírito da grande organização. Aí colaboram, lado a lado, como que simbolizando um ideal de perfeitas relações intergrupais, expoentes do espírito norte-americano e judaico. Assuntos judaicos, norte-americanos e mundiais, assuntos religiosos, políticos, sociais, psicológicos, filosóficos, literários e estéticos são abordados por judeus e não judeus com elevação e lucidez. Selecionados, embora, segundo critérios condizentes com o espírito conservador da organização, todos os autores, judeus ou não, encontram-se nessa plataforma arejada para um "banquete" espiritual em que os convivas comungam dos mesmos ideais de democracia e liberdade que, ao menos como ideais, são igualmente caros a judeus e a norte-americanos.

CONFLITO ENTRE INDIVÍDUO E ESTADO: OS JUDEUS DA DIÁSPORA[1]

O artigo de W. R. proporciona-nos o motivo esperado de apresentar algumas observações referentes a um problema que parece ser teórico, o qual, todavia, em nossa época de modificações e transformações rápidas, pode tornar-se, num abrir e fechar de olhos, em atualidade prática vital.

Seja-nos permitido, por isso, apresentar algumas afirmações de ordem fundamental, ainda que com a reserva e condição impostas pelo espaço que estas colunas nos oferecem.

As observações iniciais de W. R. logo exigem um comentário. O fato de ele ter se encontrado entre os jovens judeus norte-americanos, algo que entre os judeus alemães "tragicamente 'morreu' nos terrores do extermínio nazista", é uma prova apresentada pelo próprio W. R. de que a base

---

1. Manuscrito sem data.

das decisões judaicas não deve ser o nazismo, não a bestialidade e brutalidade e desumanidade, e sim o convívio livre dos homens dentro do seu Estado, na base do direito igual e, naturalmente, daí decorrendo, de deveres iguais. Os jovens judeus norte-americanos, se pensassem e agissem de outro modo, teriam colocado a sua pátria virtualmente no mesmo nível da Alemanha nazista. Qual judeu responsável, de mentalidade arejada, poderia fazer semelhante coisa? E onde ficaria Israel num mundo em que os Estados Unidos estariam dominados por tendências hitleristas?

Nada mais natural e nada mais correspondente ao senso de responsabilidade judaico do que a atitude positiva e patriótica de juventude judaica norte-americana que, dessa forma, segue o exemplo de seus pais.

Outro erro histórico de W. R. é a ideia de colocar no mesmo plano o problema da lealdade de judeus às suas terras pátrias e os antagonismos entre sionistas e não sionistas. Foi o próprio Chaim Weizmann quem, certa vez, exprimiu essa questão da seguinte maneira: para nós, sionistas, a cidadania significa *boa* cidadania!

Existem, por parte de sionistas norte-americanos, inúmeras declarações. Esses sionistas norte-americanos baseiam as suas exigências pró-israelenses dirigidas aos governos norte-americanos precisamente na sua posição como cidadãos norte-americanos e no interesse dos Estados Unidos. Ninguém protestaria com mais força do que exatamente os sionistas norte-americanos, contra a afirmação de que a sua lealdade à pátria norte-americana estaria limitada pelo seu sionismo.

Para honrar a verdade histórica, queremos lembrar da história do sionismo alemão que, entre os voluntários da guerra, que desde 1914 se puseram à disposição do *Reich* e do Imperador – e que pagaram o seu patriotismo alemão, muitas vezes, com a saúde e mesmo com a vida –, encontravam-se os líderes da juventude sionista acadêmica. Também o Comitê Alemão Pró-Palestina, que foi criado como movimento de oposição diplomático contra os efeitos psicológicos da Declaração de Balfour, contou com a colaboração ativa de sionistas alemães exponenciais que, dessa forma, puseram-se ao lado da Alemanha e da Turquia, aliada à Alemanha, contra as potências ocidentais aliadas.

De tudo isso, pode-se tirar a conclusão de que a lealdade dupla existe somente para aqueles aos quais não basta o *status* jurídico-civil que nós, judeus, temos no mundo livre, mas que desejam um *status* especial, isto é, uma situação privilegiada.

Aqui no Brasil, por exemplo, gozamos, como judeus, da mesma proteção jurídica como todos os outros cidadãos e a constituição considera a discriminação um delito. Nada mais funesto do que criarmos, nós mesmos, em relação a nós mesmos, discriminações, face à posição que aqui possuem todos os cidadãos.

De resto, queremos lembrar que Nahum Goldmann não falou sobre lealdade e dupla lealdade, mas que, o que ele exigiu, refere-se à pluralidade cultural, o que é uma coisa bem diversa. Por isso queremos abordar esse assunto.

Devemos diferenciar entre lealdades compatíveis e lealdades incompatíveis. Aquelas são, como observa o próprio W. R., consequência natural da nossa existência humana em diversas esferas em que, segundo a nossa orientação, desejamos desenvolver, apoiar ou defender uma ou outra tendência individual ou tendência do nosso grupo.

Estas, as lealdades incompatíveis, representam um delito contra as leis vigentes em nosso mundo-ambiente estatal, uma vez que vise suscitar modificações fora dos recursos legais garantidos em países livres pelo processo democrático, isto é, implicando atos fora das leis do Estado e mantidos encobertos, em face delas.

É característico que W. R. recorra ao exemplo de Galilei. Pois naquela época não existiu a liberdade da pesquisa científica. Em face da ausência de qualquer garantia jurídica, não havia outro remédio senão ceder ou protestar até o fim.

Na época de Galilei e Bruno, ergueram-se fogueiras não somente para os judeus como também para todos aqueles que então se costumavam chamar de heréticos. Não sendo livre a escolha da confissão, restava apenas a escolha do direito ao qual se queria obedecer, ao do Estado – a fim de sobreviver – ou ao divino, na certeza de assim escolher a morte. E milhares escolheram a morte: as personalidades mais fortes de todas as confissões.

Entre parêntesis: na Alemanha nazista não restou, a nós judeus, nem sequer a escolha da lealdade, visto ter sido considerada a nossa mera existência como ilegal em face dos princípios do Terceiro Reich. Será que o sr. W. R. deseja basear-se em tal situação?

Convém lembrar também – falando de tempos mais recentes – a atitude de um grupo de físicos nucleares norte--americanos que tinham de fazer a escolha entre a sua consciência e a política oficial. Não desejamos criticar a decisão da comissão oficial, que negou a diversos pesquisadores o direito de continuar ocupando determinados cargos de confiança a serviço do Estado. Mas enquanto um Galilei (creio que W. R. se refere realmente a Giordano Bruno, que de fato morreu na fogueira), a fim de escapar à morte, teve que revogar oficialmente aquilo que verificara ser a verdade, tornando-se, pois, desleal com referência a esta, encontra-se Oppenheimer hoje – para citar esse exemplo concreto da nossa época – em posição dirigente na Universidade de Princeton, de onde pode propagar suas ideias.

No conflito entre indivíduo e Estado, ambos mantêm seu ponto de vista, cada qual na sua esfera. É perfeitamente possível que, por ocasião de uma mudança de orientação política dos Estados Unidos, suspendam-se as restrições no âmbito das atividades públicas que foram impostas a determinados pesquisadores.

É inteiramente errado aquilo que W. R. escreve sobre a Revolução de 1932 em São Paulo. Não se tratava, então – como ele parece acreditar –, de um movimento separatista de São Paulo contra a Federação, mas do esforço de fazer vencer, por meio de atos revolucionários, determinadas ideias acerca da forma de como o Brasil deveria ser governado. Quem conhece a história brasileira dos últimos trinta anos, sabe que foi tão grande a força das ideias então vencidas que o grupo vitorioso elevou-as, mais tarde, ao mito da própria posição.

A exemplificação pela revolta dos Estados Unidos contra a Grã-Bretanha ou, mais exatamente, contra o rei Jorge III, é significativa como confirmação do meu ponto de vista. Pois do texto da Declaração de Independência sobressai, com clareza clássica, *quando* as lealdades compatíveis se transformam em lealdades incompatíveis. Lemos ali: "quando uma longa série de abusos e usurpações, tendo sempre a mesma finalidade, prova à evidência o desígnio de submeter o povo ao despotismo absoluto, é direito e dever desse povo sacudir o jugo de tal governo e escolher novos guardiões para sua segurança no futuro".

O que aí foi dito sobre as relações de uma colônia para com sua mãe-pátria vale, *mutatis mutandis*, para as relações de grupos dentro do Estado. Haverá alguém que queira afirmar que em qualquer parte, nos países do mundo livre – e particularmente no Brasil –, nós, como judeus, teríamos o direito de repetir as declarações de 4 de julho de 1776?

Hoje, podemos dizer que nossos sentimentos de sincera lealdade à nossa pátria brasileira de maneira nenhuma é incompatível com nossos sentimentos em favor do Estado de Israel. Seja dito, entre parêntesis, que mesmo não judeus nutrem os mesmos sentimentos positivos para com o jovem Estado.

No entanto, não existe estática na vida dos Estados, e menos ainda no campo da política internacional. Assim, podem surgir, por necessidades históricas e políticas, acontecimentos com consequências para o Direito Internacional que resultem, espontânea ou forçosamente, numa alteração do *status*, surgindo então conflitos entre uma e outra lealdade. Nesse caso, é claro que a lealdade jurídica e política dos judeus de qualquer país onde vivam gozando de plenos direitos de cidadãos deve prevalecer, sem dúvida alguma, sobre a lealdade puramente sentimental para com um outro

Estado. Não existe Estado, por mais liberal e democrático que seja, que possa admitir outra atitude por parte de cidadãos aos quais deu plena liberdade e igualdade perante a lei, esperando, portanto, em retorno, obediência à lei.

Bem diferente se nos afigura a situação no que se refere à multiplicidade cultural. Entendemos como pluralidade – e julgamos que, com isso, não estamos muito longe da opinião de Nahum Goldmann – o conhecimento das diversas culturas e civilizações, das diversas experiências e tradições humanas. Multiplicidade cultural seria, então, uma forma de contribuição com que uma pessoa enriquece a cultura do país em que é cidadã. E isso tanto mais quando se tratar de um país de civilização ainda em formação.

O contrário seria entender-se como pluralidade cultural o fato de um grupo populacional não se identificar com a cultura do meio-ambiente, devido ao pressuposto da conservação unilateral das próprias características culturais, sem a simultânea integração na cultura do ambiente. Isso deve ser terminantemente rejeitado do ponto de vista de qualquer país americano, pois representaria um enquistamento cultural e a formação de um grupo minoritário que se encontraria em conflito com os interesses de cada país em formar *à la longue*, através do cadinho de etnias culturais e civilizações e tradições diferentes, uma civilização característica de cada país.

Com essas rápidas observações, o nosso tema obviamente ainda está longe de ter sido esgotado. No entanto, paremos por hoje. Talvez a *Crônica Israelita* promova uma mesa-redonda, onde se possam discutir com mais vagar a amplitude desses problemas tão vitais para nossa vida de judeus e brasileiros.

CONDICIONAMENTO SOCIAL DO JUDAÍSMO MODERNO: O JUDAÍSMO EM NORTHRUP?[1]

Leram o artigo "O Judaísmo em Northrup?" publicado no último número da *Crônica*? Depois da admirável preleção de Paula Beiguelman sobre o condicionamento social do judaísmo moderno aconteceu, até certo ponto, algo de semelhante ao que costuma ocorrer naquela cidade fictícia da América do Norte, quando são convidados professores de universidades para fazerem preleções aos sócios do Centro de Northrup.

A audiência não sabe o suficiente, nem para fazer perguntas. Todos concordaram em que as conferências tinham sido interessantes, estimulantes e – extremamente difíceis para entender […]. O abismo entre o intelectual judeu e o judeu comum, de inteligência média, parece demasiadamente vasto para ser superado. Ainda assim, gostam de encontrar-se. O intelectual imagina que não vive sozinho, já

1. Manuscrito sem data.

197

que tem uma audiência. E a audiência sente-se orgulhosa por estar em boa companhia.

Havia, no entanto, razões mais profundas para a maneira caótica dos debates de uma audiência como que perplexa. Debatendo, ela como que se debatia nas incoerências da nossa cultura ocidental e, mais de perto, judaica. Uma profunda insatisfação dominava o ambiente porque todos sentiam que nada encaixava em nada. Há pouco disse o cientista brasileiro César Lattes que é da própria natureza da ciência não reconhecer autoridades. Com efeito, a ciência não pode reconhecê-las, sob pena de morrer. Mas é da própria essência da religião não só reconhecer, mas até basear-se em autoridades. Por isso, a sua argumentação consiste em citações e comentários de citações. Vê-se aqui como os valores se chocam, no momento em que religião e ciência incidem sobre terreno comum, como por exemplo a interpretação histórica e social de um povo ou de uma cultura, a explicação de fenômenos naturais etc. O desencontro entre o ponto de vista científico da srta. B. e o ponto de vista religioso do dr. P. era tão total que nem sequer base de discussão havia. O ponto de vista político-nacional do sr. C. tinha pelo menos uma coisa em comum com o religioso: ambas as atitudes contêm um apelo, procuram persuadir e empolgar – o que sobressai na própria maneira de os dois oradores se dirigirem ao público ou, de qualquer modo, a um público, a crentes, partidários etc. Porém, o cientista não apela, apenas expõe e analisa. No fundo, não se dirige a ninguém, a não ser a colegas que se comunicam com ele no mesmo nível de rigor absoluto, impessoal.

A riqueza da civilização ocidental decorre da conjugação e hierarquização, obtida não sem imensos esforços, do espírito judaico-cristão e do espírito científico grego. Este último, de alguma forma submeteu-se às diretivas daquele primeiro, começando apenas na época renascentista a emancipar-se lentamente, com o concomitante aniquilamento imperceptível e ainda mais lento daquela hierarquia.

Hoje, a nossa cultura, ao que parece, não consegue mais harmonizar as várias esferas de valores de que ela se compõe. De alguma forma, esse estado de anarquia absoluta refletiu--se nas discussões que, assim, se transformaram em manifestação de um estado de fato. O cristianismo, é verdade, tem ainda certa vantagem, visto sua religião se dirigir em larga medida para o transcendente, de modo que – depois de algumas péssimas experiências (Galileu, Copérnico, Darwin) – acabou deixando, pouco a pouco, o campo empírico do "nosso" mundo aos cientistas. O judaísmo, porém, pelo menos na sua forma liberal, é uma religião que pretende ser "terra a terra", que pretende não se dirigir para mundos transcendentes. Timbra, nas suas formas liberais, em acentuar a racionalidade e seu antimisticismo. Por isso, defronta-se com a explicação científica na medida em que procura elucidar campos idênticos aos dela, por exemplo, a história e o desenvolvimento do povo judeu e dos povos gentios na sua relação com o povo judeu. Caberia à religião, eventualmente, procurar nesse campo um "sentido" e uma direção final (mas aí ela se choca com a filosofia) – objetivo que de modo algum entra nas cogitações da ciência. Mas pelo menos na determinação dos fatos e dos nexos causais, das relações sociais etc., a religião forçosamente há de respeitar os resultados da ciência. De modo algum, tem de haver-se com eles, negando--os (o que seria extremamente difícil) ou digerindo-os e englobando-os. A religião, ou os seus representantes, devem estar no mínimo à altura da ciência, sob pena de fracassarem completamente na autoexplicação da religião e do povo judeus (pois a religião, face à ciência, tem de ser apresentada como manifestação do povo judeu). Seria um fracasso certo pelo menos ante as novas gerações "sociologizadas" e "psicologizadas". É imprescindível que a religião liberal enfrente esse problema. A não ser que ela queira transformar-se numa espécie de ética popular destinada à divulgação de preceitos inócuos entre a classe média social e as pessoas de baixa capacidade intelectual – *eine Art Ethik fuer materiell und geisting Minderbemittelte.*

"A TORÁ NÃO SE SUJEITA À VOTAÇÃO": O RABINO YEHUDA MEYER ABRAMOVICZ FALA À IMPRENSA JUDAICA[1]

Numa missão de estreitamento de relações, como delegado da Agudat Israel, passou por São Paulo o rabino Abramovicz, vice-prefeito de Tel Aviv. Nessa ocasião, concedeu uma entrevista coletiva à imprensa de São Paulo, na presença do cônsul de Israel, sr. Leon Feffer, e do sr. C., expoente do judaísmo ortodoxo nesta capital.

Após ter transmitido cordiais saudações de Israel, o vice--prefeito de Tel Aviv declarou ser a finalidade principal da sua viagem a de fortalecer os laços do judaísmo religioso de Israel com o da Diáspora, tendo-lhe sido confiada essa missão pelo executivo mundial da Agudat Israel. O melhor aliado de Israel é o povo judeu. Infelizmente, só 15% do povo se encontra em Israel, permanecendo 85% na Diáspora.

---

1. CI 30 set. 1956.

Precisamente por isso se faz necessário intensificar as relações entre a Mediná e a Diáspora.

A Agudá cuida com ênfase do espírito da tradição religiosa do judaísmo. Felizmente, ela está crescendo de ano para ano, graças também à nova emigração. Começando com 150 votos para o Conselho Municipal de Tel Aviv, a Agudá contava há cinco anos já com quatro mil, e há um ano, oito mil votos. Hoje, ela tem uma grande representação em numerosos conselhos municipais de Israel, tendo enviado, mercê das últimas eleições, seis deputados ao Knesseth (quarenta mil votos). É mister, prosseguiu o rabino, que a corrente imigratória de judeus religiosos de todo o mundo cresça constantemente a fim de "podermos construir Israel segundo o espírito que desejamos implantar no novo Estado".

Outra tarefa da viagem do nosso interlocutor será a de visitar as instituições sociais judaicas para aumentar "os nossos conhecimentos a respeito". Naturalmente, o visitante entrará em contato com os diversos prefeitos das cidades pelas quais passará, esperando poder cuidar das boas relações entre essas cidades e Tel Aviv, que comemorará, em 1957, o cinquentenário da sua fundação (para cujo festejo convidará os prefeitos).

Tel Aviv e arrabaldes conta atualmente com 450 mil habitantes; 62 mil crianças frequentam as suas escolas (trezentas mil em todo o país). Dessas trezentas mil crianças, a cerca de 75 mil é ministrada educação religiosa; cerca de trinta mil crianças se educam nas escolas da Agudat Israel e sete mil estudantes em *ieschivot*.

Após apresentar vários outros dados estatísticos, o visitante declarou que:

um judeu religioso, ainda mais que um judeu nacional, deverá sentir-se ligado a Israel. Somente em Israel seria possível viver plenamente conforme o ideal ortodoxo. Queremos criar o *sagrado* Israel, um modelo para o mundo. Por isso, travamos uma luta pesada e difícil no parlamento e nos conselhos municipais, com todos os recursos democráticos. Temos *Kibutzim*, aldeias de crianças, *moschavim*, lares de crianças. O futuro de Israel será determinado pelas atuais crianças, não pelos *olim* de hoje. Por isso, empenhamos todos os nossos esforços em ganhar o concurso dos jovens. Temos trezentas escolas com jardim de infância para meninos e meninas, bem como 975 professores nas escolas e jardins. Esperamos que o nosso trabalho educacional seja plenamente coroado de êxito.

A Atitude Ortodoxa em Face dos Distúrbios de Jerusalém

Respondendo a uma pergunta acerca da questão de se a Agudat realmente se submete aos princípios democráticos, em vista do fato de que costuma retirar-se de comissões, comitês e conselhos, quando é superada nas votações, o interlocutor declarou: "Não se pode decidir, pela votação, questões relacionadas com a *Torá*. Participamos das votações; mas não podemos admitir uma votação contra o conteúdo da *Torá*".

Dirigimos-lhe então o pedido para fazer uma declaração sobre a atitude dos círculos ortodoxos em face dos recentes distúrbios religiosos de Jerusalém, provocados pelo apedrejamento de caminhões carregados de operários e por manifestações de judeus ortodoxos (principalmente do ultra-ortodoxo grupo dos Neturei Karta) – distúrbios que causaram a morte de uma pessoa e ferimentos em cerca de vinte outras (os inquéritos que atualmente se realizam em Jerusalém revelam a frente unida dos grupos ortodoxos contra a polícia). Declarou o rabino, em resposta à nossa pergunta, que a *rua* é um lugar público, por onde passam elementos religiosos e não religiosos. Cabe a estes últimos empenhar-se em não ferirem os sentimentos religiosos dos primeiros num sábado, pois a rua serve a todos os cidadãos. "Quando, num sábado, eu saio de casa, não posso admitir que não se tome em consideração a minha sensibilidade religiosa", ainda mais numa cidade sagrada como Jerusalém.

Chamamos-lhe então a atenção sobre o fato de que a sinagoga reformista pleiteada pelo judeu americano Nelson Glüeck, famoso arqueólogo e presidente do Hebrew Union

203

College, sinagoga que deveria servir aos arqueólogos americanos e que foi combatida pela Agudat, de modo algum poderia ser considerada um lugar público, mas uma instituição particular para elementos norte-americanos reformistas, mantida com dinheiro de judeus norte-americanos. A recusa em permitir a construção dessa sinagoga particular não seria uma atitude que fere os princípios mais comezinhos da tolerância religiosa?

O nosso interlocutor declarou o seguinte: "O judaísmo original não deve ser falsificado. Isso é um princípio básico. Construindo-se essa sinagoga, começa-se a falsificar a religião. E isso é ao mesmo tempo o início da invasão da 'rua'. Pois a falsificação não se limitará apenas àquela sinagoga. Ela dominaria logo também a rua pública".

O diálogo perfeitamente cortês entre o rabino ortodoxo e o repórter da *Crônica*, que se declarou representante de um jornal cujos leitores, na sua maioria, são judeus liberais, foi infelizmente interrompido pela intervenção de um judeu ortodoxo de São Paulo que, sem ser perguntado, achou necessário iluminar o espírito obscurecido do repórter. Tais intervenções de elementos estranhos ao andamento das entrevistas tornam-se ultimamente frequentes e devem ser impedidas. Não se tratava de *discutir* os méritos de uma outra posição. Para isso, falta ao repórter (nesse caso e em muitos outros) a competência necessária. Se ele desejar obter esclarecimentos, saberá perfeitamente onde buscá-los. No caso em questão, tratava-se apenas de obter uma *declaração*, um *statement* de uma *figura autorizada* a apresentar tal declaração por ser expoente oficial de um partido religioso de Israel. Não se tratava de obter a opinião particular de um cidadão paulistano. Se a desejarmos, procurá-lo-emos para uma entrevista especial.

OS PRIMEIROS JUDEUS DE NOVA YORK[1]

Existem hoje nos Estados Unidos da América do Norte quase cinco milhões de judeus, muitos dos quais imigraram neste século. Todavia, faz trezentos anos que se fixaram aí, comprovadamente, os primeiros judeus à procura de liberdade religiosa e de direitos iguais – um fim por cuja consecução teriam de lutar duramente ainda hoje, pois embora tendo alcançado a liberdade religiosa e plenos direitos civis, não conquistaram a igualdade social.

Na sua obra *American Overture, Jewish Rights in Colonial Times* (Abertura Americana: Direitos Judaicos nos Tempos Coloniais)[2], estuda Abram Vossen Goodman, com minúcia e objetividade, a situação das comunidades judias nas diversas colônias norte-americanas, os direitos e limitações, muito variáveis e divergentes, que protegiam ou ameaçavam a sua

---

1. ci 1 set. 1948.
2. Editada na Filadélfia: The Jewish Publication Society of America, 1947 (N. do A.).

existência, a possibilidade de naturalizar-se, de comerciar, de estudar, de unir-se em congregações religiosas etc.

De máximo interesse é o capítulo dedicado aos primeiros judeus de Nova Amsterdã (hoje Nova York), que deveriam tornar-se os precursores da maior comunidade judaica do mundo reunida numa só cidade.

Os primeiros judeus chegaram a Nova Amsterdã em 1654 para negociar com peles. Parece que o único que se fixou naquela ocasião era um homem de nome Jacob Barsimson. Naquela época, a cidade era um lugarejo miserável, de uns mil habitantes, governada por Peter Stuyvesant, funcionário da Companhia holandesa das Índias Ocidentais, com sede em Amsterdã. A confissão predominante era a Igreja Reformada, que combatia com violência os luteranos e *quakers*. Quanto a Stuyvesant, era um tipo acabado de antissemita. Ainda no mesmo ano chegou, no navio Saint Catrina, um grupo de 23 judeus, provavelmente fugindo (por medo da Inquisição) de Recife, que justamente caíra nas mãos dos portugueses depois da derrota do príncipe de Nassau.

O digno reverendo Megapolensis descreveu-os como sendo "sadios, mas pobres". O fato é que nem puderam pagar a passagem do navio, motivo por que o capitão os processou. Em consequência disso – e como não havia nenhum comitê de emergência –, foram apreendidos todos os haveres dos recém-chegados e publicamente vendidos. Mas mesmo essa medida não completou a importância. Ordenou-se, então, a prisão de dois judeus que parecem ter ficado encarcerados até a chegada de fundos de Amsterdã.

Isso porém não aliviou a desesperada situação dos 23 judeus, que ficaram dependendo da caridade das autoridades protestantes, forçadas a sustentá-los.

Stuyvesant, então, decidiu expulsá-los. Antes, porém, tinha de escrever aos seus chefes da Companhia em Amsterdã. Explicou-lhes que se tratava de judeus pobres, capazes de se tornarem um duro encargo para a comunidade. Além disso, sendo judeus, eram "usurários", "repugnantes", "inimigos odiosos" que não deveriam "perturbar e macular esta nova colônia". Ora, uma carta, naquela época, levava um grande bocado de tempo. Não se sabe exatamente o que aconteceu durante o intervalo, mas no início do ano seguinte, ao invés de chegar uma resposta de Amsterdã, chegaram novos grupos de judeus, dessa vez diretamente da Holanda. Sobressaltado em face desse inesperado problema judaico, convocou Stuyvesant, com toda urgência, os burgomestres e *schepens*, e em solene reunião resolveram liquidar a questão de uma vez para sempre, despachando toda essa imigração para outras plagas.

Stuyvesant ainda meditava, furibundo, sobre a melhor maneira de executar a resolução das autoridades citadinas para livrar-se de vez do novo quisto religioso quando recebeu, finalmente, depois de quase um ano, uma resposta chocante à sua primeira missiva. Chocante em alto grau, embora transbordando de diplomacia. Os altos senhores de Amsterdã, de um lado, comunicavam-lhe com amável circunspecção que concordavam inteiramente com ele e que, realmente, "os novos territórios não deveriam ser conspurcados pelo povo da nação judaica, pois prevemos daí as mesmas dificuldades que também temeis". De outro lado, porém – e agora Stuyvesant saboreava o cerne amargo da pílula adocicada –, de outro lado eles, os chefes de Amsterdã teriam decidido, depois de madura e serena reflexão, que tal política não seria justa, considerando-se os sacrifícios dos judeus no Brasil e dos INVESTIMENTOS judaicos na COMPANHIA, de que Stuyvesant, afinal de contas, era um leal funcionário. Por isso, considerando-se um e outro, ou melhor, ambos os lados, os judeus deveriam ser admitidos na Nova Holanda para aí residirem e comerciarem, pressuposto, de outro lado, "que os pobres não se tornassem uma carga para a COMPANHIA ou para a comunidade, sendo sustentados pela sua própria nação […] Agora sabeis, pois, como devereis agir".

O que acontecera em Amsterdã? O fato é que, entre os 167 acionistas daquela SOCIEDADE ANÔNIMA, havia sete judeus que tinham dirigido, em conjunto com outros sefardim influentes, um "requerimento da nação judaica" aos diretores, no qual demonstravam por "a" mais "b" que a atitude de Stuyvesant e Megapolensis só podia prejudicar os interessas da COMPANHIA. Eis as razões do curioso documento que tanto chocara Stuyvesant.

Este, no entanto, extremamente indignado, não se deu por vencido. Escreveu uma nova carta e, entrementes, não podendo ainda expulsar os judeus, fazia o possível para chicaná-los e tornar-lhes a vida difícil.

Os judeus de Nova Amsterdã escreviam, por sua vez, também cartas, Megapolensis escrevia cartas, os sefardim do Velho Mundo escreviam cartas e os diretores da COMPANHIA escreviam cartas. E cada carta levava meses para chegar ao destinatário. Stuyvesant continuava esbravejando e os diretores davam-lhe plena razão, assegurando-lhe a sua mais alta estima, sem que, contudo, deixassem de revelar-lhe "que os judeus poderiam praticar a sua religião tranquilamente, no recesso dos seus lares". De um lado, não podiam, naturalmente, construir uma sinagoga; mas, de outro lado, dever-se-ia conceder-lhes um terreno especial para servir de cemitério.

Todavia, as chicanas continuaram ainda durante vários anos. Logo, não podiam comerciar com varejistas, logo lhes foram impostas taxas especiais, logo lhes tiravam o direito de possuir imóveis. Finalmente, veio uma carta de Amsterdã que deixou Stuyvesant, os burgomestres e os *schepen* sem respiração. As excelências da Holanda escreviam que tinham se inteirado com muito pouco prazer do desrespeito aos direitos dos judeus. "Desejávamos que tal não tivesse acontecido, mas que vós tivésseis obedecido às nossas ordens, as quais, no futuro, deveis executar pontualmente e com mais respeito".

Depois disso, inventou-se em Nova Amsterdã uma nova chicana – o direito de *burgher*, que se ligava ao privilégio de comerciar a varejo. Como sempre em tais casos, tratava-se da intenção de prejudicar economicamente os *outsiders*. Estabeleceram-se, aliás, naquela ocasião, logo dois direitos de *burgher*: um "grande" para a aristocracia feudal e um "pequeno" que proporcionava o direito de comerciar. O primeiro judeu que requereu a cidadania (a pequena) chamava-se Levy, porém, apesar disso, fracassou redondamente. Mas Levy, homem pobre, só tinha sido uma espécie de cobaia, um *test-case*. Agora vieram, para levar a campanha adiante, quatro judeus abastados: d'Andrade, Cohen, de Lucena e d'Acosta. E dessa vez foi o próprio Stuyvesant quem, lembrando-se de que era um leal funcionário da COMPANHIA, ordenou aos burgomestres que "concedessem aos requerentes [...] e à sua nação a cidadania".

É verdade que foi só o "pequeno direito" que Stuyvesant concedeu aos judeus, mas mesmo isso não deixava de ser uma grande coisa. Lá pelo ano de 1660, os primeiros judeus pobres de Manhattan, graças à intervenção dos judeus ricos do Velho Mundo, tinham conquistado o direito de viver e prosperar pacificamente naquele lugarejo do Novo Mundo, que deveria tornar-se a maior cidade de todos os continentes. Hoje, os judeus ricos do Novo Mundo têm, por sua vez, a possibilidade de retribuir aos seus pobres irmãos do Velho Mundo o bem que os seus antepassados fizeram.

PLURALISMO CULTURAL:
NAHUM GOLDMANN[1]

Pessoalmente sou em essência e em tese a favor do pluralismo cultural porque sou, dentro de certos limites, a favor da liberdade e da variedade culturais no seio de uma nação; considero como sinal de pouca maturidade qualquer espécie de nacionalismo cultural exagerado: este será sempre típico de nações muito jovens ou, de qualquer modo, inseguras de si mesmas.

De outro lado, a intervenção, ainda que restrita, do Estado é inevitável. O liberalismo total, por exemplo, no terreno do ensino levaria ao caos. Nenhum Estado organizado pode admitir a anarquia neste ou em outros setores. Creio que as autoridades dos Estados Unidos não deveriam intervir – vamos dizer – na criação de escolas irlandesas, no caso de o grupo irlandês desejar conservar a sua cultura

---

1. CI 10 jul. 1960.

específica, a não ser aprovando-as, fiscalizando-as e impondo o ensino dos valores básicos da cultura dos Estados Unidos. É evidente que as autoridades irlandesas da Irlanda devem intervir em grau ainda muito menor no assunto. Elas devem manter uma atitude correta de benevolência e eventualmente de estímulo. O desejo de conservar a cultura irlandesa nos Estados Unidos deve partir do próprio grupo americano-irlandês. É dele – e só dele – que deverá depender a chamada de auxiliares irlandeses da própria Irlanda.

A liberdade cultural, dentro de certos limites, só pode redundar em favor da nação, contribuindo para seu enriquecimento espiritual, pressuposto que as atividades culturais dos grupos não cheguem a ter caráter desintegrador. Precisamente em países de imigração, como o Brasil e Israel, as escolas têm eminente função integradora. E tal fato deve ser respeitado por todas as escolas, quer as do Brasil, quer as de Israel.

Li com atenção o texto do dr. Nahum Goldmann acerca do pluralismo cultural. Não posso deixar de dizer que considero pouco feliz a redação, pelo menos a do resumo nas minhas mãos. Não me parece oportuno o uso do termo "minoria", a não ser que seja definido mais de perto. O termo tem uma tradição que não se coaduna com a situação americana e não caracteriza bem o *status* dos judeus aqui. Tenho a impressão de que o dr. Goldmann quer impor o termo e, com isso, uma espécie de "sentimento minoritário".

Ainda mais infeliz julgo o fato de o dr. Goldmann só falar dos direitos dos judeus e não dos seus deveres. Não é tão fácil viver *integralmente* a própria vida do grupo e achar-se ao mesmo tempo *inteiramente* integrado na vida da nação-ambiente. Não é fácil pelo menos para certas gerações imigratórias de transição. O sr. Goldmann não parece ver nisso nenhuma dificuldade. Mas isso é mera conversa. É difícil. O direito de viver a própria vida do grupo baseia-se, naturalmente, no dever de viver, antes de tudo, a vida da nação-ambiente. Não basta ser "cidadão" dessa nação apenas num sentido jurídico e econômico (pagando os impostos, votando, prestando o serviço militar, respeitando as leis). É dever viver a vida dessa nação também num sentido cultural, de plena participação nos anseios e ideais do povo-ambiente. De outro modo, não se pode falar, como fala o dr. Goldmann, de "cidadãos inteiramente integrados". Só do cumprimento desse *dever* (que no cidadão realmente integrado deixa de ser dever para tornar-se natureza e vida) pode originar-se o direito de viver, além disso, a vida própria do grupo peculiar: esta vida peculiar será sempre um "a mais", um *plus*, um "além disso". Não pode ser um "a menos" com referência à nação-ambiente, pois nesse caso já não se poderá falar de verdadeira integração.

Mas o dr. Goldmann, evidentemente, usa a figura verbal "inteiramente integrados" de um modo pessoal. De outra forma, como poderia formular uma sentença como esta: "Nossa gente vive em duas esferas, como maioria em sua própria pátria, Israel, e como minoria com completa igualdade de direito, em todos os outros países"? Quer isso dizer que os "cidadãos" que vivem como "minoria com completa igualdade de direitos, em todos os outros países" não vivem na sua própria pátria? Onde vivem então integrados? No ar?

Sei naturalmente que, ao dizer que a vida própria do grupo tem de ser um *plus* e não um "menos", um *plus* acrescentado à participação total na vida da nação-ambiente e não um "menos" subtraído dessa vida, sei que tal somatória mecânica não é possível. Os problemas da sintetização e organização vivas de ambos os fatores – verdadeira integração na vida da nação e verdadeira dedicação à vida do grupo – são extremamente complexos e podem, em *casos extremos*, redundar em deslealdade àquela ou a esta. Considero errada a tentativa de escamotear a problemática da lealdade. Essa problemática existe.

O texto apresentado passa por cima de tudo isso. Considero-o superficial e simplesmente "político". Ele não resiste a uma indagação séria e talvez nem sequer pode. Escamoteia

213

problemas torturantes que devem ser encarados de frente, sem subterfúgios[2].

Acerca do Pluralismo Cultural

"Nenhuma outra minoria está tão interessada nos princípios do pluralismo cultural quanto os judeus", declarou o líder judaico dr. Nahum Goldmann, durante uma conferência proferida na Universidade Brandeis. Falando sobre "Pluralismo Cultural e Sobrevivência Judaica", o dr. Goldmann disse que:

enquanto os judeus viverem dispersados por toda a face da terra – e, certamente, nossa geração não verá uma mudança fundamental nesse sentido –, nossa sobrevivência depende dos direitos e facilidades de viver nossa própria vida, apesar de inteiramente integrados, como cidadãos em pé de igualdade, na vida dos países onde vivemos.

A verdadeira emancipação não se alcança apenas conseguindo igualdade de direitos, como cidadãos, mas possuindo o direito de como cidadãos iguais viver nossa própria vida judaica. Em nosso caso, isso depende de vín-

---

2. Segue-se a seguinte nota da redação da CI: "Adendo: Simpósio sobre as Ideias de Nahum Goldmann: Acerca do Pluralismo Cultural".

Pouco depois de Nahum Goldmann, numa conferência extremamente interessante na Hebraica, em São Paulo, ter falado sobre questões do desenvolvimento histórico judaico desde o século passado – publicamos nesta coluna, na ocasião, um resumo extenso –, o presidente da Organização Sionista voltou a abordar os mesmos problemas numa preleção na Universidade Brandeis – alguns deles de forma bem mais acentuada do que ocorrera aqui em São Paulo.

Enviamos o resumo da conferência na universidade na forma como o mesmo foi distribuído pela ITA, a uma série de personalidades das quais supusemos que se interessassem pelos problemas ideológicos da atualidade judaica. Começamos hoje a divulgação das contribuições que até agora nos chegaram às mãos. Alguns dos nossos amigos disseram que desejavam primeiramente esperar as tomadas de posição de outros para depois tomarem posição por sua vez. Permitimo-nos observar a respeito, com toda a modéstia, que não pedimos debates sobre as opiniões dos nossos colaboradores, mas sobre as ideias de Nahum Goldmann. Quanto ao nosso próprio ponto de vista, apresenta-lo-emos ao fim do Simpósio.

culos culturais e espirituais fortes para com Israel como o grande e novo centro criativo do povo judeu.

Nossa gente vive em duas esferas, como maioria em sua própria pátria, Israel, e como minoria com completa igualdade de direitos em todos os outros países. Ambas as esferas têm o direito de existir e podem desenvolver valores produtivos, mas as suas oportunidades e produtividade não estão em pé de igualdade. De outra forma, um Estado judeu não teria sido necessário.

A luta pelo pluralismo cultural *versus* a tendência dos Estados modernos de interferir em tudo, inclusive na esfera cultural e, portanto, nivelar a vida humana duma forma perigosa para nossa civilização, é tão importante para outras minorias religiosas, culturais ou nacionais, como para nós judeus.

O dr. Goldmann acentuou: "O povo judeu precisa estar liderando essa luta, assim como nós ajudamos outras minorias por termos sido os grandes protagonistas, encabeçando a luta pelos direitos humanos, iguais para todos".

LUDWIG HOLLAENDER:
OS JUDEUS NA DIÁSPORA[1]

O estudo de Alfred Hirschberg sobre Ludwig Hollaender (1877-1936) é uma contribuição importante para a história dos judeus na Alemanha. Hollaender, de formação jurídica, lutou desde 1896 em associações integradas por "estudantes alemães" de fé judaica contra o antissemitismo e ocupou, desde 1907, posições de relevo na C.V. (Central Verein Deutscher Staatsbürger Jüdischen Glaubens), até ao fim tornar-se diretor e membro do Conselho Executivo, espécie de vice-presidente executivo, dessa grande organização dos "judeus alemães de fé judaica".

Desde a sua juventude ocupou-se com os problemas da posição dos judeus nos países da "Diáspora". A maior parte do trabalho do sr. Hirschberg é dedicada à análise do

---

1. CI 16 ago. 1963. Sobre o livro de Alfred Hirschberg, *Ludwig Hollaender, Director of the C.V.*, em *Year Book of the Leo Baeck Institute of Jews from Germany*, London, 1962.

pensamento de Hollaender acerca deste problema, face ao antissemitismo, ao sionismo, à assimilação geral e à "assimilação vermelha". O estudo reveste-se de importância não somente como trabalho histórico, mas também como descrição e levantamento de uma concepção que de modo algum é "ultrapassada", por mais que possamos, atualmente, duvidar da sua validade. Os problemas que suscitaram essa concepção continuam os mesmos ou semelhantes (ou tenderão a assumir formas semelhantes dentro de vinte ou trinta anos) também entre nós. E desde então nenhuma nova concepção foi formulada que se afigurasse mais satisfatória do que aquela. Continuamos, para dizer toda a verdade (como nós a vemos), no mesmo impasse "ideológico", impasse talvez ainda radicalizado pela fundação do Estado de Israel; como antes, há a possibilidade (mais ou menos remota) de surtos antissemitas que devem ser combatidos; como antes, existem os sionistas (com a diferença de que, agora, podem ir a Israel, mas preferem, na maioria, permanecer na Diáspora); como antes, há os grupos da "assimilação geral" e da "assimilação vermelha"; e, como antes, há a massa dos que adotam mais ou menos a posição de Ludwig Hollaender e do C.V., sem que tenha sido envidado – assim parece – ao menos um esforço consistente para elaborar uma nova "filosofia" da Diáspora, que ao mesmo tempo tomasse em conta a existência do Estado judaico. Ao contrário, neste último ponto a confusão até aumentou; o novo fato não foi, de modo algum, conceitualmente digerido.

Nas Américas, foi realizado um enorme trabalho judaico prático; mas parece não ter sido elaborada nenhuma formulação consistente, capaz de explicar racionalmente a posição da maioria dos judeus, isto é, daqueles que não pretendem ir a Israel, que não pretendem assimilar-se "completamente" e que não pretendem aderir ao comunismo (seria, aliás, difícil aderir a algo que atualmente quase não existe no Brasil, apesar das opiniões contrárias).

Qual a posição de Hollaender?

Nós, judeus, pertencemos ao Estado nacional alemão sem sentir a necessidade de abandonar qualquer elemento do nosso caráter histórico, especialmente do nosso caráter religioso [...] O C.V. foi fundado para levar à realização final a nossa emancipação legal e a nossa emancipação verdadeira. E assim tomamos parte nestas celebrações (1000 Anos de Rio Reno Germânico) imbuídos de sincero amor à nossa pátria e à nossa religião, à nossa fé e à nossa terra.

Como patriota germânico, Hollaender opôs-se ao Tratado de Versalhes e como judeu verificou, com apreensão, que esse Tratado produziu uma nova resistência, nacionalista e brutal, capaz de destruir a ordem existente e afetar a situação dos judeus. As tentativas de melhorar o Tratado, quanto mais benéficas para a Alemanha, seriam também tanto mais benéficas para os judeus, por apaziguarem a atmosfera carregada de nacionalismo virulento. Libertar, pois, a Renânia, a Alta Silésia e fazer retornar ao seio pátrio o território do Sarre – tudo isso acalmaria a Alemanha e beneficiaria, portanto, também a situação dos judeus. Era, pois, necessário empenhar-se em favor de tais reivindicações, como alemão nacional e como alemão judeu. As duas vantagens, a alemã e a judaica, pareciam coincidir às mil maravilhas. O leitor atual não pode abster-se de certo mal-estar, a partir da posição privilegiada de quem conhece a história dos últimos quarenta anos. Não parece ser uma das duas vantagens meio e a outra fim? Como definir o exato ponto em que uma vantagem deixa de ser o melhor meio para atingir o fim da outra vantagem? Há algo de estrábico no esforço de fitar duas vantagens de uma só vez. A visão torna-se vesga. Parece que os judeus da formação de Hollaender tinham de ser "nacionalistas" para tornar os alemães menos nacionalistas. Os judeus tinham de inflamar-se para desinflamar os alemães. Todavia, teremos nós uma posição mais sólida e lúcida a opor?

Hollaender viu cedo os perigos do nazismo e seu esforço em combatê-lo foi tenaz e heroico. Porém a sua formação antes de tudo jurídica e legalista – e bem menos psicológica e sociológica – parece tê-lo impedido de superar em pontos decisivos a visão da grande massa de judeus, embora conhecesse a fundo as terríveis forças irracionais que se manifestaram no nazismo. Ainda em fins de 1930, por ocasião de um *pogrom* na Romênia, disse que o antissemitismo é um grande perigo nos países menos civilizados e "o perigo é tanto menor quanto mais civilizado um povo é". A partir de hoje, parece-nos ingênuo, ainda que reta, a sua proposta de enfrentar Hitler num debate ante peritos, para demonstrar que a Hitler faltava todo treino capaz de qualificá-lo para falar sobre tópicos econômicos. Espírito lúcido e científico, acreditava que argumentos racionais poderiam ser de valia naquela emergência. Não conseguiu conceituar ainda, e colocar em termos racionais, o tremendo peso do irracional. Mas ninguém tem hoje o direito de acusá-lo, e ao C.V., por uma deficiência cuja revelação e superação de qualquer modo não teria modificado o rumo das coisas.

Recordamos, neste comentário, apenas um aspecto das concepções de Hollaender, omitindo a discussão da sua atitude moderada (e nem sempre clara) face ao sionismo, assim como da sua apreciação ponderada de muitos outros problemas. Teria sido interessante se o autor do estudo tivesse dedicado mais espaço às atitudes de Hollaender face aos sociais-democratas e às suas concepções sobre o liberalismo econômico: aparentemente considerava o destino judaico na Diáspora indissoluvelmente ligado a determinado sistema econômico – fato que não deixaria de implicar uma base extremamente precária para os judeus no mundo, já que na história tudo se transforma e nada permanece.

O trabalho do sr. Hirschberg, minucioso, equilibrado e baseado em documentação de difícil acesso, não tem quase em nenhum momento cunho apologético – o que, aliás, era o maior perigo a evitar. Apresenta-se, ao contrário, armado de rigor científico, grande sobriedade e de um objetivismo cuja manutenção disciplinada não deve ter sido fácil para quem tão intimamente colaborou com Hollaender. Tal colaboração, contudo, permitiu ao autor apresentar um retrato vivo e plástico da sua personalidade.

Não só para o especialista o estudo é precioso. É-o também para um círculo maior que se debate com problemas semelhantes àqueles a que Hollaender dedicou toda uma vida. Hollaender chegou a concepções que foram terrivelmente desmentidas pela história mas que, ainda assim, são básicas como ponto de partida de qualquer reflexão sobre a existência judaica na Diáspora.

Terceira Parte:
VIVÊNCIA DA IMIGRAÇÃO

A NOVA IMIGRAÇÃO E O FORASTEIRO K[1]

Há, possivelmente, poucos entre os imigrantes mais antigos (os chamados "amarelos") que estejam a par da imigração judaica de após-guerra (os "verdes"), que a partir de 1946 começou a chegar a este país e da qual uma parte veio ter às Terras de Piratininga. Existe um relatório do dr. H. H. sobre esse assunto estudando, com minúcias, o trabalho do Comitê de Emergência de Assistência aos Imigrantes até os fins do ano passado, nos seus aspectos psicológico, sociológico, sanitário, estatísticos financeiro e administrativo – relatório amplamente comentado na *Crônica* de 31 de outubro de 1947.

Esse comitê, fundado a 8 de outubro de 1946, contando com a colaboração de organizações como a Linat Hatzedek, Ezra[2] (Sociedade Israelita "Amigos dos Pobre, Ofidas,

---

1. Data provável da CI: 1947/1948.
2. Ezrah, em hebraico, ajuda, apoio, assistência.

Congregação Israelita Paulista, além de numerosas *Landmannschaften* (Sociedades de Conterrâneos), prestou um serviço dos mais relevantes aos judeus recém-chegados e, com isso, à causa judia. A sua finalidade era, e é, receber os imigrantes, apoiá-los financeiramente durante os primeiros meses, proporcionar-lhes auxílio de ordem sanitária, profissional e psicológica, ajudá-los no que diz respeito a roupas e móveis, encaminhar os seus primeiros passos no continente estranho e contribuir para facilitar-lhes a integração e adaptação ao ambiente desconhecido.

Das inúmeras dificuldades psicológicas, financeiras e organizatórias dá-nos um quadro fiel e sóbrio o dito trabalho do dr. H. H. (infelizmente de circulação restrita), e isso em grau tanto mais elevado em virtude da sua função não administrativa, mas também prática, exercida, em conjunto com os srs. A. H. e K. O. e o saudoso M. S. e outros dedicados colaboradores, sobre o próprio "material humano". Referimo-nos apenas a esses colaboradores por termos tido oportunidade de assistir, algumas vezes, às reuniões de consulta realizadas, então, no prédio da Ezra, tendo verificado, naquelas ocasiões, a imensa complexidade de cada "caso". Todo imigrante, ou toda família, foi "tratado" individualmente, a sua situação esmiuçada e discutida, os seus problemas analisados, as suas possibilidades profissionais estudadas, as suas necessidades de alojamento consideradas e o seu futuro cuidadosamente sondado. É óbvio que, nessas circunstâncias, tendo-se de atender a um grande número de consultas, as sessões frequentemente se estendiam até altas horas da noite. Além das dificuldades da própria situação, surgiram problemas de ordem psicológica, visto não existirem informações de qualquer espécie relativas ao passado e à índole de cada elemento. Era justo que se lhes concedesse, a todos, de início e de antemão, um imenso crédito de boa-fé e de máxima cordialidade, em consideração às tremendas privações pelas quais, forçosamente, haviam de ter passado no *underground*, nos bosques dos partisanos, nos campos de concentração e na atmosfera sinistra do velho continente. Desequilíbrios psíquicos, extremo nervosismo, amargura, pessimismo, rudeza, mesmo cinismo – tudo isso tinha de ser aceito como consequência natural, tratando-se de seres humanos que haviam sofrido o máximo de tensão e de padecimento, e que haviam vivido, durante anos, no exato limiar do humanamente insuportável. Tinha-se de admitir, também, e de bom grado, casos de exigências desmedidas, nascidas de um estado mental que predispunha alguns imigrantes a considerar todos nós como culpados – e como se pode fugir de semelhante raciocínio ante o fato de que toda a humanidade é culpada? Somente em casos de evidente má-fé – casos raríssimos – era necessário opor uma atitude inflexível. É notável, nessas circunstâncias, e mesmo digno de admiração, o fato de ter havido um número tão grande – a vasta maioria – de elementos serenos, intimamente inabalados, mostrando firme vontade de trabalhar e de integrar-se na nova coletividade, muitos bem dispostos, apesar de todas as privações, e alguns até dando provas de um bom humor inquebrantável.

Um dos problemas mais complicados foi o de arranjar habitações para os recém-chegados. De início, foram recebidos em Santos ou na estação da estrada de ferro para serem alojados, primeiramente, em hotéis e pensões, visto o comitê não dispor de um prédio próprio onde pudesse tê-los alojado. Havia, nesse sistema, vantagens e desvantagens. Desvantagens no que se refere ao preço da diária e às reações de ordem psicológica, pois produzia-se, entre os hóspedes acumulados num dado hotel, facilmente, uma espécie de "espírito coletivo" e de intercâmbio de opiniões às vezes nocivo e derrotista; possibilitavam-se acessos de inveja quando uma família parecia conseguir uma residência melhor do que outra; geravam-se fricções variadas e criava-se um encargo, em alguns casos, demasiadamente prolongado para o comitê, resultado da natural tendência, entre alguns imigrantes, de "deixar-se ficar" passivamente, ou, para empregar a expressão de Euclides, de "irem de bubuia" num ambiente relativamente tolerável. Ao lado dessas

227

desvantagens, havia a vantagem da facilidade de comunicação, por parte dos elementos do comitê, com grande número de imigrantes concentrados num lugar, e da possibilidade de estes últimos tomarem contacto com a nova realidade sem que perdessem, abruptamente, o contacto com pessoas de experiências semelhantes.

O leitor experiente pode imaginar, sem grande esforço, as dificuldades de se encontrar residências razoáveis, em condições "normais", para pessoas que inicialmente não podem contar com salários, ordenados ou rendas apreciáveis, numa situação em que, mesmo para gente abastada, de vastas relações e de amplo crédito na praça, se trata de um problema quase insolúvel. Quanto aos solteiros, os obstáculos não eram muito grandes. Tanto maiores, porém, se afiguravam para as famílias em virtude da tenaz resistência das mulheres à ideia de dividir a cozinha com outra família – resistência perfeitamente compreensível quando se conhece a psicologia da "dona de casa" burguesa, para a qual o domínio, já não dizemos sobre a casa e o marido, mas pelo menos sobre a cozinha, é o próprio símbolo da sua autonomia humana e da sua "liberdade de dona de casa". Tal ideologia de cozinha forçosamente havia de mostrar-se ainda mais acentuada no caso de mulheres que passaram anos sem residência própria e para as quais todos os sonhos de uma nova vida, num continente novo, se confundiam, inextricavelmente, com divagações voluptuosas tecidas em torno do livre domínio sobre um fogão individual.

A integração econômica processou-se, apesar de a situação não ser propícia, graças à dedicação e à experiência dos homens do comitê, de uma maneira surpreendentemente rápida e, em certos casos, também satisfatória. Sabe-se que só muitos anos mais tarde surgem ou se percebem as verdadeiras complicações de ordem psíquica. Em alguns casos, houve êxitos, por assim dizer, fulminantes, conseguidos por novíssimos membros da coletividade, que podem, com César, exclamar orgulhosamente: "Vim, vi, venci!".

De um jovem, de um *iungerman*, sabemos que nem sequer "viu", mas que pelo menos foi visto – o que foi suficiente para que fosse pescado por intermédio de um *schadkhen*. E uma representante do belo sexo, com mais razão ainda, que pode anotar no seu diário íntimo, caso o possua: "Vim, fui vista, casei!" Tais fatos, se não comprovam propriamente uma adaptação ao novo ambiente, testemunham ao menos que os recém-chegados estão firmemente dispostos a enfrentar as piores situações e que os velhos, os "amarelos" de cá, não ficam atrás no que se refere à sua fibra moral.

Foi Franz Kafka quem, no seu romance *O Castelo*, descreveu, de maneira a mais pungente, o drama do "recém--chegado", ansioso por integrar-se na comunidade da aldeia de onde lhe veio a "chamada". Tal esforço do forasteiro K liga-se, de maneira profunda e misteriosa, às suas tenazes tentativas de penetrar no "castelo" que domina a aldeia e de onde tem que vir, qual graça divina, o definitivo "sim" que mitigará a sua ânsia de aceitação na comunidade. O romance de Kafka ficou fragmentário. Fragmentário como a nossa situação e como o nosso destino. É possível que a resposta do castelo já esteja a caminho ou que tenha mesmo chegado. Seja como for, todos nós, os "amarelos" e os "verdes", onde quer que estejamos e onde quer que o destino nos tenha colocado – todos nós devemos nos esforçar sinceramente por viver, sem negar a nossa substância, com e dentro do país que nas horas amargas nos acolheu.

A ASSISTÊNCIA SOCIAL JUDAICA: ENTREVISTAS E REFLEXÕES. INICIA-SE A GRANDE REPORTAGEM DA *CRÔNICA ISRAELITA*[1]

Visita ao Asilo dos Velhos

É curioso que entre as poucas instituições modelares da coletividade judaica de São Paulo se distingam em particular duas: uma dedicada às crianças, frágeis por ser no futuro que a sua vida atingirá a sua plenitude, outra dedicada aos velhos, frágeis por ser no passado que tiveram os dias de seu máximo vigor. O Lar das Crianças e o Asilo dos Velhos – serão eles porventura uma expressão dessa bela capacidade dos judeus de valorizarem ao extremo o passado e o futuro, sem que a isso sempre corresponda a faculdade de darem o mesmo valor ao presente?

1. CI 31 jan. 1955.

O diretor-administrativo do Asilo dos Velhos entrecortou o tecido de tais reflexões ao receber-nos no seu escritório à rua Madre Cabrini, onde se localiza o Lar que abriga tanto homens como mulheres idosos.

– Quantos são exatamente?

– 127, na seção principal, número acrescido atualmente de mais quinze, depois de inaugurado o Pavilhão José Teperman, destinado aos velhos inválidos, incapazes de se locomoverem ou, devido a outros defeitos, de se integrarem na vida normal da seção central. Mais quinze inválidos deverão ser admitidos em breve nesse novo pavilhão, que tem capacidade para cerca de trinta pessoas. O asilo abrigará então cerca de 160 elementos. Esta capacidade, infelizmente, está longe de satisfazer as necessidades. Há cerca de quarenta ou cinquenta pedidos de admissão que, no momento, não podem ser atendidos, havendo requerimentos até do Rio de Janeiro e do Rio Grande do Sul.

Boa parte dos nossos inquilinos, exatamente 61 – prossegue o sr. M. –, é constituída de judeus de língua alemã, cerca de 48%, seguindo-se judeus poloneses, lituanos, romenos (de língua ídiche); há também alguns de origem turca e síria. Parece-me que o motivo dessa preponderância é o fato de os judeus da região centro-europeia não pensarem em termos de "asilo", mas em termos de "lar" – *Altersheim* –, quando se fala do "Asilo dos Velhos", já que se lembram de instituições modelares nos países de sua origem, ao passo que os outros relacionam tais "asilos" com qualquer coisa de pouco acolhedora, destinada aos mais míseros e desgraçados, e, por isso, de qualquer modo, marcada pela mácula da vergonha. Temos, aliás, a intenção de chamar o asilo futuramente de "Lar dos Velhos".

Apesar desse número alentado de elementos de língua alemã – queixa-se o nosso interlocutor –, encontramos dificuldades no nosso esforço de alistar membros entre os sócios da CIP. Alegam os mesmos que, como sócios da Congregação, são contribuintes de um "Fundo para nossos Velhos". É verdade que desse fundo recebemos 10%. Infe-

232

lizmente se trata de uma soma irrisória, cerca de cem cruzeiros por mês ou coisa que o valha (fala-se, obviamente, das assim chamadas "Caixinhas" da CIP).

Respondendo às nossas perguntas, o sr. M. expôs que cerca de 80% dos asilados são constituídos por gente pobre – sem família ou com família incapaz de sustentá-los.

– Somente seis pessoas entre todos os internos do asilo pagam integralmente a sua pensão. Há outros que pagam duzento, quinhentos ou mil cruzeiros, quando o custo normal por pessoa, calculando todas as despesas do asilo, é de cerca de 3.500 mensais. Mais de 50% dos inquilinos, no entanto, não podem pagar nada. Vê-se bem que, diante disso, as nossas dificuldades são grandes, ainda aumentadas depois da construção do novo pavilhão para os inválidos. Gastamos, no ano passado, uma média mensal de 350 mil cruzeiros e estamos com um déficit de algumas centenas de contos[2].

– Quais são as fontes de receita do asilo?

– Temos várias fontes. Primeiramente os nossos sócios, cerca de três mil em conjunto com os do interior. A média das mensalidades é de cerca de vinte cruzeiros. Há, naturalmente, gente que paga mais; porém há outros que pagam somente dez cruzeiros por mês. Em segundo lugar, a ajuda de manutenção de filhos e parentes dos nossos velhos. Depois, as entradas provenientes da nossa sinagoga (*bar-mitzvás*, casamentos, festas etc.). Em quarto lugar, os donativos avulsos. Além disso, a quota da Federação, proveniente da Magbit – até agosto do ano passado de 35 mil e, desde então, de 40 mil cruzeiros mensais, cerca de 10%, portanto, dos nossos gastos –, importância que se nos afigura demasiadamente pequena.

2. Os valores estão em cruzeiros (Cr$), moeda que em 1942 substituiu a única moeda que o país já tivera, o "real"(Rs$), na razão de um por mil, embora, devido à inflação, o mil-réis fosse então a moeda de fato, designando o "conto de réis" o equivalente a mil mil-réis. Daí o emprego da expressão "contos" por Anatol Rosenfeld para referir-se à soma dos valores especificados, em que "cem contos"são, nesse contexto, cem mil cruzeiros.

No que se refere à Claims Conference, concedeu-nos em agosto de 1954, para o ano passado, a importância de 400 mil cruzeiros. No entanto, devido a uma lacuna insignificante no preenchimento de um formulário, o pagamento ficou procrastinado e recebemos, finalmente, no início desse ano, a metade, passando o restante para esse ano, com evidente prejuízo para o asilo. Espero que isso não seja a última palavra nessa questão.

– A seleção dos elementos admitidos?

– Diante da capacidade limitada do asilo, temos de adotar critérios rigorosos de seleção. São admitidos somente elementos a partir de sessenta anos, quando mulheres, e a partir de sessenta e cinco anos quando homens, já que estes, em geral, têm maior independência até uma idade mais avançada. Aceitamos, evidentemente, só os casos realmente necessitados ou de alguma forma urgentes. É preciso preencher um formulário, deliberando a diretoria sobre os requerimentos mais urgentes. Uma comissão de sindicância verifica os dados, situação financeira, existência de parentes capazes de sustentá-los etc. Há, obviamente, também exame médico.

– O Asilo dá preferência àqueles que pagam o seu sustento?

– De modo algum! – exclama o sr. M. com ênfase. – Ao contrário. Os elementos mais pobres são sempre preferidos. Acentuo: sempre!

– Quem é o habitante mais velho do asilo?

– É uma mulher, R. B. Conta com 93 anos e vai indo muito bem de saúde. No pavilhão dos inválidos, o mais velho é também uma mulher – aliás, cega – de 91 anos. Temos cerca de 60% de mulheres, entre as quais – o que não deixa de ser interessante – algumas ainda ganham dinheiro, quer tricotando, quer dando "lá fora" lições de inglês. No que se refere aos homens, bem inferiores em número, são realmente "aposentados". Apenas o sr. Halperin, escritor ídiche, trabalha intensamente e publicou, ainda recentemente, um livro. Pode-se dizer, de resto, que a mortalidade no asilo é extremamente pequena. Temos atualmente de seis a oito falecimentos. Não há hospital que possa dar melhor assistência do que nós. Temos quatro enfermeiras no pavilhão dos inválidos e cinco na seção central.

– E a vida recreativa e espiritual?

– Em primeiro lugar, cumpre mencionar, evidentemente, os serviços religiosos na nossa sinagoga. Muito usada é a nossa biblioteca, com várias línguas. Ainda ultimamente, a livraria Elite doou várias centenas de livros em língua alemã. Temos, naturalmente, jornais – muito lidos –, os da imprensa geral e os da imprensa judaica; infelizmente, a *Crônica Israelita* é enviada só a alguns assinantes, mas não ao asilo como tal. O nosso aparelho de televisão – e os de rádio – funciona até às 20 horas e é naturalmente um foco de atração. Muitos gostam de um joguinho de cartas, de damas ou de xadrez. Temos, por vezes, pequenos concertos, graças aos dons musicais de alguns dos nossos velhos; porém, desejar-se-ia naturalmente que "de fora" nos viesse, de quando em vez, uma pequena colaboração no terreno artístico e recreativo para alegrar a vida dos anciãos.

Percorremos, com o sr. M., o novo pavilhão dos inválidos, já descrito num número anterior da *Crônica*. Agora, já existe quinze habitantes, na maioria imobilizados em cadeiras de preguiça ou bancos, colocados à sombra, onde repousam os anciões de setenta, oitenta e noventa anos; alguns isolados – geralmente homens – sonhando, divagando ou meditando em silêncio; outros – geralmente mulheres, naturalmente mais gregárias –, convivem em grupos, entregues a um manso diz-que-diz, de cabeças tremulantes, de rostos serenamente enrugados, desfiando longas conversas calmas e pacíficas, o brilho dos olhos empanado pela fuligem dos anos, com vozes de timbre como que coberto de fina ferrugem.

Que estranho encanto, doce e sutil, impregna esse jardim dos velhos! Talvez seja o encanto de uma existência que, *já* afastada dos embates e ambições da vida, tornou-se desinteressada, lúdica e inocente, como a existência nos jardins da infância, ainda afastada dos embates e ambições da vida!

Visita à Ofidas[3]

A Ofidas (Organização Feminina Israelita de Assistência Social), a segunda das instituições por nós visitadas – tomando em conta as três entidades assistenciais que, pela sua fusão, a constituíram –, já tem agora uma tradição de quarenta anos, toda ela de dedicação à família judaica necessitada.

D. C., funcionária categorizada da Ofidas, que nos prestou informações precisas sobre a organização focalizada nesta reportagem, acentua a palavra "família"; pois não pode haver assistência à criança – razão de ser da Ofidas – se não se cuida ao mesmo tempo da família. Este ponto foi também salientado pela sra. P. T., membro da diretoria, que completou as informações de D. C.

A Ofidas desdobra-se em sete departamentos: Lar da Criança, Assistência Social, Orientação Profissional e Educacional, Higiene Infantil (Gota de Leite), Gabinete Dentário, *Peah* (Rouparia) e Biblioteca.

Vamos ver como trabalham esses departamentos, segundo a palavra de D. C.

O Lar da Criança é um externato que funciona das 7h30 às 17h00, atendendo diariamente uma média de 75 crianças de três a sete anos, fornecendo-lhes alimentação completa, assistência médica (visita semanal de um médico), aulas especiais de correção de língua labial, além de cuidados educacionais em geral. O programa abrange

---

3. CI 15 dez. 1955. Nota da redação: "É esta a segunda reportagem sobre a vida organizacional da coletividade israelita de São Paulo, após a primeira, dedicada ao Asilo dos Velhos. Destinam-se essas reportagens a colher dados exatos, na medida do possível, puramente factuais, não somente para dar aos nossos leitores uma ideia concreta da realidade judaica paulistana, mas também para proporcionar uma base mais segura para futuras indagações relativas aos problemas fundamentais do nosso *ischuv*".

o jardim de infância e curso pré-primário, segundo um plano que compreende atividades recreativas, ginástica, trabalhos coletivos, num ambiente de disciplina, preparação de festas, exercícios musicais e de coro. Deve-se mencionar a orquestrinha formada pelas crianças, composta de instrumentos singelos como pauzinhos, triângulos e outros objetos sonoros. O Departamento de Assistência é encarregado de fazer a seleção das crianças beneficiadas pelos serviços do lar. D. C. considera de importância a visita ao domicílio das famílias, não só para verificar a necessidade de assistência, mas principalmente para estudar os ambientes, dar apoio moral e consolo. Levar presentinhos como flores e dar ao auxílio um caráter de afetividade. A necessidade de mais uma creche é julgada imperiosa, principalmente em consequência do fluxo de novos imigrantes. Cerca de 60% das crianças provêm de famílias recém-imigradas, fato que forçou a aceitação de cerca de 25% de crianças a mais do que previsto. Infelizmente, não há espaço para organizar, como seria desejável, um departamento escolar para orientação, alimentação e recreação de escolares cujos pais trabalham, a fim de tirá-las das ruas. Essa falta de espaço acentua-se também na própria sede da Ofidas, à rua Bandeirantes, onde funcionam todos os departamentos exceto o lar e a biblioteca, impondo horários alternados para os vários departamentos.

As despesas do lar (os números incluem sempre os ordenados dos funcionários do departamento respectivo, devendo-se mencionar que em alguns departamentos trabalham elementos voluntários) importaram, em 1953, em Cr$ 451.927,80, e, em 1954, em Cr$ 568.373,30. Calcula-se uma despesa de cerca de Cr$ 700,00 mensais por criança, três professores, cinco auxiliares, um *gouvernante*, cinco domésticas e uma professora para língua labial que prestam serviços no lar. O Lar da Ofidas trabalha, de resto, em estreita colaboração com o Lar das Crianças da CIP, recomendando a aceitação de crianças a este último ou acolhendo crianças recomendadas pela CIP.

O Departamento Social é orientado, fundamentalmente, no sentido da assistência à mulher e à criança. Não se visa a simples filantropia. Cada caso é cuidadosamente estudado, procurando-se levantar o nível geral da família por meio de uma orientação sadia. A ação não é atomizada e improvisada: "Seguimos muitas vezes a vida da criança desde a creche até a universidade ou ao ingresso na atividade profissional. Problema essencial, aos cuidados desse departamento, é o da maternidade. "Procuramos", diz D. C., "atender a todos os elementos que nos procuram; colocamos doentes em hospitais e crianças de alguma forma necessitadas de cuidados especiais em lares adotivos. Desde há dez anos, por exemplo, dedicamo-nos a determinada moça deformada, atualmente com dezenove anos, que possivelmente, através de uma série de operações, poderá ainda vir a ter uma vida feliz. Temos, em lares adotivos, 23 crianças, pagando para cada qual uma média de Cr$ 3.000,00 mensais, além de lhes proporcionarmos roupas e os tratamentos médicos necessários. Isso sem falar de crianças semi-internadas em escolas. Casos necessitados de tratamento encaminhamos ao médico, servindo-nos em particular da Linat Hatzedek. Seguimos de perto, sempre que possível, o tratamento. Temos razões para elogiar sinceramente a colaboração dessa instituição, embora sintamos que não tenha verba para hospitais, nem possa dar tratamentos especializados. No que se refere às operações, é a nós que cabe o pagamento, já que a Linat Hatzedek não pode assumir esse compromisso".

O Departamento Social responsabilizou-se, em 1954, por 43 hospitalizações; encaminhou 55 doentes a médicos (nem sempre à Linat Hatzedek) e forneceu seis dentaduras a adultos. Deu 1904 auxílios de manutenção, fez 499 visitas domiciliares, tendo sido de 1432 o número dos casos atendidos ao todo. Acentua D. C.:

Lidamos com muitas famílias de imigrantes recém-chegados, enviados à Ofidas pelo Joint (The American Jewish Joint Distribution Committee). Vieram naturalmente também imigrantes novos não apoiados pelo Joint. Os gastos gerais desse departamento, de que fazem parte dois funcionários, foram, em 1953, de Cr$ 557.986,20 e de Cr$ 856.246,70 em 1954.

No que se refere ao Departamento de Orientação Profissional e Educacional, este atende jovens de ambos os sexos, encaminhando-os para diferentes escolas e cursos especializados, procurando colocá-los sempre quando possível. Também nesses casos não se descuida a Ofidas de manter estreito contato com as famílias dos jovens. Contam os mesmos com o concurso de uma orientadora educacional, fazendo-se, em casos determinados, testes para investigar as aptidões dos atendidos, sendo preciosa a colaboração da dra. B. K. Foram atendidos por esse departamento, em 1954, 987 casos. Vinte e seis pessoas foram colocadas em empregos. Foram feitas 960 visitas a estabelecimentos de ensino, consultórios médicos, empresas comerciais, departamentos de legislação e outras instituições relacionadas com os trabalhos desse departamento.

Os gastos dessa seção foram, em 1953, de Cr$ 236.217,80 e, em 1954, de Cr$ 302.960,70.

O Departamento de Higiene Infantil cuida de bebês de zero a três anos, fornecendo cuidados médicos, medicamentos, conselhos e orientação alimentícios e higiênicos, dando subsídios em dinheiro e alimentação. Distribuiu, em 1954, entre muitos outros itens, 856 latas de leite, 953 remédios, 129 subsídios em dinheiro, 192 sabonetes, 303 talcos. Foi de 1627 o número das consultas e foram atendidos 1220 casos. Gastou o departamento – que tem dois encarregados –, em 1953, Cr$ 79.253,00, e em 1954, Cr$ 96.907,20. Merece menção o fato de que será realizado, em 1955, um concurso de robustez infantil de que poderão participar as crianças atendidas pela Ofidas.

O Gabinete Dentário – fechado durante vinte meses por falta de verba – funcionou normalmente em 1954, atendendo, em 514 casos, crianças e jovens de até dezoito anos. O gabinete proporciona atendimento a todos sem exceção ou seleção, procurando obter – como, aliás, em todos os casos –, na medida do possível, reembolsos. O tratamento tem orientação profilática, procurando-se estimular a visita periódica por parte das crianças. As despesas desse departamento foram, em 1953, de Cr$ 29.638,00, e, em 1954, de Cr$ 32.261,40.

Um dos departamentos mais conhecidos da Ofidas é a famosa *Peah*, a Rouparia, onde as roupas usadas, recebidas da coletividade, são consertadas, lavadas e passadas, para depois serem distribuídas entre os necessitados. Parte das roupas é comprada e nova, particularmente os enxovais para bebês e os uniformes escolares. A *Peah* concede igualmente móveis e utensílios domésticos. Foram distribuídas, em 1954, 19.054 peças de roupa e atendidos 2999 indivíduos estudados, antes, pelo Departamento Social. Conta esse departamento com três encarregados, tendo sido gastos, em 1953, Cr$ 93.312,10, e, em 1954, Cr$ 136.358,50.

O último e sétimo departamento é o da Biblioteca, que atende crianças em idade escolar, emprestando livros a 1358 matriculados. Foram feitas, no ano passado, 1832 retiradas de livros de um acervo total de 1414 volumes, todos em português. Grande parte dos livros é adquirida por compra. A leitura das crianças é orientada. Revistas em quadrinhos, contra os quais D. C. e a sra. P. T. se externam em termos veementes, só se fornecem às crianças enquanto esperam a entrega dos livros. Do âmbito da biblioteca, que tem duas pessoas encarregadas, fazem parte também atividades sociais, como jogos de salão e ao ar livre, sessões cinematográficas, audições de discos, concursos literários etc. É esse o único departamento cujos gastos diminuíram em 1954 (em 1953: Cr$ 31.101,00 – em 1954 Cr$ 19.898,00) devido ao não funcionamento do "Clube de Férias", que empreendia visitas a teatros, corpos de bombeiros, redações de jornais, além de promover outras atividades.

– E como se arranja a Ofidas – perguntamos às nossas interlocutoras – para custear as múltiplas atividades, cobrindo todas essas despesas?

240

Eis a resposta: – Concorrem para a receita da Ofidas, em primeiro lugar, 3400 sócios que pagam uma mensalidade variada a partir de cinco cruzeiros. Contribuem, em segundo lugar, os chamados patrocinadores, mantendo cada qual uma criança no Lar durante um ano. Pagaram, no ano passado, cinco contos para este fim e passarão a pagar, no ano em curso, seis contos. A Ofidas não faz campanhas; no entanto, tem um Livro de Ouro que, pela inscrição por ocasião de noivados, aniversários etc., traz certa quantia de dinheiro. Quanto à Federação, pagou até outubro do ano passado Cr$ 30.000,00 por mês, passando a conceder, a partir de então, uma quota mensal de Cr$ 35.000,00, importância que D. C. reputa demasiadamente pequena. Há também, por parte do governo estadual, uma subvenção esporádica que não pode ser levada em conta. No que diz respeito à Claims Conference, pagou em dezembro de 1954 uma importância de Cr$ 150.000,00. As despesas feitas para os protegidos do Joint foram cobertas por essa instituição, que pagou uma soma de aproximadamente Cr$ 427.000,00. No entanto, acentuam as nossas interlocutoras, deve-se acrescentar que o Joint só ajuda os seus imigrantes durante um ano. Aqueles que, ainda depois desse prazo, recorrem à Ofidas – e seu número é considerável, pelo que afirmam D. C. e P. T. –, passam a ser da inteira responsabilidade dessa instituição local.

Cabe mencionar que na seção administrativa trabalham quatro funcionários e dois mensageiros, mas, em compensação, colaboram, em vários departamentos, elementos voluntários, aliviando assim o orçamento da instituição. As despesas totais da Ofidas importaram, no ano de 1953, em Cr$ 1.947.389,40, e, no ano de 1954, Cr$ 2.506.542,70.

Fizemos uma pequena visita ao Lar da Ofidas onde fomos atendidos pela sra. D. C., governante, que nos mostrou as salas, os bonitos trabalhos manuais e desenhos das crianças, os chuveiros, a sala semi-escurecida, onde as crianças, depois do almoço, estavam justamente descansando, deitadas em amplos leitos, e ela nos levou, ao fim, à vasta cozinha, onde nos entregou aos cuidados de D. A., que parece reinar soberana naquele domínio nutritivo e higiênico dos cardápios cientificamente elaborados. Debalde se procuraria naquela limpeza um pouco de albumina ou hidrato de carbono nos azulejos brilhantes. Infelizmente, o almoço já estava em plena transubstanciação calorífica nos corpinhos de cerca de setenta crianças.

Acreditem, porém, os leitores: ver uma instituição como a Ofidas vale por uma dose maciça de vitaminas para alguém que, como este repórter, anda um pouco abatido no que se refere à coletividade judaica de São Paulo. Parece que alguma coisa se faz em São Paulo pelos velhos e pelas crianças necessitadas (já que há também o Lar das Crianças da Congregação, assunto de outra reportagem), embora naturalmente haja muitas lacunas e grandes dificuldades financeiras. Mas e aqueles, porém, que não são nem velhos, nem crianças, nem necessitados? Os jovens e adultos sadios, abastados, satisfeitos (demasiadamente satisfeitos) da vida? Estes – a vasta maioria –, será que estes vivem completamente desamparados?

O Lar das Crianças da CIP[4]

A viagem ao Lar das Crianças da CIP, para uma pessoa que por engano vai de bonde na hora do estouro, não é precisamente uma delícia. Ao sair do bonde superlotado, o repórter sentiu-se mais ou menos como deve ter se sentido um réu medieval acusado do crime de lesa-majestade, ao sair do instrumento de tortura chamado "sarcófago de Nüremberg", famosa câmara em forma de corpo humano em que o encerrado é cruelmente ferido por pregos, de preferência enferrujados. A sra. E. D., ao descobrir a oscilante e desmantelada figura do repórter, transformou-se imedia-

4. CI 16 mar. 1955.

tamente em enfermeira e tratou de aliviar-lhe as dores. E o repórter confessa (amaciado pela tortura) que o Lar, antes de ser um Lar para crianças, é, de início, um lar, simplesmente. Pode haver palavra mais bonita do que essa? Não é o lar o lugar onde etruscos e romanos adoraram os seus deuses domésticos, os lares? Onde se acende o fogo sagrado – início da civilização? E onde, ao brando calor do convívio, se desenvolvem todos os sentimentos sutis? Só sendo um lar nesse sentido, uma instituição pode verdadeiramente chamar-se Lar das Crianças. Milagre nenhum, portanto, que, num ambiente assim, o repórter se restabeleceu com extraordinária rapidez. A tal ponto se refez que, quando iam chegando o presidente da CIP e o tesoureiro e esposa – a fim de participarem do jantar de sexta-feira –, já podia enfrentá-los com o ar dignificado de quem tem a missão de informar os leitores da *Crônica*.

A Festa do Jantar de Sexta-Feira

Johan Huizinga, no seu famoso livro *Homo Ludens*, explica que as grandes forças da cultura têm as suas raízes no terreno da atividade lúdica e descreve a profunda seriedade com que as crianças brincam, embora saibam tratar-se do jogo. Tivemos uma ilustração disso mesmo antes de chegar ao Lar – vendo as crianças se divertirem nos aparelhos do *playground*. Com quanta gravidade sabem gozar o *fun*! Arrastam-se com decisão inexorável através do complicado esqueleto da "gaiola", lançam-se, audaciosas, ao ar nas balanças, equilibram-se nas gangorras, dão voltas ao estômago na roda gigante e quebram-se, prazerosamente, os braços no escorregador. Parece uma representação simbólica da vida dos adultos!

No jogo entra em jogo algo que põe de lado o instinto imediato de conservação: inicia-se assim a cultura. O jogo mais alto, segundo Huizinga, é o do ritual, das práticas sagradas, que são uma verdadeira arte. Não fosse todo ritual uma representação simbólica e figuração dramática! O encanto

243

do jantar a que assistimos consistiu exatamente nisso: na representação cerimoniosa, ao mesmo tempo lúdica, solene e entusiástica, de um ritual festivo em que entravam as velas, duas em cada mesa, que tinham de ser acendidas e abençoadas, enquanto havia de ser rezado o versinho hebraico; ritual de que faziam parte também as múltiplas canções hebraicas entoadas em coro, a história narrada pelo sr. R., do guri que queria estudar a *Torá* e se perdeu na floresta, e a própria refeição, já inteiramente despida do seu caráter material e totalmente transformada em deliciosa aventura lúdica. Estamos inteiramente de acordo com o sr. R., que há pouco assumiu as funções (ou melhor, a missão) de "Pai" do Lar, como a sua esposa a de "Mãe", enquanto, ao mesmo tempo, ministrando o ensino religioso, imprime um cunho nitidamente judaico à vida das crianças: acha ele, com razão, que o canto em coro não somente tem o efeito de dar às crianças o senso social de serem parte de um grupo; cria também a disposição emocional favorável para aprender. Transforma a própria aprendizagem em arte e jogo, dá, à expressão dos sentimentos, forma e estrutura. Atribui o sr. R. igualmente muita importância à dança, através da qual a criança se liberta das suas inibições e se torna segura de si – momento muito importante para esses jovens que, tendo sofrido tanto, tão facilmente podem sentir-se preteridos e colocados à margem pela vida.

Observa-se que as mocinhas maiores já tomam conta dos menores, cuidando da ordem nas suas mesas. Algumas pequenas fazem as vezes de *garçonettes*, indo e vindo entre cozinha e sala com pratos, comes e bebes. Uma, que já "vendeu" pão à sra. D., ao meu lado, e à sra. E. M. (ministra de saúde), à minha frente, fica desconsolada quando recuso o segundo pedaço. Exímia vendedora, insiste em "colocar" mais um pedaço. No entanto, quando, impelido pela mística dos números, pego logo o terceiro, ela me fita de viés, bem de baixo, evidentemente não muito confiante no meu crédito. As crianças em geral são alegres, expansivas. Embora bulhentas, parecem ter a melhor das disciplinas – aquela que não se nota.

244

Depois do jantar, a sra. D. mostra-nos as instalações, a horta, a oficina; a cozinha é espaçosa e limpa, mas bem pequeno é o recinto do tanque de lavar roupas. Quanto à rouparia, é quase tão apertada como o bonde em que chegamos.

Depois da voltinha, participo de um joguinho que o sr. R. organizou com cerca de vinte crianças ao ar livre, no terraço (as menores já tinham ido dormir). Na hora de recolher, acompanho quatro guris ao seu quarto. No corredor deixo cair, por mero descuido, uma caixa vazia de fósforos. Um dos meninos começa a driblá-la, depois chuta-a longe, corre atrás e apanha-a. Nada de desordem (eis a lição). Eles esperam ganhar o prêmio do quarto mais bem arrumado. "Gosta de futebol?", pergunto. "Claro que gosto!"; "Por qual dos times torce?"; "Claro que pro Corinthians!" Os outros também são corintianos. "Como assim?"; "Mas se todos aqui são corintianos!" Um, no entanto, que veio de Israel, acha que o Mosche de lá (ou terá sido outro nome) é melhor *goal-keeper* do que o próprio Gilmar: "Sujeito formidável aquele!", exclama com voz grossa, sacudindo a mão diante do seu nariz. "Faz oito anos que o couro não entra no gol dele".

"*Inside* Lar"

Visto assim de fora, tudo parece um simples jogo; tem a leveza aérea de algo que, brincando, anda sozinho, como a dança dos mostradores de um relógio que tiquetaqueando descrevem seus círculos pontuais. Porém, já olharam dentro de um relógio? Meus Deus, quantas rodinhas!

O Lar já tem uma história e uma tradição. Foi fundado em 1937, inicialmente como externato. Havia, durante bastante tempo, à rua Barão de Piracicaba, uma média de trinta a quarenta externos e cerca de dezoito internos. Na medida em que os pais, na maioria centro-europeus, se iam estabelecendo, começavam a preponderar os casos do Bom Retiro, mormente quando a Ofidas não podia dar conta do número crescente de necessitados. Até 1939, o Lar foi sustentado inteiramente pelo Joint, que diminuiu em etapas o seu auxílio até que, em 1941, a Congregação assumiu a responsabilidade integral.

O novo edifício foi inaugurado em junho de 1949, já com cerca de trinta a trinta e cinco crianças internas, enquanto as externas, tanto da creche quanto em idade escolar, foram passadas para a Ofidas, a qual, em compensação, passou as suas internas para o ar, fechando o seu internato. Mesmo assim, o Lar não pôde dissolver o externato, devido à grande procura de vagas. A colaboração com a Ofidas continua, como antes, íntima.

Atualmente, há 54 crianças internas e dezesseis externas, o total dividido em três grupos de idade: quinze do jardim de infância (3-7 anos), sendo seis externas e nove internas; 44 "primárias" (7-11 anos), sendo dez externas e 34 internas; e onze na idade de onze a dezesseis anos, todas internas. As crianças maiores, já adolescentes, são todas meninas, já que os rapazes, no espaço reduzido do Lar, criariam problemas. As adolescentes já colaboram, prestam serviços de pajens e recebem até um pequeno dinheirinho para gastos pessoais. Imaginem as dificuldades num espaço tão apertado (em que há até quartos com camas tipo beliche), quando há algumas crianças gripadas ou com qualquer doença que "pega". Existem, para fins de isolamento, dois quartos, um com uma pajem e dois leitos, outro com um leito. Tremendo *puzzle*, quando o número das crianças afetadas aumenta e o próximo doente, em vez de ser menina, é guri! (A proporção entre os sexos é, no momento, exatamente igual.)

Do total das crianças – setenta –, 6% provêm da esfera da língua alemã; 74% da Europa Oriental; 10% da Hungria; 10% de ambiente sefardita (Síria).

Todas estas informações me foram fornecidas pelas sras. I. H. e L. H. que, como verdadeiras relojoeiras, colocaram diante de mim tantas rodinhas, eixos, molas, espirais, que fico com medo de que, depois disso, o Lar nunca mais poderá funcionar como antes.

E os Filhos dos *Iordim*?

– E os *iordim*? – Perguntamos. – É grande o seu número?

– Bastante. *Iordim* e outros imigrantes recentes. Os últimos elementos enviados pelo Joint vieram ao nosso Lar em outubro e novembro do ano passado. Ao todo, recebemos do Joint, desde 1952, cerca de trinta crianças, certa parte das quais, depois de mais ou menos tempo, pôde reunir-se aos seus pais. Cerca de onze crianças são filhos de imigrantes recentes, não assistidos pelo Joint. Esta instituição ainda nos paga atualmente parte do sustento de três crianças (mensalmente, Cr$ 1.700,00 para cada uma), mas o número das crianças que dela recebemos e que, presentemente, está conosco, é muito maior. O Joint, que ajuda os seus protegidos segundo a sua promessa durante um ano, cumpre estritamente o prometido. Isso quer dizer que, quando recebemos uma criança do Joint, geralmente ainda contamos com um pagamento de alguns meses, já que elas de modo regular vêm a nós depois de já terem sido assistidas durante bastante tempo. Naturalmente, algumas crianças ficam depois no nosso Lar não durante um, mas, por vezes, durante dez anos. Algumas crianças vindas de Israel falam só *ivrit*. Isso representa, para nós, despesas especiais visto terem de aprender português e exigirem cuidados específicos.

O Orçamento

– O que entra nessas despesas?

– Tudo. As crianças são trajadas com o auxílio de 1.1/2 costureiras (a metade significa meio dia de trabalho). Tudo que recebem de presente é adaptado e renovado. Uma vez por ano recebem um "enxoval" completo, constantemente renovado. São caros os uniformes escolares, usados só para a visita à escola a fim de as crianças não se sentirem como órfãos uniformizados. Grande problema é o dos sapatos e é bem cara a condução às escolas. E então o material escolar? Quanto à comida, atinge mais ou menos a terça parte do orçamento. Há ainda os médicos, remédios, vacinas, injeções. O tratamento dentário felizmente é de graça. Mas temos ainda o seguro para acidentes e, naturalmente, o pessoal.

Há vinte funcionários: a diretora, sra. A. W. (que dá corda ao relógio e dirige os serviços internos com eficiência e desvelo); o casal R.; duas educadoras (que acompanham os estudos das crianças); três pajens, que também fazem as vezes de enfermeiras; a *gouvernante*, que é chefe de economia e controla as compras; 2.1/2 roupeiras ajudadas por uma senhora honorífica; 2.1/2 elementos de cozinha; dois elementos que lavam e passam; um ajudante que também cuida do jardim; e três empregadas domésticas.

A receita provém das seguintes fontes: 1. cerca de 8% de pais e parentes das crianças; 2. "Amigos do Lar", boa parte provindo dos círculos da CIP, com uma parcela crescente de outros círculos, que pagam de 30.900 a 2 mil cruzeiros mensais; 3. donativos espontâneos; 4. realização de festas; 5. Joint que, como já explicado, paga Cr$ 1.700,00 para as crianças internas e Cr$ 1.200,00 para as externas); 6. o déficit é coberto pela CIP, com ajuda da Federação, ou seja, da Campanha Unida, acrescentando-se ainda pagamentos do Claims Conference à CIP.

O Critério de Admissão

– O nosso critério de admissão – diz-nos a sra. H. –, não é a difícil situação econômica dos pais. Tais casos, enquanto os pais são capazes de educar os filhos, cabem à assistência social. Enviamo-los à Ezra ou à Ofidas a fim de que se ajudem as famílias. Aceitamos, depois de cuidadoso exame, as crianças que não têm lar, quer se trate de órfãos de pai ou mãe, de matrimônios desfeitos ou divorciados (caso frequente), quer de pais ou mães doentes, particularmente quando se trata de doença mental ou de tuberculose. No que se refere aos casos externos, aceitamos, em princípio, todos aqueles cujos pais trabalham fora, facilitando assim aos imigrantes os primeiros tempos. Não se reduz o nosso trabalho ao Lar simplesmente. Mantemo-nos em constante contato com os pais ou com a família, procurando eliminar os males que tornaram necessária a aceitação dos filhos no Lar. Por vezes temos mais trabalho com aqueles do que com estes. Tornamo-nos, forçosamente, orientadores matrimoniais e profissionais e observamos os progressos dos pais; a D. G., da Assistência Social da CIP, faz visitas em casa, principalmente antes da admissão ao Lar e depois da reintegração da criança na família. Fazemos o possível para não alhear as crianças de seus pais. Para esse fim, estes últimos são frequentemente convidados por nós, enquanto as crianças os visitam nos fins de semana. Quando as crianças chegam a certa idade, é mais fácil mandá-las de volta à sua família; mas isso nunca se faz contra a vontade dos envolvidos e sem deliberações anteriores. No ano passado, dez crianças puderam sair do Lar – acrescenta D. Ida –, mas os pedidos de admissão são sempre mais numerosos do que as vagas.

Ensino e Educação

Diremos apenas poucas palavras sobre esse assunto, reservando-o para uma reportagem futura. Boa parte das crianças frequenta grupos escolares. Infelizmente, isso acontece em diversos períodos, o que dificulta sobremaneira o horário do Lar. Algumas são alunas de escolas particulares para progredirem mais depressa, enquanto outras, por diversos motivos mentalmente atrasadas, fazem parte de classes auxiliares de escolas oficiais. Cinco crianças de idade maior frequentam a escola comercial Álvares Penteado, duas um ginásio oficial, três vão a ginásios particulares, uma – de 16 anos – já se inicia profissionalmente como secretária. Cada criança, segundo o grupo ao qual pertence, tem aulas de religião de duas a três vezes por semana, as quais são ministradas pelo sr. Ratner. Todo o grupo pratica, uma vez por semana, trabalhos coletivos, há horas de ginástica ou ginástica rítmica, de trabalhos manuais de espécie a mais diversa, dando-se grande valor às atividades criativas como desenho, pintura, trabalhos plásticos etc. O jardim de infância divide-se em dois grupos de idade – as crianças de três a cinco anos que brincam e que também já fazem certos trabalhos manuais; e as de cinco a sete anos, que "aprendem brincando" as bases do cálculo e do alfabeto – sempre a partir de um "centro de interesse" concreto, qual seja, a alimentação, a construção de uma casa ou a vida dos animais domésticos.

Grande importância é atribuída ao programa recreativo. Princípio essencial é não encerrar as crianças no ar, fazendo-as entrar em contato constante com o mundo. Nada de reclusão. Realizam-se frequentes excursões e passeios e faz-se o possível para que tenham múltiplas impressões da vida exterior.

Boa ideia foi a de realizar mensalmente um baile para as moças maiores, do qual participam numerosos antigos habitantes do Lar e também convidados das próprias mocinhas. Dois grupos de dezesseis a dezessete crianças fizeram parte do grupo de férias da Federação, aceitando o Lar, em compensação, nesse período, doze crianças de fora, na maioria casos do Joint.

A Ampliação do Lar

Esse assunto provoca discussões tão ardorosas como o da lavanderia (que alguns querem ver munida de uma máquina de lavar, enquanto outros preferem mandar lavar a roupa fora). No caso da ampliação, alguns querem acrescentar um andar, com o perigo de se criar uma atmosfera de "instituto" e aumentar a dificuldade de controle; e há outros que querem construir um novo pavilhão com a desvantagem de se diminuir o espaço disponível da horta e do *playground*, mas com a grande vantagem de que, nessa parte, o casal Ratner poderia tomar conta de dez a doze crianças (masculinas) mais crescidas, separadamente, que na atual situação teriam que abandonar o Lar, precisamente ao entrar na idade mais difícil. A ampliação – que, como tal, é ponto pacífico e para a qual já foram reunidos Cr$ 550.000,00 – não servirá para aumentar o número de crianças, mas sim para criar mais espaço, já que o aperto atual é quase insuportável. A sra. E. S., que tanto se preocupa com a rouparia, da mesma forma como a sra. E. D., podem testemunhar a situação angustiosa desse departamento. Mas faltam também salas de trabalho, de estar, de estudo. As camas-beliche não devem se tornar permanentes. Tanto o conselho como a Representação já concordaram com o emprego do dinheiro angariado para estes fins e há planos em elaboração para obter o dinheiro que falta.

Conclusão

Isso não é tudo, evidentemente. Um capítulo especial seria o estudo das crianças que, nestes dezoito anos de existência do Lar, se fizeram adultos, saíram para o mundo e se lançaram ao jogo sério da vida. Cerca de 90%, ao que me assegura a sra. I. H., na medida em que se pode seguir-lhes os passos, fizeram bons progressos, tornando-se comerciantes, técnicos ou profissionais de espécie vária, enquanto das moças, algumas – poucas – já se casaram. Alguns foram para Israel.

Estejam certos os leitores de que, com as parcas peças aqui apresentadas, o relógio nunca andaria. Mas, realmente, não se trata de um mecanismo e sim de um organismo vivo. Não falemos aqui – porque disso não se pode falar – do espírito que anima tudo: do desvelo de A. W., que coordena e planeja os serviços e a administração; do imenso empenho do casal Ratner; do carinho dos três senhores e das cinco senhoras que, como Comissão Executiva, realizam os trabalhos correntes da direção geral; do interesse caloroso dos quinze elementos da diretoria que, oito vezes por semana, se reúnem para cuidar dos negócios do Lar; dos esforços das trinta senhoras que organizam as festas e fazem a propaganda. Para tudo isso, não há palavras. No entanto, quando você, leitor, fizer uma visita ao Lar, vendo as crianças brincando na "gaiola", na gangorra ou nas balanças, e ouvindo-as cantar à ceia ou observando-as ao chutarem uma caixa vazia de fósforos, então você certamente sentirá que, o que move tudo isso, é o amor, aquele fogo sagrado que é o coração do lar.

A Policlínica Linat Hatzedek[5]

Antigamente

Foi a 15 de novembro de 1929 que se fundou a Sociedade Beneficente Linat Hatzedek, com o fito de prestar assistência noturna a doentes, como sugere o próprio nome. Não se pensava então ainda numa clínica, revela-nos o diretor de patrimônio da sociedade e um dos fundadores da instituição. Visava-se assistir, principalmente, os doentes sem família, solteiros ou homens que deixavam as suas famílias provisoriamente na Europa até se estabelecerem aqui, em condições seguras. Obra típica de filantropia e caridade, comovente, mas de pouca eficiência. Cuidava-se de noite do enfermo no quarto dele, colocava-se-lhe o termômetro na boca, alisava-se o cobertor sobre as pernas e batia-se no travesseiro para torná-lo mais fofo. Mas os bons samaritanos notaram logo que tal vigília noturna, por mais caridosa que fosse, não era precisamente ideal. E então, nos fins de 1930, resolveu-se criar a policlínica que todos nós conhecemos. O presidente dessa instituição é, desde 1931, com um breve período

5. CI 30 abr. 1955. Redação da CIP: "É este o quarto trabalho dentro da nossa série cujo objeto são as instituições de assistência judaica de São Paulo. Os nossos leitores terão percebido que a nossa reportagem dedica atenção particular aos seguintes pontos: financiamento de fontes próprias e por intermédio de campanhas e Claims Conference; duplicação de trabalho num só setor; forma técnica externa do trabalho. Como comunicamos em outra parte desta edição, foi fundada, aqui em São Paulo, como primeiro passo na realização de um programa construtivo do trabalho judaico, uma Comissão das Instituições e Organizações de Assistência Social, a qual abrange: Asilo dos Velhos, Assistência Social da CIP, Linat Hatzedek, Ofidas, Ezra. Estamos satisfeitos por verificar que a nossa reportagem realizou certos trabalhos preparatórios para as atividades dessa comissão".

de interrupção, o sr. S. W. O primeiro presidente, até hoje vice-presidente, foi o sr. A. W. O nosso interlocutor, sr. B., é, desde a fundação da instituição, o diretor do patrimônio. O diretor-tesoureiro é W. S. e o diretor-administrador, M. E.

Presentemente

Atualmente, a Linat Hatzedek, com um quadro de cerca de quinze médicos, atende a doentes de todos os tipos. Ao lado da clínica geral, há especialistas para todos os males que possam atingir o corpo e a mente humanos, quer se trate de homem, mulher ou criança. Só não se tratam os tuberculosos, mas mesmo estes são assistidos por meio de remédios, radiografias, análises etc. O tratamento, em todos os casos, é completo na medida em que não haja necessidade de hospitalização e de intervenção cirúrgica – ambas fora do âmbito da Linat Hatzedek. A clínica só se encarrega de operações de menor vulto, como extração de pólipos do nariz, de amígdalas da garganta e semelhantes excrescências do nosso organismo. Todos os médicos da policlínica – com exceção do professor O. M. de B., que recebe os doentes em seu consultório –, atendem a determinadas horas, revezando-se durante o expediente, que vai das 8h30 até as 12h00, e das 14h00 às 19h00.

A Linat Hatzedek fornece, realiza ou aplica gratuitamente todos os remédios, injeções, tratamentos radiológicos, exames de laboratório, radiografias, curativos etc. 70% dos remédios, adquiridos diretamente nos laboratórios, encontram-se nos seus próprios depósitos. O tratamento radiológico é efetuado ou na própria instituição ou, por conta dela, nos consultórios especializados. Evidentemente, quando se faz necessária uma operação, os médicos da Linat Hatzedek aconselham os seus doentes do melhor modo a fim de que lhes seja facilitada uma intervenção gratuita.

Tanto o sr. B., quanto mais tarde a administradora, D. D., acentuam as enormes dificuldades causadas pela nova imigração. Desde os fins de 1953, esses elementos sobrecarregam a organização, ocupando cerca de 80 a 90% do orçamento, em prejuízo, acrescenta D. D., "dos nossos doentes antigos, muitos deles sofrendo de doenças crônicas, os quais, devido à enorme afluência dos novos e aos tratamentos urgentes que se fizeram necessários, não podem ser atendidos como devem, ficando, em alguns casos, quase ao abandono". Muitos dos novos elementos chegaram gravemente enfermos e precisavam de tratamentos caros e prolongados. As mulheres grávidas são atendidas pela Linat Hatzedek, ficando a Ofidas encarregada do parto. O médico da Ofidas recorre naturalmente aos remédios que são fornecidos pela clínica.

Ultimamente, prossegue o sr. H., a situação melhorou um pouco graças ao auxílio financeiro do Joint, que durante certo tempo pagou cerca de Cr$ 25.000,00 mensais, importância que atualmente vai diminuindo de modo muito rápido, já que esse auxílio é fornecido apenas, para cada doente, durante um ano, mesmo se o doente, passado esse prazo, precisar ainda de assistência médica. Quanto à Claims Conference, que prometeu por ora contribuir com Cr$ 200.000,00, pagou, para o ano de 1954, a soma de Cr$ 100.000,00.

Falta de Espaço

O prédio da Linat Hatzedek é velho e, como me disse um médico, "está caindo aos pedaços". O repórter, que se encontrava durante algumas horas na sede da instituição, não teve precisamente a impressão de que a ameaça de um desmoronamento ou de um colapso fulminante fosse iminente; ao contrário, a desgraça é que esses prédios antigos aguentam durante séculos, resistindo mesmo a terremotos. A falta de água no bairro é – pelo menos no momento – aguda; nos restaurantes é concedido um só copo de água para as abluções higiênicas. O dr. I. M. revela-me que o prédio da Linat Hatzedek não possui sequer um tanque de água, fato que evidentemente é causa de muitas perturbações para uma clínica. Se a falta de água é aguda, a de espaço é crônica. Há, ao todo, nove salas e um porão onde mora a zeladora. Duas das salas são ocupadas pelo secretariado e pelos serviços de escritório, uma pelo departamento farmacêutico, outra serve à radioterapia. A quinta é das enfermeiras e a sexta serve de sala de espera. Sobram três para os médicos – uma para clínica geral, outra para pediatria e a terceira para as doenças de nariz, garganta e ouvidos, com mesa de operação para pequenas intervenções. O aperto, como bem se vê, é tamanho que não há somente doentes esperando que os médicos os atendam, mas médicos esperando que outros médicos deixem de atender os seus doentes a fim de que possam atender os seus próprios.

Em outros tempos, o prédio, generosamente doado pela família Tabacow (uma placa ostentando o nome do saudoso Isaac Tabacow encontra-se na fachada do prédio), era perfeitamente adequado aos serviços e representava um patrimônio de grande valor. Atualmente, é imprescindível a mudança, aliás, há muito planejada e facilitada graças à permissão, concedida por parte da família Tabacow, de se vender o prédio em caso de se tornar inevitável a mudança. A dificuldade reside no fato de que é preciso encontrar um edifício amplo em condições adequadas no próprio bairro do Bom Retiro, visto ser ali que se concentra a grande maioria dos doentes atendidos pela Linat Hatzedek.

Orçamento

A receita da Linat Hatzedek compõe-se das seguintes entradas:

1. Mais de três mil sócios que, na média, infelizmente não pagam muito mais do que Cr$ 10,00 por mês, havendo, no entanto, certo número que concorre com somas consideráveis;

2. Doações esporádicas, por ocasião de enlaces matrimoniais, *bar-mitzvás* etc.;

3. Um *minian* anual, por motivo de *Rosch Haschaná* e *Iom Kipur*;

4. A quota da Federação, que contribui com Cr$ 10.000,00 mensais – importância que o sr. B. considera ridícula quando comparada às que outras organizações

recebem, não obstante prestarem serviços muito menos importantes à coletividade. "Somos, entre todas as instituições, os que menos recebemos embora prestemos os serviços mais importantes". "Observe-se", prossegue o sr. B., "que fornecemos remédios não só à Ofidas, mas também ao Asilo dos Velhos, cabendo-nos uma recompensa para as despesas somente nos casos em que alguns dos habitantes mais bem situados do asilo nos paguem pelos remédios fornecidos;

5. Do Joint que, nesse ano, infelizmente, vem reduzindo gradativamente as suas contribuições, já que o período de um ano de assistência, para cada imigrante, vai se esgotando aos poucos;

6. Da Claims-Conference: Cr$ 100.000,00, como mencionado (para o ano de 1954).

Para dar uma ideia mais concreta da importância financeira proporcional dos vários itens, especificaremos algumas somas para o ano de 1954.

As mensalidades importaram no total de Cr$ 401.568,20, os donativos deram Cr$ 17.314,40, o *minien*, Cr$ 50.955,00 e o Joint pagou a importância de Cr$ 187.000,90, a partir de março de 1954. Em junho, concorreu com Cr$ 18.000,00, em julho com Cr$ 23.750,00, em agosto com Cr$ 32.400,00 etc. Nos primeiros três meses de 1955, no entanto, a sua contribuição vai diminuindo, já que também a imigração cessou momentaneamente: pagou Cr$ 18.300,00 em janeiro, Cr$ 16.690,00 em fevereiro, e Cr$ 13.680,00 em março.

Quanto às despesas, são persistentemente superiores às entradas. Foram de Cr$ 675.000,00 em 1953 e de Cr$ 979.923,80 em 1954, aumentando ultimamente de um modo assustador, em particular devido à alta enorme dos remédios. Assim, as despesas para os primeiros três meses de 1955 já importam em Cr$ 359.492,30, o que faz prever para o ano inteiro um total acima de Cr$ 1.200.000,00.

Distribuem-se as despesas entre os tratamentos (com remédios etc.), os médicos e os funcionários, havendo dois cobradores, duas enfermeiras, uma empregada doméstica, quatro elementos do escritório. Falta uma visitadora – ao que nos parece, um elemento indispensável – para assistir os doentes nos seus respectivos domicílios.

Para especificar mais, adiantaremos que, em janeiro de 1954, foram gastos Cr$ 39.500,00 para remédios e Cr$ 5.000,00 para laboratórios e radiografias. A média mensal dos gastos para remédios em 1955 é de cerca de Cr$ 63.000,00 e para laboratórios, radiografias etc., de Cr$ 12.500,00. Os serviços médicos custaram, em janeiro de 1954, cerca de Cr$ 5.000,00, a média mensal atual é de cerca de Cr$ 14.000,00. Gastaram-se para a administração (funcionários), em 1954, em média, mensalmente, Cr$ 20.000,00, devendo a média de 1955 ser mais ou menos de Cr$ 28.000,00.

Distribuiu-se nesse ano, por mês, uma média de 1600 remédios; há, na média, 170 exames de laboratório por mês. As consultas, na média mensal, atingem a quinhentos e o número de doentes matriculados (dos quais naturalmente só parte está em tratamento – atualmente, cerca de mil) é de 3774.

A situação financeira da Linat Hatzedek é cronicamente patológica. Durante alguns meses, esteve às portas da falência, com ameaças de farmácias que costumam fornecer remédios. A "Leihsparkasse"[6] emprestou à instituição Cr$ 50.000,00, felizmente já repagos.

A Linat Hatzedek aplica setecentas injeções por mês; mas, como se vê, é ela mesma que precisava de uma boa injeção de "cobre". E a coletividade judaica? Muito pouco interesse. Vai muito bem de saúde, obrigado.

O Plantão dos Diretores

Os remédios não são distribuídos a torto e à direita. Os doentes precisam ter duas doenças para serem atendidos – uma física (ou mental), a outra afetando a sua carteira. Os médicos examinam a primeira, os diretores a segunda. Quanto à primeira, há poucas dúvidas: os médicos são especializados em descobri-la. Quanto à segunda, a situação é

6. Caixa de Depósito, espécie de Caixa Econômica.

mais complexa: os diretores não são detetives especializados e não se introduziu ainda o uso do detector de mentiras. Em todo caso, desenvolveram, através da prática de longos anos, um sistema razoavelmente eficaz: optam, em caso de dúvida, em favor do auxílio. Todos os dias, das segundas às sextas-feiras, um diretor tem plantão das 18h00 às 19h00 para atender os casos. Depende da sua assinatura se o doente obterá os remédios e tratamentos necessários. Com a assinatura do diretor e o carimbo da instituição, o doente pode retirar os remédios necessários, quer do estoque da Linat Hatzedek, quer de uma farmácia que mantenha transações com a organização. Somente em casos de extrema urgência, o próprio médico pode retirar o remédio sem aguardar a assinatura.

"Por vezes, temos de recusar a assinatura", esclarece o sr. B. "Há, evidentemente, elementos que recorrem à nossa instituição sem necessitar do nosso auxílio. Em casos de dúvida, temos uma ótima conselheira, a D. D., que conhece muito bem todas as manhas do pessoal".

Como se dá em todas as instituições de assistência, aparecem também na Linat Hatzedek indivíduos violentos que procuram extorquir o auxílio à força.

Conclusão

A Linat Hatzedek é, indubitavelmente, uma instituição que presta serviços preciosos à coletividade judaica de São Paulo. Os que a ela e ao seu funcionamento devotam boa parte do seu tempo merecem a gratidão de uma coletividade que, na sua maioria, se mantém indiferente. As instalações atuais da instituição, todavia, bem como o prédio em que está localizada, encontram-se em condições precárias e não estão a par nem do grande progresso da coletividade judaica, nem das necessidades urgentes criadas pelo aumento considerável do *ischuv*. Isso, em parte, é consequência da frágil situação financeira da instituição (resultante de causas que mereceriam um estudo de pessoa mais competente do que o repórter), em parte, certamente, também da maneira empírica com que as instituições aqui foram criadas e vêm sendo criadas, devido a circunstâncias independentes da vontade daqueles que, com grande abnegação e com alto espírito humanitário, se dedicam às tarefas complexas e altamente especializadas, inerentes a instituições do gênero descrito nesta reportagem.

A Sociedade Israelita Beneficente "Ezra"[7]

Com a publicação deste artigo encerramos a nossa série de investigações sobre as instituições judaicas beneficentes em São Paulo.

Entrevistamos, para informar-nos sobre a Sociedade Israelita Beneficente – Ezra, o presidente da mesma. Acrescentamos, além disso, alguns dados fornecidos, na sede da instituição, pelo sr. O. G., secretário da organização. Mantivemos, portanto, o sistema adotado em todo o decurso da série de reportagens referentes à assistência social organizada da coletividade judaica de São Paulo. Colhemos os dados, sempre, entre os expoentes das próprias instituições focalizadas. Não fizemos indagações de outra ordem para obter dados de outras fontes, não ligadas às instituições, já que não nos moveu nenhum intuito de crítica ou polêmica, nem o desejo de estabelecer juízos de valor. O fim precípuo dessas reportagens foi o de apresentar números e dados, na medida do possível, exatos: estes podem ser verificados com facilidade. Tirar daí conclusões, fazer críticas, testar veracidades, estabelecer juízos de valor, caberá a outros elementos, mais familiarizados com os problemas envolvidos.

A Sociedade de Assistência mais Antiga de São Paulo

É por volta de 1900, ao que parece, que afluiu ao Brasil a primeira corrente de judeus *asquenaze*. Em 1916, foi fun-

7. CI 15 jun. 1955.

dada a Ezra por um grupo de elementos oriundos da Bessarábia, com a finalidade de assistir imigrantes pobres, facilitar-lhes a manutenção e integração e proporcionar-lhes os meios para a aquisição de instrumentos de trabalho, já que entre os recém-chegados se encontravam muitos alfaiates, sapateiros e outros artesãos sem recursos. Entre os elementos de destaque da "pré-história" da Ezra, contam-se personalidades como Boris Weinberger, Issac Tabacow, Jacob Schneider, David Friedmann, Salomão Lerner, José Kaufmann e muitos outros. "Quanto a mim", narra o sr. K., "cheguei em 1925, encontrando aqui mais ou menos de trezentas a quatrocentas famílias, algumas já em situação econômica boa".

Presidente há 25 Anos

O sr. K. assumiu a presidência da Ezra em 1930. Nessa época, iam chegando a estas plagas – por razões desconhecidas – muitos judeus tuberculosos. A Ezra, já então uma sociedade tradicional, pôs-se a angariar meios para manter os imigrantes afetados pela doença de Koch em pensões particulares, principalmente de São José dos Campos. Os doentes ficavam ali – cerca de três a quatro em cada quarto – em situação precária, com alimentação inadequada. Quando já havia dezessete doentes distribuídos por várias pensões, a diretoria da Ezra foi à procura de uma pequena chácara para melhorar as condições dos irmãos tuberculosos. Finalmente encontrada, a pequena chácara representou um terreno de 68 mil metros quadrados, cultivado com eucaliptos e pinheiros. Havia ali, além disso, uma casinha de fazendeiros. Foram pagos uma entrada de Cr$ 10.000,00, reunidos entre os próprios diretores, e dentro de mais quatro meses os 150 contos restantes, importância levantada graças a uma grande campanha entre a coletividade de São Paulo. A chácara foi comprada e paga no mesmo ano: 1934. Depois de grande trabalho – novo levantamento de fundos (dessa vez cerca de trezentos contos) –, foi construído o primeiro pavilhão de 26 leitos; foi completamente pago e inaugurado a 15 de novembro de 1935. Dentro de seis meses, esse pavilhão encheu-se de doentes. Precisava-se, com urgência, de mais espaço, alugando, os diretores de então, uma pensão nas proximidades, onde os doentes dormiam, ao passo que tomavam as suas refeições no sanatório. Por volta de 1937/38, já havia cinquenta doentes e agora a diretoria resolveu construir de vez um pavilhão de 36 leitos, obra que foi concluída depois de dois anos de trabalho (de 1940 a 1942), contando com amplo refeitório, moderna cozinha, ligação entre os pavilhões, sala de operação e os apetrechos indispensáveis para os fins da radiologia e radiografia (o aparelho de raios X foi doado por M. L., em nome do filho falecido). Foram doados um aparelho de anestesia e uma esplendorosa geladeira elétrica.

Esse grande pavilhão, no entanto, visto que a sua construção ia demorar e o espaço não dava de jeito nenhum, foi precedido de outro, menorzinho, chamado "Ezrinha", de apenas 24 leitos, cuja construção levou apenas cinco meses e custou cerca de cem contos. No que se refere ao grande, já referido, com todos os melhoramentos introduzidos, custou cerca de 600 a 650 contos, sendo que o próprio presidente percorreu amplas zonas do Brasil para obter os fundos necessários. Angariou no Rio, entre as sociedades, cerca de noventa contos, trouxe do Sul mais de setenta contos e importâncias menores obteve nos estados de Alagoas, Pernambuco etc. Uma Campanha de Tijolos e angariações através de sinagogas deram mais trezentos contos. Inaugurado o grande pavilhão em 1942, não pararam nem por isso as construções. Mais trinta leitos foram aos poucos instalados perto do "Ezrinha" (duzentos contos), nova caixa d'água de trinta mil litros foi montada para tornar o sanatório apto para dar conta de uma lotação virtual de 116 doentes (a tanto subira o número de leitos). A modernização constante dos serviços manteve-se a par da intensa atividade de construção: além do serviço de radiologia, foi montado um laboratório moderníssimo de exames. Segundo relata o dr. J. Z., então médico do sanatório, na edição comemorativa do 25º aniversário de fundação da Ezra (em maio de 1941), foram aplicados já então quase mil pneumotorax, tendo havido, naquela ocasião, uma média de 30% de altas com cura e mais ou menos a mesma porcentagem de altas melhoradas.

Importante Transação

Com o número de internados (judeus) chegando por vezes a sessenta, as despesas iam crescendo de um modo assustador, em vista também dos cuidados excepcionais devotados aos doentes que, quanto à comida, gozavam de privilégios especiais. Durante certo tempo, serviam-se todo dia carne de aves e quando se introduziu certo racionamento – um dia sim, outro não (nos outros sanatórios só aos domingos se serve carne de aves) –, houve um levante dos exigentes internados. Diante da impossibilidade de sustentar em tais condições os doentes judeus – narra o sr. K. –, a diretoria da Ezra resolveu alugar parte do sanatório (já que metade da lotação ficava regularmente desocupada) a sociedades não israelitas. Encontrou-se um Instituto de Aposentadoria oficial. Alugaram-se, a essa instituição, inicialmente trinta e mais tarde sessenta leitos, pagando ela, atualmente, uma diária de Cr$ 125,00 por doente e, além disso, todas as despesas oriundas de serviços especiais, operações, injeções, remédios etc. Há, atualmente, 36 (mais dois que vão ser internados agora) doentes judeus, aos quais se somam 65 doentes da referida instituição. Provavelmente, serão cedidos mais dez leitos a esse instituto. No entanto, acentua o sr. K., sempre permanecem reservados alguns leitos destinados exclusivamente a eventuais doentes judeus.

O valor do patrimônio de São José dos Campos monta, segundo declaração do nosso interlocutor, a cerca de quinze milhões de cruzeiros. Poder-se-ia vender esse patrimônio, visando à construção de um sanatório menor perto de São Paulo para os tuberculosos judeus. Os restantes dez milhões de cruzeiros poderiam servir para a construção de um hospital israelita. Diz-nos o sr. K. que é isso que vem sendo estudado, devendo esse projeto ser realizado na primeira oportunidade que se oferecer.

Questões de Orçamento...

O sanatório conta com os serviços de dois médicos e quatro enfermeiros, havendo, além disso, 35 funcionários para os mais variados afazeres. Gasta-se, em ordenados mensais, cerca de cinquenta contos (importância surpreendentemente baixa para 41 elementos, dos quais alguns devem ter uma remuneração elevada). Segundo o sr. O. G., é fornecido, em medicamentos, na média, cerca de Cr$ 50.000,00 por mês. Pelo que asseguraram ao repórter, tanto o sr. K. como o sr. O. G., o orçamento total do sanatório oscila entre 230 e 270 contos por mês, soma reunida, segundo o presidente, com dificuldade, a tal ponto que a *Leihkasse*, de que o nosso interlocutor é presidente, tem de ajudar, por vezes, com seus empréstimos. No entanto, calculando-se cerca de 1800 diárias pagas mensalmente pelo Instituto de Aposentadoria (sem mencionar os pagamentos para remédios etc.) – a diária a Cr$ 125,00 –, chega-se ao resultado de que aquela instituição contribui com cerca de 225 contos para o orçamento do sanatório, ou seja, com 90%. Daí a suposição de que o sanatório da Sociedade Israelita Beneficente Ezra parece ser mantido em boa parte por recursos estranhos à Ezra – a não ser que tenhamos cometido um grave engano nos nossos cálculos de diletante. No entanto, a nossa conta parece ser confirmada visto ter sido indicado ao repórter que a média de custo por doente ao mês é de cerca de Cr$ 2.500,00 a Cr$ 2.600,00, o que dá, por mês, para 110 doentes, um gasto máximo de 288 contos.

Indagamos, ainda ao sr. K., se o sanatório tem um administrador, ao que o nosso interlocutor respondeu que não há administrador fixo, função desnecessária, já que ele, K., vai quase todos os quinze dias a São José dos Campos.

Merece ainda menção o fato de que o sanatório tem uma sinagoga própria em nome da falecida esposa do sr.

263

E. K. Geralmente, porém, os próprios doentes não fazem muita questão do *minian*.

A Sede da Ezra

A sede da Ezra, localizada à rua Guarani, no Bom Retiro, atende, segundo declaração do nosso interlocutor, mensalmente cerca de 120 famílias fichadas, entre as quais distribui cerca de Cr$ 60.000,90 em auxílios monetários, para aluguel, manutenção etc. Colabora com a sociedade também um médico, dr. J. R., que é consultado nos casos duvidosos que se apresentam à Ezra. "Nunca deixamos sair ninguém na rua para pedir esmolas; sempre defendemos os interesses dos necessitados". Um cálculo superficial revela que a Ezra dispõe, portanto, para cada uma das famílias assistidas, uma média mensal de Cr$ 500,00 – soma que evidentemente só pode servir de paliativo nas atuais circunstâncias.

Os empregados da sede têm vencimentos mensais na altura de Cr$ 13.500,00, de modo que se deve supor que a sede gaste mensalmente cerca de 75 contos, os quais, acrescentados às despesas do sanatório, dão, em somas bem redondas, um montante mensal de aproximadamente 350 contos.

A Receita

A receita compõe-se dos seguintes itens: trinta contos provêm da Federação, ou seja, da Campanha Unida; 1600 sócios pagam uma mensalidade de cerca de Cr$ 25,00, havendo, além disso, festas, matrimônios etc., com as respectivas coletas e, outrossim, donativos especiais. Graças a estes itens, é atingido mensalmente um total de cerca de cem contos de receita. Recebeu a Ezra, além disso, por ora, 206 contos da Claims Conference, gastos somente para vítimas do nazismo, segundo foi confirmado pela fiscalização feita pelos representantes da Claims Conference. O Joint contribui, no ano de 1954, com um pagamento de sessenta contos. Explica o sr. K. que os novos imigrantes, depois de decorrido um ano de ajuda do Joint, e não podendo mais contar com a assistência dessa instituição, vêm muitas vezes pedir ajuda da Ezra. Esta então, aproveitando os recursos fornecidos pela Claims Conference, auxilia na medida do possível, concedendo às vezes um, dois ou três contos.

Uma boa parte da receita, como já vimos acima, parece provir de um Instituto de Aposentadoria. A isso ainda se acrescenta que há alguns doentes judeus (do Rio em particular) que são mantidos por sociedades hebraicas beneficentes de lá, as quais concorrem com Cr$ 2.200,00 mensais para cada um desses internados (trata-se de seis a sete elementos). Há outros doentes que, através de parentes, pagam certa importância, existindo também um doente da CIP, que paga Cr$ 600,00 por mês.

Merece menção o fato de que a Ezra aceita doentes judeus de todas as partes do Brasil, havendo, aliás, subcomitês em várias cidades, como Bahia (sic!), Porto Alegre, Campinas etc.

Conclusão

Apesar de gentilmente atendidos, tanto pelo sr. K. como pelo sr. O. G., não contamos com dados mais exatos, explicando-se daí, talvez, certo desencontro de números e o resultado curioso de que o sanatório parece ser mantido, em boa parte, por fundos não provenientes da Ezra ou da coletividade judaica. Tal resultado decorre, possivelmente, de um engano fundamental do repórter, pouco exercitado em matéria de aritmética e finanças e, por isso, talvez, vítima de um erro desastroso. O mesmo porventura se refira também às 120 famílias para as quais a Ezra dispõe de sessenta contos mensais, importância que, ou é muito grande para famílias que não necessitam de assistência, ou então muito pequena para famílias que necessitam de assistência. Será fácil para os interessados retificar qualquer erro se por acaso houver, enviando carta à redação da *Crônica Israelita* os necessários dados que serão imediatamente, e com o máximo prazer, publicados nas colunas deste jornal.

AINDA O PROBLEMA DOS NOVOS IMIGRANTES: UM DESAFIO À COLETIVIDADE JUDAICA DE SÃO PAULO[1]

> *Saiba, leitor [...] se te satisfazeres com apenas proferir opiniões verdadeiras ou tidas como verdadeiras, sem formares uma ideia ou convicção do que se trata, então terás escolhido um método muito fácil, mormente se nem ao menos te esforçares para encontrar a verdade*
>
> MAIMÔNIDES

Dois Mundos Num Só Ischuv

Poucos judeus de São Paulo estão a par dos problemas criados pela nova imigração que, quer da Europa quer de Israel, começou a afluir à capital bandeirante, em escala

---

1. CI 31 ago. 1954.

considerável, desde agosto do ano passado. A imprensa judaica dedicou a essa questão algumas colunas. A *Crônica Israelita*, em especial no seu número de 31 de dezembro de 1953, publicou uma grande reportagem a respeito (cuidando do assunto também em números subsequentes), numa fase em que a situação se afigurava particularmente angustiosa, devido à maneira nem sempre apta com que elementos honoríficos, imbuídos embora da máxima boa vontade, procuraram solucionar os problemas surgidos. Desde então, a crise mais aguda parece ter passado graças a medidas amplas do Joint de que ainda falaremos. Isso, porém, não significa que o problema como tal deixou de existir. Muitos meses ainda hão de passar antes que se possa afirmar ter sido solucionada a emergência mais urgente, assim mesmo se excetuando certo número de casos irremediáveis de elementos inválidos ou inadaptáveis que, de uma ou outra forma, dependerão das instituições da comunidade judaica de São Paulo.

Diante de tudo isso, não se pode deixar de deplorar a atitude indiferente da coletividade judaica. A maioria talvez nem tenha tomado conhecimento do que ocorreu e está ocorrendo, já que não se digna de ler atentamente a imprensa judaica e, graças à sua localização distante no Jardim América ou Jardim Paulista, se sente também espiritualmente distanciada das dores coletivas que se manifestam com mais virulência no Bom Retiro.

Outra parte "ouviu falar", mas considera o problema um fenômeno completamente marginal, sem interesse verdadeiro.

Outros, ainda, perfeitamente inteirados, racionalizam eventuais preocupações com a evasiva de se tratar de "desertores" de Israel que, como tais, não mereceriam atenção.

Todas as três atitudes são deploráveis. Dos primeiros nem se fala. Os segundos deveriam ter em mente que precisamente tais casos de emergência são do máximo interesse para a coletividade que, através do modo de como sabe resolvê-los, demonstra o grau da sua vitalidade e a sua própria consciência de coletividade. Quanto aos últimos, cometem o erro de generalizar de um modo leviano. Um mínimo de justiça exige que se receba cada um dos recém--chegados sem preconceitos, vendo neles, de onde quer que tenham vindo, indivíduos necessitados e não "tipos" de antemão ferreteados pelo fato, ideologicamente agravado, de possivelmente terem vindo de Israel.

Dificuldades do Inquérito

Desde o nosso inquérito realizado em dezembro do ano passado, passaram-se oito meses. De que maneira desenvolveu-se a situação desde então? Conseguiu-se criar um organismo capaz de lidar com a nova imigração? Conseguiu-se sanar os piores defeitos do "Comitê de Emergência"? O que está ocorrendo com os imigrantes? Como se adaptam, como se ajustam, como se integram? O que diz, o que pensa, o que sente, como vive aquela massa anônima de quase duas mil pessoas, cuja porcentagem já perfaz quase 8% do *ischuv* "antigo" e que se concentra, quase por inteiro, no Bom Retiro?

A Redação da *Crônica Israelita* resolveu realizar um novo exame do quadro geral para dar aos seus leitores um apanhado concreto da situação atual.

O repórter encarregado da tarefa tem plena consciência das múltiplas falhas do seu trabalho, particularmente no que se refere ao estudo dos novos imigrantes. A dificuldade reside nos contatos pessoais, pois os novos imigrantes têm, evidentemente, várias personalidades: uma diante dos funcionários encarregados da assistência; outra diante do repórter o qual, geralmente, tem de apresentar-se como repórter mesmo, a fim de obter o máximo de informações no mínimo espaço de tempo; ainda outra no convívio com os "velhos" do Bom Retiro; outra no trato com seus companheiros "gringos"; e, finalmente, outra, bem diversa, na intimidade.

Uma pesquisa científica, evidentemente, seria prolongada e aplicaria métodos inteiramente diversos dos do repórter. O que cabia a este era colher apenas impressões para uma reportagem, impressões que necessariamente teriam de ser mais ou menos casuais, bastante subjetivas e quase sempre superficiais. A falta de tempo e oportunidade natural não permitiria um estudo aprofundado de alguns imigrantes, nem a aplicação de testes, inquéritos em ampla escala, análises específicas. Era necessário confiar, até certo ponto, no que os interrogados diziam, computando algumas das suas afirmações com dados colhidos no Joint para julgar sua sinceridade geral. Tais afirmações, mesmo subjetivamente sinceras, não precisavam corresponder aos fatos objetivos, já que a sua situação implica atitudes veementemente afetivas, que não lhes facilitam uma apreciação fria dos seus problemas. Acresce certa prevenção e desconfiança para com o repórter que não fala inteiramente a sua língua, que possivelmente é um "agente" de organizações de que dependem e que, talvez, possa prejudicá-los nos seus interesses.

Tivemos oportunidade de travar relações com imigrantes sem declinar a função de repórter, mas, nessas condições, geralmente não era possível fazer perguntas concretas, obtendo-se apenas uma impressão geral de personalidades inseguras, emocionalmente instáveis, de grande labilidade mental, insatisfeitas consigo e com o mundo, extremamente críticas, às vezes revoltadas, acusando Deus, céus e terras; por vezes dotadas de uma esperteza e de um traquejo de sobrevivência em todas as circunstâncias, que poderiam inspirar inveja àqueles que têm inibições virtuosas. Em alguns casos, se pensa na expressão de Shaw: "Os pobres não têm bastante dinheiro para serem virtuosos".

Outra oportunidade de contatos espontâneos foi-nos proporcionada pelas pensões dirigidas por novos imigrantes, onde almoçamos diversas vezes em companhia de um amigo, P. que domina o idioma ídiche e que desempenhou o papel de agente provocador, promovendo, entre os "novos", violentas discussões. Tudo isso, porém, não nos convence de termos conseguido penetrar realmente na intimidade daquele grupo. Às vezes, o repórter teve a impressão de encontrar-se diante de uma muralha sem abertura de acesso.

270

Seria temerário generalizar as nossas impressões esparsas e tirar conclusões apressadas. Há mais de quinhentas famílias diversas e certo número de indivíduos sem família, e em cada caso estamos diante de um caso individual. Somente certos momentos e alguns poucos característicos comuns a todos ou à maioria oferecem material para generalizações.

Ontem e Hoje

No mês de março deste ano, uma série de entrevistas dadas por expoentes da Federação e do Joint e seguidas de desmentidos, desmentidos dos desmentidos, retificações, abraços efusivos e mútuas homenagens, indicou que alguma coisa estava podre no reino da Dinamarca. O que havia? A Federação, financeiramente esgotada pela assistência aos imigrantes, acusando o Joint e o Hias (Hebrew Immigrant Aid Society) de dirigirem uma vasta corrente imigratória exclusivamente para São Paulo, ameaçou retirar-se do "Comitê de Emergência" e pediu que se detivesse a vinda de novos imigrantes.

O dr. J. L., diretor do Departamento Latino-Americano do Joint, declarou formalmente "que por saldo nenhuma única instituição judaica de São Paulo – e tampouco a Federação – terá pago um tostão sequer para os *iordim*, já que o Joint repagará todo o dinheiro". Não só repagaria todo o dinheiro, mas, além disso, daria mensalmente um total de Cr$ 58.000,00 a todas as organizações paulistanas (Ezra, Ofidas, Linat Hatzedek, Lar das Crianças) que prestam assistência aos imigrantes. Prometeu também que o Joint, se encarregaria, para isso, de designar alguém para enviar as somas necessárias às instituições mencionadas, devendo esse elemento incumbir-se ao mesmo tempo da reorganização da assistência. (Depois disso, vieram os abraços e homenagens.)

Acreditamos que o Joint tenha cumprido as suas promessas – embora isso naturalmente não inclua os imigrantes que chegam aqui por conta própria e que não contam com a assistência de ninguém (são cerca de 15%, não recebem dinheiro, apenas conselhos, mas são, em muitos casos, precisamente os melhores elementos, segundo nos disseram D. L. H. e o sr. W. C.). O "elemento" prometido pelo Joint veio nos fins de abril: miss A. Z., uma jovem cidadã inglesa, moça de larga experiência, profundamente iniciada nos misteres da arte de lidar com gente desamparada, especialista em matéria de assistência social. Miss A. Z. tem grande prática, adquirida na direção de escritórios semelhantes na Itália, Grécia, Áustria e outros lugares, e se distingue por uma tremenda eficiência. Sempre fora a nossa opinião, quanto à assistência aos seus protegidos, que a Joint enviaria um elemento experiente e capacitado para verificar as queixas muitas vezes externadas, pois a especialização nesse terreno é indispensável, embora o concurso dos colaboradores honoríficos cuidadosamente selecionados possa, por vezes, ser de grande utilidade.

Miss A. Z. teve o grande mérito de não só dispor de fundos do Joint – mérito inconfundível –, mas também de merecer esse mérito. Com destemor, saltou do barco do "Comitê de Emergência", então já em pleno naufrágio (antes de afundar definitivamente, levou uma vida ambulante, mudando constantemente de local), fez uma retirada estratégica do Bom Retiro e estabeleceu o novo escritório nas bandas da rua das Palmeiras, bastante afastada para dificultar o afluxo de gente que não tinha nada que fazer e bastante próxima para atrair gente que queria realmente fazer alguma coisa. Com energia e talento de organização, criou um novo sistema de trabalho – casa geralmente fechada, acesso mais limitado, entrevistas individuais e separadas, com ela ou com colaboradores selecionados como a sra. H., o sr. C. e outros.

Miss A. Z. conseguiu impor-se entre os imigrantes e, embora não se pudesse impedir por completo cenas desagradáveis com elementos turbulentos, pode-se dizer que o sistema, nos aspectos organizacionais, está funcionando.

Entrevistamos, além de miss A. Z., também a sra. H. e o sr. C. As informações fornecidas por eles impregnam todo este trabalho e não podem ser especificamente destacadas.

272

Fazemos constar aqui, explicitamente, apenas a nossa entrevista com miss A. Z.

Entrevista com A. Z.

Declarou-nos, a expoente do Joint, que, desde os meados do ano passado até agosto deste ano – isto é, no período de mais ou menos um ano –, chegaram aqui cerca de seiscentas famílias, ou seja, cerca de mil e oitocentas pessoas, incluindo certo número de pessoas sem família (não estão aí incluídos aqueles que vieram por conta própria). Trata-se, na maioria dos casos, de pessoas entre 25 e 45 anos, de profissões variadas, principalmente do tipo artesanal, como alfaiates, torneiros, eletricistas, mecânicos, pintores de parede; vieram também alguns atores, maquinistas de motores diesel, padeiros, confeiteiros, mascates (se é que se trata de uma "profissão"). É diminuto o número de intelectuais, havendo naturalmente alguns que, por profissão, não têm profissão nenhuma (*Schnorrer*). A maioria é de origem polonesa e russa, menor é o número de romenos e iugoslavos. É digno de nota que, ultimamente, há afluência mais considerável de moços solteiros. Quanto aos casais, há muitos cônjuges em segundo matrimônio. A maior parte viveu, em qualquer momento, em campos de concentração, tendo muitos marcado o seu número no antebraço. Certa porcentagem, diz miss A. Z., provém de Israel (segundo nossa própria experiência, trata-se de uma proporção elevada).

O afluxo continua, embora ultimamente em escala menor. Chegam em grupos pequenos, quatro a cinco famílias num navio, cerca de quarenta famílias em julho, outro tanto em agosto. Segundo dados fornecidos pelo dr. M. K., chegaram, em dezembro de 1953, duzentos e trinta e oito, e em janeiro de 1954, duzentos e setenta e três pessoas (por intermédio do Joint ou do Hias), verificando-se daí, aparentemente, certa diminuição da imigração.

Infelizmente, diz-nos miss A. Z., no que se refere às dificuldades do ajustamento e integração, não há diminuição.

O aluguel é de tal modo elevado – principalmente no Bom Retiro – que um emprego dificilmente resolve a situação. Mesmo para os elementos altamente especializados há dificuldades, tanto assim que geralmente se torna necessário uma posição independente, caso em que o Joint costuma fornecer empréstimos – contra nota promissória – para a aquisição de máquinas (particularmente de costura). É grande o número de esposas que são forçadas a trabalhar (segundo nossa experiência, que confirmam o que é do conhecimento geral, as mulheres, quando trabalhadoras, facilitam muito os primeiros tempos de adaptação). Certo número de imigrantes, depois de breve estada em São Paulo, deslocou-se para Porto Alegre, Curitiba, Belo Horizonte e outras cidades.

Determinada parte dos aqui chegados é incapaz de trabalhar, devido a ferimentos por vezes graves. Chegaram caolhos, outros de uma só perna, ainda outros de mãos mutiladas, enquanto uma pequena parcela sofre de doenças crônicas. Há casos verdadeiramente trágicos. Conta-nos a sra. H. que veio um velho casal com um visto de trânsito para o Paraguai. O homem tem só uma perna. O casal, infelizmente, não faz parte dos protegidos do Joint, não podendo exigir, portanto, auxílio dessa instituição. Procura-se arranjar-lhes dinheiro, angariando somas pequenas, para que possam prosseguir a viagem ao Paraguai. Mas o que irão fazer no país vizinho? Ambos são velhos e passaram por torturas inomináveis. E os que chegam aqui com úlceras e outras doenças crônicas que exigem um tratamento eficiente? A Linat Hatzedek faz, dentro das suas possibilidades, o possível, mas há imigrantes cujo estado requer hospitalização, e a Linat Hatzedek não tem hospital.

Outro problema é o dos imigrantes que provisoriamente não têm documentos. Até que se lhes arranje uma carteira, eles precisam ser assistidos, visto não poderem trabalhar.

Esses casos, porém, não são demasiadamente numerosos. Realmente tristes e insolúveis são somente os casos dos incapacitados e inválidos – certa de 5%, pelo que nos disseram a sra. H. e o sr. C. Como porcentagem é apenas 5%. Mas como angústia, é a angústia de talvez oitenta vezes um ser humano. Caberá às instituições locais a futura assistência a esses imigrantes.

De que modo desenvolveu-se a situação desde o ano passado? Pode-se dizer que a situação melhorou. A maioria se ajusta, se adapta, se integra. Custa, mas vai. Afinal de contas, a situação está quase "normal". Se fosse inteiramente normal, ainda assim seria muito difícil, tremendamente dura. Mas está aí o "quase". Essa partícula não se refere somente ao Joint que, embora fazendo o possível, não pode deixar de ter as suas deficiências e dificuldades. Refere-se, outrossim, ao *ischuv* em geral, cuja maioria se mantém fria, distante, indiferente, e que, como coletividade, apesar de vinte anos de imigração em ondas, nunca se esforçou por criar instituições realmente adequadas que, no momento da emergência, pudessem mobilizar as suas virtualidades para agirem com presteza e eficiência. Refere-se também aos próprios imigrantes, que não são imigrantes "normais", mas gente de algum modo afetada por um passado violento e muitas vezes hediondo. E refere-se, finalmente, à situação econômica geral deste país, pouco propícia à integração fácil desse tipo de imigrantes.

Contato com os Imigrantes

É só preciso ir ao Bom Retiro para encontrá-los. Quase a totalidade dos recentes imigrantes se concentra ali. Isso tem vantagens e desvantagens. Desvantagens porque essa concentração eleva os aluguéis, já em si elevados naquele bairro, e cria possibilidades de uma exploração por vezes desavergonhada; porque aumenta as tendências de formação de um gueto; porque dificulta a aprendizagem da língua do país; porque canaliza os novos imigrantes, inevitavelmente, para uma concentração em determinadas profissões, nem sempre prestigiosas, e aumenta, assim, os velhos vícios da estrutura profissional das coletividades judaicas; porque predispõe muitos imigrantes, devido aos ensinamentos recebidos naquele bairro pelos ali radicados, a certas atitudes de *hutzpe* e estimula desejos de ascensão exageradamente rápida – ascensão nem sempre saudável.

Vantagens porque alivia a situação psíquica dos recém-chegados, que se sentem menos desamparados entre os seus; porque podem manter os contatos com os seus companheiros de viagem e podem estabelecer com mais facilidade contatos novos, muitas vezes úteis para o seu progresso; porque são localizáveis com mais facilidade e gozam de todos os benefícios da convivência com gente que fala a mesma língua.

Não é muito difícil reconhecer os "novos", os "verdes". Trajam-se ainda de um modo diverso – blusões de feitio europeu, capas e sobretudos nunca vistos nessas bandas, jaquetas de couro, colarinhos de camisa amassados e gravatas diferentes. Quando são jovens, apresentam uma curiosa mistura de *halutz*, pequeno-burguês e *globetrotter*. Na medida em que usam bigodes, são do tipo galã de fita latino-americana, mas do modelo basto, de tradição russa, dependurados sobre o lábio superior, bigodes que se limpam depois da refeição com o flanco da mão. As mulheres são menos características, geralmente mal vestidas e gastas por uma vida cheia de aflições.

O ponto de reunião, principalmente aos domingos antes do almoço, é o *Platzl*, que não sabemos se devemos traduzir por pracinha. Não chega a ser uma pracinha, pois se trata apenas da famosa esquina onde confluem as ruas Ribeiro de Lima, rua da Graça e Correia de Melo. Ali há um café onde se serve o cafezinho em copos de cachaça e, diante desse estabelecimento, reúne-se uma massa compacta, ruidosa e gesticulante de "verdes" (*griner*), de mistura com "amarelos" (*gehlers*), obstruindo a visão daqueles que, sentados sobre caixões velhos, se deixam engraxar os sapatos. Quitandeiros ambulantes vendem as suas frutas

276

expostas em carros e um velho imigrante recém-chegado oferece os seus deliciosos bolos preparados por ele mesmo. Prepondera a língua ídiche, mas ouve-se também português e, por vezes, hebraico, principalmente quando um "nativo" do Brasil quer demonstrar os seus conhecimentos a alguém *returnee*. É uma reunião só de homens, não afetada pela presença do elemento feminino.

Casos Ideais

No *Platzl*, conhecemos alguns dos imigrantes que depois iríamos visitar: o Joint forneceu-nos outros endereços. A partir desse estoque inicial de conhecidos, era fácil obter novos dados e endereços.

Os casos ideais são os de jovens solteiros, dos quais há certo número, na maioria excelente "material humano", de rapazes robustos, de caras rosadas, dentes perfeitos, ombros poderosos. Eles têm cotação com as moças daqui, quando elas estão em idade casadoira. São até convidados para "brincadeiras" familiares em casas de cidadãos que andam à cata de *jinge männer*. Já houve casamentos de "novos" com moças "da praça". O mercado, nesse sentido, é auspicioso, pois parece haver déficit de homens elegíveis. Esboça-se mesmo um movimento dos "velhos" contra os "gringos". Uma conversa traduzida do ídiche: "Então vocês querem tirar-nos as pequenas?!"; "São elas que vêm atrás de nós!"; "Como é que vocês fazem isso?"; "Sabemos cantá-las".

O casamento – quando dá certo – é uma solução ideal para todos os problemas. Naturalmente, há também outros casos ideais. Conhecemos um jovem alfaiate que mora, como sublocatário, numa moderna casa de apartamentos localizada à rua Guarani. Chegou há poucos meses, foi assistido pelo Joint – do qual fala em termos entusiásticos –, encontrou uma boa colocação numa alfaiataria à rua dos Italianos e está satisfeitíssimo. Tudo deu certo. Ele prometeu escrever para o repórter, dentro de quatro dias, um depoimento com dados sobre o seu passado e sua vida aqui. Mas já está tão bem integrado que, passados dez dias, não conseguimos ainda obter o testemunho do jovem mestre da agulha. Tivemos de escrever esta reportagem sem a colaboração dele.

Um Caso Satisfatório

Mas isso são casos excepcionais. Mais típico é o casal que vamos apresentar agora. Reside com sua filhinha num daqueles velhos sobrados da rua José Paulino, cujas residências são acessíveis por intermédio de uma escada alta e íngreme. Chegaram em maio desse ano e foram recebidos em Santos. Ficaram uma noite naquela cidade e foram depois transferidos para a Casa dos Imigrantes, em São Paulo, onde se viram instalados em gigantescas salas coletivas. Havia muitos alemães naquela instituição, fato que lhes era desagradável. Dizem ter sido recebidos bem pelo Joint. Miss Z. cuidou do seu caso, dando-lhes coragem. Foram logo transferidos para um hotel com pensão completa. Ao mesmo tempo, iniciou-se a procura da residência. Encontrando-a, receberam três meses de depósito pelo Joint, na importância de Cr$ 10.200,00 e mais um mês de aluguel. Teriam recebido ao todo Cr$ 20.000,00 pelo Joint. Quanto ao Hias, não falam em termos igualmente elogiosos. Teriam sido obrigados a pagar a viagem de Paris ao Brasil com todas as suas economias na importância de trezentos dólares.

O chefe da família, um homem beirando a casa dos quarenta, é de profissão alfaiate. Fez várias peças de prova (*tailleurs*) até encontrar trabalho, confeccionando *tailleurs* para um fabricante da praça. Trouxe as suas próprias duas máquinas, e a mulher ajuda no trabalho com eficiência. Têm visto permanente, consideram o pagamento regular e têm a vantagem de terem trazido de Paris modelos novos, de boa aceitação. "Posso pagar o aluguel, posso viver e é tudo legal. Estou satisfeito". (Em Paris, nem tudo era legal). Os dois têm uma tremenda vontade de progredir. Querem chegar com a máxima rapidez à completa independência, trabalhando com sua própria *s'choire* (mercadoria), possuindo sua loja própria. Gostariam de receber um empréstimo de Cr$ 25.000,00. Trabalham até a meia noite. Quando lhes pergunto se gostam de São Paulo, respondem que nem chegaram a conhecer a cidade.

A nossa conversa se realiza numa pequena peça transformada em oficina. Aproxima-se a pequena L., uma linda menina de cinco anos. Os pais dizem orgulhosos que ela tem muito talento musical. Ela frequenta um *Kindergarten* judaico à rua Prates. "Gosta?"; "Gosto muito de dona Rifka e dona Clara".; "O que é que aprendes?"; "Ich lern singen Liederlech"[2]. Durante dois meses, nada foi cobrado aos pais. Atualmente, pagam Cr$ 250,00 por mês àquela instituição educacional.

A família emigrou em 1950 da Polônia para Israel. Ficaram ali dois anos. Dizem não ter havido possibilidade de viver do seu ramo porque tiveram dificuldades em tirar a licença necessária para obter as indispensáveis quantidades de tecidos. Pelo menos na sua profissão não viam futuro. Além disso, não conseguiram encontrar uma residência razoável. Partiram de Israel em novembro de 1952, mudando-se para Paris, de onde desejavam emigrar para o Canadá. Mas não conseguiram obter vistos para aquele país. Partiram a 30 de abril para o Brasil e, quatro meses depois, encontram-se em situação razoavelmente satisfatória. Há outros casos semelhantes, mas não são muito numerosos.

Um Caso Mais Difícil

Visitamos um casal que mora à rua Newton Prado, nos fundos. Desce-se por uma pequena entrada lateral que dá para um quintal, onde se ergue uma casinha assobradada de construção frágil e deficiente. O ambiente geral é triste, tudo respira pobreza. Aquele quintal úmido, cheio de poças de água estagnada, parece tirado de uma fita italiana neo-realista que se passa num bairro proletário.

---

2. Jogo duplo com a palavra "lernen" (aprender, ensinar). No caso: "Eu ensino a cantar canções".

Entro na cozinha, depois de ser recebido no quintal pela mulher, que está estendendo roupas num arame. Ela deve contar mais ou menos quarenta anos, mas parece mais idosa. Na cozinha, está em plena atividade o marido. É um homem atarracado, de cerca de sessenta anos, cabelos grisalhos, rosto largo e testa enrugada. Está preparando uma torta de frutas que mais tarde irá vender no *Platzl*. A mulher seguiu-me e pede ao marido que não interrompa o trabalho para não estragar o produto. O homem vira-se para mim, inclina-se um pouco em minha direção e diz, sem baixar a voz, que ela não regula bem e que eu não devo incomodar-me. O homem está ansioso para falar. Interrompe o trabalho e diz que sua mulher, coitada, além de meio gira e muito nervosa, é cardíaca. Teve ataques depois do parto. Pois eles têm um filho de sete anos, nascido em Wiesbaden; este sim, graças a Deus, está bem. Está no Lar das Crianças. No início, sentia saudade dos pais, mas agora está muito contente. Tem boa comida e boas professoras.

A mulher interrompe de novo e diz que o bolo iria ficar estragado. Ele responde que ela devia é cuidar da roupa, pois havia uma freguesa esperando à rua Bandeirantes. Alguém o chama para fora e a mulher me diz: "Coitado, tão velho! Tão doente! Mas na cozinha, ainda é útil. Não deveríamos ter saído de Israel. Um belo país. Não há país mais lindo no mundo! Que lástima termos saído. Infelizmente, não havia trabalho para meu marido".

O velho volta e manda a mulher trabalhar. Não aguenta mais, a vontade de falar é maior do que a de acabar a torta. Apesar dos meus protestos, leva-me para o "salão". Uma mesa, dois velhos móveis com bricabraque, um pouco de porcelana, alguns cálices; num canto, uma grande mala, de um lado uma escada estreita para os dois quartos superiores. Surpreendente é o número de reproduções nas paredes, pequenos quadros do tipo folhinha, com paisagens ensolaradas, caras risonhas e felicidade burguesa em profusão. Porém estão todos munidos de esmeradas molduras e de vidros muito limpos. Sentamo-nos à mesa, onde há um vaso de flores de papel – amarelo, rosa, vermelho e branco –, além de duas folhas verdes perfeitamente comoventes.

O casal e o filho chegaram aqui por intermédio do Joint, no mês de janeiro. Ficaram hospedados em dois hotéis sucessivamente, recebendo, nos primeiros tempos, três talões de Cr$ 120,00 por dia. A mulher, ajudada pelo marido, começou a lavar a roupa de outros já na própria fase hoteleira. Passaram seis semanas em hotéis, às expensas do Joint, até encontrarem a sua residência. Uma máquina de lavar roupa foi-lhes fornecida pelo Joint (contra nota promissória) e desde então a mulher, empregando, de uma maneira não muito bem explicada, duas ajudantes, lava e passa roupas para as difíceis freguesas do Bom Retiro. Uma das empregadas, que passa a roupa, recebe Cr$ 60,00 por dia, mais a comida, mas não há bastante trabalho para empregá-la diariamente.

A mulher, carregando penosamente uma cesta cheia de roupas, entra e diz ao marido para não esquecer a torta de frutas. Sai para entregar a roupa à freguesa da rua Bandeirantes. O marido narra-me o seu passado, tremendamente confuso e cheio de peripécias terríveis. Ambos estiveram em campos de concentração, viveram como partisanos, foram enviados à Rússia, sempre indo e vindo de um campo a outro. A mulher, aliás a sua segunda esposa, foi deportada como espiã, passou um ano numa cadeia de Kiev, foi depois presa em Lemberg e deportada não sei para onde. Caiu doente, tinha que ser isolada como alienada. Os dois são D.P.s[3]. no sentido exato da palavra. Nos seus documentos veem-se os carimbos das autoridades da Alemanha atual: "Perseguidos políticos, raciais e religiosos".

Depois da guerra, estiveram durante quatro anos em Israel. O homem, de profissão vidraceiro, procurou trabalho no seu ramo, mas não deu certo. Saiu vendendo quadros nas ruas de Tel Aviv, pequenas reproduções com molduras e vidros colocados por ele. (Daí o grande número de quadros nas

---

3. "Displaced persons": pessoas deslocadas, retiradas dos campos de concentração; refugiados.

281

paredes!). Mas não havia, para ele, *parnosse* (ganha-pão) em Israel. Sendo um cidadão alemão naturalizado, partiu com sua esposa de Israel para a Alemanha, mas foi detido na fronteira francesa, já que, tendo adotado a nacionalidade israeli, não foi mais considerado alemão. Assim mesmo, chegou a Wiesbaden, atravessando a fronteira da Bélgica. Contudo as autoridades alemãs não lhe deram a permissão de permanecer no país. O Joint obteve para ele, em Munique, vistos para o Brasil, possibilitando-lhe a viagem. Diz que os funcionários alemães o trataram com amabilidade e não o prenderam, embora estivesse ilegalmente no país.

Aqui no Brasil, a mulher caiu doente, tendo recebido o auxílio da Linat Hatzedek. Foi enviada pela Ezra a São Pedro para passar lá vinte e um dias. Porém o dinheiro esgotou-se depois de doze dias.

Um parente rico, que vive há trinta anos no Brasil, ajudou um pouco, deu-lhes alguns móveis, tornou-se fiador para o aluguel, de modo que os Cr$ 9.000,00 de depósito (três meses a três contos) fornecidos pelo Joint, ficaram sobrando para gastos pessoais (esse é um "truque" frequente).

O nosso interlocutor não está satisfeito com a vida. Diz que os lucros que ele e sua mulher conseguem apurar, preparando tortas e lavando roupa, é simplesmente ridículo, mal pagando o aluguel. Nesse mês, a lavanderia não deu nem dois contos e, dos bolos, nem é bom falar. Quanto a estes, gosta de fazê-los. Oferece-me café com excelente bolo de queijo feito por ele. Diz que, do modo como vai a coisa, não pode continuar. O parente já não ajuda e eles não podem nem viver, nem morrer. Ele precisava era de cinquenta contos para abrir uma leiteria. "Mas ninguém quer dar-nos, nem o Joint, nem o parente". A leiteria é o grande sonho do nosso homem: uma leiteriazinha pequena, tudo brilhando de limpeza, com um balcão alto e fino, de material esquisito; três mesinhas de cor e cadeiras baixas de cor também; nas paredes, quadrinhos com molduras e cheios de vidro reluzente, e nas mesas vasos com flores de papel. E muito leite. E muitos bolos por cima.

282

– Tendo paciência – digo-lhe –, a coisa vai indo.

– Paciência?! – grita o homem. – Como paciência?! Não vê que tenho sessenta anos?"

Os Espertos[4]

Um homem forte, de meia idade, sozinho, chegado há pouco, de quem por motivos de discrição (e por ele ser muito forte) não podemos dar maiores detalhes, nem especificar exatamente a profissão, é, digamos, um padeiro. Mas não é um simples padeiro como eu ou como tu. É um super-padeiro que, como tal, não faz simplesmente pão, mas super-pão em quantidades incrivelmente grandes durante um espaço de tempo incrivelmente pequeno. Coisa semelhante não se conhece na América do Sul. Pois bem, ofereceram-lhe, para começar, cinco contos. Naturalmente, não aceitou uma importância tão infame. Tem engatilhados vários projetos para tornar-se independente mas precisa, evidentemente, de capital ou de sócios. Entrementes, engatilhou também uma relação com um *schadkhen* que lhe prometeu fornecer, garantido, uma viúva razoavelmente bem conservada, em estado atrativo e provida de recursos igualmente razoáveis. Logo teremos, em São Paulo, uma super-padaria.

Há também os inventores – mas esses caberiam melhor num capítulo sobre os maníacos. Existe, por exemplo, o inventor que inventou uma tinta que não se apaga e não mancha o papel, quando este é colocado dentro da água. Em certas circunstâncias, difíceis de imaginar, essa tinta seria de grande utilidade. Por exemplo, se um navegador solitário, numa canoa de três metros de comprimento, ao atravessar o oceano, quiser descrever as suas aventuras durante uma tempestade. Ou se um escafandrista, no fundo do mar, quiser escrever uma carta à sua namorada. Acontece também que aviões caem dentro de rios e os sacos de correio não são totalmente impermeáveis. De modo geral,

4. CI 24 set. 1954.

cai muita chuva. Não faltará, portanto, um capitalista para financiar o nosso inventor.

As Solitárias

Problema que nos parece de gravidade é o daqueles que se sentem angustiados pela solidão. É raro que esse problema surja imediatamente. Em geral, os imigrantes têm, no início, preocupações e correrias suficientes. Mais tarde virá a ocasião em que terão tempo bastante para se sentirem solitários.

A solidão é, até certo ponto, um artigo de luxo como a cultura espiritual, que só surge quando a luta pela vida deixa bastante tempo para o lazer. Nenhum homem se queixou de solidão, mas várias mulheres, sim (nisso não vai nenhuma malícia). Algumas são casadas, porém os maridos já trabalham e estão quase sempre ausentes, enquanto elas não têm relações de espécie nenhuma (particularmente quando vivem em bairros outros que não o Bom Retiro). Outras – cujo número, felizmente, é pequeno – vivem sozinhas, não são mais muito moças, já trabalham (por exemplo, como costureiras, em casa) e têm tempo sobrando para pensarem na sua solidão. Não sabem, então, o que fazer sozinhas. Não conhecem ninguém. "Vou ao cinema, mas saio no meio da sessão. Não aguento ficar. Não entendo nada". Ninguém as convida. Não conhecem a cidade. Têm medo de tudo. Os homens são estranhos e terríveis. Têm bondes e ônibus gigantescos. Às vezes, um homem sorri para elas, daí então têm mais medo do que antes. Fica escuro, o quarto em silêncio, de fora vem uma risada. Então aparece o passado, os campos de concentração, as ruínas, os mortos. Mãos crispadas, bocas abertas, o sangue jorrando. Alguém pergunta: "Por que não procura a gente do seu lugar?"; "Gente do meu lugar? Como? Se fui eu a única que sobrou?"

Cabe, ao nosso ver, no caso, uma grande responsabilidade ao *ischuv*. É preciso dar a essas pessoas a possibilidade de comunicação e comunhão através das várias instituições que a coletividade possui. Naturalmente, é preciso encontrar essas pessoas. Elas não vão ao Joint para dizer que se sentem solitárias. Há muito tempo que a *Crônica* vive batendo na tecla de que há necessidade de uma instituição social para os fins indicados.

Outro problema, de difícil solução, mesmo para instituições especializadas, é o dos matrimônios em desagregação. As migrações têm uma tremenda influência sobre a dissolução dos laços matrimoniais. Às vezes logo, por vezes mais tarde. Um dos motivos é de ordem moral: solapamento e confusão dos valores pelo deslocamento geográfico e cultural. Outro motivo provém da desestruturação das ambiências: os "outros", os vizinhos, o "círculo social", não exercem mais a pressão convencional, já que os "outros", o "diz-que-diz-que", não interessam, quando provêm de gente inteiramente desconhecida e indiferente. Outro motivo é econômico: o marido se esfalfa para arranjar uns pobres cruzeiros e a mulher, jovem e bonita, fica a espiar os Buicks e Chevrolets 53. São, por ora, casos excepcionais, já que geralmente as mulheres trabalham mais do que os homens. Chegou ao nosso conhecimento apenas um caso de prostituição e outro de facilitação de prostituição. Parecem ser casos raríssimos.

Outro Caso Típico

É um casal com dois filhos pequenos, que paga, numa casa mísera do Bom Retiro, Cr$ 1.500,00 para um quarto igualmente mísero que o sol, batendo quase o dia inteiro contra uma janela sem cortina e sem venezianas, transforma em forno. O mero aspecto da casa basta para tornar uma pessoa melancólica e fazê-la perder a fé na vida.

Chegaram aqui há seis meses, de Israel. Motivo da partida? Econômico. Viveram durante dois anos sem luz e água numa *Maabará*. Depois, trabalharam (o chefe da família é especialista num trabalho de costura que não desejamos particularizar por motivos de discrição) e ganharam bem. O pagamento em Israel é melhor do que aqui. Mas, em compensação, aqui há trabalho, enquanto lá nem sempre há. Talvez não teriam emigrado, mas sucumbiram à "epidemia" da emigração. Essa família ficou durante um mês na Casa dos Imigrantes. Havia mais de cem pessoas nas suas respectivas salas. Detestavam a comida, não por ser propriamente má ou pouca, mas por ser sempre a mesma, diariamente o mesmo almoço e o mesmo jantar: macarronada. De manhã: pão seco e chá. Foram, finalmente, a um bairro distante, onde o marido foi explorado por um "patrício", ganhando Cr$ 60,00 por dia. "Como podem quatro pessoas viver de Cr$ 1.500,00 por mês?" Depois, encontrou outro patrão que lhe deu Cr$ 200,00 por dia, mas havia trabalho só para quatro dias por semana, e o aluguel comeu quase tudo. Finalmente transferiu-se para o Bom Retiro, encontrando esse quarto. Seu problema, agora, é arranjar uma residência humana, pois nesse quartinho naturalmente não pode trabalhar na sua especialidade. No momento, não faz nada, em compensação é a mulher quem costura numa máquina fornecida pelo Joint (valor: Cr$ 12.000,00). Dirigiu-se ao Joint com o pedido de lhe facilitar o depósito para uma residência, e espera ser atendido.

O meu interlocutor é uma das poucas pessoas que, depois de elogiar o trabalho da Linat Hatzedek, faz certas críticas ao Joint, e a única pessoa cujas críticas têm pé e cabeça, mas assim mesmo não parecem concludentes. Diz que o Joint, pagando pequenas despesas e ajudando na medida em que aparecem as dificuldades, transforma os imigrantes em *schnorrer*. Seria melhor dar de uma só vez uma importância mais elevada para um objetivo determinado, em vez de dar picadinho o que serve só para o pão de cada dia. O fato é que todos os imigrantes têm uma vontade veemente (aliás, entendível) de se tornarem independentes, pedindo por isso um pequeno capital inicial.

A concessão de tais capitais seria desastrosa porque os gringos não têm a necessária experiência do país para se lançarem imediatamente em aventuras comerciais ou fabris. A consequência seria, no geral, a perda inapelável do capital. Queixa-se o nosso interlocutor, também, de certa "política de procrastinação" do Joint. O fato é que nem sempre há dinheiro suficiente à disposição para atender a todos os pedidos.

– E por que o Joint não aplica o dinheiro em Israel? Se a gente recebesse esse dinheiro ali, não precisava emigrar.

O fato é que o Joint aplica mais do que 60% do seu orçamento em Israel, para o Programa Malben.

O nosso casal é um dos mais simpáticos entre os que conhecemos. O homem, ainda jovem, de aspecto inteligente, parece muito cansado. A mulher é alegre e bem disposta. Começa a preparar o almoço num pequeno fogão improvisado. As duas crianças fazem uma gritaria infernal e a mãe, toda satisfeita, dá-lhes uns tapinhas ternos nos traseiros.

O homem fala da Polônia, onde vivia antes de ir para Israel. "Não foi má a vida por ali. Havia, ao menos, boas residências. Mas os poloneses, apesar da lei contra o anti-semitismo, continuam os mesmos. Todavia, já não existe problema judaico, por falta de judeus"; quanto ao comunismo, não gostam dele. São contra.

Uma queixa interessante: "Os judeus daqui não querem empregar judeus, particularmente quando são imigrantes recém-chegados". Não é a primeira vez que ouço semelhante acusação. De outro lado, há fabricantes que se queixam dos imigrantes, dizendo que não querem trabalhar. Parece haver certo desencontro entre "os homens de boa vontade": os que querem trabalhar não encontram os que lhes querem dar trabalho e os que querem dar trabalho, não encontram os que querem trabalhar. Seria fácil centralizar as respectivas solicitações do mercado de trabalho para evitar tais desencontros, se realmente existem.

Quanto ao nosso casal, temos plena certeza de um *happy end*.

As Pensões

Seria talvez melhor falar de uma espécie de restaurante localizado em residências de imigrantes, que geralmente também alugam quartos. Sendo gringos, atraem outros gringos que ali almoçam e jantam. Deve ter quatro ou cinco dessas pensões novas. Conheci pessoalmente três. Em todas elas se servem refeições estandardizadas no almoço, aliás, realmente boas, a preços baratos: *Hors d'oeuvres* – picadinho de cebolas e fígado ou ovos, ou arenque etc.; uma sopa de *ferfel* ou *lockchen*, muitas vezes ainda *borscht*, que também se toma fria, num copo; um prato a escolher – carne, sopa, *Wiener Schnitzel* ou galinha, com arroz ou batatas ou *kascher*; uma sobremesa de mamão ou bananas ou coisa que o valha. A refeição custa Cr$ 25,00, somente a de galinha custa Cr$ 10,00 a mais.

Nessas pensões – geralmente de uma ou duas salas de refeições, em que há de três a cinco mesas para quatro pessoas – reúnem-se, ao almoço, particularmente os solteiros, mas também casais e, por vezes, amplas famílias que precisam "soldar" várias mesas. Raramente aparece um *gehler* (um "amarelo", um "velho"). É ali que se encontram particularmente os jovens saudáveis, misto de *halutz*, pequeno-burguês e *globetrotter* de que atrás falamos. São alegres, discutem e têm apetite de lobo. Alguns criticam a comida, achando que a de Foehrenwald era melhor. Nota-se, por curioso que pareça, certa saudade de Foehrenwald entre alguns poucos rapazes. Outros acham que aquele campo era horroroso. Objetivamente, segundo os relatórios neutros, é um lugarejo bastante agradável, não se tomando em conta as circunstâncias dos D.Ps.

Numa das mesas estão sentados um "argentino" com sua senhora, mulher elegante e atraente. Conversam em castelhano com um homem de óculos intelectuais. Numa outra mesa, em meio a vários fregueses, está um senhor de idade com uma dentadura inteiramente de ouro maciço, que irradia sorrisos luminosos em torno: é um imigrante abastado que está em vias de estabelecer-se em Santo André como açougueiro *koscher*. Num canto vê-se, infalivelmente, um casal de aspecto distinto: um homem alto, bem vestido, de bigodes negros tipo Congresso-Sionista e carequinha de padre; a mulher, gorduchinha, puxa com frequência a saia sobre os joelhos (o que é realmente necessário) e come arenque com apetite invejável.

Às vezes, outros imigrantes se reúnem em atitude respeitosa em torno da mesa do casal; ouve-se então falar húngaro, polonês, russo, ídiche, alemão, hebraico. Devem ser pessoas de importância. Meu amigo P. me revela que o homem é automecânico; não trabalha ainda, mas certamente trabalhará em breve, como dono de qualquer coisa importante no ramo dele. Há poucos dias, tiraram-lhe, pela janela, um terno dependurado sobre uma cadeira, com todos os seus documentos e Cr$ 800,00.

P., meu *agent provocateur* predileto, pergunta a um senhor da mesa vizinha – um *klapper* –, depois de algumas frases de despistamento, por que emigrou de Israel. O homem não se digna a dar uma resposta. Continua a devorar sua carne de sopa com os olhos pregados no prato. Repentinamente, parece perder o apetite. Empurra o prato com a metade da porção para o lado, fixa o meu amigo e murmura: "É uma vergonha".; "Uma vergonha o quê?"; "Sair de Israel. Uma vergonha, digo-lhe". E levantando a voz: "Todos aqueles que saíram, deveriam chorar de vergonha e esconder-se. O mais belo país do mundo!" Um outro ao seu lado confirma: "O mais belo país do mundo! Uma vergonha!"; "Uma lástima", exclama um terceiro. De uma outra mesa vem a confirmação em coro: "Um escândalo! Um crime! Um país tão lindo, o melhor país do mundo".

A lamentação é autêntica, mas todos eles emigraram de Israel. Devem sofrer de um sentimento de culpa tremendo.

Meu amigo sugere: "Talvez tenham saído por *moire* (medo) dos árabes?"

O protesto é geral. Respondem em altos brados: "Medo coisa nenhuma. Cale a boca, porco. Medo! Já se viu uma coisa dessas? Pensa que pode ofender-nos por ser um *gehler*?"

"Talvez por motivos econômicos", digo com delicadeza extrema. Embora todos leiam as *Notícias Alemãs*, não se dignam a responder-me (*Deutsche Nachrichten* é o jornal mais lido entre os novos imigrantes, pois estão interessados em informações políticas de teor geral e não entendem português).

P. repete a pergunta em alemão verdadeiro, isto é, em ídiche. "Não foram motivos econômicos", respondem. "Foi uma *epidemia*".

Não percebem que a resposta nada explica.

Ainda as Pensões

Numa dessas pensões conheci B., um moço de cerca de 32 anos, garçom de profissão, nascido na Polônia, filho de pais burgueses. Contava dezessete anos quando irrompeu a guerra. Os pais foram assassinados, a irmã escondeu-se em Varsóvia, o rapaz foi parar nas florestas e lutou depois no exército polonês sob comando russo. Depois da guerra, errou pela Europa inteira, chegando finalmente a Israel, país de qual, entre todos, gostou mais. Porém voltou à Alemanha, embora projetasse ir a outras terras. Saíra de Israel por "motivos particulares".

Atravessou a fronteira da Alemanha ilegalmente e foi dar com as costas em Foehrenwald. Afirma viverem ali, atualmente, cerca de duas mil pessoas, mil e duzentas "legais", sob a supervisão do governo alemão, e oitocentas "ilegais". Não lhe agradou a vida naquele campo. Vida muito apertada, apesar de certa ajudazinha do Joint, primeiramente em espécie, depois em dinheiro. O governo de Bonn dá 47,00 marcos alemães por mês. Achou tudo muito primitivo e moralmente decadente. O estado moral – isso ele destaca – é baixíssimo. Há muitos tuberculosos e certo número de judeus doentes casados com alemãs que lhes servem de enfermeiras. Os mais antigos habitantes de Foehrenwald não querem ir para Israel porque muitos voltaram de lá, provocando assim a impressão de que a vida no campo é melhor do que em Israel. Quanto aos alemães, diz que se recuperaram extraordinariamente e levam uma boa vida. Mas continuam – segundo ele – antissemitas. Conseguiu finalmente vir, pelo Joint, para o Brasil, havendo chegado há poucas semanas.

290

A sua dor particular é que, tendo de receber Cr$ 30.000,00 da Claims Conference, o Joint o mantém aqui em São Paulo, tirando o dinheiro para seu sustento daquele seu pecúlio. "Acho que é uma miséria. Por enquanto, não tenho meus documentos e não posso fazer nada. Quero trabalhar como garçom mesmo, mas estou paralisado e, enquanto os outros estão sendo sustentados com o dinheiro do Joint, essa instituição me mantém com meu próprio dinheiro". Foi um dos poucos que criticaram o Joint.

Faço uma pergunta a respeito dos "motivos particulares" da sua emigração de Israel. B., rapaz vigoroso, de aspecto sadio e simpático, entesa o corpo e cerra os punhos. Fita-me com raiva selvagem, mas finalmente se domina e diz com aparente calma: "O sr. quer conversar comigo?" "Sim". "Então, não se meta em negócios que não lhe interessam. Acho melhor não insistir".

"Remanescentes da Europa"

Os gringos fundaram uma associação chamada Remanescentes da Europa, para a defesa dos seus interesses. Procuro em vão o escritório. Pergunto a dezenas de pessoas. Finalmente, um senhor me responde: "O clube dos gringos? O escritório? Fica no *Platzl*".

Resumo

Eis, leitor, o resultado impressionista das nossas indagações. São falhas, evidentemente, como toda indagação baseada em impressões subjetivas. Deixamos de abordar muitos aspectos já descritos na nossa reportagem publicada na *Crônica* de 31 de dezembro de 1953. Há, por exemplo, o problema das visitadoras sociais. Segundo a nossa opinião, deveria haver ao menos um assistente social para visitar os imigrantes na sua própria residência. Verificar-se-iam casos de emigrantes bem instalados que recebem dinheiro do Joint. Verificar-se-

-iam, ao contrário, casos de extrema miséria dos que não são beneficiados pela assistência. Mas, segundo teorias moderníssimas, os pobres não devem ser visitados; devem procurar os assistentes sociais para esvaziar o seu coração ali mesmo, no escritório. Essa teoria parece-nos correta quando se trata de um grupo estável, há muito tempo trabalhado pela assistência. Não, porém, num grupo dinâmico, onde todo dia a situação se modifica. Acreditamos que uma visitadora bem paga traria uma grande economia e facilitaria uma distribuição mais justa dos benefícios.

Os dados a respeito das somas gastas pelo Joint com cada família divergem violentamente, quando comunicados pelo Joint e quando comunicados pelos imigrantes. Nesse caso, não se pode deixar de acreditar no Joint. Os emigrantes que dizem terem recebido, por exemplo, uma ajuda de Cr$ 20.000,00, na verdade receberam, muitas vezes, Cr$ 50.000,00. Certamente não se trata de má-fé dos imigrantes. É que contam só o dinheiro *cash*, não os hotéis e outras despesas pagas pelo Joint.

Na medida em que determinados momentos comuns a certo número de imigrantes se impunham, generalizamo-los como casos típicos: por exemplo, "casos ideais", "casos satisfatórios", "difíceis" etc. Advertimos, porém, que qualquer generalização extrema, baseada em poucos dados, é sintoma de uma mentalidade primitiva e, pessoalmente, não temos a veleidade de fazer parte dessa categoria mental, atualmente muito em voga entre os esnobes, os quais consideram qualquer tendência a uma atitude ponderada como sinal de decadência.

No que se refere aos *retournés* de Israel, fizemos a observação de que, em geral, se ressentem profundamente da sua emigração. Certo número, intimamente traumatizado, reage com violência quando se faz uma pergunta a esse respeito. Outros tomam uma atitude de autoacusação: batem-se, simbolicamente, no peito, e referem-se a Israel como ao mais belo país do mundo; a sua afeição leva-os a expressões magoadas de um *mea culpa*, do qual não se sabe exatamente até que ponto é sincero. Ainda outros conseguem racionalizar a sua contrição, justificando a sua partida de Israel com motivos econômicos ou "particulares" (veja também a reportagem de 31 de dezembro de 1953), sendo muito difundida a alegação de uma "epidemia emigratória" reinante durante breve período – termo que, em vez de esclarecer, ao contrário, obscurece o fenômeno, já que parece conter uma resposta satisfatória, quando na verdade se trata precisamente de encontrar os motivos, causas, impulsos e razões que produziram essa epidemia.

Exagerou-se muito sobre o número de "sabras" aqui chegados. É verdade, porém, que chegaram alguns, em quantidade ínfima. Numa das pensões, vimos um deles pessoalmente, um jovem automecânico que veio a pedido do seu tio. Tais imigrantes talvez se afigurem particularmente antipáticos a judeus da Diáspora, que pensam em termos de Iehudá Halevi em Sião e na Terra Prometida. Mas um nativo de Israel, completamente *normalizado*, naturalmente não está impregnado de semelhante ideologia.

Qualquer país em grave crise econômica tem de contar com um movimento emigratório. Enquanto houver *Maabarot* em Israel e uma situação econômica extremamente difícil, não se poderá evitar um ligeiro movimento de emigração, quer de imigrantes, quer mesmo de *sabras*. Trata-se de um fato amargo – visto através do prisma ideológico do sionismo –, mas perfeitamente normal quando apreciado objetivamente, devendo-se acrescentar, ainda, a circunstância de que toda onda de emigração produz uma ressaca de "retorno", às vezes maior, às vezes menor e, certamente, muito pequena no caso de Israel.

De um modo geral, como já foi exposto, a situação de assistência aos imigrantes melhorou e tende a normalizar-se num processo lento e demorado, pressuposto que não haja novas ondas de imigração. Essa, pelo menos, é a nossa impressão. É também com satisfação que se nota, de um modo geral, que a aversão violenta do "velho *ischuv*" contra os novos imigrantes diminuiu e já não desempenha papel de importância na apreciação do problema, embora ainda haja certo número de recalcitrantes, geralmente afastados do Bom Retiro e orientados nas suas reações por ideologias políticas. Era precisamente isso que procuramos evitar. Esforçamo-nos por excluir qualquer ponto de vista político ou ideológico, que muitas vezes vicia desde o início a abordagem do problema. Empenhamo-nos em observar apenas os fatos e reter ao máximo juízos de valor, embora isso nem sempre fosse possível.

A respeito disso, o dr. A. H. encontrou, na sua introdução à reportagem de 31 dezembro, as expressões exatas:

> O auxílio judaico não deve tornar-se objeto de abusos, nem deve ser transformado em instrumento político, em nenhum sentido. As razões, que levaram determinado indivíduo a abandonar Israel, não devem tornar-se motivo de críticas políticas, dirigidas contra Israel. Tampouco deve ser exercida uma pressão material sobre o *returnee*, no intuito de fazê-lo voltar ao ponto de partida, a não ser que resolva esse retorno à base da sua própria decisão. A introdução de *Mayflowers*[5] judaicos ou a criação de *pilgrimfathers*[6] judaicos é uma empresa ridícula. Vivemos na América e não na Europa. Aqui, na América, somos todos imigrantes, todos, sem exceção.

> Os judeus de São Paulo deveriam adquirir clareza sobre o fato de que a integração dos novos elementos representa, no fundo, um encargo extremamente diminuto (e nessa ocasião deveriam reconhecer que o *ischuv* de Israel, economicamente tão fraco e que, ainda por cima, logo depois da fundação do Estado, se encontrava em constante mobilização, aceitou um número de imigrantes que é igual ao dos habitantes originais, embora com auxílio financeiro das Campanhas, mas com sacrifícios muito maiores do que possam significar as contribuições de qualquer judeu da Diáspora).

Concluímos a nossa exposição com outra passagem do dr. A. H.:

> Ninguém se esqueça do outro lado do problema: os efeitos retroativos sobre a posição dos judeus paulistanos diante da coletividade total, caso esses novos elementos, pelos quais muitos judeus

5. Nome do navio que trouxe os *pilgrimfathers* à América.
6. Nome dado aos primeiros colonos puritanos que fundaram, em 1620, a colônia de Plymouth (EUA) (N. da E.).

não mostram nenhuma compreensão, se transformarem em um problema da assistência geral, não judaica, e da política de imigração do país.

Quero deixar aqui consignados os meus agradecimentos à miss A. Z., à sra. L. H., ao sr. W. C. e ao meu amigo P. Todos muito me ajudaram nesta minha "viagem até ao fim da noite" através da vida dos novos imigrantes. Que para estes nossos irmãos realmente tenha chegado o fim da noite!

O Problema dos Novos Imigrantes[7]

Introdução de Alfred Hirschberg:

Clareza Impede Nervosismo e Injustiça – Prefácio para um Grande Inquérito

O efeito psicológico exercido sobre os judeus desta capital por uma corrente imigratória considerável de judeus que vêm chegando a São Paulo – imigração com que o *ischuv* teve que ocupar-se nestas últimas semanas de modo crescente –, e o nosso desejo de examinar esse efeito psicológico nas suas raízes reais, tornou-se motivo para empreendermos, nos moldes limitados das nossas possibilidades financeiras e técnicas, aquilo que os grandes jornais costumam fazer em tais ocasiões: examinar os problemas surgidos em todas as suas ramificações e com todas as suas contradições, abordá-los de todos os lados, a fim de publicar uma reportagem apolítica, distanciada de qualquer propósito preconcebido.

Esperamos ter conseguido o nosso intuito, de uma maneira geral pelo menos, nas colunas da reportagem que publicamos em seguida. Que os nossos leitores decidam até que ponto conseguimos realizar o nosso fito e que nos enviem opiniões complementares, dirigindo-nos perguntas, criticando as conclusões finais da nossa grande reportagem.

Nesse nosso comentário, gostaríamos de acrescentar algumas máximas de ordem mais geral, ao que parece sugeridas pelos últimos acontecimentos.

O auxílio judaico organizado somente pode ser proporcionado àqueles judeus que, como judeus, tornaram-se objetivamente

7. CI 31 dez. 1953, 31 ago. 1954 e 24 set. 1954.

necessitados de auxílio, quer seja por motivos econômicos quer por motivos políticos.

Chamaríamos de econômicas as causas que tornam impossível a subsistência física por falta de recursos e alimentos. Chamaríamos de políticas as causas que forçam judeus, em consequência de movimentos antissemitas, a procurarem a sua salvação na emigração.

Não reconhecemos o dever de prestar assistência judaica quando o êxito dos esforços econômicos, em determinado país, não satisfaz determinado elemento e quando, então, à procura de possibilidades maiores e mais rápidas, eles se transferem para outro país.

Tampouco reconhecemos a necessidade de auxílio judaico organizado quando um judeu, por quaisquer motivos, acredita não se sentir satisfeito em Israel.

A conclusão de tais premissas é que os *returnés* de Israel somente podem reivindicar assistência judaica quando um exame individual justifica as suas exigências. Pois essa assistência não tem o fim genérico de proporcionar a judeus a possibilidade de se tornarem ricos – segundo acreditam – com a máxima rapidez possível. E tampouco tem o fim de gastar dinheiro para judeus que, no país da sua última estada, de modo algum estavam ameaçados no seu judaísmo ou na sua igualdade política.

Uma vez verificado, através de um exame minucioso, que, em determinado caso, existem razões de espécie individual que impeliram um judeu a abandonar Israel, daí então, a partir desse momento, não terá mais importância o fato de se tratar de um israeli. O auxílio judaico, uma vez reconhecida a sua necessidade objetiva e subjetiva, não tem o direito de classificar. Não se admite que surja o caso paradoxal de que um judeu, por ter um passaporte israeli, sofra um tratamento inferior por parte de judeus com relação ao tratamento dado a judeus detentores de quaisquer documentos de quaisquer outros países.

O auxílio judaico não deve se tornar objeto de abusos, nem deve ser transformado em instrumento político, em nenhum sentido. As razões que possam ter levado determinado indivíduo a abandonar Israel não devem se tornar motivo de críticas políticas dirigidas contra Israel. Tampouco deve ser exercida uma pressão material sobre o *returnee* com o intuito de fazê-lo voltar ao ponto de partida, a não ser que resolva esse novo retorno com base em sua própria decisão, em virtude de um juízo posterior, mais completo e mais lúcido.

Como comunidade organizada, os judeus de São Paulo não têm nenhum passado a que possam voltar a sua vista. Santos, Rio de

Janeiro ou Quatro Irmãos não contam com grupos que tenham um passado maior do que uma geração, na maioria dos casos nem isso. Qualquer atitude que queira lançar o "antigo" *ischuv* contra o "novo" é, por isso, injusta, incorreta, míope.

Conhecemos muitos imigrantes dos anos de 1947/48 que hoje, no que se refere à sua situação econômica, podem comparar-se a qualquer judeu mais "antigo" e os quais já começam a desempenhar o seu papel nas organizações judaicas.

A introdução de *Mayflowers* judaicos ou a criação de *pilgrimfathers* judaicos é uma empresa ridícula. Vivemos na América e não na Europa, onde cada comunidade, em qualquer momento, remoto ou recente, teve o complexo "do judeu do Leste". Aqui na América, somos todos imigrantes, todos sem exceção.

Se depois de 1933 o *ischuv* então já existente não tivesse uma visão turvada por preconceitos judaicos, no claro reconhecimento daquilo que se passa, nesse caso talvez nem existiria, hoje, uma CIP (Congregação Israelita Paulista); ao invés disso, teríamos talvez uma *Grossgemeinde* (grande comunidade) e não uma Federação, que nunca poderá ser transformada numa *Khilla* (comunidade).

Os judeus de São Paulo deveriam adquirir clareza sobre o fato de que a integração dos novos elementos representa, no fundo, um encargo extremamente diminuto (e, nessa ocasião, deveriam reconhecer que o *ischuv* de Israel, economicamente tão fraco e que ainda por cima, logo depois da fundação do Estado, encontrava-se em constante mobilização, aceitou um número de imigrantes que é igual àquele dos habitantes originais, embora com auxílio financeiro das Campanhas, mas com sacrifícios muito maiores do que possam significar as contribuições de qualquer judeu da Diáspora). A percentagem dos novos pretendentes a judeus paulistanos é de 1,5 a 2% do *ischuv* já existente – e será que isso é coisa tão tremenda?

Ninguém se esqueça do outro lado do problema: os efeitos retroativos sobre a posição dos judeus paulistanos diante da coletividade total, caso estes novos elementos, pelos quais muitos judeus não mostram nenhuma compreensão, se possam se transformar num problema da assistência geral, não judaica, e da política de imigração do país.

Finalmente, uma observação, muitas vezes repetida: nada é tão caro como o trabalho honorífico quando se trata de questões de grande amplitude ou de questões cujo tratamento exige conhecimentos especializados. Novamente se mostrou, em São Paulo, que a falta de um *ischuv* organizado e dirigido com previsibilidade leva, forçosamente, a improvisações, que se afiguram muito mais insatisfatórias e dispendiosas do que poderiam ser as atividades de funcionários profissionais, com ordenados correspondentes à importância das suas funções.

Verificamos isso com certa melancolia, pois estamos convencidos de que, qualquer que seja o trabalho judaico de que se trata, o trabalho sempre será atacado, no momento necessário, com as mesmas concepções e os mesmos erros como os ocorridos no caso de que estamos falando – e isso apesar da pureza das intenções, da grande dedicação pessoal e da imensa boa vontade.

Os Resultados de Inúmeras Entrevistas Efetuadas pela Reportagem da *Crônica Israelita*

Há pouco mais de cinco anos, publicamos na *Crônica Israelita* (5.1.1948) um artigo sobre a "Nova Imigração" da época, onda de após-guerra que começou a afluir a São Paulo a partir de 1946 e que atingiu o seu clímax em 1948. Anteriormente, aparecera um relatório do saudoso dr. H. H., estudando o trabalho do Comitê de Emergência de Assistência aos Imigrantes nos seus múltiplos aspectos. No artigo mencionado, abordamos as diversas dificuldades com que se defrontava o comitê, que então se reunia no prédio da Ezra para atender aos recém-chegados. Havia casos de difícil adaptação, elementos desequilibrados, amargurados, cheios de complexos, pessimistas, elementos que acabavam de ser libertos do inferno europeu e dos quais alguns, em consequência do seu terrível passado, ao chegarem aqui representavam uma tarefa difícil para o comitê, devido às suas atitudes de cinismo, petulância, rudeza e mesmo violência.

No entanto, reconheciam-se perfeitamente as causas desse estado psicológico e moral. Gente que passara por tantos horrores e tão tremendas experiências não poderiam ter um comportamento modelar, nem se poderia esperar que viessem aqui com ares de *gentlemen* satisfeitos da vida. Apesar de certas críticas lançadas pela coletividade contra aqueles imigrantes, dos quais pequeno número explorava ao máximo a complacência do comitê, sem mostrar real vontade de integrar-se pelo trabalho honesto, apesar de tudo isso a coletividade acolheu esses elementos com simpatia e hospitalidade, reconhecendo neles vítimas da guerra. Se alguns maus elementos havia, à maioria não cabia nenhuma culpa pela miséria moral de vários dos seus companheiros. E o fato é que a maioria esmagadora radicou-se, desde então, nessa cidade, vivendo aqui há anos uma vida normal de cidadãos que tranquilamente se entregam aos seus afazeres.

A Nova Onda Imigratória e a "Rua judaica"

Diante desse quadro surpreendente, houve uma inquietação provocada na "Rua judaica" por uma nova onda imigratória, que desde há alguns meses vem afluindo ao Brasil, de preferência a São Paulo. Pode-se mesmo falar de uma espécie de alarme. Nas ruas José Paulino e vias adjacentes, onde os "verdes" aparecem aos grupos, ouvem-se comentários pouco amáveis, por vezes ressentidos e até malévolos acerca desses imigrantes. De mistura, vão violentas críticas às grandes instituições judaicas internacionais que, "interessadas apenas em provarem a sua existência pelo próprio funcionamento", atirariam o "rebotalho judaico" para São Paulo, criando novas e pesadas responsabilidades para a coletividade, obrigada a dar assistência social a elementos chamados de "lixo" por um dos "homens da rua" interrogado por nós. A tais críticas ajuntam-se ainda censuras dirigidas ao Comitê de Emergência e à Federação, aos quais se atribui uma generosidade excessiva na assistência financeira aos recém-chegados que, "empanturrados de dinheiro", se entregariam a uma vida ociosa em hotéis confortáveis, avessos ao trabalho, ávidos por "fazerem a América" com negociatas fáceis, cheios de *hutzpe* e extremamente exigentes no que se refere aos salários ou ordenados ou ainda às residências que o comitê lhes proporciona.

Causas Psicológicas da Atividade Negativa do *Ischuv*

O motivo principal da aversão aos novos imigrantes por parte de muitos judeus aqui radicados é o fato de boa parte dos recém-chegados provir de Israel. Uma porcentagem não especificada, mas sem dúvida considerável, é formada pelos chamados *returnés*, gente que emigrou recentemente para Israel (vindo dos mais variados países), ou lá vive há bastante tempo e que, saindo novamente de Israel, transferiu-se para o Brasil depois de fazer escala em diversos países, particularmente na Alemanha. Psicologicamente, essa aversão é compreensível. É enorme a surpresa frente a elementos que, tendo chegado ao país dos sonhos milenares de gerações de judeus, podendo viver na terra dos ancestrais, preferem no entanto viver na *Galut*. Trata-se de um verdadeiro abalo moral, agravado pelo "complexo de culpa" dos próprios *returnés*, muitos dos quais se sentem desertores, segundo nos disse o dr. A. G. (Linat Hatzedek), procurando racionalizar e justificar com os mais curiosos argumentos o seu retorno para a *Galut*. A situação psicológica é ainda complicada pela complexa condição dos sionistas aqui radicados, os quais, se não compreendem e condenam asperamente a deserção de israelis, de outro lado vivem também numa rede de racionalizações já que, embora ardentes adeptos de Israel, não resolvem fazer a sua *aliá*. São dois complexos de culpa que se agravam mutuamente.

Outra causa da atitude pouco acolhedora em face da imigração recente é o simples fato de terem-se passado, desde a última onda de seis ou sete anos atrás, precisamente estes seis ou sete anos. Já não há a mesma disposição para se considerar os imigrantes como vítimas da guerra. O tempo não somente cura feridas, mas também embota a memória. Precisamente por isso, o tempo tem esse dom de curar feridas. Porém, às vezes embota a memória enquanto as feridas continuam sangrando. O que são oito anos depois da maior guerra que já abalou o mundo? Nada. Muita gente se esquece disso.

Uma Mística Prejudicial

O maior erro que se pode cometer, no caso dos "retirantes" é, ao nosso ver, calar-se e tomar atitudes de avestruz, como nos foi recomendado por um alto expoente do *ischuv* a quem entrevistamos. Tudo que é calado por imposição cresce em segredo: corrompe-se, decompõe-se, acaba cheirando mal. Não adianta calar-se. É preciso reconhecer que há judeus que abandonam Israel. Todo mundo o sabe. É preciso acrescentar que se trata de um fenômeno perfeitamente normal. Onde quer que cheguem imigrantes há sempre certa porcentagem de elementos que não se adaptam, que voltam ao ponto de partida ou que procuram a sorte em outra parte. Ainda há pouco, certo número de imigrantes italianos chegados ao Brasil voltou para a Itália. Num país como Israel, com um tremendo afluxo de imigrantes díspares, muitos dentre eles sem preparo nenhum para se adaptar a uma vida dura, cheia de renúncias e sacrifícios, tal fato é inevitável. É um milagre que o número dos retirantes se mantenha em nível tão baixo.

É a atitude de sentimentalismo sonhador, de expectativa quase mística de muitos judeus da *Galut* frente a Israel que lhes dificulta a compreensão desse processo normal de fluxo e abandono. A porcentagem dos *returnés* é mínima e perfeitamente negligenciável. Entretanto não se quer admitir nem mesmo esse pequeno número, de um lado porque se exige de todo judeu (menos de si mesmo) a perfeição de quem faz parte do "povo eleito"; por outro lado porque se pressupõe que Israel seja dotado de forças mágicas que transformam o indivíduo da Diáspora de um dia para o outro. Daí a absurda reação de certos indivíduos que aproveitam tais circunstâncias para justificar a sua má vontade em contribuir para a Campanha Unida (razões para não pagar sempre se encontram). A reação normal deveria ser exatamente o contrário. A maioria dos retirantes sai de Israel devido à difícil situação econômica do Estado judeu. Seria necessário contribuir mais para facilitar a rápida adaptação do maior número possível de imigrantes à vida israeli.

Os Resultados do Nosso Inquérito

No intuito de informar os leitores sobre os problemas da nova imigração, a reportagem da *Crônica Israelita* realizou um grande inquérito, no decorrer do qual foram entrevistadas as seguintes personalidades: sra. L. H. (Lar das Crianças) e D. C. (Ofidas e Comitê de Emergência), dr. H. S. (Hias), M. T. (Hias), dr. K. L. (Joint), H. B. (Linat Hatzedek), dr. A. G. (médico da Linat Hatzedek), dr. K. E. (diretor-administrativo do Comitê de Emergência), dr. M. T. (Comitê de Emergência), dr. M. K. (presidente da Federação). Além disso, interrogamos o "homem da rua" do Bom Retiro e assistimos a uma reunião do Comitê de Emergência, na Federação, comparecendo ainda à "Ezra" para entrar em contato com o próprio trabalho de assistência aos imigrantes, com os quais tivemos várias conversas. (Desde então, esse trabalho de assistência foi transferido para a rua Correia de Mello).

Apresentamos o quadro total resultante das nossas indagações sem citar, em cada caso, os nomes dos informantes para evitar eventuais incriminações. Houve muitas contradições, mas, por inferência e dedução, era possível obter um quadro de precisão razoável. Todos os números são apenas aproximados e citamo-los com todas as ressalvas, já que alguns dos expoentes mais aptos a fornecê-los se negaram a fazê-lo. A maioria dos interrogados, no entanto, não teve dúvidas em prestar um depoimento amplo e mais ou menos franco, algumas vezes mais amplo do que franco.

Uma ideia geral do aumento do número de imigrantes obtém-se pelo rápido crescimento das importâncias gastas pelo Comitê de Emergência, cujo dinheiro provém da Federação, do Joint e Hias. (Certa porcentagem do aumento naturalmente decorre do aumento geral do custo de vida).

De 3/9/1952 a 30/3/1953 (8 meses) . . . . Cr$ 129.000,00
(cerca de Cr$ 16.000,00 mensais)
De 1/4/1953 a 26/5/1953 (2 meses) . . . . Cr$ 88.000,00
(cerca de Cr$ 44.000,00 mensais)

302

De 27/5/1953 a 30/6/1953 (1 mês) .... Cr$ 113.000,00
De 1/7/1953 a 31/7/1953 .... Cr$ 75.000,00
Agosto de 1953 .... Cr$ 103.000,00
Setembro de 1953 .... Cr$ 179.000,00
Outubro de 1953 .... Cr$ 166.000,00

Atualmente, as importâncias ultrapassam de longe Cr$ 200.000,00 por mês.

Chegaram, desde julho, ou seja, durante os últimos seis meses, mais de quatrocentos imigrantes, incluindo uma leva de quarenta elementos trazidos pelo Hias que desembarcaram a 19 de dezembro. A maior parte do total dos imigrantes referidos foi ou vem sendo atendida pelo comitê. Cerca de duzentos vieram por intermédio do Hias, enquanto outros 120 chegaram, desde maio, por intermédio do Joint.

Certa parte do restante, tendo chegado de uma ou de outra maneira sem o auxílio dessas instituições, dirige-se diretamente ao Comitê. Segundo cálculos de um dos interrogados, cerca de 70% chegaram direta ou indiretamente de Israel, enquanto o restante não é composto de "retirantes". É interessante observar-se que estes últimos costumam salientar esse fato: "Não vim de Israel!" Em compensação, exigem maior assistência, pretendendo introduzir uma discriminação entre duas categorias de judeus – simples imigrantes e "desertores" –, no que naturalmente não são atendidos pelo comitê. Pequena parte dos chegados não recorre à assistência, quer por ter aqui parentes, quer por ter dinheiro e não desejar aproveitar-se da generosidade do comitê.

Joint e Hias Facilitam Realmente
a Emigração de Israelis?

Muita bile é gasta contra o Joint e o Hias. Alguns atribuem toda a culpa a essas instituições porque facilitariam e custeariam indiscriminadamente a emigração de Israel. Os expoentes de ambas as instituições negam terminantemente a veracidade de tais alegações. A política do Joint, rigorosamente observada, é: "We don't touch israeli emigrants" (Não ajudamos emigrantes de Israel).

303

Atitude semelhante foi adotada pelo Hias, segundo nos revelou o dr. Henrique Schoskes, alto funcionário dessa instituição que há pouco passou por São Paulo, vindo de Nova York. Ambas as organizações admitem exceções em casos excepcionais: doentes que realmente necessitam de outro clima e parentes próximos que desejam reunir-se.

A grande maioria dos emigrantes de Israel é composta por elementos que lá naquele país deram um jeito para obter vistos e convergir para várias cidades europeias, depois de terem, de uma ou outra forma, atravessado uma ou mais fronteiras. Característico é o caso dos judeus que, vindo do Campo de Foehrenwald para Israel, voltaram depois de certo tempo como clandestinos para a Alemanha. Repelidos pelos próprios *habitués* de Foehrenwald, foram presos em Munique, ficando sob a ameaça de serem condenados à cadeia. Nessa emergência, o cônsul do Brasil, num gesto dos mais nobres, concedeu 125 vistos. Os presos deveriam ser postos em liberdade sob a condição de abandonarem a Alemanha. Nessa situação, o Hias resolveu ajudá-los. Os quarenta emigrantes recém-chegados representam a primeira leva desses "Desesperados". Disse-nos o dr. S. que, em tal emergência, não se podia julgar, mas apenas assistir. "Não se deve perguntar, quando se trata de dar de comer". Há um total de setecentos judeus que deverão se retirar da Alemanha. Certa parte deles é encaminhada para o Canadá.

A Assistência

Chegando aqui, os imigrantes assistidos pelo Hias ou pelo Joint são recebidos em Santos e encaminhados a hotéis de São Paulo. Ambas as instituições põem à disposição do comitê, para custear as despesas dos seus protegidos, a importância de Cr$ 3.000,00 por mês a cabeça de adulto, ao passo que para cada criança são fornecidos Cr$ 2.000,00. Em casos excepcionais, pagam as despesas de mais um mês. Gastos que ultrapassam essas importâncias e que se prolongam além do terceiro mês cabem, em princípio, integralmente à Federação, ou seja, à coletividade judaica de São Paulo.

Encontrada uma residência (geralmente por um funcionário do comitê), é posto à disposição do imigrante o depósito de três meses de aluguel.

A chegada de tantos imigrantes a São Paulo reflete-se, naturalmente, na situação das suas várias instituições beneficentes. Assim, subiu enormemente o serviço na Linat Hatzedek (parte considerável dos imigrantes sofre das mais variadas moléstias, havendo também casos de tuberculose). A Linat Hatzedek, instituição fundada em 1929, proporciona aos necessitados assistência médica, dando-lhes remédios gratuitos e encarregando-se dos exames de laboratório, radiografias, eletrocardiogramas etc. Desde um ano, mais ou menos, informa-nos o sr. H. B., a Linat Hatzedek está deficitária devido à nova imigração. Enquanto antes sempre havia dinheiro em caixa, o déficit mensal orça atualmente em cerca de Cr$ 20.000,00, devendo-se atribuir esse estado de coisas quase que inteiramente aos novos imigrantes. Cerca de oitenta "verdes" são atualmente atendidos várias vezes por mês e o seu número está crescendo constantemente.

Semelhante é a situação da Ofidas, segundo declaração de D. C. Também essa instituição, que atende a todos sem indagar e inquirir, da mesma forma como a Linat Hatzedek, luta com um grande déficit devido à nova imigração, a cujos componentes fornece roupas, cuidados no terreno da higiene infantil e proteção à mulher grávida. Houve, entre os recém-chegados, pelo menos dez casos de maternidade nos últimos meses. Aos pequenos de três a sete anos a Ofidas atende no seu *Kinderheim* (externato), enquanto os maiores e aqueles que necessitam de um internato são encaminhados ao Lar das Crianças da CIP.

O Lar das Crianças, de acordo com relato da sra. L. H., diretora do mesmo, admitiu quinze crianças da nova imigração desde o início do ano, tendo vindo cinco da Alemanha, oito de Israel e duas da Hungria. A maioria é interna e se encontra na idade de quatro a nove anos. O maior número foi aceito em outubro. Trata-se geralmente de crianças de viúvos ou de casais separados.

Além disso, prestam assistência o Hospital da Ezra, enquanto a Escola Beth Chinuch proporciona ensino às crianças em idade escolar.

Os Imigrantes

Parte dos imigrantes vem, como verificamos, de Israel, outra, de campos de variada espécie. Quase todos são antigas vítimas de campos de concentração, tendo tatuado no braço o número fatal. Pequeno número é inválido devido a ferimentos recebidos na guerra. A maioria não tem profissão definida e a cultura de quase todos é extremamente rudimentar. 95% são casados, com filhos menores, em média, dois. A média dos homens conta cerca de 35 anos, a das mulheres cerca de 25 anos, a das crianças indo de cerca de três a cinco anos.

Grande parte dos recém-chegados é fortemente agressiva, havendo alguns poucos "valentões" que não hesitam mesmo em passar ao ataque físico quando contrariados. Essa agressividade (tomando o termo no seu significado comum), que frequentemente se reveste de feições destrutivas e de intenso ódio a tudo e a todos, é, como se pode compreender, consequência de anos passados sob violenta coação, que não permitia a canalização construtiva do impulso natural de agressão (no sentido psicanalítico) e que tampouco possibilitava o desenvolvimento de uma vida afetiva normal.

Há casos mais graves de desequilíbrio mental, neuroses, constatando o dr. G., entre as suas pacientes na Linat Hatzedek, casos de histerismo com simulação inconsciente de sintomas mais graves do que aqueles que correspondem à sua doença real. Esse fato revela certa tendência de fuga – fuga de uma realidade ambiente que se apresenta desconhecida e, como tudo que é desconhecido, aterradora.

O dr. G. destacou muito bem duas camadas superpostas de desajustamentos: aquela que decorre naturalmente da ansiedade de quem chega a um país estranho e não sabe de que maneira vai arranjar a sua existência material. Daí as constantes perguntas dirigidas ao repórter: "O que é que posso fazer?"; "O que vai ser?"; "Posso viver aqui?"; "O que vão fazer comigo?" (Terrível expressão: quem assim formula a sua pergunta considera-se objeto passivo, não sujeito ativo).

A isso acrescenta-se outro desajustamento, mais profundo, resultante de uma vida de peregrinação, cheia de ameaças e perigos, com a concomitante formação de uma moral específica, marginal, cuja única meta é a sobrevivência sob quaisquer circunstâncias. Decorrem disso atitudes de desonestidade, simulação, mentiras, impertinências e uma esperteza chula, que emprega todas as fraudes e burlas frente aos funcionários do comitê, quando se trata de obter vantagens maiores. Uma vida passada sem exercício de nenhuma atividade construtiva acostumou muitos a viverem às custas das organizações de ajuda. A insolência das suas exigências raia por vezes ao fantástico. O seu traquejo para lidar com comitês de emergência é extraordinário. Visivelmente viveram, nos seus longos anos de peregrinação, a experiência de que quem mais grita, mais recebe. Há alguns que querem começar logo "de cima", mas de qualquer modo se compreende que não querem começar com o salário mínimo, já que, de uma ou de outra maneira, parecem ter sido preparados para ver no Brasil um eldorado no qual o ouro aguarda o seu dono nas ruas. O seu apelo ao "coração judaico" começa em pianíssimo de flauta, estimulando o trabalho das glândulas lacrimais, e termina em fortíssimo de trombeta, ameaçando os tímpanos dos funcionários. Aparentemente, não aprenderam a fazer outra coisa senão pedir assistência, e como, segundo André Gide, é muito difícil ser sincero e ao mesmo tempo parecer sincero, há o perigo de os melhores atores tirarem vantagens da sua arte.

Os mesmos indivíduos, no entanto, cuja insolência diante do comitê não conhece limites, mostram-se dóceis quando estabelecem contatos pessoais com gente de quem não esperam obter vantagens. Nada revelam então, a não ser angústia.

307

Alguns "Casos"

Como em todos os casos semelhantes, não é a média que cai na vista, mas os extremos. Fala-se do valentão que tira uma faca e, diante da gravidade de tais atitudes, não se pode deixar de falar disso. Mas a vasta maioria não tira facas. Qualquer generalização apressada significa uma grave injustiça para com a maioria dos imigrantes. E por mais pronunciados que sejam os desajustamentos, as deficiências morais, a falta de preparo profissional, não se deve esquecer que mais de 50% dos quatrocentos imigrantes acima referidos já se integraram ao menos economicamente, e vão vivendo uma vida mais ou menos normal. Somente de 10 a 20% são considerados de adaptação realmente difícil. Destacam, os interrogados, o problema de que muitos elementos não querem aceitar empregos de Cr$ 2.000,00, embora lhes seja fornecida, caso tenham família, uma ajuda de cerca de Cr$ 3.000,00 para equilibrarem o déficit. Há fichas de imigrantes que receberam até Cr$ 30.000,00 em poucas semanas. Existem também elementos elegantemente vestidos que acharam apartamentos de Cr$ 3.000,00 de aluguel e que exigem o depósito correspondente de Cr$ 9.000,00. Há um imigrante que quer um fogão Ultragaz e não aceita outro. Há aqueles que querem um "capital inicial" para comprarem máquinas e começar "de cima". E há casos tremendamente irritantes. Um menino de quatorze anos, sofrendo de um forte tique nervoso, deveria receber um tratamento adequado; mas o pai desejava esse dinheiro para "fazer negócios". O resultado foi que o menino não recebeu o tratamento e o pai não fez negócios. Uma doente curada por um dos médicos da Linat Hatzedek, pouco depois lhe ofereceu um corte de seda "italiana" que mais tarde se verificou ser do Brás.

A autojustificação dos emigrantes de Israel tem, por vezes, características tragicômicas. Um imigrante, que ocupava uma boa posição em Israel, mas vivia brigando com a mulher, emigrou "para ver se no exterior se reconciliava com a esposa". Naturalmente, agora brigam mais do que antes. Motivos há que são ao mesmo tempo trágicos e irracionais: um viúvo emigrou porque sua mulher foi morta pelos árabes. Uma senhora, vivendo há quatorze anos em Israel, emigrou porque, engravidando três vezes, perdeu todas as crianças depois do parto. Engravidando pela quarta vez, procurou dar à luz no Brasil. Contudo também essa criança morreu, apesar de todos os esforços, devido à interferência do fator RH. Há também o homem que, sendo exímio perito na confecção de gravatas, não encontrou em Israel um mercado interessante. E há o marido que foi abandonado pela sua esposa em Israel mas que, em compensação, tem um irmão rico no Brasil.

Trata-se, na maioria dos casos, de racionalizações – a procura inconsciente de argumentos para justificar uma ação que pesa na consciência.

É reconfortante ouvir o que a sra. L. H. nos diz sobre as crianças que vêm de Israel e que foram aceitas no Lar das Crianças da CIP: são encantadoras, inteligentes, ambiciosas. Adaptam-se com grande rapidez sob a orientação de pessoas especializadas. Não tem havido casos realmente difíceis. Os pais mostram-se satisfeitos com o Lar, mas não ficam muito surpresos, já que conhecem instituições semelhantes de Israel. Embora considerem o auxílio natural, são gratos pela assistência que os filhos recebem. Alguns se arrependem da sua emigração de Israel e receiam a censura dos outros. Destacou a interlocutora que, para ajustar as crianças, é indispensável aconselhar ao mesmo tempo os pais, de vez que os desajustamentos desses últimos se refletem infalivelmente na vida psíquica de seus filhos.

Que Fazer?

Os últimos quarenta imigrantes trazidos pelo Hias foram enviados por esta instituição não como de costume a hotéis, mas à Casa do Imigrante, instituto brasileiro em que nada falta aos elementos das mais variadas proveniências.

Essa medida do Hias é, segundo afirmam seus expoentes, expressão de uma nova política. Deve-se ajudar, mas não demais. Os imigrantes devem integrar-se, porém não necessitam de leitos cobertos de rosas.

Também o Joint é da opinião de que se deve modificar o tratamento, tornando-o mais rigoroso. Em toda a América do Sul, há um clamor contra essa imigração de Israel e, se se continuar a recebê-los com água de colônia, leite e mel, eles acabarão atraindo mais israelis pela sua entusiástica correspondência. O sr. M. T., do Hias, pede uma política drástica em vista de um estado de coisas apto a provocar uma grave desmoralização em escala nacional.

Tal política drástica, se parece ter intuitos moralizadores, tem com certeza a vantagem real de economizar o dinheiro das instituições internacionais que encaminham os imigrantes para o Brasil.

A política da Federação é, bem ao contrário, mais "judaica". Enquanto o Hias coloca os imigrantes na Casa dos Imigrantes, a Federação os tira de lá, colocando-os em hotéis (Por quê? Porque "são judeus"). Confirma o sr. dr. M. K., presidente da Federação, que o número de pessoas registrado até a presente data e atendido pelo comitê, de forma alguma traz caráter alarmante, uma vez que a maioria, sem dúvida alguma, dentro de maior ou menor tempo será absorvida pela coletividade local. Entretanto, continua o nosso interlocutor, "não devemos silenciar a fim de que do nosso silêncio não se tire partido. O fato é que a concentração em São Paulo de todos os imigrantes chegados da Europa, canalizados para cá pelos dirigentes do Joint e Hias, é capaz de criar um grave problema para essa coletividade. As comunidades israelitas do Rio de Janeiro, Porto Alegre, Belo Horizonte, Bahia e Recife, por razões que desconhecemos, estão ficando à margem do importante problema, sobrecarregando-se somente o *ischuv* de São Paulo. Consideramos esse fato como injusto e antieconômico. Os responsáveis pela corrente imigratória dirigida para o Brasil devem urgentemente reconsiderar os seus planos a fim de que se faça equitativa distribuição dos referidos imigrantes. Sem dúvida, a tarefa de acolher, adaptar e radicar os judeus que chegam a São Paulo de todos os rincões do mundo, é de suma importância e não lhes faltará a solidariedade judaica local. Mas, são necessários recursos elevados, dos quais a Federação não dispõe. É verdade que o Joint e o Hias estão contribuindo generosamente, na medida do possível.

Mas é a cargo da Federação que fica sempre a parcela maior em relação às despesas e também às responsabilidades.

Críticas

O trabalho do Comitê de Emergência tem sido e é objeto de muitas críticas, umas justificadas, a maioria injustificada. Uma das falhas mais graves – sessões semanais do próprio executivo para atender de cada vez vários imigrantes até altas horas da madrugada – foi finalmente eliminada. O ambiente assim criado não só era inadequado psicologicamente, mas produziram-se sérios embaraços para os próprios membros do comitê que, logo conhecidos como pessoas abastadas, viram os seus estabelecimentos e escritórios invadidos pelos imigrantes, de tal modo que tinham de ser protegidos dos seus protegidos. Atualmente, no novo escritório à Correia de Melo, os imigrantes são atendidos diariamente pelo dr. K. E., diretor-administrativo especialmente nomeado, que recebe as suas diretrizes do executivo. Isso deve ser considerado um grande progresso, já que o trabalho não sofre solução de continuidade e pode ser efetuado num ambiente de maior disciplina e calma.

Uma das questões que continua sem solução desde 1948, quando escrevemos o nosso primeiro artigo, pode ser posta nos mesmos termos como naquela ocasião:

Um dos problemas mais complicados foi [e é] o de arranjar habitações para os recém-chegados. De início, foram recebidos em Santos ou na estação da estrada de ferro, para serem alojados, primeiramente, em hotéis e pensões, visto o comitê não dispor de um prédio próprio onde pudesse tê-los alojado. Havia [e há] nesse sistema, vantagens e desvantagens. Desvantagens no que se refere ao preço da diária e às reações de ordem psicológica, pois produzia-se, entre os hóspedes acumulados num dado hotel, facilmente, uma espécie de "espírito coletivo" e de intercâmbio de opiniões às vezes nocivo e derrotista [e incitador: o contágio mútuo aumenta o espírito agressivo, instiga a impertinência etc]; possibilitavam-se acessos de inveja [e ódio] quando uma família parecia conseguir uma residência melhor do que outra [ou benefícios maiores]; geravam-se fricções variadas e criava-se um encargo, em alguns casos, demasiadamente prolongado para o comitê, resultado da natural tendência, entre alguns imigrantes, de "deixar-se ficar" passivamente [...] num ambiente relativamente tolerável. Ao lado dessas desvantagens, havia a vantagem da facilidade de comunicação, por parte dos elementos do comitê, com grande número de imigrantes concentrados num lugar, e da possibilidade de estes últimos tomarem contato com a nova realidade sem que perdessem, abruptamente o contato com pessoas de experiências semelhantes.[8]

Tudo que foi dito em 1948, está em pé ainda hoje. No entanto, acrescentamos mais um fato que nos chamou a atenção: a escolha das residências. Quase todas elas estão localizadas no Bom Retiro, zona de aluguéis bastante elevados. Entende-se a preferência tanto dos funcionários como dos imigrantes por aquele bairro que, pela sua particularidade demográfica, facilita o trabalho de uns e a adaptação dos outros. No entanto, há razões superiores que tornam recomendável uma maior distribuição dos novos elementos.

Dever-se-ia introduzir, ao nosso ver, no novo escritório, um sistema de cartões com horas e dias marcados para cada imigrante. Deve-se evitar o acúmulo de elementos desocupados durante longas horas em salas de espera estreitas, onde se incitam mutuamente, espalhando boatos, assistindo a cenas desagradáveis, pondo-se a par de cada cruzeiro concedido aos outros.

É impossível deixar de reconhecer o espírito de abnegação, a paciência, o desvelo dos elementos do comitê que, du-

8. Ver supra, A Nova Imigração e o Forasteiro K, p. 225, em especial p. 227-228.

rante longos meses, sacrificaram preciosas horas de repouso, gastaram tempo, esgotaram os nervos, prestaram por vezes auxílio material por própria conta e se expuseram mesmo a agressões físicas, tudo em benefício dos novos imigrantes.

Mas é impossível deixar de reconhecer, ao mesmo tempo, que essas magníficas qualidades não bastam, em face de um serviço de assistência que requer a colaboração de especialistas. Não basta o coração generoso e experiência de vida; um curso de três anos, no terreno da assistência social, por vezes é preferível. A D. C. é assistente social (*social worker*) formada nos EUA, mas como pertence aos quadros da Ofidas, pouco se pode dedicar ao comitê. É necessário, ao nosso ver, pôr, à disposição do dr. K. E., dois elementos especializados, com tempo integral, para cuidar de um modo mais adequado dos recém-chegados. Segundo acreditamos e nos foi confirmado por especialistas, poder-se-iam economizar importâncias consideráveis se houvesse mais preocupação com o estado psíquico dos imigrantes, se cada caso fosse estudado com minúcia por elementos categorizados – também no que se refere a suas necessidades reais, que por vezes não são de ordem material, embora sempre aleguem falta absoluta de dinheiro –, se, enfim, de uma máquina distribuidora de dinheiro o serviço se transformasse em assistência na plena acepção da palavra. Um dos interrogados, um médico, conhecedor profundo da matéria, disse-nos: "A coletividade parece sentir-se desobrigada quando dá ao imigrante hotel, residência, remédios. Mas, no fundo, os recém-chegados são deixados ao sabor da situação". As dificuldades de ajustar esses elementos, muitos dos quais sofrem de perturbações graves, não são solucionadas pela acomodação em hotéis, residências e profissões. A acomodação tem de ser mais ampla e mais profunda.

Cremos que a boa vontade dos responsáveis é ilimitada. No entanto essa boa vontade tem de encontrar os meios adequados para manifestar-se plenamente na prática, na arte de lidar com imigrantes profundamente abalados nas

313

suas raízes mentais e morais, na arte de assisti-los, quando se trata de elementos realmente necessitados, e de repeli--los com calma e energia quando se trata de impostores.

A IMIGRAÇÃO DA ÁFRICA
DO NORTE PARA O BRASIL[1]

Já foi noticiada, pela *Crônica Israelita*, a vinda para o Brasil de cerca de mil famílias judias da África do Norte, dentro de um período de dois anos, mercê de um acordo formal assinado no Rio de Janeiro, a 4 de setembro de 1956, pelo presidente executivo do Instituto Nacional de Imigração e Colonização, e os srs. I. G. J. e M. W. F., do United Hias Service, organização de integração com fundos estadunidenses. O acordo foi apoiado pelo Presidente do Brasil e teve a aprovação do Conselho de Segurança Nacional. Acredita-se que ao todo cerca de cinco mil pessoas, atualmente radicadas no Marrocos, Tunísia e Argélia, virão para o Brasil graças aos esforços do Hias, cuja filial é aqui registrada como sociedade civil brasileira.

---

1. Entrevista com o dr. S. D. G., CI de 30 set. 1956.

315

Acerca dessa momentosa notícia, que certamente terá larga repercussão na coletividade judaica do Brasil – sempre a última a ser informada sobre todos os assuntos que mais de perto a interessam –, a reportagem entrevistou o dr. S. D. G., presidente da Hias de São Paulo, presidente da Comunidade Sefardita Paulista e do Templo Israelita de Rito Português. Declarou-nos o nosso interlocutor, que se prontificou com grande amabilidade a responder às nossas perguntas, que em fins de junho desse ano foi constituído o Comitê Unido do Serviço Hias, do qual ele, nosso interlocutor, é presidente, sendo os vice-presidentes os srs. M. A., G. K. e W. C.

As funções desse comitê continuam a ser as mesmas da gestão anterior do Hias e do Joint: assistência aos imigrantes (também no que se refere ao transporte para cá), procura de empregos e residências, apoio moral e material (móveis, equipamento de trabalho etc.), manutenção durante vários meses, considerados suficientes para a integração econômica etc. Os recursos financeiros para esses fins provêm, segundo nos diz o dr. S. D. G., dos Estados Unidos. Há normas no que se refere à manutenção dos imigrantes, determinando tanto o mínimo como o máximo dos gastos. Mesmo antes da conclusão do acordo acima referido, já chegaram, a partir de 20 de janeiro deste ano, a esta capital, 143 pessoas, ou seja, 43 famílias, quase na totalidade vindas da África do Norte. Uma notícia alvissareira é-nos transmitida pelo presidente do Hias local: todos esses elementos estão colocados, não tendo surgido, a não ser em um ou dois casos, certas dificuldades.

Trata-se, segundo nos assegura o dr. S. D. G., de uma imigração selecionada, bem diversa daquela que, nos últimos anos, chegando aqui em estado de certa desorganização psíquica, não deixou de causar certas perturbações, fato de que os nossos leitores deverão ainda estar bem lembrados.

Ao que tudo indica – segundo as declarações do dr. S. D. G. –, o elemento norte-africano, pelo menos segundo as amostras até agora aqui chegadas, será integrado e absorvido com facilidade. Tratar-se-ia de técnicos, operários, lavradores que quase imediatamente começam a trabalhar. Em alguns casos, graças ao apoio de uma nova organização judaica que se encarrega de emprestar-lhes dinheiro para a aquisição de instrumentos e equipamentos, conseguiram já montar as suas próprias oficinas ou trabalham em casa com instrumentos comprados por essa organização.

Ao contrário dos estereótipos difundidos acerca dos judeus norte-africanos, não se trata de elementos primitivos. São todos alfabetizados, com instrução primária ou mesmo secundária; todos falam francês (pois sim!), todos falam também hebraico, muitos árabe e alguns espanhol. É bastante alto o nível religioso. Exteriormente, se apresentam bem postos, corretamente trajados, denotando também certa cultura na conduta e no falar.

Afirma o nosso interlocutor que, dessa vez, não será São Paulo o receptáculo quase exclusivo da nova onda imigratória. O Rio de Janeiro receberá certo número dos imigrantes e outra parte será dirigida para Belém do Pará, onde já há um núcleo de judeus norte-africanos (desde o início do século). No entanto, será inevitável que a maior parte seja encaminhada para este Estado de São Paulo (em parte para o interior: Jundiaí e Campinas, em particular), em virtude do grande adiantamento econômico da terra bandeirante. Vale mencionar também que o atual Comitê do Hias, no caso dos imigrantes chegados, tem-se empenhado em descentralizá-los, dispersando-os por bairros diversos. Todos eles frequentam sinagogas no bairro da Mooca ou a sinagoga da rua Abolição.

Visto tratar-se de elementos religiosos muitas vezes ortodoxos, surgirá, para a Comunidade Sefardita, o problema da construção de um grande templo, "pois essa gente rezar; "cogitamos também em criar uma escola *Talmud Torá* para ministrar o necessário ensino aos filhos dos novos imigrantes".

Referindo-se à colaboração prestada por outras instituições judaicas locais, o dr. S. D. G. mencionou o interesse demonstrado pela Subcomissão da Liga Feminina Israelita do Brasil, bem como, nos poucos casos que se apresentaram, a colaboração eficiente da Linat Hatzedek. Dirigiu o nosso interlocutor, ao mesmo tempo, um enfático apelo à coletividade no sentido de finalmente se cuidar do problema da unificação das organizações num único centro de assistência – fato que aumentaria muito a eficiência com que os recursos indispensáveis – em remédios, serviço médico, cuidados à criança, à parturiente, à mãe – poderiam ser colocados à disposição dos necessitados.

PRIMEIROS REFUGIADOS JUDEUS
DA HUNGRIA CHEGAM A SÃO PAULO[1]

A Assistência Judaica
em Face dos Refugiados Húngaros

Entrevistamos inicialmente o sr. E. B., expoente destacado do comunidade judaica-húngara, organizada na Sinagoga Israelita Paulista, membro da diretoria do Clube Húngaro e membro do Conselho de Assistência Social da Federação.

Declarou-nos o sr. E. B. que o conselho de Assistência Social da Federação, que recebe parte dos seus recursos da Claims Conference, não se acha por ora adequadamente preparado para atender ao novo problema dos refugiados judeus da Hungria. Isso particularmente em vista do fato de que os recursos da Claims Conference se destinam a vítimas do nazismo, posto que, embora interpretado com

1. CI 10 jan. 1957.

toda a liberalidade, não se aplica evidentemente aos novos refugiados. Mais importante do que isso é, no entanto, o fato de que os recursos de assistência são extremamente parcos para amparar refugiados em número considerável na iminência de afluírem a São Paulo.

Reunião Extraordinária

Realizar-se-á (ou já se realizou, ao sair este número da *Crônica*) uma reunião extraordinária para tratar, no Conselho de Assistência Social da Federação, em conjunto com a Sinagoga Israelita, do problema dos novos refugiados. É evidente que a questão, devido a sua amplitude, ultrapassa as possibilidades da Sinagoga Israelita Paulista, composta de apenas duzentos sócios.

"No entanto", declarou o nosso interlocutor, "não tenho a mínima dúvida de que tanto a Federação como todos os órgãos judaicos existentes em São Paulo, acudirão com sentimento fraternal para amparar e assistir os refugiados que ora estão chegando".

Calcula o sr. E. B. que chegarão aproximadamente de oitenta a cem judeus que têm parentes aqui. Estes não representarão, provavelmente, um ônus considerável para o *ischuv*. Todavia, virá um número muito superior – de algumas centenas de pessoas – de refugiados que não poderão contar, aqui, com nenhum amparo de familiares. Estes, evidentemente, têm de depender das entidades de assistência judaica já que se trata de indivíduos completamente desprovidos de recursos, geralmente equipados apenas com as próprias roupas que no momento estão usando. Virão, na maioria dos casos, jovens de cerca de vinte anos, pois somente os jovens tomaram parte ativa no levante e se achavam, por isso, ameaçados pelas represálias do regime bolchevista. Caberá, portanto, ao *ischuv* prestar assistência a esses jovens e organizar um serviço capaz de lhes ministrar lições de português. A Sinagoga Israelita Paulista envida todos os esforços para colaborar com as entidades de assistência a fim de, assim, facilitar o destino dos que aqui chegarem.

Isolacionismo Judaico?

Expõe-nos o sr. E. B. a situação dos judeus húngaros no quadro mais amplo dos refugiados húngaros em geral. Existe um Comitê Colonial que reúne os representantes das sociedades húngaras. Paralelamente a esse comitê, funciona um subcomitê húngaro da Cruz Vermelha Brasileira, que está angariando donativos no seio da colônia húngara global, podendo dispor autonomamente da aplicação dos recursos. "Esse Comitê Colonial – declara o sr. E. B. –, segundo o meu ponto de vista particular, deverá assistir a todos os refugiados, quer judeus, quer não (ao todo deverão vir cerca de 59 mil húngaros), e isso indistintamente, não importando a religião dos assistidos. Segundo a minha opinião, não têm razão os judeus que insistem num isolamento completo da assistência ao grupo judeu. É claro que o auxílio global, através do subcomitê húngaro da Cruz Vermelha Brasileira, não será suficiente, de modo que as organizações específicas dos vários credos terão amplo campo de trabalho, cada qual no seu âmbito. Seja como for, quanto a mim bato-me pela tese de que o grupo judeu não deve ser isolado, participando dos benefícios provenientes de donativos de todos os húngaros, quer judeus, quer não.

A Situação Geral

Falando sobre assuntos de ordem mais geral, o sr. E. B. precisou que, entre os cerca de 150 mil refugiados, mais ou menos 15 mil são judeus. Desses, cerca de 3% dirigem-se para Israel, ao passo que os outros serão absorvidos pelos Estados Unidos, pelo Canadá, Austrália, África do Sul e outros países. Certo número, como vimos, escolheu o Brasil.

A Embaixada Brasileira na Áustria concede vistos a pessoal peneirado em Viena pelo Comitê de Seleção do Conselho de Imigração e Colonização e, além disso, a pessoas que têm parentes aqui; estes têm de preencher um formulário do subcomitê húngaro da Cruz Vermelha Brasileira, formulário esse que depois é enviado por essa entidade, por intermédio do Itamarati, para a Embaixada Brasileira em Viena. Certo número de judeus recebe também vistos através dos esforços do Joint e Hias, que se encarregam dos respectivos transportes.

Apelo

Segundo nos refere o nosso interlocutor, chegaram, até agora, a São Paulo, seis judeus húngaros, quatro deles declarados: um casal com dois filhos (veja a entrevista que segue). Os elementos chegados ou a chegar vêm apenas com a roupa do corpo. Ainda assim, mostram excelente estado de espírito porque, por ora, estão sendo recebidos por familiares ou conhecidos e ficam satisfeitos por poderem permanecer aqui. "Sabemos", declara o sr. Balasz,

que muitos encargos pesam sobre o *ischuv* de São Paulo, considerando-se que vêm elementos do Marrocos e da Europa. Mas não tenho a mínima dúvida de que o sentimento fraternal judaico se manifestará também em benefício dos novos imigrantes provenientes dos campos de refugiados da Áustria. Faço um apelo a toda coletividade judaica de São Paulo para enviar à organização Ofidas roupas usadas. E apelo à indústria e ao comércio judaicos para que comuniquem à Sinagoga Israelita Paulista, à rua Augusta n. 259, eventuais vagas nos seus quadros de técnicos ou operários especializados. Desse modo, poderemos proporcionar aos refugiados a possibilidade imediata de ganharem o seu sustento e de se integrarem na vida econômica do país, estabelecendo um lar nessa terra hospitaleira que é o Brasil.

Um Casal, Dois Filhos: "Respirando Livremente"

Encontramos o primeiro casal chegado aqui vindo da Hungria numa pensão situada no centro de São Paulo, cuja proprietária nos recebeu com grande amabilidade. Esse primeiro abrigo foi proporcionado aos refugiados por conhecidos que, no momento, pagam-lhes as despesas. Não podemos declinar o nome da jovem família visto que tem parentes na Hungria, cuja situação não querem expor a perigos. Recorremos aos gentis serviços de intérprete de um dos moradores da pensão para nos comunicarmos com os refugiados, que falam somente a língua húngara.

Disse-nos o chefe da família que a seleção dos elementos refugiados foi efetuada pelo padre Jordan, enviado pela embaixada brasileira para encarregar-se dessa tarefa. Salienta que foi bem tratado e colocado, com sua família, no primeiro transporte aéreo – em consideração pelos dois filhinhos de oito meses e três anos e meio, embora pesasse também o fato de ele ter aqui um conhecido disposto a ampará-lo. A viagem foi paga pelo serviço do Hias.

O Campo de Refugiados

Claro, vivemos, no nosso campo, um tanto apertados. Fiquei com minha família durante cinco semanas num campo situado a uma distância de cerca de 80 km de Viena. Tenho que salientar que as organizações de caridade cristãs se comportaram otimamente, sem que houvesse qualquer discriminação religiosa ou de qualquer outra espécie. No meu caso especial, faço mesmo questão de dizer que essas organizações foram as únicas a nos ajudarem, já que não notei nada da existência de organizações judaicas. As instituições católicas e protestantes deram-nos roupas, brinquedos e doces para as crianças – naturalmente também a outras famílias judaicas.

Insistimos nesse ponto, um tanto surpresos e pensando que o nosso interlocutor talvez fosse movido por alguma amargura pessoal contra as instituições judaicas, como ocorre com frequência. Repetiu ele, no entanto, que pelo menos no seu campo não apareceram expoentes de organizações judaicas. Foi então a Viena, visitando os escritórios das grandes instituições judaicas; ainda assim, nada aconteceu por parte dessas instituições. Arranjou pessoalmente os documentos necessários para emigrar para o Brasil, apresentando-os ao Hias. Este, então, prontificou-se a pagar as despesas de viagem.

Quanto à vida no nosso campo, mantido pela Cruz Vermelha Dinamarquesa, não posso queixar-me. Em vista da situação geral e do grande número de refugiados, pode-se dizer que vivemos em circunstâncias bem razoáveis. A comida era farta e de qualidade bastante boa. A população austríaca tratou-nos muito bem; trouxeram-nos víveres e brinquedos e levaram as crianças às suas casas, onde lhes deram hospitalidade durante vários dias. Residimos em barracas improvisadas, dormindo sobre colchões de palha. Organizamos, entre nós, habitantes do campo, a limpeza e a manutenção da ordem. O nosso campo era misto, de judeus e não judeus, abrigando cerca de 15% de judeus[2].

O Antissemitismo no Campo

Fizemos uma indagação acerca do comportamento dos refugiados não judeus com relação aos seus companheiros judeus. Quanto a isso, o nosso interlocutor mostrou-se muito reticente e quase teimoso. Com dificuldade, conseguimos obter a informação inicialmente um tanto vaga de que a conduta deles, nesse ponto, era "feia". Eram, com uma palavra, na sua maioria, antissemitas. Isso, aliás, nos foi confirmado por outros húngaros aqui radicados. Certa parte dos refugiados húngaros parece estar imbuída de um antissemitismo particularmente virulento e muitos, indiscutivelmente, nutrem ideias veementemente fascistas. "De resto, o antissemitimos", disse o nosso interlocutor, "não foi uma coisa particular do campo. É um velho padrão húngaro que se manteve da mesma forma sob o novo regime".

Ao pedirmos informações sobre a atitude política dos refugiados, mostrou-se, o nosso interlocutor, igualmente avesso a declarações francas. "Politicamente", disse enfim, depois de hesitar longamente, "ninguém desejava manifestar-se nem como comunista, nem como fascista e nem sequer como democrata. Todos, porém", acrescentou, "são

2. Aparte da Redação da CI: "Estas informações, provenientes das pessoas interrogadas por nossa reportagem, forçosamente têm de nos surpreender, já que sabemos, por outras fontes, que as organizações de assistência judaicas internacionais, mormente o Joint, imediatamente puseram à disposição verbas extraordinárias e que todos os assistentes sociais disponíveis do Joint na Europa foram concentrados na Áustria a fim de poderem prestar auxílio. Possivelmente, o nosso informante fugiu, antes que essas medidas pudessem repercutir na atuação prática dos órgãos mencionados".

de uma ou outra forma nacionalistas contrários, como é claro, ao domínio russo".

Não Quer Mais Saber da Europa

– E por que o senhor resolveu fugir?

– O motivo principal foi eu ter filhos pequenos, cujo futuro me preocupava. Gostaria de ver garantido o seu futuro num país livre e democrático. Não saí da Hungria somente por causa dos acontecimentos. Afinal, perdi meu pai na Primeira Guerra Mundial, quando eu contava apenas com um ano. Na Segunda Guerra Mundial foram-me impostos trabalhos forçados. Esse trabalho e depois um período como prisioneiro da Rússia custaram-me cinco anos de minha vida. Ao voltar à minha cidade soube que minha mãe e irmã tinham sido assassinadas em Auschwitz. Desejo poupar aos meus filhos experiências semelhantes.

Procuramos saber algo acerca do novo regime e da situação húngara geral. Mas o nosso interlocutor recusava-se terminantemente a falar sobre esses assuntos. Somente nos revela que trabalhou numa cooperativa artesanal, não querendo especificar o ramo particular a que se dedicava para não facilitar a verificação de sua identidade.

Impressões do Brasil

– E como se sente aqui no Brasil?

– Sinto-me muito bem – e a jovem esposa ao seu lado intervém pela primeira vez para dar maior ênfase às palavras do marido. – Temos a sensação agradável de que se pode viver aqui sem que ninguém nos pergunte pela nossa religião ou raça. Nas ruas vemos pessoas de várias raças, todas elas à vontade. Isso é maravilhoso. Ninguém indaga dessas coisas, ninguém se interessa por isso. É formidável.

Perguntamos como foi recebido aqui.

– No aeroporto, um senhor (certamente o sr. Balasz) perguntou-nos se temos aqui parentes ou conhecidos. Não sabíamos quem era esse senhor. Respondemos-lhe que temos um conhecido aqui. Visto que uma das crianças estava doente, ela foi levada à casa do nosso conhecido. Depois nos hospedamos nessa pensão. Desde então, ninguém perguntou por nós, a não ser o senhor [isto é, o repórter]. Fui ao Hias. Lá me disseram que deveria ver o sr. X, da Sinagoga Israelita Paulista. Este me disse que o nosso conhecido nos ajudaria. Com efeito, ele está nos ajudando.

Asseguramos ao nosso interlocutor (um pouco ferido no nosso local-patriotismo) que tudo, nesse campo (não tão bem organizado como os campos da Áustria) está por ser organizado. Se ele se sente um pouco "no ar" – e notou-se certa amargura nas expressões que não reproduzimos aqui –, isso decorre do fato de ele ser o primeiro refugiado húngaro a chegar, o pioneiro, por assim dizer, e os pioneiros sempre têm de se defrontar com uma situação nova e, por isso, mais difícil.

Dois Mistérios

Queremos ainda falar de alguns mistérios que não deixaram de nos surpreender de uma forma assaz veemente, embora talvez não devêssemos nos surpreender depois das experiências que já colhemos nesse terreno anteriormente.

Primeiramente, ao recebermos da redação da *Crônica* a incumbência de nos interessarmos pelo problema dos refugiados húngaros, telefonamos à Federação. Ali nos disseram que nada sabem a respeito de refugiados húngaros chegados aqui (no entanto, a família que entrevistamos já se encontrava há vários dias em São Paulo). Ignoramos se essa ignorância é ignorância mesmo ou um novo processo de manter a imprensa judaica na ignorância. Se for ignorância mesmo, somente podemos dizer que preferimos ignorar os qualificativos cabíveis nesse caso. Se for ignorância "sabida", ocorre exatamente o mesmo.

Outro mistério sumamente curioso é o do número dos judeus húngaros já chegados aqui. Segundo certas fontes –

relacionadas com o Hias –, teriam chegado a São Paulo dezesseis judeus – além do casal entrevistado. Oficialmente, porém, chegaram apenas quatro judeus declarados e dois não declarados. Parece certo que, no primeiro transporte chegado ao Brasil, oito elementos de 43 eram indubitavelmente judeus, já que foram transportados pelo Hias. Quatro desses oito ficaram no Rio, além de outros húngaros. Quatro chegaram aqui declaradamente: são os nossos interlocutores. Com eles chegaram mais dezesseis ou dezessete húngaros: judeus? Não judeus? Dois deles, judeus, embora não declarados. E as fontes que afirmam terem chegado aqui dezesseis judeus, além dos nossos quatro? Aliás, dezesseis judeus que teriam ficado hospedados num hotel? É um mistério. Veja-se lá quem pode entender essa estatística!

AUMENTA A ONDA IMIGRATÓRIA: DECLARAÇÕES DOS RESPONSÁVEIS PELO TRABALHO[1]

Numa entrevista concedida à reportagem da *Crônica Israelita*, na sede da Federação, pelo sr. M. F., a cuja exposição vieram mais tarde adicionar-se, quer confirmando e acentuando, quer ampliando, limitando ou divergindo, as exposições dos srs. drs. S. D. G. e J. O., foram colhidas as informações que se seguem:

Após ligeiros mal-entendidos iniciais havidos entre o United Hias Service e a Assistência Social da Federação – ligados naturalmente a questões financeiras –, chegou-se a um completo acordo que virá beneficiar os numerosos imigrantes judeus procedentes da Hungria, do Egito e Marrocos. O acordo estabelece que o Hias pagará 40% e a Federação 60% da assistência aos refugiados, ou seja, visto a

1. CI 15 fev. 1957.

importância a ser despendida *per capita* ter sido fixada em Cr$ 10.000,00, caberão Cr$ 4.000,00 ao Hias e Cr$ 6.000,00 à Federação. Se a soma necessária for maior, haverá acordos de caso em caso. As despesas administrativas da Federação, que pôs à disposição dos imigrantes o quadro de funcionários já existente e empregará novos elementos na medida em que isso se tornar necessário, são cobertas na mesma proporção.

Numa reunião prévia, por iniciativa da Federação, criou-se o Comitê Unido do Estado de São Paulo para Auxílio aos Refugiados, cujo presidente veio a ser o dr. S. D. G., autorizado a realizar uma campanha rápida de seis semanas (de 1º de fevereiro a 15 de março), a fim de obter os recursos necessários para cobrir os 60% que cabem à Federação na assistência aos imigrantes.

Houve, a 7 de fevereiro, outra reunião, nela colaborando intensamente o grupo sefardita, muito empenhado em prestar todo o auxílio possível na obtenção da verba indispensável. Compareceu a essa reunião um número elevado de ativistas que apoiaram a iniciativa da campanha. Constituíram-se comitês de bairros para realizar a campanha.

No que se refere ao número dos refugiados chegados ou a chegarem, verificamos, por alto, que a 8 de fevereiro chegaram 128 judeus, sendo dez marroquinos, seis egípcios e a grande maioria, húngaros. No dia 12 chegaram cerca de sessenta judeus, na maioria húngaros. Nos dias seguintes chegarão mais levas de imigrantes judeus dos países mencionados. Anteriormente chegou, a 10 de janeiro, um grupo de 28 egípcios.

Segundo informações adicionais do sr. E. B., imigraram, até agora, mais ou menos 160 húngaros. Boa parte já conseguiu moradia, tendo o comitê prestado o necessário auxílio para os aluguéis. Certa parte tem trabalho em vista (alguns, segundo sabe o repórter, já estão trabalhando), aguardando apenas a regulamentação dos seus documentos (modelo 19 e carteira profissional). Parte, porém, é de profissão liberal, o que dificultará a sua adaptação. Mas como têm famílias estabelecidas aqui, espera-se que, embora lentamente, se integrarão com certa facilidade.

O dr. S. D. G., presidente do comitê, e o dr. J. O., vice--presidente do mesmo, desmentiram certos boatos no sentido de que o comitê não cuidaria com suficiente empenho dos imigrantes: boatos decorrentes, certamente, do fato de certa parte dos refugiados ter ficado detida na Ilha das Flores durante algumas horas. Tal fato se verificou realmente porque lhes faltavam os documentos necessários. No entanto, os documentos dos "ilegais" foram rapidamente completados, normalizados e legalizados graças à garantia prestada pelas respectivas famílias. O que realmente se verificou foi apenas um pequeno atraso no desembarque devido à falta de documentos ou vistos legais. Não cabe culpa nenhuma ao comitê.

Tanto o dr. D. G. como o dr. J. O. dirigiram-nos um candente apelo para que divulgássemos, o mais possível, os fatos, chamando a atenção para a necessidade de todos contribuírem generosamente a fim de aliviar a situação difícil dos refugiados, cujo número vai aumentando num crescendo constante. Ao que tudo indica, devemos aguardar forte influxo de imigrantes húngaros, marroquinos e egípcios. Cabe, portanto, a todos nós – que já passamos por situação semelhante – apoiar o comitê e a campanha que está realizando.

Ao mesmo tempo, desejamos pedir a todos os nossos leitores que comuniquem à Federação (ou seja, ao comitê mencionado) qualquer informação que possa ser útil para arranjar colocações aos novos imigrantes.

PROBLEMAS DA IMIGRAÇÃO JUDAICA[1]

O dr. I. J., dirigente do United Hias Service do Rio de Janeiro, tendo participado de várias conferências, em diversos países, dedicadas a problemas da migração judaica, apresentou à imprensa judaica de São Paulo, a 4 de dezembro, um relatório sobre as questões debatidas naquelas ocasiões. Estiveram presentes, durante a entrevista, vários expoentes do *ischuv* de São Paulo.

O sr. S. W., presidente da Magbit, apresentou o interlocutor, declarando que o relatório retrata fielmente a situação sombria de muitas comunidades judaicas no mundo; visto que a Magbit está relacionada com os problemas em foco – devido à imigração para cá e em virtude da ligação dos Serviços Joint e Hias com a emigração para Israel –, os expoentes da Campanha Unida acharam interessante dar a esse relatório a mais ampla repercussão possível. Salientou

1. CI 16 dez. 1957.

333

o sr. S. W. que cerca de 1500 contribuintes – mais de um terço em fichas (embora não em dinheiro) – ainda faltam por serem trabalhados. É, pois, importante que o *ischuv* tome conhecimento dos fatos a serem expostos.

O dr. I. J. discorreu em seguida sobre as conferências que se realizaram nas últimas oito semanas, salientando que a ONU participa da ação de auxílio aos fugitivos. Na conferência do Joint, em Genebra, o assunto da assistência aos judeus fugitivos foi amplamente debatido. No Egito, vivem atualmente cerca de 35 mil judeus, saindo mensalmente de quinhentas a mil pessoas. Há, diariamente, incidentes antissemitas. A situação econômica dos restantes é precária, tendo permanecido, na maioria, idosos e crianças. Os hospitais judaicos foram encampados pelo Estado e há dificuldade de obter remédios. Dos 34 mil judeus que já emigraram, a metade seguiu para Israel; cerca de 10 mil encontra-se na Europa, em situação econômica delicada. Cerca de dois mil vieram para o Brasil, graças à compreensão do presidente Kubitschek, com o auxílio dos *ischuvim*, através das *magbot*, e dos serviços Joint-Hias. No que se refere à Argentina, o governo se nega a dar vistos a judeus desejosos de permanecerem em Buenos Aires e ameaça exercer severa fiscalização nesse sentido. Por isso, os judeus não querem ir à Argentina, visto não conhecerem cidades menores – embora importantes –, como Rosário.

Nas conferências dos serviços Joint e Hias em Paris, foram traçados planos para a migração dos anos vindouros. É grave o problema dos judeus na Argélia, particularmente na capital. Nas comunidades menores, os revolucionários impõem aos judeus que se decidam ou em favor da revolução nacional ou da França, negando-lhes o direito de se manterem neutros. Surge daí um problema de difícil solução.

Na Tunísia, o presidente Burguiba é liberal. No entanto, retirou-se o auxílio das comunidades judaicas, acusando-as de não serem leais. Exige-se a integração completa, de modo a se levantarem também aqui graves problemas.

O Sultão do Marrocos mantém para com os cerca de 200 mil judeus uma atitude amigável. Quanto à Polônia, o presidente Gromulka permite a emigração dos judeus para Israel, excluídos os judeus repatriados da Rússia. Há cerca de 46 mil judeus na Polônia que vivem – embora não haja antissemitismo oficial – ameaçados por incidentes, em situação constrangedora e difícil. Dentre o total, somente oito pretendem permanecer na Polônia.

Há cerca de meio milhão de judeus na África do Norte, mais os da Polônia, que necessitam de facilidade para emigrar. Dos países mencionados, 102 mil judeus emigraram nesse ano, dos quais 82 mil seguiram para Israel, graças à colaboração estreita entre a Agência Judaica e os Serviços Joint-Hias. "O nosso empenho particular", disse o dr. J., "é ajudar a unir as famílias. Também no próximo ano pretendemos encarregar-nos da emigração de 102 mil judeus, uma vez que a situação é de emergência".

Acrescentou o interlocutor que a ONU concede 100 mil dólares para a integração dos judeus na América do Sul – cerca de quatro mil ao todo, dos quais, junto com os húngaros e outros, mais três mil se estabeleceram no Brasil: 311 em 1956 e mais de três mil em 1957, sendo que 1800 em São Paulo, mais de mil no Rio e o resto em outras cidades.

O sr. I. K., representante do Joint para o Brasil, falando em seguida, declarou que a situação atual é extremamente grave, mas não sem certos aspectos favoráveis. Assim, o governo polonês convidou o Joint para estabelecer um escritório na Polônia. Trata-se de uma verdadeira reviravolta! Aqui se abriu uma porta através da qual se torna possível um contato com os judeus dos países do bloco soviético. Esse grande êxito é fruto de um trabalho prolongado, realizado após a violenta campanha antijudaica, ocasião em que o Joint teve de se retirar daquela região. É difícil dizer, contudo, se esse exemplo será imitado por outros países comunistas. Estão em andamento negociações e há esperanças.

Em seguida, o sr. I. K. salientou a unidade e íntima colaboração que atualmente se verifica nas atividades assistenciais, tanto em escala internacional como local. O Joint dirige hoje metade do seu orçamento para Israel. A Agência Judaica,o Hias, o Joint, o Ika (Idisch Kolonization Association), colaboram de mãos dadas, integrando-se nesse movimento de solidariedade à Magbit, já em si incluída pelo seu trabalho bilateral em favor das necessidades locais e de Israel, agora ainda mais ligada à assistência imigratória,mercê dos 10% que se concedem a esta, à base do aumento das contribuições. Assim, não existe mais nenhuma competição nesse campo e o trabalho se realiza em esplêndida coordenação. No entanto, como os problemas são urgentes, exige-se um esforço máximo por parte dos contribuintes da Magbit em prol dos irmãos em perigo.

Respondendo a perguntas, os dois interlocutores enalteceram a atitude democrática do presidente Kubitschek e de outras autoridades brasileiras, salientando os excelentes êxitos obtidos com a nova imigração que, em grande parte, já se acha plenamente integrada. Com efeito, cerca de 85% dos que chegaram ao Brasil no decurso do ano – exceptuando-se naturalmente os que vieram nas últimas semanas – já consolidaram a sua situação econômica aqui, como comprova um relatório escrito em que são enumerados diversos casos típicos.

O sr. S. W., proferindo agradecimentos, encerrou a entrevista, cujos dados, de grande importância, certamente encontrarão a repercussão merecida.

A NOVA CORRENTE IMIGRATÓRIA[1]

I

A *Crônica Israelita* publicou repetidamente séries de reportagens sobre as várias correntes imigratórias que, a partir dos fins da Segunda Guerra Mundial, afluíram a esse país, em particular a São Paulo. O maior volume de judeus mais recentemente chegado a São Paulo veio em 1957, diminuindo a afluência nos primeiros seis meses de 1958.

Segundo o relato da United Hias Service, que foi posto à nossa disposição pelo diretor regional, o número conhecido de imigrantes judeus chegados em 1957 a São Paulo foi de 2.248, incluindo-se aí 454 israelis. Sabe-se, no entanto, que deve ter chegado a São Paulo, além disso, um total de cerca de quinhentos judeus fazendo uso dos seus próprios recursos. Assim, a imigração total de judeus a São

---

1. CI 15 nov. 1958; 16 dez. 1958; 31 dez. 1958; 28 fev. 1959.

Paulo – em 1957 – atinge a um número de cerca de 2.700 a 2.800 pessoas.

Durante os primeiros seis meses de 1958, verificou--se considerável decréscimo de afluência. Segundo tudo indica, veio ter aqui, além disso, um número bem maior de judeus à base de recursos próprios; destes, o UHS naturalmente não pode adiantar pormenores. O decréscimo, que já se iniciou nos fins de 1957, decorreu do fato de que a imigração da Hungria ficou quase por completo interrompida, enquanto muitos egípcios, esperando "melhores tempos" – que, contudo, não vieram – resolveram permanecer por ora no Egito.

Excluindo-se os israelis, podemos, portanto, falar de uma "onda" de cerca de dois mil judeus, cobrindo um espaço de tempo de cerca de dezoito meses, onda composta principalmente de egípcios (cerca de 1.350), húngaros (cerca de 500) e, em menor grau, de norte-africanos (31) e europeus e outros (135). Incluindo os israelis, o número será de cerca de 2.700, e, incluindo ainda o número daqueles (israelis ou não) que aqui entraram com seus próprios recursos, o número será de cerca de 3.500.

Embora só parte – a maior – desse grupo total tenha passado pelos serviços do Conselho de Assistência Social da Federação ou pela sua agência – o Comitê de Colocação –, cabe dizer que esse número deve ser considerado assaz expressivo. Segundo a nossa avaliação, baseada nos censos oficiais, mesmo tomando em conta certo número que não declarou a sua religião, supomos que o número real dos judeus aqui em São Paulo seja de cerca de 40 mil. Admitamos, contudo, que tenha entrementes subido a 50 mil. Ainda nesse caso, temos um aumento da população judaica, durante dezoito meses e apenas por via de imigração (e não de crescimento natural ou por via de migração interna), de cerca de 7%, dos quais a maioria teve que recorrer aos serviços de assistência da comunidade judaica auxiliada, de modo eficiente, pelo United Hias Service.

Melhor Organização da Comunidade

Felizmente, a coletividade judaica de São Paulo – assistida pelo United Hias Service –, viu-se, dessa vez, bem preparada para cumprir as tarefas decorrentes dessa imigração. O Conselho de Assistência Social da Federação – cujo presidente será ainda entrevistado por nós – parece ter estado à altura das suas responsabilidades, no esforço de coordenar as várias organizações assistenciais. Os expoentes do UHS atendem as sessões do conselho e participam das discussões e decisões. O quadro profissional da agência assistencial do conselho consiste de um elemento supervisor dos casos, que é tecnicamente treinado, e vários elementos não treinados. A diretora do *case work* do UHS de São Paulo dirigiu, durante certo tempo, uma série de sessões de instrução, participando de discussões sobre casos individuais. O quadro profissional do conselho, em cooperação com um comitê voluntário, que se reúne duas vezes por semana, analisa cada caso. A assistência inclui grande variedade de serviços: dinheiro para sustento e aluguel, legalização de documentos, orientação familiar. A assistência da Federação colabora em estreita ligação com as outras instituições assistenciais, a fim de proporcionar aos imigrantes cuidados médicos, ensino escolar etc.

O Comitê de Colocação

De extrema importância para a integração dos recém-chegados é, naturalmente, o Comitê de Colocação, cuja equipe profissional consiste de um supervisor (de tempo integral), uma secretária que atende e entrevista os imigrantes (tempo integral) e uma entrevistadora de tempo não integral e um contínuo.

Já escrevemos na *Crônica* sobre o trabalho desse comitê que, em 1957, nos nove meses de seu trabalho, colocou mensalmente uma média de 49 pessoas, ou seja, 67% dos registrados (registraram-se 74 pessoas por mês, ao todo, 664 imigrantes), ao passo que nos primeiros seis meses de

1958 foram colocadas 237 pessoas, cerca de quarenta por mês. Ao fim dos primeiros seis meses de 1958, havia ainda 210 pessoas não colocadas, quase todas recém-chegadas (isto é, fazendo parte dos últimos grupos a chegarem), geralmente por serem idosas, doentes ou sem profissão.

Nos seis meses de 1958 aumentou o número de israelis registrados nesse comitê, perfazendo eles então 39%, ao passo que havia 32% de egípcios e 29% de húngaros, poloneses e outros registrados para fins de colocação. O comitê aceitou o princípio fundamental formulado pelo UHS, de tomar em consideração, em primeiro lugar, os pedidos de colocação provenientes de imigrantes não israelis. Os israelis são beneficiados pelos serviços do comitê somente *depois* de terem sido encontrados empregos para os outros. Princípio cuja discussão não nos cabe nesse momento.

Sobre os empregos encontrados, as pessoas assistidas e as somas gastas, bem como sobre a composição dos recém--chegados, apresentaremos maiores detalhes numa das futuras reportagens desta série.

O Sr. J. R. Fala à *Crônica*

O que nos interessou, antes de tudo, foi obter do diretor regional do UHS, uma opinião geral sobre as atividades assistenciais das diversas organizações paulistanas e sua colaboração na tarefa de integrar os imigrantes com a máxima rapidez possível. Referimo-nos a organizações como Linath Hatzedeck, Ofidas, Ezra, Lar das Crianças da CIP, Asilo dos Velhos, à Liga Feminina, às Caixas de Empréstimos etc. Sobre boa parte dessas organizações, já publicamos, há certo tempo, reportagens especiais (em parte críticas) na *Crônica Israelita*. Teremos, no decurso desta reportagem, ocasião para abordar os serviços prestados por elas.

O sr. J. R., que nos recebeu no escritório da United Hias Service, destacou, inicialmente, a presente política liberal do Brasil no tocante à imigração. Realçou a atitude humana e compreensiva do presidente Juscelino Kubitschek, graças à qual o UHS conseguiu levar adiante a sua obra em favor de

340

numerosos judeus, cuja situação nos países de origem se afigurava extremamente delicada e ameaçadora. A gratidão dos judeus, ao Brasil e aos seus dirigentes, não conhece limites.

O sr. J. R. fez questão de frisar que a comunidade judaica de São Paulo é uma das mais cooperativas do mundo, quando se trata de receber imigrantes e facilitar-lhes a integração. Salientou, com ênfase, a boa vontade de todos, individualmente, e das organizações locais, quer da Federação, quer das instituições acima mencionadas e das que, por esquecimento, deixamos de mencionar. É grande o número de pessoas que colaboram intensamente nessa nobre tarefa. Elogiou, em particular, o magnífico trabalho da Ofidas, cujo nível de atividade se compara ao que de melhor há nos Estados Unidos, não deixando de ressaltar também os méritos de outras organizações, como o Lar das Crianças, a Linat Hatzedek, o Campo de Férias da Liga Feminina etc.

Disse o sr. J. R., contudo, que há tremenda falta de trabalhadores sociais de profissão, acentuando que aos interessados em dedicar-se aos estudos especializados se concedem bolsas e todas as facilidades. Isso naturalmente não desmerece o grande trabalho realizado pelas voluntárias que colaboram com devoção e inteligência. Mencione-se aqui, em particular, a Liga Feminina, cujas expoentes participam do trabalho em muito bom nível e dedicam muito tempo às visitas para dar aos recém-chegados a sensação de estarem em casa.

A Obra Geral do Hias

Falando sobre a obra geral do UHS, o sr. J. R. declarou que a sua função precípua é a de cuidar de indivíduos e famílias forçados a se deslocarem de um a outro país. Trata-se de uma organização de socorro aos imigrantes, atualmente a única em escala mundial (de caráter judaico) com exceção da Jewish Agency, que ajuda judeus a irem a Israel e com a qual a UHS coopera, assistindo judeus na sua migração de países de emigração a países de imigração; responsabilidade que, antigamente assumida também pelo Joint, Hias e outras organizações, cabe agora exclusivamente ao United Hias Service.

Atualmente, estão funcionando cerca de cem centros no mundo inteiro, muitos deles trabalhando com comitês voluntários e não remunerados. Em geral, os recursos financeiros e de reestabelecimento são fornecidos pelas organizações locais – fato que, por exemplo, se verifica no Canadá, na Austrália e nos Estados Unidos.

Entretanto, devido ao afluxo de imigrantes para a América Latina, especialmente ao Brasil, o UHS resolveu fazer aqui uma exceção, contribuindo com larga parte do financiamento total, ao passo que a parcela menor é levantada pela Magbit. "Assim", acentuou o sr. J. R.:

fornecemos à Federação, respectivamente ao seu Conselho de Assistência, a maior parte dos meios para assistirem os imigrantes após minucioso exame. Portanto, não cuidamos apenas dos preparos pré--emigratórios e da própria emigração, com as despesas de viagens, documentos etc., na medida em que os emigrantes não possuam recursos próprios. Além de trazermos os imigrantes, assistimo-los ainda depois da sua chegada ao país de imigração. Faço, no entanto, questão de destacar que não é nossa tarefa, nem o nosso intuito, de encarregarmo-nos de segundas migrações ou de re-emigrações. Somente em casos mais excepcionais nós ajudamos a Federação a assistir imigrantes israelis. Consideramos Israel um país de imigração e não de emigração. A nossa tarefa é a de ajudar as migrações de países de emigração, nos quais os judeus correm perigos agudos ou não podem organizar-se, e não de países de imigração, onde sua situação é perfeitamente normal.

Acrescentou ainda, o nosso interlocutor, que o UHS se incumbe, também, de bom grado, da tarefa de procurar parentes de residência desconhecida, mesmo se for por trás da Cortina de Ferro.

Situação Satisfatória dos Imigrantes

Declarou o sr. J. R. que, de um modo geral, é extremamente alviçareira a situação dos recém-chegados que se integram economicamente com grande rapidez na vida do Brasil –

excetuando-se um número relativamente diminuto de pessoas idosas, doentes e sem profissão, que exigem assistência mais prolongada e auxílio acima da média.

Do êxito incomum de alguns dos imigrantes, do sucesso razoável da maioria e das dificuldades de uma pequena minoria, ocupar-nos-emos nas próximas reportagens. Apresentaremos o material em sequência não sistemática: entrevistaremos o presidente do Conselho de Assistência da Federação, esse dedicado homem público que é nosso amigo R. L., bem como certo número de imigrantes. Certamente teremos de fazer uma ou outra crítica, esperamos que construtiva, a respeito das atividades assistenciais desta ou daquela organização local. Desde já, embora expondo-nos ao perigo de não nos identificarmos inteiramente com os elogios generalizados do sr. J. R., acreditamos ter de dizer que alguns vícios antigos ainda não foram inteiramente eliminados: em um ou outro caso parece haver duplicação de serviços e, aqui ou acolá, sobrevive o sistema superado da esmola "de acordo com a cara do freguês", esmola dada com boa intenção e brotando de corações generosos, mas que, em vez de beneficiar uma minoria, prejudica a maioria.

Antes de tudo, porém, é mister ressaltar com ênfase a opinião do sr. J. R. acerca da falta de profissionais formados no campo do trabalho assistencial e social. A boa vontade somente não basta e nem sequer a longa prática e experiência: ambas devem apoiar-se em noções precisas acerca das tarefas envolvidas e num trabalho profissional sistemático.

II

Procuramos o sr. R. L., presidente do Serviço de Assistência Social da Federação, na sede da entidade, num dia em que se encontrava de plantão, à disposição dos imigrantes (que inicialmente são atendidos pelos assistentes sociais). O sr. R. L. fala-nos com absoluta franqueza. Frisou, de início, que o

Serviço Social da Federação trabalha de forma sistemática; não dá "esmolas" a "pedintes", mas assiste "clientes".

Como Funciona a Assistência

Vou lhe dar uma ideia exata acerca de como se desenvolve o trabalho. Este começa quando chega a Santos um navio em que se encontram imigrantes judeus – informação que recebemos com antecedência diretamente dos portos europeus, por intermédio do United Hias Service. Nossas assistentes aguardam-nos, subindo ao navio junto com as autoridades. A bordo, chamam pelo alto-falante os elementos avisados, empregando várias línguas, também árabe, ídiche e hebraico. Dão-lhes ali mesmo instruções a respeito das formalidades do desembarque; assistem-nos na alfândega e encarregam-se do transporte das malas para São Paulo. Aqui chegados, são enviados por nós à Hospedaria do Estado; entrevistamo-los em seguida, minuciosamente, na sede do conselho, anotando todos os dados. Providenciamos a mudança para pensões, quartos ou residências mobiliadas; orientamo-los na procura de emprego; encaminhamos as crianças em idade pré-escolar a creches ou jardins de infância, ao passo que as crianças em idade escolar são matriculadas em escolas israelitas; recebem o necessário – assistência médica completa, medicamentos, tratamento de toda a espécie, incluindo hospitalar e cirúrgico. As mulheres grávidas recebem assistência pré e pós-natal e são internadas em maternidades. Propiciamos cursos de português; assistimo-los por ocasião da mudança às moradias; pagamos fiança, depósito (no Banco Carvalho) etc. Encarregamo-nos das despesas do contrato e anexas (gás, água, luz). Cuidamos da manutenção total ou parcial da família, se necessário. Pagamos a legalização e a carteira modelo 19.

Eis, de forma sucinta, a assistência que, em caso de necessidade comprovada, costumamos prestar. Há casos tristes, como o do falecimento de dois imigrantes a bordo. Providenciamos, em ambos os casos, tudo para que os corpos não fossem lançados ao mar e sim sepultados no nosso cemitério paulistano.

O sr. R. L. e o repórter, ambos chegados há mais de vinte anos ao Brasil, não gozaram então os benefícios de semelhante assistência. Concordam em que, desde então, muita coisa mudou.

Um Caso Concreto

"Vamos estudar agora um caso concreto", disse o sr. R. L. "Qualquer caso à mão. Aqui, este. É o caso X". O nosso interlocutor tirou a pasta do caso X, um caso médio, não muito brilhante, e não excessivamente complicado. "Vamos ver", disse.

É uma família egípcia. Pai (42 anos), mãe (37 anos), avó e quatro filhos (15, 11, 5 e 3 anos). Classe média, boa educação. Viveram no Egito em situação apertada. O pai tem carta de recomendação (do Cairo) a uma empresa paulistana. Fala: inglês, francês, árabe, espanhol, italiano, um pouco de português. Trabalhou no comércio de rádios. Viagem financiada pelo United Hias Service. Vieram com sete malas e quatro caixas de madeira, contendo roupas, utensílios domésticos etc. Têm conhecidos em São Paulo, também recém-emigrados e ainda incapazes de prestar-lhes ajuda. Ao chegarem, tudo decorre normalmente, como acima indicado. Não têm dificuldades na alfândega. O casal agradece calorosamente o auxílio do United Hias Service. Recebe, ainda no navio, sanduíches de queijo. Em São Paulo, os pais são levados para a Hospedaria do Estado, enquanto a avó e as crianças seguem para casas de conhecidos. A visitadora aparece para ver como residem. Fazem-se as entrevistas de praxe.

O caso evolui

23 de maio: Chegaram eles a 16 de maio de 1958. A 23 de maio, os pais comparecem ao plantão, pedindo para ser retirados da hospedaria: as crianças estão dispersas, as menores choram, sentindo falta da mãe. Querem estar juntos e começar a trabalhar. No plantão, procuram acalmá-los, fazendo-lhes ver que não seria conveniente alugar uma moradia sem conhecerem os lugares do trabalho e das escolas. Na empresa, à qual o pai fora recomendado por carta do Cairo, solicitaram-lhe voltasse a 26 de maio.

27 de maio: O cliente volta. Quer sair da hospedaria. Pede consentimento do conselho para poder procurar uma

moradia; mas não tem nem meios para a condução. Recebe auxílio e emergência (Cr$ 1.500,00) para poder locomover--se. É orientado no sentido de procurar um apartamento ou casa modestos, dentro do limite de Cr$ 5.000,00 de aluguel. A empresa ainda não lhe assegurou o emprego. A legalização vem sendo encaminhada.

29 de maio: Ainda hospedaria, e as crianças dispersas. Desânimo geral. Procura de apartamento barato. Espera de emprego. Concede-se dinheiro para a legalização; o casal é julgado correto e digno de auxílio.

2 de junho: Ainda hospedaria. Por enquanto não encontraram casa com aluguel inferior a Cr$ 7.000,00, importância muito elevada em relação às possibilidades financeiras atuais do casal. Fora dos limites traçados pelo serviço social. A mãe quer trabalhar também, mas devido aos filhos menores, dificilmente poderá ausentar-se depois de viverem juntos. Concedida ajuda de emergência (Cr$ 2.500,00).

3 de junho: Acharam apartamento de dois dormitórios, sala etc. Aluguel: Cr$ 6.500,00. Despesas de contrato: Cr$ 2.500,00. Paga-se a importância, os móveis mais urgentes e manutenção de uma semana. Paga-se a mudança. O cliente é encaminhado ao Comitê de Colocação – caso falhar o emprego em vista.

Fase crítica

2 de julho: visita domiciliar para verificar a situação. Finalmente o pai obteve o emprego, com salário de Cr$ 11.500,00; tendo trabalhado só parte do mês, recebe Cr$ 7.500,00, gastando para condução, café, cigarros, almoço na empresa (a Cr$ 15,00) mais de Cr$ 1.000,00. Aluguel: Cr$ 6.500,00. Manutenção da família: Cr$ 10.500,00, além de luz, água etc. Enfim, gastaram Cr$ 17.300,00. Receberam auxílio para cobrir os gastos excedentes.

7 de julho: O cliente recebe o salário integral. No entanto, feitos os descontos, incluindo refeições na fábrica, condução, cigarros etc., restam apenas Cr$ 8.553,00. O di-

nheiro não dá. Desolação geral, choro e gritinhos. Além disso, os filhos não têm escola e, conseguintemente, a mãe não pode procurar emprego para equilibrar o orçamento doméstico. Lágrimas. A filha maior, de 15 anos, deve frequentar curso de português e de secretariado para empregar-se o mais depressa possível. Mas haverá tal curso gratuitamente? Não há. Pede-se ao conselho que estude com carinho a situação dessa família de sete pessoas, de orçamento totalmente desequilibrado. Que fazer? Evidentemente, pagar o auxílio para equilibrar o orçamento. Estuda-se o problema escolar, cuja solução é decisiva, já que disso depende a possibilidade de a mãe trabalhar.

27 de julho: A filha maior foi aceita no colégio Mackenzie, podendo frequentar o curso de secretária. Gratuitamente. Deu-se um jeito. Um jeitinho.

3 de agosto: Mas a família continua quebrada. Para cúmulo dos cúmulos, o cliente perdeu o emprego. O destino passou-lhe a perna.

Fim dramático

Sim, o cliente perdeu o emprego. Imagine o leitor a situação dramática da família. Também, vir do Egito para passar por tais atribulações! O repórter mal se aguenta na cadeira e geme: mas isso foi no mês de setembro! Estamos agora no início de dezembro. Passaram-se dois meses! Que foi feito dos egípcios? Hoje não se pode esperar quarenta anos! O sr. R. L. abana-se pacientemente com uma das grandes fichas, esperando o momento propício para tranquilizar o repórter.

"Não se exalte", diz finalmente. "O cliente perdeu o emprego, sem dúvida. Mas encontrou outro, graças a uma recomendação nossa. Ordenado: Cr$ 12.000,00. Quanto à mulher, encontrou igualmente emprego, como supervisora numa fábrica de pérolas artificiais. Ordenado: Cr$ 10.000,00".

25 de setembro: As crianças de 11 e 5 anos foram matriculadas, gratuitamente, na escola Beith Chinuch, recebendo almoço e condução. O equilíbrio orçamentário é integral. Gastou-se a soma total de Cr$ 70.581,00, incluindo

aí Cr$ 19.500,00 de depósito para o apartamento. "Somos da opinião", declara o sr. R. L., fechando a pasta do Caso X, "de que não será necessário dar outro auxílio".

Quanto ao repórter, retira o subtítulo "Fim Dramático", pedindo desculpas pelo recurso pouco correto, e o substitui pelo subtítulo: "Happy End".

Interrupções Pitorescas

Não teve, a entrevista, exatamente a sequência deste relato. Ela foi interrompida diversas vezes por alguns dos "clientes", atendidos delicadamente pelo sr. R. L., em inglês e francês: alguns egípcios, uma egípcia e um casal de israelis. Os egípcios surpreendem pela extrema segurança do comportamento e elevada autoconfiança que, num caso, chegou quase à mania de grandeza de um senhor que, por assim dizer, desejava galgar imediatamente as mais altas posições (que, aliás, certamente conquistará). Imbuído da filosofia de Quincas Borba, parecia dizer: "ao vencedor, as batatas!" E tão certo está das batatas e do resto que não se dignou de pensar em mesquinharias pequeno-burguesas: instalou-se numa pensão grã-fina da rua Augusta (sem poder pagá-la), convencido de que qualquer estabelecimento menos requintado iria paralisar-lhe desde o início o espírito fogoso de futuro "organizador industrial". "Bem falante" ao extremo, passando com facilidade extrema do inglês ao francês e daí já ao português (embora mal chegado), deu aos dois estupefatos ouvintes uma lição a respeito de como se vence na vida. "Morar numa pensão barata abate o ânimo", declarou, criando complexos de inferioridade. Desse jeito não se vai adiante. Argumento sólido, sem dúvida, mas que certamente encontrará uma repercussão dividida no seio do Conselho da Federação.

Quanto ao israeli, era um gigante infeliz acompanhado de sua esposa corpulenta, ambos de língua ídiche. Açougueiro ritual de profissão, não parece ter andado bem por aqui e deseja voltar para Israel. No entanto, tendo ele mais de quarenta anos, Israel não parece particularmente ansioso por recuperar

348

o cidadão. "Sou um homem forte", gritou o homem choramingando, e tirou o paletó amassado para mostrar os braços hercúleos. Sua senhora, de faces rosadas, observa com olhar terno o jogo roliço dos músculos impressionantes. Ambos, embora afirmem passar por terríveis provações, parecem muito bem alimentados. Por que fizeram essa viagem ao Brasil? Anseio de aventura? Desejo de enriquecer? Há sonho nos seus olhos e astúcia no canto das bocas. Curiosa mistura de Chagall e Zille. Voltarão eles para Israel?

III

Alguns Números e Observações Gerais

Nas entrevistas que mantivemos com o sr. R. L., o presidente do Conselho de Assistência Social da Federação insistiu na necessidade de informar a coletividade judaica de São Paulo acerca da aplicação do dinheiro contribuído por ela para fins locais. Assim, o nosso interlocutor forneceu-nos os dados que passamos a transcrever, acentuando que, das somas gastas, cerca de 70% foram fornecidas pelo United Hias Service e cerca de 30% pela Magbit de São Paulo.

As despesas da assistência prestada em 1957 aos imigrantes importaram ao todo em Cr$ 11.836.220,70, cabendo Cr$ 1.366.350,00 desse total aos israelis; nesse total incluem-se itens como recepção no porto (carregadores, alfândega, comida etc.), hospedagem, transportes, fianças, aluguéis, manutenção, compra de móveis, documentos, asssistência à infância, assistência médica. Essa soma foi gasta para um total de 879 famílias (2450 pessoas), assim especificadas: 416 egípcias (1312), 184 húngaras (436), 11 norte-americanas (29), 33 europeias (93), 235 israelis (580).

As despesas para o ano de 1958, até novembro inclusive, foram de Cr$ 6.524.508,30, cabendo Cr$ 978.071,00 aos israelis. Foram assistidas 578 famílias não israelis (1820 pessoas) e 249 israelis (638), ao todo 827 famílias (2.458).

As diferenças que porventura houver entre esses dados e os apresentados pelo United Hias Service decorrem do fato de que no rol da Federação constam casos assistidos (repetindo-se, pois, vários casos de 1957 no ano de 1958), ao passo que na estatística do Hias (reproduzida no primeiro artigo) constam somente as famílias e pessoas chegadas. Nas despesas indicadas não figuram as de administração – cerca de um milhão de cruzeiros, incluindo Cr$ 157.000,00 postos à disposição de bolsistas que estudam assistência social na respectiva escola superior e que fazem estágio no serviço assistencial da Federação. Em 1959, haverá mais duas bolsistas que trabalharão em organização da assistência social judaica. Não consta, tampouco, das somas apresentadas, a importância concedida pela Claims Conference (Cr$ 1.500.000,00, em 1958) para as crianças das vítimas do nazismo, importância paga diretamente ao Vaad Hachinuch, que a distribuiu entre as escolas israelitas.

Também não estão incluídos, nas somas acima, os empréstimos que vêm sendo concedidos pelas respectivas Caixas, isto é, pela Ampi[2] e pela Kupat: a primeira fornece aos imigrantes, depois de estarem aqui três meses, pequenos capitais, sem exigir fiador, para máquinas, instrumentos etc. Fazendo esses elementos progressos, entra em ação a Kupat que, em bases mais rigorosas, exigindo fiadores e assinatura de letras, embora sem visar lucros, financia os imigrantes já mais encaminhados na sua vida econômica.

Todas as somas concedidas aos imigrantes naturalmente têm caráter de empréstimo, tanto assim que eles têm de assinar um compromisso, no sentido de devolver as somas com as quais foram assistidos. Até agora, porém, não valeu ainda a pena iniciar a "cobrança" entre as últimas ondas imigratórias. A partir de 1959, no entanto, envidar-se-ão esforços para recuperar, paulatinamente e de acordo com as possibilidades de cada um, o dinheiro gasto com a imigração.

---

2. Entidade sobre a qual não encontramos informações; provável referência à Sociedade Iisraelita "Amigo dos Pobres".

350

Os Israelis

Sobre o tema dos imigrantes israelis, muito se escreveu na *Crônica Israelita*. Este repórter já passou maus bocados ao lidar, há vários anos, com alguns tipos particularmente violentos e desordeiros. O sr. R. L. é da opinião – baseando-se na experiência colhida no plantão assistencial – de que a maioria dos israelis chega a esse país em busca de uma vida mais fácil. As informações que recebem daqui inspiram-lhes o desejo de tentar a sorte no reino das possibilidades ilimitadas. Quase todos, declara o nosso interlocutor, estão imbuídos de forte espírito de aventura. Há, entre eles, muitos sabras, homens vigorosos, gente especializada. A esses elementos, acentua o sr. R. L., a Federação nenhuma assistência concede, em concordância com a atitude adotada pelo uhs. Somente se presta ajuda, embora de forma restrita, em casos de extrema necessidade – a idosos, desamparados, doentes, famílias com crianças pequenas, mulheres grávidas. Atualmente, vem sendo organizada pela Federação, em colaboração com o consulado israelense, a repatriação de israelis a Israel. Saíram recentemente, de volta ao Estado judeu, duas levas, uma de quarenta, outra de cerca de trinta pessoas. Gostaríamos de acrescentar, da nossa parte, que o assunto em foco é extremamente complexo, entrando na problemática grande número de fatores. Nenhuma generalização apressada, que julgasse sem diferenciação todos os imigrantes israelis, é admissível. Isso, aliás, tampouco foi a ideia do sr. R. L.

Os "Resíduos"

Já dissemos, por várias vezes, que a adaptação econômica da recente imigração é, em geral, satisfatória, frequentes vezes mesmo muito rápida e, não raro, extremamente bem sucedida. Teremos oportunidade de descrever alguns casos de êxito incomum. Mas, como sempre ocorre em casos de mudança radical de ambiente, há também exemplos de ajustamento difícil, resultando daí fortes tensões psíquicas e, de quando em vez, desequilíbrios de vária espécie, particularmente nas relações matrimoniais. A família, em si um fator de estabilização, por vezes não resiste ao choque de modificações sociais muito acentuadas. Assim, não admira – segundo nos conta o sr. R. L.– que uma das preocupações da Assistência da Federação seja refazer lares desfeitos, mormente quando as maiores vítimas são as crianças. Em alguns casos, a Linat Hatzedek tem providenciado o tratamento psiquiátrico de pessoas que não resistiram às tensões. Em outros casos, visto o Lar das Crianças da CIP não dispor atualmente de vagas, tem sido necessário integrar as crianças em *foster homes* (lares adotivos) para dar-lhes o lar indispensável.

Felizmente, é bem diminuta a porcentagem dos "casos residuais", isto é, dos elementos que continuam dependendo, pelo menos durante largo espaço de tempo, da assistência: desajustados, idosos, doentes crônicos, órfãos, mutilados (há alguns mutilados de guerra israelenses), inválidos etc. Esses casos residuais não perfazem mais do que cerca de meio porcento da imigração total – mais ou menos 25 pessoas, se tanto.

Agradecimentos

Antes de dar por encerrada a última entrevista, o sr. R. L. fez questão de agradecer publicamente a abnegada colaboração recebida por parte das senhoras F. F., presidente da Ofidas, S. F., também da Ofidas, A. B., S. T. e Y. V., da Liga Feminina de Assistência Social, a R. N., e também aos diretores da Federação, particularmente o sr. J. O., antecessor do nosso interlocutor, que enfrentou o impacto da corrente imigratória no ano passado, bem como os srs. A. D. e E. M.

Cumpre-me agradecer também ao meu amigo dr. M. K., presidente da Federação, o qual desde a criação do nosso serviço acompanha os trabalhos diariamente com grande empenho e carinho. São merecedores de elogios todos os nossos funcionários, os quais servem à nossa obra com entusiasmo e dedicação. Sejam lembrados também os inestimáveis serviços que o Comitê de Colocação, sob a responsabilidade do sr. M. A., presta à nossa causa".

O sr. R. L. agradece também a valiosa cooperação das entidades locais de assistência, das escolas israelitas e da Ampi.

Todas essas organizações, lutando embora com grandes dificuldades de ordem financeira, ajudaram e continuam a ajudar eficazmente para que os imigrantes se integrem na vida da nossa comunidade. Acima de tudo, é a Federação – sob cujos auspícios nosso serviço assistencial se criou e funciona – que se fez merecedora do grato reconhecimento do *ischuv* de São Paulo. Tampouco devemos esquecer as organizações que põem à nossa disposição os vultosos fundos para a manutenção e o desenvolvimento de uma obra de tamanha magnitude: o United Hias Service e a Magbit de São Paulo.

Quanto a nós, resta-nos apenas agradecer, de nossa parte, a boa vontade do sr. R. L., que sacrificou horas e horas para nos dar todas as informações que se nos afigurassem importantes.

Apelo ao Leitor

Ficaríamos também gratos aos leitores se, no prosseguimento desta série de reportagens, nos ajudassem com a sua colaboração, através de sugestões, críticas e quaisquer observações relacionadas ao assunto. Toda carta à redação da *Crônica Israelita*, nesse sentido, pode ser valiosa para o repórter, a quem muitas vezes escapam focos de interesse e aspectos importantes. Uma boa sugestão às vezes pode tirar o repórter da rotina do trabalho, fazendo-o ver novas facetas do problema com o qual está lidando. Naturalmente, estamos também prontos para elucidar qualquer ponto que talvez tenha sido abordado apenas de modo superficial e rápido, sem o necessário aprofundamento.

IV

É de supor-se que, entre todas as correntes imigratórias judaicas que chegaram ao Brasil, a atual haja sido a mais "feliz" – feliz no sentido de rápido ajustamento econômico –, pelo menos no que se refere aos egípcios. Se tal suposição estiver certa – como acreditamos – serão possivelmente três as razões dessa rápida adaptação: primeiro, o fato de esta corrente ter encontrado uma coletividade judaica já muito mais bem organizada do que as anteriores (o que não quer dizer que ela atualmente possa ser julgada muito bem organizada); segundo, o fato de o United Hias Service, em conjunto com a Federação, envidar grandes esforços para atender as necessidades dos recém-chegados com eficiência e um *know how* até agora desconhecidos entre nós; terceiro, a agilidade específica da imaginação, em especial da egípcia, que se compõe de elementos flexíveis, individualmente cultos e de grande prática de vida, mostrando uma capacidade de adaptação ao nosso ver superior à dos imigrantes de proveniência alemã, por exemplo, mais "rígidos" na sua formação e sem a versatilidade dos egípcios. Fato que certamente decorre do maior poder determinador da cultura germânica que, plasmando os cidadãos alemães de forma definida e comunicando-lhes qualidades bem peculiares, geralmente lhes limita a capacidade de *rápida* adaptação a outras culturas. *Nesta hipótese, naturalmente, não entra nenhum juízo de valor.*

O Médico que Não é Monstro

Um médico alemão, por exemplo, que chegasse ao Brasil aos 46 anos, seria visceralmente médico, médico até a medula. Assim, o seu futuro aqui dificilmente se afiguraria, de início, muito róseo, visto se oporem grandes obstáculos ao exercício legal dessa profissão por parte daqueles que vêm de fora. Também o dr. X. X. Z., atualmente com quase cinquenta anos, é um médico, e, aliás, dos bons, um dos maiores do

Egito. Veio ele ao Brasil nos inícios de 1957, sozinho, com um filho de sete anos. Radicou-se numa grande capital (que não é São Paulo). Dentro de duas semanas, aceitou um emprego como contínuo numa grande empresa, com um ordenado evidentemente baixíssimo. A sua função inicial foi a de varejar o escritório e, logo mais, foi-lhe confiado o serviço complexo de esvaziar os cinzeiros e cestas de papel. O médico, conhecido em todo o Egito, possuidor de vários títulos universitários, dominando as línguas inglesa, francesa, italiana e árabe, dedicou-se com grande afinco a esses e a semelhantes serviços e, ao mesmo tempo, cuidava do filhinho. Parece que soube se desincumbir com grande inteligência da tarefa de limpar o escritório. De qualquer modo, chamou a atenção dos superiores. Para contar o caso com toda a brevidade: o *office-boy* fez progressos constantes e invulgares. Os seus avanços tinham algo dos contos de carochinha e se o "Cinderelo" masculino não se tornou príncipe é somente porque o Brasil é uma república. Em compensação, conquistou aos poucos posições de grande responsabilidade, chegando a ser o assistente do presidente daquela grande empresa, mais ou menos o terceiro posto na hierarquia do empreendimento industrial de que estamos falando. Não sabemos exatamente qual é o seu ordenado atual. Ao que parece, é bastante elevado e supera de longe a meia centena de contos mensais. Isso naturalmente não é muito para um grande médico. Mas, para começo de conversa, para um homem que chegou aqui há menos de dois anos, não deixa de ser estimulante.

Longe, porém, de ficar satisfeito com o seu êxito econômico, o dr. X. X. Z. logo se integrou no trabalho judaico local, atuando no comitê da organização que coopera com o United Hias Service, na cidade em que reside. À noite, esse médico não vira monstro, mas anjo benfazejo. Imbuído de forte consciência social, não descansa nos seus louros. Dedica-se intensamente à tarefa de ajudar aqueles que são imigrantes tão novos quanto ele, ou mais novos ainda. "O mais importante, no caso dos novos imigrantes", declara, "é ajudá-los a se ajudarem a si mesmos".

Naturalmente, nem tudo é pura felicidade. O dr. X. X. Z. tem o seu problema. Deverá ele continuar na sua posição atual, em que tem possibilidades de progredir amplamente, ou deverá voltar à sua verdadeira paixão, a medicina? Essa é a pergunta que, ocasionalmente, fez a alguém que o entrevistou. Este retrucou perguntando qual seria o conselho que o dr. X. X. Z. daria a uma pessoa em circunstâncias semelhantes. "Iria dizer-lhe", respondeu, "que a decisão cabe a ela mesma".

A decisão cabe ao dr. X. X. Z., e esse é o seu dilema. Não é fácil submeter-se, na sua idade, aos estudos e exames necessários.

Um Caso Típico

Todavia, nem todos os imigrantes da onda recente são tão felizes como o nosso médico. Cremos contar um caso típico, representativo, para número não pequeno de recém-imigrados, ao falarmos do sr. X. Y., que é atualmente assistente de contador no escritório de uma empresa paulistana. Egípcio, fala francês, inglês e árabe. Chegou aqui em inícios de 1957, com esposa, filho e mãe. Já sabe defender-se em português.

Os judeus no Egito

Segundo nos consta, havia, em 1958, no Egito, uma coletividade de cerca de sessenta a setenta mil judeus. Mais ou menos a metade dessa população judia vivia em extrema penúria, concentrada num bairro do Cairo. Tratava-se de gente sem instrução, geralmente oriunda da Turquia ou da África do Norte. Desse grupo, a maioria emigrou para Israel. Quanto aos outros, ocupavam, quase todos, posições prestigiadas de médicos, advogados, engenheiros, comerciantes e expoentes na Bolsa de Algodão. Desses, que viviam dispersos por vários bairros da capital, os mais ricos foram para a Suíça, Itália, França e aos Estados Unidos, ao passo que aqueles apenas remediados seguiram, em sua maioria, para a América do Sul.

A emigração, de princípio lenta, iniciou-se já em 1948, com o estabelecimento do Estado de Israel. Embora não houvesse perseguição violenta, restaram, em 1957, somente cerca de 25 mil judeus. Desde a Campanha do Sinai, o governo egípcio tudo fez para acelerar a emigração judaica. Esta tornou-se inevitável devido à pressão econômica que tornava insustentável a vida dos judeus.

Cada um de nós tinha ficha no departamento especialmente criado para os judeus. Em novembro de 1956, a empresa em que eu trabalhava como subdiretor comercial foi requestada. Impôs-se um diretor que representava o governo. Pouco tempo depois, pedi minha demissão.

O sr. X. Y., contudo, já vira antes que a situação dos judeus, depois da Segunda Guerra Mundial, deteriorava-se rapidamente. Não havia mais futuro para os judeus. Tendo cerca de 42 anos de idade, achava ser ainda bastante moço para tentar a sorte em outra parte, particularmente por causa do filho pequeno.

Preferência pelo Brasil
– Por que não foram para Israel?
– Porque ouvíamos falar que a vida ali é bastante difícil. Não éramos sionistas.
Poucos entre nós o eram. Admiramos o novel Estado e o Movimento Sionista, sem, contudo, integrarmo-nos nele. Eu desejava, desde logo, ir para o Brasil, visto ter ouvido de parentes que aqui se pode viver decentemente. Quando, a pedido da ONU, o Brasil abriu a sua terra aos judeus, concedendo três mil vistos (nos fins de 1956), formaram-se verdadeiras filas diante do Consulado Brasileiro no Cairo. Quanto a nós, recebemos os vistos sem dificuldades dois meses depois de tê-los solicitado. Tão grande foi a massa dos emigrantes (não só de judeus, aliás, mas de estrangeiros em geral) que não havia navios em quantidade suficiente para nos transportar. Saímos quase sem dinheiro: cada pessoa podia partir com um traveller-check de cem libras egípcias.

Ninguém podia levar capitais (isso se refere também aos não judeus: é uma lei comum); atualmente, o limite passou a ser de apenas vinte libras por pessoa.

O nosso primeiro contato com o United Hias Service verificou-se em Gênova, onde fomos recebidos com grande cordialidade pelo representante local daquela organização. Ali aguardamos o navio para o Brasil, permanecendo num bom hotel cujas diárias foram pagas pelo UHS. Quanto à viagem, paguei-a eu mesmo, mas para numerosos companheiros a travessia a partir da Itália foi paga pelo UHS.

Chegamos a Santos nos inícios de 1957. Não fomos à Hospedaria Estatal. Residimos durante três semanas numa pequena pensão; mais tarde, alugamos um apartamento de cerca de Cr$ 6.500,00 de aluguel, aliás sem fiança. Durante três meses recebemos auxílio do Serviço Social da Federação, auxílio que nos garantia cerca da metade das nossas despesas. Os meus contatos com o Comitê de Colocação foram imediatos. Desejava começar logo a trabalhar, já que os nossos parentes daqui não podiam nos ajudar. Essa fase – a da procura de trabalho – foi o período mais angustioso. Foram semanas de preocupação terrível. Fiquei três meses sem trabalho visto não ser muito fácil encontrar serviço na minha idade. Finalmente, o comitê arranjou-me – já que sou contador diplomado – meu atual emprego. Comecei com um ordenado de Cr$ 10.000,00 e tive tremenda dificuldade em manter a mim e aos meus. Felizmente, recebi ajuda de parentes que vivem na França. Tive que vender haveres que trouxera para cá. Atualmente, ganho Cr$ 14.000,00, mas com serviços extraordinários chego a dezessete ou dezoito contos, importância que me garante a manutenção modesta da família. Não dá para fazer economias. Contudo, há um provérbio árabe que diz: "Devemos andar um passo depois do outro".

O Brasil: nossa pátria
Quanto ao filho, estuda na Escola Beith Chinuch, pagando à Federação uma proporção avantajada das mensalidades. Ele está bem satisfeito.

358

É com entusiasmo que o nosso interlocutor prossegue:

– Já temos um filho brasileiro, nascido aqui. Podemos, pois, iniciar, desde já, o processo de naturalização. Eu e minha família desejamos viver no Brasil, que consideramos a nossa pátria. E isso apesar de a nossa vida aqui, atualmente, ser menos confortável do que no Egito. Todavia, desejamos esquecer o passado. Pensamos no futuro. Não se deve fazer comparações, é o maior erro que se pode cometer. Procuro, com todas as forças, adaptar-me à vida aqui e, por isso, aproveitei todas as oportunidades para aprender português em cursos noturnos. É verdade: em casa continuamos falando francês e, devido a isso, a aprendizagem da língua nacional demora mais.

Falta de assistência cultural

Embora pertencendo à coletividade sefaradita, o nosso interlocutor fala em termos calorosos dos esforços envidados pelo rabino-chefe, dr. D., e pelo dr. D. G., presidente da comunidade sefaradita, para facilitar a adaptação dos recém--chegados –, o sr. X. Y. declara que o seu desejo é integrar-se na comunidade judaica total. "Tenho assistido a conferências na Congregação Israelita Paulista. Sinto, porém, que frequentemente haja dificuldades em círculos mais amplos, devido à preferência que estes dão à língua ídische, que naturalmente desconhecemos".

Parece ao repórter que o nosso interlocutor encontra, no momento, poucas possibilidades de participar de uma vida cultural animada, quer judaica quer brasileira. É verdade que, segundo sua própria expressão, essa participação depende, em larga medida, da situação financeira.

"Principalmente", disse, "precisamos consolidar a nossa existência material. Só depois poderemos pensar em vida cultural".

Evidentemente, a família acima, de cinco membros, não pode frequentar, com certa regularidade, teatros e cinemas, ou comprar livros, com o ordenado atual. Quer nos parecer, porém, que no âmbito judaico não se faz o suficiente nesse campo. Isso, aliás, já verificamos há anos ao falarmos, em ocasião semelhante, sobre esse assunto. A integração não decorre somente da mera consolidação da existência econômica. Chega o momento em que certas facilidades de contato social e atividade cultural afiguram-se de importância suprema. É o momento do ponto morto em que, garantida a existência e estabelecida certa rotina, o imigrante sente-se, de súbito, num vácuo (e nem todos conseguem enchê-lo com jogos de baralho). Não conhece ainda as vias de acesso à cultura brasileira e, do lado judaico, pouco ou quase nada se faz. Se a coletividade judaica, com o apoio do UHS, já conseguiu organizar de forma satisfatória a assistência material, parece que pouco foi feito *para os adultos* no campo espiritual. Os imigrantes somente se sentirão "em casa" se encontrarem aqui um ambiente cultural que lhes satisfaça os anseios de uma vida mais ampla, mais rica e mais variada.

Permitam os leitores concluirmos esta reportagem com um chavão que, nem por isso, deixa de ser uma verdade: nem só de pão vive o homem.

A ASSISTÊNCIA SOCIAL MODERNA:
INTRODUÇÃO E ENTREVISTAS[1]

Introdução

Na medida em que a coletividade judaica de São Paulo se vai organizando, se reconhece, cada vez mais, a premência de pôr em bases mais racionais o *trabalho social*, tomando esse termo no sentido mais amplo possível. As coletividades maiores, dentro das quais as coletividades parciais, como a judaica, se radicam, e geralmente têm as suas agências para esse fim. Na Alemanha, por exemplo, a *Fuersorge* (Previdência Social), segundo uma lei de 1924, coube ao Estado, sem que isso excluísse a colaboração de entidades não estatais. Nas Américas, segundo a tradição mais particularista do Novo Mundo, tais tarefas costumam ser em larga medida de responsabilidade de organizações independentes.

1. CI 30 abr. 1956.

361

O trabalho social visa cuidar de pessoas necessitadas ou ameaçadas na sua existência econômica, na sua saúde física ou moral. É, portanto, um esforço organizado para aliviar as necessidades de uma pessoa ou família, com o fito de ajustá-la às condições gerais de vida.

O Ajustamento

O processo de "ajustamento" é um fenômeno geral da vida: entre os animais, são os instintos, aptidões e impulsos mais ou menos fixos para agir de certa forma que se encarregam dessa adaptação ao mundo-ambiente. O animal não adaptado não consegue sobreviver. Ainda entre os animais gregários (como as formigas), é o próprio instinto que determina o ajustamento rígido à respectiva sociedade; por isso, não há problemas e crises, a não ser em caso de cataclismos externos. O homem, porém, por desgraça ou felicidade, é um ser só em parte negligenciável, sendo regulado por instintos rígidos: por isso, esse "animal doente", esse beco sem saída da natureza, onde a natureza se perdeu e encontrou só uma saída virando espírito; por isso o homem tem muito mais maleabilidade, tanto para ajustar-se como para desajustar-se. Aquilo que nos animais é obra do instinto, no caso do homem é feito por um longo processo de educação, fator que implica naturalmente muito maior instabilidade. Toda geração adulta é encarregada pela sociedade de ajustar as gerações seguintes a si mesma, ou seja, às condições de vida e à cultura da respectiva sociedade. Isso ela faz, em parte, pela simples convivência, em parte por instituições especializadas, como escolas e universidades, em parte por instituições não especializadas, como rádio, cinema, teatro etc. No entanto, quanto mais complicado o organismo social se torna, tanto mais difícil é ajustar todos os indivíduos, particularmente em consequência de dificuldades econômicas que implicam muitas outras, de ordem sanitária, psíquica, moral e espiritual. Criam-se, então, agências especializadas para ajustar aqueles que não conseguem ajustar-se ou que se desajustam

devido a doenças, tensões psíquicas, crises sociais e econômicas, num mundo de crescente complexidade.

O Ajustamento Judaico

Agora, imagine o leitor o que se dá com uma coletividade
como a judaica. Esta, inicialmente, tem de ajustar-se, como
um todo, à coletividade maior. Nem todos os indivíduos o
conseguem com facilidade e daí seguem, acrescidas aos desajustamentos gerais e corriqueiros em toda sociedade, as dificuldades peculiares, mormente de ordem psíquica. Isso posto
em outros termos: o indivíduo judeu tem de ajustar-se duas
vezes, embora num só processo de integração às coletividades
judaica e geral. Isso não é muito fácil. Ocorre, ainda, que certa
parte dos indivíduos que participam da nossa coletividade judaica não nasceram no seio dela e não poderiam, portanto,
crescer dentro dela num lento processo de adaptação que,
ao mesmo tempo, os integrasse dentro da sociedade maior;
vieram, ao contrário, de outros países, de culturas, costumes
e vivências diversos, já adolescentes ou mesmo adultos, muitas vezes em situação econômica e de saúde precária; então, a
prova de resistência é enorme. Nenhuma formiga, com todos
os seus maravilhosos instintos, conseguiria adaptar-se em tais
circunstâncias. Apenas o bicho chamado homem, ao preço de
sua instabilidade, tem a elasticidade milagrosa para aguentar
firme os tremendos choques a que se expõe em tal ocasião, e
não se admire o leitor se, em consequência disso, em alguns
casos, certos parafusos ficam soltos ou, quinze anos depois,
verifica-se que, na realidade, o *coração* não resistiu por completo ou as secreções glandulares não se destilaram de forma a
auxiliar o estômago, que se vai ulcerando. É que a flexibilidade
individual tem limites. Cabe à sociedade assistir o indivíduo
nessa luta de ajustamento, através das suas agências especializadas. Isso está no interesse da própria sociedade – para não
falar de preceitos morais –, pois o indivíduo inadaptado representa uma carga constante para ela e a acumulação de
desajustados pode representar um elemento de desagregação

perigosa. No caso da coletividade judaica, há ainda motivos especiais para que ela se esforce por ajustar os indivíduos a si mesma e, dessa forma, à sociedade geral: primeiro, pelo interesse positivo de integrar um indivíduo judeu valioso dentro do seu próprio seio; em segundo lugar, pelo interesse de evitar que em torno da coletividade judaica se deposite uma espécie de "halo de marginais", que só pode criar fricções entre as coletividades menor e maior.

Entrevista com a Srta. M. B.

A que vem toda essa longa divagação de mestre de escola primária? Ocorre que somente há pouco tempo a coletividade judaica de São Paulo se convenceu do que acima ficou exposto, embora talvez de forma menos explícita. Não que ela não tivesse sempre feito os maiores esforços – segundo a tradição judaica milenar – de assistir os seus doentes, pobres e necessitados, da melhor forma possível, através de veneráveis instituições, sobre as quais a *Crônica*, no ano passado, publicou uma série de reportagens. Só mais recentemente, porém, a coletividade convenceu-se de que as complicações crescentes da vida atual exigem um esforço coordenado nesse terreno – fato expresso pela constituição do Conselho de Assistência Social agregado à Federação das Sociedades Israelitas Brasileiras do Estado de São Paulo – e que esse esforço coordenado só pode ser realizado com a colaboração de *pessoal especializado no trabalho social*. O reconhecimento desse fato – acelerado pela chegada de grande número de imigrantes em situação precária –, naturalmente não exclui a importância da ajuda de pessoas leigas, assunto sobre o qual falaremos mais adiante.

A Srta. M. B. Fala à *Crônica*

Infelizmente, o número de profissionais especializados dentro da coletividade judaica é de modo algum suficiente para as necessidades atuais. Foi isso que nos declarou a srta. M. B., assistente social no Hospital das Clínicas, formada pela Escola de Serviço social da Pontifícia Universidade Católica e atualmente agregada ao Conselho de Assistência Social da Federação a fim de coordenar competentemente os serviços em questão. Narra-nos, a nossa interlocutora – que encontramos na Federação –, que há, atualmente, entre os judeus seis assistentes sociais formados aqui, além de mais dois (ou duas) diplomados nos Estados Unidos, perfazendo um total de oito, portanto (desses, contudo, só pequena parte trabalha no serviço social judaico, já que a procura geral é muito intensa). No entanto, as necessidades da coletividade judaica exigem, imediatamente, o mínimo indispensável de vinte assistentes, e isso apenas para o início.

– E por que o número de aspirantes é tão pequeno entre os judeus?

– Suponho que em parte devido ao desconhecimento das largas perspectivas que essa profissão proporciona aos seus adeptos, tanto no sentido material como no prestígio social e na satisfação moral. O assistente social é um profissional altamente qualificado. Depois do curso secundário, tem de fazer um exame de habilitação e passar por vários testes para ser admitido no curso superior. Obtém o seu grau universitário após três anos de estudos, no nosso caso na Universidade Católica, a única que atualmente mantém um curso completo de nível universitário nessa especialidade. A procura de profissionais nesse terreno é enorme e tende a aumentar constantemente, pois exige-se seus serviços nos mais diversos campos da vida (indústria, escolas, higiene mental, parques infantis, educação econômica de muitas famílias, melhora de condições de moradias e equipamento doméstico, berçários, terapia ocupacional etc.), particularmente nos hospitais que, quando bem organizados, já não podem prescindir desses elementos especializados. Isso foi reconhecido hoje mesmo pelos hospitais particulares, dos quais vários cogitam recorrer aos seus serviços, como há tempos ocorre nos Estados Unidos.

O Trabalho Especializado
da Assistente Hospitalar

– Qual é a função do assistente social nos hospitais?

– Tem de tratar-se, evidentemente, de assistentes especializados não só para o serviço hospitalar em geral, mas ainda para um dos vários ramos da medicina. A minha especialidade, por exemplo, é a de psiquiatria infantil. Porém, de um modo geral o assistente social cuida do estado emocional do doente, por exemplo, antes de uma operação, quando se torna necessário prepará-lo e animá-lo na sua preocupação. Muitas vezes, trata-se de uma pessoa indecisa. Cabe então a nós predispô-la; não decidimos por ela, mas a ajudamos a decidir-se quando a operação é necessária. Precisamos, então, ter noções de medicina para poder orientar o doente, já que o médico geralmente não tem tempo para discutir problemas de ordem pessoal com o paciente. Acompanhamos o internado durante a sua doença, vemos a sua família, inteiramo-nos dos seus problemas quer econômicos, quer emocionais, quer de outra ordem. Cuidamos do entendimento entre o doente e a família, informamos o médico sobre o estado do internado e o assistimos durante a sua convalescênça e reabilitação, além de providenciar os pormenores práticos, muitas vezes motivo de grande perturbação, tais como ambulâncias etc.

Comentário Marginal
de Responsabilidade do Repórter

Vemos, portanto, a importantíssima função do assistente social nesse caso, numa época em que os grandes hospitais se transformam cada vez mais, necessariamente, em gigantescas empresas destinadas a desmontar e a montar os doentes em série, segundo um sistema taylorizado, e no qual o médico não toma conhecimento do paciente (peça defeituosa), mas apenas do seu fígado e, mesmo isso, apenas através do laboratório. Nessa engrenagem supermecanizada, que faz passar a peça defeituosa através das suas várias seções na linha de montagem, o assistente social entra com a sua sutil contribuição: dá a tudo o toque humano, estabelece as relações inter-humanas (que se perderam no liquidificador da eficiência) e faz com o que é tratado apenas como uma peça recupere sua condição de gente. E todos sabem quão importante é, em matéria de doença, o respeito pela pessoa humana como uma totalidade angular. Com o assistente social o doente pode falar. Pode contar-lhe as suas dores. O médico, hoje em dia, nem sequer tem tempo para ouvir o coração do doente (foi um médico quem o disse). O cardiograma é muito mais eficiente.

A Criança Difícil

Vejamos o exemplo do trabalho da nossa interlocutora, cuja atividade especializada é realizada numa seção psiquiátrica para crianças. O trabalho é feito por uma equipe constituída de um psiquiatra, uma psicóloga e um assistente social que, nas suas diversas funções, se complementam em absoluta igualdade. Os pequenos pacientes podem ser, por exemplo, superprotegidos, crianças que não comem, que urinam na cama, que são acanhadas, que têm tiques, que têm dores sem causa física, que têm asma emocional etc. Cabe então ao assistente social estudar o *background* social, a família em particular, verificar se mimam a criança em demasia, se saem com ela ou não, se dormem com ela ou não; investigar as relações com os irmãos, enfim, fazer tudo que possa esclarecer as causas profundas da doença. A psicóloga aplica testes e estuda a situação escolar da criança. Os três elementos da equipe, depois, reúnem-se e discutem os sintomas, as causas e a terapia da doença. O psiquiatra aplica, por exemplo, a ludoterapia (o tratamento através do jogo infantil) e o assistente social orienta os pais.

A Importância do Assistente Social

Quando imaginamos a situação psíquica difícil em que se encontram centenas de novos imigrantes nos primeiros anos após a sua chegada e pensamos no reflexo dessa situação sobre os filhos de um ou dois anos, que os recém-chegados já trouxeram para cá ou que nascem no Brasil, então compreendemos a tremenda importância do trabalho do assistente social. Compreendemos que a coletividade deve fazer o possível para modernizar, nesse campo, com a máxima urgência, as suas instituições. Tal somente é possível com o drástico aumento dos profissionais nesse terreno. Não podem faltar entre nós elementos dispostos a se dedicar a essa carreira, cujas possibilidades são, segundo afirma a sra. Berezovsky, excelentes. Disputadíssimo, o assistente social recebe uma remuneração elevada. Isso também se refere aos assistentes sociais da coletividade judaica, cujo padrão de remuneração equipara-se ao da Santa Casa.

Entrevista com Mrs. J. W.

Quisera o acaso que alguns dias depois de a srta. M. B. nos ter convencido da importância do toque humano, encontrava-se em São Paulo uma das expoentes mais destacadas da organização assistencial judaica no mundo, mrs. J. W., presidente do Conselho Internacional das Mulheres Judias. Tipo de mulher eficiente que, ainda assim, não deixou de ser mulher (veja o n. 427 desta *Crônica*). Reputo uma das maiores qualidades da boa assistente social a de evitar a impressão, no objeto humano, das suas atividades profissionais, de que este é apenas um "caso" (um *case*). Um caso não fica longe do mero acaso. E ninguém gosta de ser tratado casualmente. Nesse contexto – que se refere também ao "caso" do entrevistador –, uma das piores coisas é a pressa. Todo mundo gosta de ser tratado como se fosse o único "caso" no mundo. Mrs. J. W. deixou-nos essa impressão, embora depois soubéssemos que estava com muita

368

pressa. Não se aborreceu quando lhe fizemos uma pergunta tão "mata-tempo", como a referente à situação da mulher norte-americana num país quase matriarcal comparada a da mulher brasileira num país veementemente patriarcal.

Mrs. J. W. mostrou ser boa observadora: não negou o "matriarcalismo" norte-americano, mas achou curioso que precisamente nos Estados Unidos as mulheres usam não só o sobrenome, mas até o nome do marido (srs. J. W.), enquanto aqui as esposas usam o próprio nome, o sobrenome do marido (geralmente no fim) e o sobrenome da sua (dela) família: O. A. (nome da família dela) de A. L. (nome do marido). Já os filhos adotam diversos nomes, da mãe e do pai e, muitas vezes, os dos avós da linha materna ou paterna, segundo o maior brilho dos nomes. Trata-se realmente de um problema complexo, proveniente de costumes portugueses e espanhóis, denotando certa influência matriarcal num patriarcalismo em geral extremamente rígido.

Esclareceu-nos mrs. J. W. que o fato de a mulher norte-americana usar o nome do marido não impede que desempenhe papel importante na vida norte-americana. Essa importância é aumentada pela intensidade com que se dedica a atividades de ordem comunal. Não ficam em casa, isso não. São independentes e exigem que também os filhos sejam independentes desde muito cedo (nisso se estabelece verdadeira competição entre os filhos da vizinhança). Com precocidade extraordinária, as crianças têm de tomar as suas próprias decisões e os pais deixam-nas brincando sozinhas, na companhia de outras crianças. Isso, em conjunto com o horário escolar e do lanche, permite às mães arrumar a casa (pois as empregadas são raras) de forma tal que boa parte da tarde lhes sobra para dedicar-se a atividades de outra ordem. Ocorre que a mulher norte-americana – judia ou não – desenvolve desde cedo um grande senso de responsabilidade para com a sua coletividade (local). Boa parte, declara mrs. J. W., prefere então devotar as suas horas livres a atividades sociais, quer nos clubes – destinadas mais a diversões –, quer nas organizações, que têm fins mais sérios, de utilidade social.

O Conselho das Mulheres Judias

A mulher norte-americana tem um ardente desejo de aperfeiçoar as suas capacidades e acredita poder fazê-lo da melhor forma nos clubes e organizações. Isso implica o florescimento de uma profissão desconhecida em outros países: a do *lecturer*, o homem (ou a mulher) cujo trabalho principal (e muito bem pago) é o de proferir conferências, particularmente para a mulher norte-americana.

Passando a falar do Conselho das Mulheres Judias, do qual é presidente, mrs. J. W. salienta que este realiza, no sentido indicado, um grande programa. Há *lectures*, conferências e cursos em que, por exemplo, se estuda o direito do país, além de muitos outros assuntos. Intensa é a participação da organização nos trabalhos das municipalidades e do Congresso, onde *"we have a lot of influence"* (nós temos muita influência). Essa influência considerável dá à organização uma posição pública de grande relevância. "Discutimos todas as questões públicas, principalmente no terreno da educação, e influímos de forma organizada nas decisões que se tomam nesse e em outros campos".

E o Brasil?

Quanto ao Brasil, mrs. J. W. mostra-se sinceramente impressionada pela obra comunal da mulher judia. Diz que, nesse sentido, aqui se faz mais do que na maioria dos países sul-americanos. "São Paulo", declara, "será logo um centro onde as mulheres judaicas de outras comunidades sul-americanas poderão estudar a obra de assistência. É para mim um grande prazer verificar que a coletividade judaica de São Paulo começa a reconhecer a necessidade inelutável da colaboração de elementos profissionais". Pensando no que nos disse a srta. M. B., perguntamos qual seria o número de profissionais indispensável, no momento.

Mrs. J. W. troca um olhar significativo com a dra. B. K., que presencia a nossa conversa no hotel Jaraguá.

– Bem – declara mrs. J. W., hesitando diplomaticamente. – Há atualmente três ou quatro social workers judeus trabalhando nos serviços da coletividade judaica. Para o começo do começo precisar-se-iam aqui no mínimo dez ou doze assistentes sociais.

– Para o começo do começo? E para o começo? Pergunto – pedindo-lhe que fale com franqueza: não iria divulgar o número. Mrs. W. pronuncia um número que quase me corta a respiração.

– Não se assuste! Isso não tem tanta pressa assim, e estou falando segundo o padrão norte-americano. Mas imagine que houvesse aqui um grande centro comunitário. Claro que se precisaria de algumas dezenas de profissionais para mantê-lo em plena atividade: para as crianças, para os adolescentes, para os adultos, para o jardim de infância, para conferências, para as artes, para as danças e assim em diante. Isso se refere ao Centro Comunal, para não falar dos outros ramos de atividade, qual seja o dos professional case workers, que se dedicam menos a grupos que a indivíduos e famílias, cujas residências precisam visitar com certa frequência (e para não falar das especializadas de que já falamos acima).

A Colaboração das Voluntárias

– É claro – prossegue mrs. J. W. – que a colaboração de voluntárias pode ser, nesse campo, de grande utilidade. Uma mulher inteligente, com boa vontade, pode fazer um trabalho excelente. Se ela é séria, ela pode contribuir muito para o bem-estar (welfare) da comunidade.

– Séria?

– Quero dizer, se ela mostrar dedicação e trabalhar com profissionais que lhe orientem a atividade. Ela tem de aprender o que deve fazer e de que forma o deve fazer. Essa comunidade precisaria da colaboração de cerca de mil mulheres voluntárias; mas para o início já seria satisfatório o número de cerca de duzentas a trezentas.

371

– Podemos divulgar que, à sugestão de mrs. J. W., um grupo de senhoras desde já se prontificou a constituir um comitê provisório, futura filial do Conselho Internacional de Mulheres Judias, a fim de planejar cursos de treinamento especializado para voluntárias e examinar as necessidades da coletividade judaica de São Paulo nesse terreno. Trata--se de um grupo representativo, que também visa trabalhar em prol do aperfeiçoamento da personalidade da mulher judia. O grupo esforçar-se-á por reunir senhoras de todos os círculos – independentemente da sua filiação a instituições que trabalham em setores especializados – a fim de possibilitar uma abordagem unida (*united approach*) dos problemas de assistência social. Não haverá, portanto, nenhuma duplicação e sim uma coordenação de serviços. No novo comitê, desde já se reúnem, como indivíduos e não como delegados, senhoras da Wizo[2], Ofidas, CIP e de outros setores. Todas elas estão conscientes da necessidade de um trabalho e planejamento unidos.

* * *

Vemos, através do que expuseram as duas entrevistadas, uma perfeita concordância no que se refere à necessidade extrema da urgente formação de um grupo de dez a vinte assistentes sociais profissionais, grupo que futuramente deve ser aumentado em medida considerável. A situação profissional desses elementos é excelente e deve despertar o interesse de jovens de *ambos os sexos* que, ainda indecisos, desejam escolher uma profissão prestigiosa, importante e bem remunerada, cujo estudo eventualmente pode ser facilitado por *bolsas especiais*.

Acresce a importância da colaboração de senhoras voluntárias, indispensável à grande obra comunal e assistencial de uma coletividade crescente e moderna, como é a dos judeus de São Paulo.

2. Women's Internatioal Zionist Organization.

Quarta Parte:
CULTURA

O INTERCÂMBIO CULTURAL
ENTRE BRASIL E ISRAEL[1]

A Posição Peculiar de Israel no Projeto Oriente-Ocidente

O Projeto Oriente-Ocidente inscreve-se na tarefa da Unesco de, pelo intercâmbio cultural, favorecer o conhecimento e, através dele, a compreensão e estima mútuas entre as nações. É tese fundamental da Unesco que, dessa forma, seria possível fazer-se uma contribuição substancial para o fortalecimento da paz e da segurança. Parece provável que assim seja, particularmente se esse intercâmbio contribuir para limitar o etnocentrismo e a agressividade de mitos, tradições e símbolos que alimentam um orgulho nacional excessivo.

Não pode ser intuito deste trabalho analisar termos complexos como os da cultura e do intercâmbio, ou fazer

1. Manuscrito de 1959.

375

indagações acerca da maior ou menor dificuldade de realizar, para além do campo científico-técnico, profícuas trocas culturais entre culturas muito diversas. Existirá, por exemplo, a possibilidade de se isolar certas manifestações culturais do contexto geral e de transmiti-las a outras nações sem que surjam deformações ou dificuldades de apreensão correta? É possível, de outro lado, transmitir a outros povos, na amplitude e extensão desejáveis, uma ideia geral da totalidade de determinada cultura ou do "caráter de um povo", sem que surjam, igualmente, deformações?

O Projeto Oriente-Ocidente parte da filosofia de que é possível entender mesmo culturas muito diversas, contrariamente, por exemplo, a Oswald Spengler, segundo o qual existem diferenças tão fundamentais entre as "almas" culturais ocidental e oriental que – com exceção do próprio Spengler – nenhum expoente de *uma* cultura pode, de fato, apreender a intimidade de outra. Parece óbvio que a concepção pessimista de Spengler não pode ser aceita. Mas não se deve desprezar as enormes dificuldades que se opõem ao antropólogo ou sociólogo, para não falar do jornalista ou do turista, que queiram interpretar corretamente a configuração de culturas muito distantes.

Todavia, no caso concreto deste trabalho, não se trata de culturas radicalmente diversas: Brasil e Israel têm ampla herança europeia em comum. Tal mudança, por sua vez, contém traços importantes contribuídos pelos antepassados do povo judeu, parte do qual se constitui na nação israelense. O Estado de Israel, embora fazendo parte, no plano geográfico, do Oriente, pertence, tanto quanto o Brasil, no plano cultural, ao Ocidente. O forte influxo de judeus de proveniência oriental ou africana não modificou essa situação, pelo menos até o momento. Esse fato dá ao Estado judeu uma posição privilegiada dentro de um projeto de intercâmbio entre o Oriente e o Ocidente. Israel talvez possa desempenhar, no futuro, certo papel na aproximação das respectivas culturas e certamente representa um foco de interesse peculiar em virtude de sua posição intermediária entre os dois mundos. Há, com efeito, em Israel, tendências visando decididamente estimular ao máximo a aproximação com as nações afro-asiáticas, como se verifica pelo intenso intercâmbio econômico e cultural entre Israel e nações como, por exemplo, a Birmânia e Gana – intercâmbio muito bem acolhido nesses países subdesenvolvidos, visto não se sentirem, através dessas relações, "atados" nem ao Oriente e nem ao Ocidente.

Contudo, mesmo em se tratando, no caso do Brasil e de Israel, de culturas de amplas áreas de contato, parece que uma verdadeira compreensão capaz de ultrapassar o mero conhecimento depende de uma atitude resultante daquilo que talvez se possa chamar de "espírito antropológico": espírito científico, livre de apressadas valorizações etnocêntricas, mas que ao mesmo tempo esteja imbuído de certa humildade e que seja capaz de apreciar, como valor, a própria pluralidade das culturas; espírito que, por mais que realce a extraordinária divergência das manifestações culturais, tenda a atribuir essa riqueza de individualidades nacionais a uma série de condições e fatores, entre os quais não se contêm as diferenças essenciais ou "eternas" de ordem biológica ou, em se admitindo tais diferenças, não se as avaliem em termos de valores superiores ou inferiores. Em todo intercâmbio, nos moldes traçados pela Unesco, pressupõe-se que, apesar da diversidade de línguas, haja no fundo uma língua comum, graças à qual a comunicação e a verdadeira permuta de bens culturais são possíveis.

Motivos Gerais Suscetíveis de Estimularem
o Intercâmbio

A atividade da Unesco, no terreno do intercâmbio cultural, tende a limitar-se, em geral, no sentido de facilitar a troca de bens culturais. Ela exerce, portanto, uma função essencialmente instrumental. Sua atividade pressupõe, em linhas gerais, que os próprios Estados ou nações estejam interessados em manter um intercâmbio entre si, para que ela possa desempenhar o seu papel de mediadora. Não importa que os fins visados pelos Estados ou institutos de intercâmbio divirjam daqueles da Unesco e sejam, quase sempre, de ordem mais imediata, utilitária e menos generosa. Tais interesses são respeitáveis e merecem tanto mais acatamento quanto maiores forem os serviços de real emulação cultural que venham a ser prestados dessa forma. Trata-se de uma espécie de "heteronomia dos fins": a política cultural, mesmo quando encobre a simples política de poder, atinge, ainda assim e a despeito disso, resultados muitas vezes positivos devido ao enriquecimento espiritual dos países visados e pelos múltiplos contatos que assim se estabelecem. A tendência de os meios (no caso, a cultura) se transformarem em fins próprios, geralmente tão nociva, é altamente benéfica nesse campo.

As relações entre o Brasil e Israel não são de caráter vital para nenhum dos dois países. Tal fato influi, naturalmente de forma negativa, na intensidade das trocas culturais. Todavia, dessa negatividade decorrem também aspectos positivos, pelo menos no terreno do intercâmbio cultural: este pode realizar-se num clima isento de tensões e suspeitas, de uma forma até certo ponto mais "desinteressada" do que costuma ser a regra no caso contrário.

As relações políticas entre ambos os países, embora longe de serem vitais, caracterizam-se por grande cordialidade, acentuada pelo fato de o povo israelense nutrir gratidão pela atitude positiva tomada pelo Brasil na ONU quando da fundação do Estado de Israel; numa ocasião, de resto, em que a presidência da Assembleia Geral coube a Oswaldo Aranha, que desempenhou papel de relevo na emergência do novel Estado. No início de 1952, foram estabelecidas legações, elevadas, em 1958, a embaixadas. Há um consulado honorário israelense em São Paulo, criado em 1956. À assinatura de um acordo comercial entre os dois países, em 1956, seguiu-se, em 1958, a fundação de uma Câmara de Comércio no Rio de Janeiro, e, em 1959, de outra em São Paulo. Parece que há iniciativas no sentido de se con-

378

cluir um acordo cultural brasileiro-israelense; seria, sem dúvida, interessante se na elaboração desse acordo se recorresse ao amplo documentário de que a Unesco dispõe a esse respeito.

Porém, nem os fatos políticos, nem as trocas comerciais se afiguram, atualmente, de relevância suficiente para que possa haver interesses utilitários de grande peso a estimular as relações culturais. Acresce que nenhum dos dois países é, no momento atual, centro de poderosa emanação cultural (se, no caso, se excluir a atração espiritual e emocional que Israel exerce sobre muitos judeus no mundo inteiro). Nem o Brasil nem Israel podem se comparar, no presente, em irradiação cultural – modo de vida, filosofia, ciências, artes, técnica – à França, Alemanha, Itália, Inglaterra e, mais recentemente, aos Estados Unidos e à União Soviética. Em compensação, não podem surgir receios de influências demasiado intensas de efeito desnacionalizador ou de algum modo indesejáveis. Fato que contribui para desinibir qualquer esforço que venha a ser envidado para intensificar as relações culturais entre os dois países. O enriquecimento que dessa permuta puder advir para ambos os países provavelmente não se ressentirá de qualquer cunho de messianismo ou de qualquer atitude patronal; nenhum dos dois países se sente encarregado de uma missão civilizatória particularmente virulenta, mercê da qual pretenda redimir povos supostamente envoltos na penumbra da barbárie. O messianismo religioso ou metafísico do judaísmo não parece imbuir de forma acentuada o Estado empírico de Israel, cujo *ethos* é, antes de tudo, a redenção do povo judeu na medida em que procura "reunir os dispersos", basicamente aqueles que se encontram em situação de segurança precária.

Não obstante, ainda que os interesses mútuos não sejam vitais, há de lado a lado razões suficientes para intensificar o intercâmbio, sendo que entre essas razões não faltam aquelas de ordem mais imediata e utilitária e que são as bases mais seguras de quaisquer relações internacionais.

Os interesses divergem em parte, ou os diversos interesses não coincidem na sua intensidade: assim, para dar um exemplo, Israel parece mais interessado do que o Brasil em aumentar, através do intercâmbio cultural, o seu prestígio, ao passo que o Brasil, embora não menosprezando tal aspecto, visa mais a familiarizar-se com certas experiências sociais e pesquisas de espécie vária que se realizam em Israel.

Quanto a Israel, Estado novo que é, tem grande interesse em elevar o seu prestígio no mundo. Nação pobre e pequena, pouco pesa na balança do poder e dos interesses econômicos. Seu prestígio somente pode advir de suas realizações sociais e culturais. Daí o seu esforço em difundir o conhecimento de suas iniciativas no campo social e cultural. Esse esforço inclui também o Brasil, e isso por razões assaz ponderáveis. O Brasil é o maior país da América Latina e um dos líderes de um continente que, mais cedo ou mais tarde, desempenhará papel relevante na política mundial. Como todos os países da América Latina, não tem, nesse instante, interesses políticos diretos no Oriente Médio e pode, por isso, manter na situação crítica daquela região certa atitude de equidistância que o predispõe a uma função mediadora. De qualquer modo, a atuação do Brasil na ONU e nos seus vários departamentos e comissões pode se revestir de magna importância para Israel.

Acresce ainda que há, no Brasil, cerca de cem mil habitantes judeus, a maioria deles cidadãos brasileiros, quer por nascimento, quer por naturalização. Muitos dentre eles têm particular afeição por Israel, sentindo-se ligados por laços religiosos ou históricos. É evidente que esse grupo representa um foco de interesse para Israel e que a difusão das realizações sociais e culturais desse país encontra repercussão viva entre os judeus.

É de supor-se que também o Brasil, embora talvez não na mesma medida que Israel, esteja interessado numa política cultural de prestígio naquele país. A longo prazo, o Brasil sem dúvida não poderá deixar de intensificar suas atividades políticas e econômicas no Oriente Médio e será chamado a ali desempenhar o seu papel, quer diretamente quer através da ONU, como já ocorreu recentemente ao enviar um contingente de tropas para integrar a Fenu – Força de Emergência das Nações Unidas na zona Gaza-Suez. Se no futuro, como não se pode deixar de esperar, qualquer solução conciliatória for encontrada entre o mundo árabe e o Estado judeu, e se deste modo se restabelecer a tranquilidade naquela região, Israel se tornará, indubitavelmente, um importante portão de entrada para o mundo oriental em virtude de sua posição intermediária antes exposta. E nessa qualidade poderá vir a ser um centro de respeitável interesse político. Convém acrescentar, ainda, que Israel representa, para mais de dez milhões de judeus dispersos pelo mundo, uma espécie de "mátria" sentimental e espiritual com a qual mantêm intensa troca de informações. A repercussão obtida em Israel propaga-se, assim, através de todo o mundo ocidental. Se, por exemplo, uma brasileira, Irene dos Santos, conquista um prêmio num concurso bíblico realizado em Israel, tal fato tem enorme divulgação em todos os centros judaicos do mundo, da mesma forma como uma brilhante campanha de um time de futebol brasileiro nos campos esportivos da Terra Santa, ou uma exposição de Portinari em Tel Aviv ou Jerusalém.

Embora os valores religiosos façam parte da própria permuta cultural, talvez convenha, nesse nexo, mencionar essa área de interesse, já que poderia vir a ser um dos grandes estímulos para o intercâmbio em geral. Poderia mesmo representar um importante elo entre o Brasil, como o maior país católico do mundo, e o país que é o berço do cristianismo. Afigura-se de grande interesse a intensificação das relações entre os círculos eclesiásticos brasileiros e o país em que se situa Nazaré. O governo de Israel certamente concederia todas as facilidades aos expoentes do clero brasileiro para que pudessem multiplicar os seus contatos com a Terra Santa. É digno de nota, nessa conexão, que o padre Alfredo Polidori visitou recentemente o Ministério dos Negócios Religiosos em Jerusalém, comunicando ao dirigente da seção cristã que o Vaticano confirmou o novo projeto do arquiteto Giovanni Muzio, de acordo com o qual deverá ser construída, em Nazaré, uma basílica de 52 metros de altura, com a inclusão de restos antiquíssimos da Igreja da Anunciação – fato que demonstra a confiança do Vaticano na estabilidade da situação política em Israel. São certamente de interesse para o clero brasileiro as informações sobre a vida e a organização das várias comunidades cristãs em Israel, sobre as quais há pormenores na publicação *Christians in Israel* (editada pelo Ministério dos Negócios Religiosos, Jerusalém, 1950) e no periódico do mesmo ministério, *Christian News from Israel*, que também aparece em língua francesa e espanhola. Aliás, é tido como provável que, para o Natal de 1959, já se organizarão grupos de peregrinos brasileiros que gozarão de toda a assistência por parte das autoridades israelenses.

Merece ainda destaque o fato de ter sido através do Instituto de Cultura Hebraica, estabelecido em São Paulo e dirigido por um técnico israelense, que se verificaram contatos interconfessionais de uma intensidade antes desconhecida. Pelo menos não constam, para o autor, contatos anteriores com essa frequência, no Brasil, entre padres católicos, pastores protestantes e rabinos, tal como aqueles que recentemente se verificaram por motivo da organização e realização do concurso de televisão chamado "Eternidade da Bíblia", concurso que atraiu mais de cem candidatos brasileiros (entre católicos, protestantes e judeus) e cujo prêmio principal consiste numa viagem a Israel. Qualquer que possa ser a opinião sobre tal tipo de testes, o certo é que eles são úteis se daí advirem contatos interconfessionais, tão frequentes nos Estados Unidos e tão raros no Brasil. É ainda em decorrência dessas relações estabelecidas entre grupos brasileiros de várias confissões, graças aos esforços de um técnico israelense, que o reverendíssimo monsenhor Heládio Corrêa Laurini, presidente da Liga de Estudos Bíblicos e diretor do Seminário Central, proferiu uma conferência na Congregação Israelita Paulista. Não deixa de ser curioso que, sob os auspícios de um país remoto, tenham se verificado contatos entre grupos que vivem lado a lado.

Os Principais Focos de Interesses Culturais Mútuos

Considerações Gerais

Talvez seja vantajoso classificar o intercâmbio em várias esferas, cada qual de diversa transmissibilidade e de interesse para círculos diversos, logo, mais amplos, logo, mais especializados. Por razões práticas – e não por a acharmos particularmente correta –, adotaremos, de Alfred Weber, a tripartição artificial da totalidade em que se manifesta a vida de uma nação[2]:

1. A sociedade, conjunto organizado em que se verifica a interação estruturada entre as pessoas;

2. A cultura (no sentido restrito) de que a sociedade é portadora. A cultura se manifesta nos mitos, artes, religiões e filosofias; é a expressão da vida psíco-espiritual de determinado povo e, como tal, um fenômeno singular;

3. A civilização, na qual domina o intelecto universal que se manifesta nas ciências e na sua aplicação à técnica.

A sociedade e sua história podem tornar-se parte do intercâmbio enquanto transformadas em objeto de observação, análise e interpretação, que podem se realizar em diversos níveis de profundidade e cujos resultados, difundidos extensiva e intensivamente, podem exercer profunda influência sobre outras sociedades. Tais interpretações incluirão naturalmente aspectos da cultura (pois sociedade e cultura são interdependentes). Esta, no entanto, enquanto objetivada em obras – e inclusive uma dança folclórica é uma obra, mesmo que a sua coreografia nunca tenha sido fixada –, pode ser diretamente transmitida e apreciada, ainda que alguns, como, por exemplo, Alfred Weber, neguem a possibilidade de se compreender a intimidade de

---

2. Esta tripartição foi usada por Arnold von Buggenhagen, "Institutos de Intercâmbio Cultural, sua Problemática, Sentido e Orientação", *Boletim* n. 1 do Instituto Cultural Brasileiro-Alemão, Porto Alegre, 1957 (N. do A.).

tais manifestações, particularmente as artísticas e filosóficas, que podem ser difundidas com certa facilidade entre círculos amplos. Quanto à civilização, os seus conteúdos são de fácil comunicação aos círculos especializados de outros povos.

Antes de serem abordadas as várias esferas, deve-se acentuar a conveniência de se possuir um conhecimento geral das opiniões e dos estereótipos que os dois povos têm, atualmente, de si mesmos e do outro. Ignoramos se já há pesquisas a respeito dos estereótipos que cada qual dos dois povos (como um todo) têm de si mesmos. Certamente, porém, não há pesquisa alguma sobre as opiniões e os clichês que o israelense forma do brasileiro e este – ao menos nas camadas que já tomaram conhecimento dele – do israelense. Esse último ponto seria de particular interesse porque poderia ser examinado se há uma divergência no que se refere ao conceito de "judeu", "israelense" e, eventualmente, "israelita". O termo "israelita" costuma designar, em menor ou maior grau, uma religião ou o adepto dela[3]. Os termos "israelense" ou "israeli" referem-se a uma nação definida que vive no território de Israel e que abrange também os árabes e outras etnias, de religião cristã, muçulmana ou qualquer outra, enquanto sejam cidadãos de Israel. Quanto ao termo "judeu", é uma designação difusa de um grupo étnico não muito bem definido, sem homogeneidade racial mas distinguido por certo lastro histórico comum e por certa situação de marginalidade. Os seus componentes são cidadãos de muitos países, entre os quais se conta também Israel.

Os judeus não israelenses (da Diáspora) foram autoestereótipos bem diversos daqueles que formam o israelense: este, particularmente o já nascido em Israel (o sabra), distingue-se por certas qualidades que – sempre segundo o estereótipo – o judeu não israelense não costuma atribuir a si mesmo. O "sabra" é um modelo de virtudes másculas e

---

3. A atriz Elizabeth Taylor, por exemplo, ao converter-se há pouco para a religião israelita (ou mosaica), não se tornou propriamente "judia" (N. do A.).

384

militares, é muito corajoso, caracteriza-se por certa rudeza, certo provincialismo, certa relação mística com o solo, certas qualidades típicas do camponês. Parece que, dessa imagem, não faz parte, necessariamente, o clichê da chamada "inteligência judaica" que os judeus da Diáspora tendem a reservar para si mesmos. Mas quanto a esse particular não se formou ainda uma ideia definitiva[4].

Pesquisas nesse campo, particularmente naquilo que se refere aos estereótipos brasileiros em geral, com referência ao judeu e ao israelense, seriam de grande interesse. Quanto ao termo "judeu", tem sem dúvida certa carga pejorativa, significando, entre outras coisas, "homem mau", "avarento", "negocista". É de supor-se que tais significados pejorativos – que, aliás, não implicam uma atitude particularmente antissemita, ainda que certa pesquisa tenha demonstrado a existência de um preconceito – não se tenham comunicado de modo acentuado ao conceito que o brasileiro forma do "israelense" (o conceito "israelita", por exemplo, não se ressente dessa carga pejorativa), caso já se tenha formado a respeito dele um conceito definido. Um trabalho dessa ordem certamente poderá conduzir a resultados interessantes, de importância inclusive para estudar os mecanismos da formação de estereótipos. Poder-se-ia verificar, igualmente, até que ponto, nas diversas camadas brasileiras, vêm sendo associados os conceitos de judeu e israelense, bem como até que ponto aquele tende a contaminar este ou este a aquele.

Ao mesmo tempo, deveria ser feito um levantamento geral, se possível com indicações e comentários precisos, das monografias existentes, em língua acessível, sobre ambos os países, sua história, cultura etc., para dar orientação

---

4. Os judeus da Diáspora aceitariam, por exemplo, pelo menos de uma forma geral, o estereótipo do judeu inteligente, jeitoso e esperto, representado por Danny Kaye na fita *Eu e o Coronel*, ainda que em muitos círculos tenham surgido reações de desaprovação desse clichê típico do judeu marginal. Mas não reconheceriam nesse tipo, de modo algum, o israelense. Este seria muito diverso do sr. Jacubovski da fita e aproximar-se-ia muito do clichê heroico e romântico do próprio coronel, com a diferença de que seria, além disso, bem mais inteligente (N. do A.).

segura aos elementos encarregados de missões de intercâmbio e outros interessados. O jornalista, escritor, político ou cientista israelense que viesse ao Brasil, possivelmente no intuito de escrever sobre esse país ou de fazer conferências após a sua volta, deveria estar familiarizado, mercê de obras dignas de fé, com os aspectos socioculturais fundamentais do Brasil a fim de não relatar, depois, os resultados de observações incoerentes, informações desencontradas, generalizações superficiais ou mosaicos de impressões pitorescas, colhidas ao acaso. Tal tipo de relato serve, às vezes, mais para aumentar a ignorância acerca de países do que para a sua compreensão. Sabemos, por observação direta, que os elementos israelenses chegados aqui nem sempre obtiveram os seus conhecimentos prévios sobre o Brasil nas melhores fontes. Num ou noutro caso colheram-nos em livros extremamente duvidosos, capazes de lhes pré-conceituarem toda a futura visão desse país. Se, para dar um exemplo, certo autor (aliás, não israelense) define o candomblé como "superstição", sem dar maiores explicações ou elucidar a função atual dessa prática, ou se o mesmo autor diz dos mamelucos brasileiros que submeteram os nativos com aquela "violência e perfídia" que se desenvolveram "em consequência da mistura racial", certamente não se pode falar de uma contribuição para o maior entendimento dos povos, nem se nota aí aquele neutralismo positivo que admite a pluralidade cultural sem valorizações apressadas.

No caso do Brasil, tal situação pode ser sanada pela tradução de obras brasileiras para o inglês, espanhol ou francês (ou até hebraico), ou ainda pela divulgação de boas interpretações originalmente aparecidas em quaisquer dessas línguas (há, com efeito, uma literatura bastante boa sobre o Brasil). Mais difícil afigura-se a situação no que diz respeito a Israel, país demasiadamente novo e em mudança muito rápida, para que as obras existentes em língua acessível pudessem ter captado os seus aspectos essenciais. Há, em português, uma série de trabalhos menores, geralmente de cunho jornalístico, alguns de bastante valor informativo, outros de teor mais lírico, ainda outros de caráter puramente retórico – mas quase todos são manifestações mais de intenções elevadas do que de profundos conhecimentos. Em alguns casos, poder-se-ia falar, talvez, de "compreensão" sem conhecimento, o que possivelmente seja ainda melhor do que o conhecimento sem compreensão.

Por outro lado, desconhecemos sérias autointerpretações israelenses em língua acessível, já que aquilo que de lá nos veio às mãos é, no geral, material de divulgação governamental.

O Intercâmbio no Terreno da Vida Social

É deplorável essa ausência de trabalhos gerais no que se refere a Israel, do tipo que, por exemplo, Denis de Rougemont escreveu sobre a Suíça, Frede Castberg sobre a Noruega, Geoffrey Gorer sobre os Estados Unidos ou Roger Bastide sobre o Brasil (obras que, naturalmente, são suscetíveis de críticas). Igualmente sensível é a falta de monografias em língua acessível que estudem *em profundidade* certos aspectos da sociedade israelense. É muito grande o interesse de determinados círculos brasileiros por certos aspectos da vida social e organizacional de Israel, por exemplo, da vida sindical, das fazendas coletivas (*kibutzim*), nas suas várias formas (entre as quais aquelas dos judeus ortodoxos), dos *Moshavin*, cooperativas agrícolas de proprietários de sítios e muitos outros. O material acessível é, quase sempre, apenas de informação geral e não dá uma visão profunda que, em alguns casos, somente poderia ser obtida por equipes de sociólogos e psicólogos treinados em pesquisas de campo. Ignoramos se há *community studies*, digamos, de um lugar relativamente industrializado e de outro rural. No que se refere aos *kibutzim*, parece que foi estudado um aspecto parcial num livro de Eva Rosenfeld, cujo título em português seria: *Estratificação na Sociedade sem Classes*. Nesse campo, sem dúvida, fazem-se necessárias traduções de obras israelenses científicas, caso existam. Ademais, ante o elevado interesse que existe no Brasil, em círculos científicos, por algumas das experiências israelenses – certamente das mais apaixonantes da nossa época –, dever-se-ia eventualmente possibilitar o estágio mais prolongado de cientistas brasileiros, a fim de estudarem, sob vários prismas, as diversas formas das fazendas coletivas e dos núcleos cooperativos. Esses estudiosos teriam facilidade em interpretar a realidade israelense para a *intelligentsia* brasileira e estariam capacitados a fazer estudos comparativos no domínio, digamos, do cooperativismo, por exemplo, entre os métodos israelenses e aqueles que os japoneses ou lituanos vêm adotando no Brasil – indicando certos perigos inerentes ao cooperativismo (por exemplo, a sua tendência de se transformar em monopólio).

A perspectiva específica que um cientista brasileiro poderia aplicar, em Israel, seria de particular valor em face das relações intergrupais e, antes de tudo, em face da integração dos judeus norte-africanos. Ainda há pouco, esse problema foi discutido pela Federação Sionista da Argélia. Na ocasião, foi abordado o fato da discriminação que vem sendo praticada por diversas entidades e organizações em Israel contra os judeus norte-africanos (e do Oriente Médio), que parecem "parentes pobres" sob muitos aspectos. Tal discriminação foi revelada através de numerosas cartas de imigrantes norte-africanos chegados a Israel, e não se tem dúvidas de que, daí, poderiam advir sérias tensões. A consciência disso e a vontade de sanar esse estado de coisas são de tal forma acentuadas que se pretende lançar uma campanha visando angariar fundos para uma União dos Imigrantes da África do Norte, destinada a facilitar a adaptação e integração dos norte-africanos (mas também, em geral, dos judeus *sefarditas*) em Israel.

O lastro de experiências de um cientista brasileiro, nessa área, é certamente bem diverso daquele de um cientista norte-americano ou mesmo sul-africano. Afigura-se de interesse o estudo comparativo de tais problemas por elementos com um *background* cultural e de experiências vivas diversas. Um intercâmbio de cientistas brasileiros e israelenses para estudar os aspectos respectivos seria indubitavelmente valioso. Para o brasileiro, seria também de utilidade estudar os problemas educacionais que surgem no domínio da integração, particularmente das crianças norte-africanas (ou, por exemplo, iemenitas). Nesse particular, é grande o esforço de Israel para chegar a soluções que evitem, por um lado, as múltiplas tensões que surgem quando as crianças recém-imigradas frequentam escolas de israelenses há muito radicados no país, e por outro lado, as dificuldades de adaptação aos padrões de Israel que se manifestam quando, pelo contrário, fazem parte de escolas frequentadas por crianças recém-imigradas da mesma origem, como ocorre nas chamadas vilas de desenvolvimento e nas colônias que reúnem apenas elementos da mesma proveniência.

Israel se esforça por elaborar métodos educacionais especiais para os filhos de imigrantes – métodos naturalmente diversos quando se trata de crianças oriundas do Leste Europeu e do Oriente Médio. Criou-se um Seminário Estatal para professores especializados no ensino em escolas para crianças imigradas – professores capazes de lidarem com os problemas novos com que se defrontam. Para dar apenas alguns exemplos: nas famílias provindas de países muçulmanos, o número das crianças, já em si grande, tende a subir espantosamente em virtude da ínfima mortalidade infantil em Israel. Assim, a mãe tem de se dedicar a trabalhos fora de casa, fato inteiramente novo nessas famílias que causa enormes dificuldades às crianças, a ponto de, quando chegam à idade escolar, já se tornarem um problema. Em alguns casos, consegue-se prender as mães em casa devido ao estímulo que se dá ao artesanato doméstico tradicional (por exemplo, a produção de objetos de prata etc.), trabalho que, além de beneficiar as crianças pela presença da mãe, tem ainda a vantagem de conservar valores tradicionais e redundar em fonte econômica bastante apreciável.

Outra preocupação refere-se às tensões que surgem entre professores e pais: uma das razões é, paradoxalmente, a circunstância de os pais orientais exigirem que os professores apliquem castigos corporais nos filhos. A recusa de tais punições, e da imposição de uma disciplina rígida para manter os filhos "no seu lugar", abala a autoridade dos professores junto aos pais (e também aos filhos). As próprias crianças parecem esperar punições severas. "Um professor mau – crianças boas; um professor bondoso – crianças que não prestam", eis a opinião de uma aluna. O problema principal é, naturalmente, o da crise nas relações pais-filhos resultante da diversa rapidez com que crianças e adultos se adaptam ao novo ambiente e da consequente perda de autoridade por parte dos pais, que se mostram incapazes de orientar os filhos num mundo estranho a eles. Há conflitos devido às atitudes "orientais" dos pais e às tendências ocidentalizantes das escolas, de modo que pais e escolas tendem a solapar mutuamente as respectivas normas. Há choques por causa da comida, das formas de recreação, do vestuário e, particularmente, do comportamento das mocinhas. Basta o mínimo ensaio de namoro para que sejam consideradas, no ambiente das famílias orientais, como prostitutas.

Diante de todos esses problemas, uma das tarefas mais importantes do professor especializado é obter a aprovação e simpatia dos pais. Atualmente, em Israel tende-se a envidar esforços para que as crianças recém-imigradas não rejeitem *in totum* os valores tradicionais em favor daqueles de Israel, pois daí resulta um ódio irracional ao próprio ser profundo e uma assimilação superficial, igualmente irracional, dos novos valores estranhos à personalidade profunda da criança imigrada. Aquelas que abandonam, dessa forma, tudo quanto lhes foi transmitido desde os primeiros anos de vida, enfraquecem a própria possibilidade de observar realmente, e de forma autêntica, novos conteúdos e formas culturais. Adotando esse ponto de vista, que favorece a manutenção de certa continuidade entre o velho e o novo, os educadores criam ao mesmo tempo a possibilidade de as crianças do Oriente Médio e da África do Norte se tornarem uma ponte entre os seus pais e Israel, bem como entre o mundo afro-asiático e o ocidental.

Mereceria igualmente atenção dos especialistas brasileiros as técnicas desenvolvidas em Israel para proporcionar aos imigrantes adultos a possibilidade de aprenderem em tempo brevíssimo a língua hebraica, em cursos chamados *Ulpanin*. A lenta aprendizagem da língua nacional, qualquer que seja o país de imigração, resulta, com efeito, em grave prejuízo para os imigrantes e para o próprio país (mesmo que em termos puramente materiais). E essa falha, muitas vezes, reflete-se ainda nos hábitos linguísticos dos filhos já nascidos na nova terra, donde decorrem inúmeras dificuldades psíquicas e, por vezes, um rendimento inferior nos cursos escolares.

Uma grande área de intercâmbio frutífero seria, provavelmente, a da vida feminina e juvenil. Ainda recentemente, foi enaltecido, pelos delegados à ONU, a política israelense de igualdade absoluta para mulheres em todos os ofícios e profissões, após ter sido apresentado um relatório sobre as oportunidades econômicas oferecidas à mulher em Israel, na comissão da ONU para o *status* da mulher. É extremamente numeroso o quadro de mulheres nas profissões jurídicas e no campo da construção civil e da arquitetura. Da mesma forma, é intensa a vida organizacional da mulher israelense que apoia, em larga medida, o trabalho das assistentes sociais e cujo "auxílio fraterno" nas colônias dos recém-imigrados tem sido de grande valor. Seria, sem dúvida, de interesse se nesse terreno se estabelecessem trocas de informações e intercâmbio de estudiosas. O mesmo se pode dizer acerca da vida juvenil organizada.

O Intercâmbio no Domínio da "Civilização"

O intercâmbio afigura-se mais fácil, ainda que limitado a círculos restritos, na esfera das ciências. Embora particularmente no campo das ciências aplicadas já se tenham desenvolvido, em ambos os países, relações de intercâmbio, não se pode dizer que esteja satisfatória a intensidade com que se trocam comunicações científicas entre os vários institutos dos dois países. Quanto aos próprios institutos de intercâmbio, não parecem recorrer aos serviços bibliográficos e de documentação da Unesco ou enviar a esta as informações necessárias, nem se esgotam as possibilidades de *comptes rendus analytiques* (relatórios) bem feitos. Os centros de intercâmbio Brasil-Israel distribuem, é verdade, na medida do possível, aos interessados e também às bibliotecas, em línguas castelhana e inglesa, trabalhos científicos publicados por cientistas israelenses. É de se esperar que o centro correspondente em Israel realize serviço análogo, distribuindo material de cientistas brasileiros em língua acessível.

O incremento desse intercâmbio é naturalmente estimulado através de contatos pessoais, podendo servir de exemplo a visita ao Brasil do dr. Kurt Mendel, da Estação Agrícola Experimental de Rehovot, que aqui esteve graças a uma bolsa da FAO para fazer estudos sobre culturas tropicais. Esse contato contribuiu para que se estabelecessem relações mais intensas entre aquele instituto israelense e o Instituto Biológico de São Paulo, o Instituto Agronômico de Campinas e a Faculdade de Filosofia da Universidade de São Paulo (através do professor dr. Mário Guimarães Ferri, do Departamento de Botânica). São acentuados os interesses mútuos no domínio da citricultura, da fitopatologia e, em geral, no combate às pragas.

É alvissareira a notícia de que se realizam negociações a fim de trazer de Israel especialistas em regiões áridas e semiáridas e no aproveitamento da energia solar. São de particular importância as pesquisas israelenses no tocante à transformação econômica da água do mar em água de irrigação e as soluções-piloto para a dessalinização até agora elaboradas, ainda que não tenham entrado na fase industrial, bem como as experiências de irrigação com água salgada no cultivo da cana de açúcar. Israel tem uma grande experiência no campo dos planos regionais destinados a transformar uma zona deserta em zona cultivada, na técnica de açudagem e distribuição de águas, na coordenação de todos esses problemas com o reflorestamento e repovoamento zoológico, sendo que as suas grandes realizações nesse terreno, sem dúvida alguma, afiguram-se de interesse no intercâmbio de cientistas e técnicos especializados. Do lado israelense, há interesse particular em enviar para cá cientistas para estagiarem nos institutos de pesquisas ou nas estações experimentais sobre genética de plantas em Campinas, Piracicaba e em Bagé.

Em alguns campos, tal intercâmbio funde-se diretamente com interesses econômicos relevantes, como comprova a notícia de que teria chegado ao Brasil um perito israelense na produção de um composto especial de fosfato e cálcio utilizado na engorda de gado e aves, a fim de aqui supervisionar a construção de uma fábrica semelhante à já existente em Israel, a pedido de uma grande empresa química brasileira. Supõe-se que técnicos brasileiros, por sua vez, visitem Israel a fim de serem treinados na respectiva indústria israelense.

Talvez seja conveniente, da mesma forma, classificar, no domínio civilizatório, as manifestações arquitetônicas e urbanísticas. É particularmente acentuado o interesse israelense pelas realizações brasileiras nesse campo. Prova disso é a grande repercussão que teve a exposição de arquitetura brasileira no Museu Bezalel, em Jerusalém. Viva curiosidade tem provocado a construção de Brasília, já que os problemas urbanísticos constituem preocupação constante de um jovem Estado que se lança, segundo planos racionais, à conquista do deserto do Neguev.

A publicação de volumes de reproduções, dedicados a tais atividades, encontraria provavelmente boa acolhida de ambos os lados. Seria de importância particular valorizar tais obras mercê de introduções cuidadosamente redigidas que lhes dessem, além do objetivo especializado, um cunho de intercâmbio mais amplo, já que as atividades arquitetônicas e urbanísticas apresentam um ponto de partida excelente para considerações mais gerais sobre os múltiplos aspectos da cultura de uma nação. De uma forma geral, não se presta a devida atenção à elaboração desses ensaios introdutórios. Entretanto, precisamente os esclarecimentos gerais ligados a manifestações concretas e especializadas de uma cultura poderiam exercer uma função de intercâmbio valiosa. Apoiados em interesses profissionais de uma elite, tais esclarecimentos têm um poder de penetração particularmente incisivo.

O Intercâmbio Cultural (no Sentido Restrito)

Segundo Alfred Weber, à semelhança da opinião de Oswald Spengler, a comunicação e transmissão dos valores culturais no seu sentido restrito (mitos, filosofias, artes, religiões etc.), ao contrário dos conteúdos civilizatórios, é impossível visto que se trataria de fenômenos expressivos intimamente ligados à vida psíco-espiritual de um povo e, como tais, não isoláveis dos seus portadores. Faltar-lhes-ia a validade universal que distingue os resultados científicos. Por isso, estes últimos, embora na sua transmissão se defronte muitas vezes com uma consciência não suficientemente amadurecida, conhecem o progresso cumulativo, ao passo que nas criações propriamente culturais, ligadas a individualidades nacionais singulares, verificam-se surtos e decadências repentinos, sem que se possa falar de uma continuidade progressiva baseada na migração de bens culturais.

É evidente que para o ocidental médio é difícil "compreender" verdadeiramente certas manifestações da música, literatura ou da filosofia asiáticas, mas daí a dizer que é impossível comunicá-las vai um longo caminho. Colocadas num contexto cultural maior, bem interpretado por conhecedores, tais dificuldades certamente não seriam insuperáveis, ainda que se reconheça a tremenda complexidade do problema de dar uma ideia aproximada, por exemplo, de um poema chinês na sua versão inglesa ou portuguesa. Essas dificuldades tendem a diminuir em se tratando de culturas mais aproximadas. Os vários "renascimentos" de valores culturais são provavelmente uma prova de sua transmissibilidade, conquanto se reconheça que se trata, na assimilação desses bens culturais remotos por um outro "espírito popular", em boa parte, de recriações. Fenômeno semelhante ocorre, por exemplo, na adaptação de pensamentos asiáticos através da filosofia de Schopenhauer, no efeito da arte africana ou japonesa sobre grandes expoentes da arte europeia moderna ou mesmo na influência que autores russos exerceram sobre escritos norte-americanos. Mesmo que a transladação de bens de uma cultura para outra resulte muitas vezes em mal-entendidos, não se pode negar que tais mal-entendidos podem ser, por vezes, extremamente fecundos. Eles podem inspirar movimentos espirituais ou estéticos importantes e contribuir decisivamente para o enriquecimento de determinada cultura que, selecionando e assimilando aquilo que lhe convém, acolhe tais bens. Muitas vezes, uma cultura somente se define em sua peculiaridade sob a influência direta das criações de outras culturas.

No que se refere ao acolhimento das manifestações culturais israelenses no Brasil, o grupo judaico-brasileiro tem desempenhado algum papel de intermediário. Tal fato apresenta certas vantagens porque esse grupo, além de apoiar materialmente, através de instituições especializadas, muitas iniciativas nesse campo, acolhe os fatos israelenses com calor, exercendo por vezes a função de intérprete, por vezes a de uma espécie de caixa de ressonância. Porém apresenta, igualmente, desvantagens, porque às vezes absorve, em vez de difundir, a possível repercussão; ocasionalmente, tende a favorecer, devido a um zelo exagerado, contatos desnecessários e contraproducentes; e, finalmente, tende a criar ilusões e facilidades que nem sempre correspondem ao eco e ao interesse no seio do povo e da elite brasileiros pelo acolhimento fervoroso de tudo que venha de Israel. É óbvio que não se desejaria limitar a importante função mediadora desse grupo, e muitos menos daqueles que, radicados aqui há gerações, são tão brasileiros quanto quaisquer outros. Desejar-se-ia, contudo, que o intercâmbio visasse, em maior escala, os grupos menos predispostos, por razões de ascendência, a darem atenção às manifestações israelenses e que mais frequentes e intensos contatos se realizassem entre expoentes israelenses e expoentes brasileiros cujos laços afetivos com Israel não decorrem de sua origem.

Em subtítulos anteriores deste trabalho já foram abordadas as áreas de interesse referentes à religião e à arquitetura. Esses importantes focos de interesse – que caberiam propriamente no subtítulo presente – podem servir-se, nas suas manifestações vivas ou objetivadas, dos veículos da técnica moderna. Rituais, cantos, textos ou símbolos, lugares santos etc., assim como seleções expressivas das atividades arquitetônicas e urbanísticas, poderiam ser reproduzidas por documentários cinematográficos e discos, por sua vez difundidos através das estações de televisão e rádio (a televisão, é verdade, ainda não existe em Israel). Isso se refere, obviamente, também à música e à dança folclórica, à pintura, à escultura etc. Lembremo-nos da impressão inolvidável que nos deixaram, num festival de documentários cinematográficos dedicados à dança folclórica, os filmes da Rússia, da Polônia e da Iugoslávia. É pena que Brasil e Israel, países tão ricos nesse particular, por enquanto pouco tenham feito em relação àquilo que se possa comparar aos filmes mencionados. Mas não faltam, do lado brasileiro, certas fitas apreciáveis, algumas relativas à arquitetura e à escultura barrocas, bem como uma ou outra que apresentam a capoeira com acompanhamento de berimbau etc. Do lado israelense, existem documentários dedicados particularmente ao progresso rural, à vida nos *kibutzim*, aos cuidados devotados às crianças etc., isto é, à vida social; porém poucos existem destinados à documentação artística da cultura no sentido restrito. A maioria desses filmes, dirigidos basicamente aos judeus do mundo, ressente-se de forte teor de propaganda que lhes tira parte do seu valor e, com isso, também parte do próprio valor de propaganda.

O melhor documentário sobre Israel, *País da Esperança*, é por coincidência de proveniência alemã.

O importante, tanto nos filmes documentários como nos discos, parece ser que se consigam integrar essas manifestações isoladas da cultura, de um ou de outro país, numa *Gestalt* cultural mais ampla a fim de se evitar a mera apresentação do "pitoresco". Serviriam para isso textos ou legendas, falados ou escritos (também nas capas dos discos), de redação muito mais cuidadosa e sapiente do que aquela que é usual – isso, naturalmente, nas línguas nacionais dos países visados. Desejar-se-iam que fossem elaborados por autores de responsabilidade, profundos conhecedores dos assuntos em questão, capazes de dar a necessária perspectiva às manifestações isoladas. Filmes e discografias deveriam ser postas à disposição das estações de rádio e televisão ou para institutos de cultura ou mesmo estudantis pelas respectivas embaixadas, pelos consulados ou pelos institutos de intercâmbio. Quanto a este último ponto, a embaixada de Israel já tem envidado certos esforços nesse sentido, como se vê pela discografia israelense anexa que enumera também discos "montados" e narrados em português. Ignoramos se semelhantes facilidades vêm sendo proporcionadas pela embaixada brasileira em Israel.

No domínio do intercâmbio musical já foram alcançados resultados apreciáveis. Notável repercussão foi obtida com a visita do maestro Eleazar de Carvalho, que regeu a Orquestra Sinfônica de Israel, assim como pela visita do maestro Villa Lobos, cuja composição *Odisseia de uma Raça*, dedicada a Israel, teve sua estreia mundial em Haifa (1954) e vem sendo executada com frequência por várias orquestras israelenses. [ilegível] A música brasileira, especialmente a folclórica, é bastante popular em Israel e nada se percebe, nesse domínio, quanto à impossibilidade de se transmitirem bens culturais. Atualmente, uma personalidade brasileira está prestes a ir (ou já foi) a Israel a fim de entrar em contato com a Associação dos Compositores daquele país, cuja grande experiência na *organização da vida musical* poderia ser aproveitada, em larga medida, no Brasil. Fazem-se também esforços para trazer ao Brasil, em 1960, a excelente Orquestra Filarmônica de Israel. É digno de menção que na Rádio do Ministério da Educação do Rio de Janeiro são transmitidas, periodicamente, composições israelenses contemporâneas mediante discos gravados em Israel.

Visto que outro trabalho dentro do Projeto Oriente--Ocidente é dedicado às artes plásticas, não é preciso abordar esse assunto neste espaço. Vale realçar, no entanto, a intensa repercussão obtida pela exposição de Cândido Portinari em Israel no ano passado. A viagem de Portinari a Israel teve, por assim dizer, efeito bilateral já que, ao voltar, colheu novo sucesso com a mostra de trabalhos sobre motivos israelenses, logo reunidos no álbum *Israel, Desenhos de Cândido Portinari*. É escusado falar da importância das Bienais que transformam São Paulo, durante certo período, em centro artístico de relevo internacional. Todos os delegados israelenses aqui chegados para cuidar, nas Bienais, da seção de Israel, têm proferido conferências no Brasil sobre a pintura em Israel e, em contrapartida, em Israel, sobre as suas impressões brasileiras.

Abordando o intercâmbio literário, convém insistir mais uma vez na importância da integração do fato isolado numa perspectiva cultural mais ampla através de ensaios de introdução de alta qualidade. Se se traduzisse, por exemplo, uma grande obra como *Vidas Secas*, de Graciliano Ramos, para o hebraico, haveria uma oportunidade excelente para esclarecer aspectos da vida e história nordestinas de grande interesse para o leitor israelense, que conhece, por experiência própria, problemas semelhantes. Tais introduções afiguram-se, aliás, indispensáveis para situar a obra no seu aspecto regional e assim evitar generalizações nocivas que tanto têm prejudicado o conhecimento de um país imenso, de aspectos tão variados, como é o Brasil. Tais introduções deveriam ser feitas por conhecedores tanto do autor em foco, como das condições socioculturais em que a obra se situa. Mas, ao mesmo tempo, deveriam dirigir-

-se especificamente ao leitor israelense [ilegível]. Eventuais dificuldades nesse sentido poderiam ser [sanadas por] conhecedores da realidade israelense, bastante numerosos entre a comunidade judaica no Brasil. Caso se apresentasse, por exemplo, o Movimento Modernista brasileiro a leitores alemães, a introdução certamente seria diversa daquela que se apresentaria a israelenses. Um autor como Mário de Andrade exerceu, até certo ponto, na literatura brasileira, uma função semelhante à de Lessing na literatura alemã, porém o seu empenho em revelar aos brasileiros a importância do barroco nacional aproxima-o, por outro lado, de Herder, que proclamou a importância da até então desprezada arte gótica germânica. Tal visão comparativa, talvez falha em algumas facetas, não deixaria de dar ao leitor alemão uma ideia muito concreta da importância de Mário de Andrade. E certamente não faltarão, na literatura hebraica ou israelense, possibilidades semelhantes de aproximação e comparação.

A um intercâmbio intenso no campo da literatura opõe-se, é claro, o grande obstáculo das duas línguas nacionais. Com exceção de poucos imigrantes brasileiros radicados em Israel, a língua portuguesa é remotamente acessível apenas àqueles que conhecem o espanhol – aliás, relativamente numerosos em Israel. No Brasil, a situação é um pouco melhor, visto que há aqui certo número de judeus que dominam o hebraico moderno. Porém é mínimo, de ambos os lados, o número de pessoas capazes de fazer traduções de nível literário apreciável.

Nessas circunstâncias, é um acontecimento feliz que se tenha feito um acordo entre os dois governos e os respectivos institutos de intercâmbio cultural com o fito de se editar um moderno dicionário português-hebraico e hebraico-português, aproveitando-se o manuscrito de um jovem israelense que contém 24 mil vocábulos e oito mil expressões idiomáticas. Ao que tudo indica, o manuscrito não apresenta transcrição fonética em letras latinas dos termos hebraicos, falha que certamente ainda será sanada. Seria de sumo interesse se a Unesco apoiasse esse trabalho básico, quer mediante recursos financeiros, quer mediante ajuda técnico-científica.

A tradução das obras primas de ambas as nações sem dúvida dependerá, em larga medida, da iniciativa dos institutos de intercâmbio, não obstante nos haverem informado que foram traduzidas obras de Machado de Assis e Josué de Castro, com êxito invulgar, a ponto de se esgotarem rapidamente as edições. Serve de exemplo o enorme êxito comercial de obras de Jorge Amado, já que é editado por empresas políticas e têm a seu favor um público certo, não só por causa de sua força narrativa como também mercê da tendência política de parte de suas obras.

Ao que se informa, pretende-se traduzir atualmente *Os Sertões*, de Euclides da Cunha, e *Menino de Engenho*, de José Lins do Rego. Seria de se recomendar a edição, em língua hebraica, de uma coletânea de contos brasileiros modernos, bem como de obras de Graciliano Ramos e Guimarães Rosa (*Sagarana*, em particular, já que a tradução de obras posteriores afigura-se de enorme dificuldade). Em todos esses casos, mesmo quando se tratar de edições comerciais, desejar-se-ia que os institutos de intercâmbio colaborassem com os editores e se obtivesse, nas obras de maior importância, o patrocínio da Unesco.

No que se refere à literatura israelense, foi traduzido para o português um romance de assunto atual, característico e interessante mas de valor literário medíocre (*Terra sem Sombras*); além disso, uma seleção de contos, alguns excelentes, e vários dos grandes poemas de Bialik. Atualmente, Cecília Meirelles prepara, em versão portuguesa, uma antologia da poesia israelense contemporânea. Recomendam-se para a tradução romances e contos de S. Izahar, M. Schamir, S. Agnon, H. Hazas e alguns outros.

São dignos de menção os artigos publicados por Jacó Guinsburg sobre a literatura hebraica no Suplemento Literário de *O Estado de S. Paulo*. Porém, ao que parece, até agora nada foi feito no domínio da distribuição de artigos de autores brasileiros e israelenses nos respectivos periódicos ou suplementos literários do outro país.

Os Institutos de Intercâmbio

Boa parte das atividades de intercâmbio cultural que atualmente se realizam entre ambos os países vem sendo promovida, além de através das embaixadas, pelos respectivos institutos, a saber, o Centro Cultural Brasil-Israel, cuja fundação foi sugerida pelo então ministro israelense no Brasil, general David Shaltiel, e o centro correspondente em Israel. A sessão inaugural do centro carioca verificou-se em 1954, no Itamarati, constituindo-se em seguida centros autônomos em São Paulo e Belo Horizonte. Em circunstâncias semelhantes surgiu em Israel: The Association for Israel-Brasil Cultural Relations, de Jerusalém. Atividades de intercâmbio foram também desenvolvidas, no Brasil, pela Sociedade dos Amigos da Universidade Hebraica e pelo Instituto de Cultura Hebraica, cujo centro paulistano iniciou recentemente também atividades em Recife e Salvador. Embora exista em Israel um Instituto Ibero-Americano, não lhe está agregada uma seção brasileira. O Instituto de Cultura Hebraica de São Paulo, dirigido por um técnico israelense, ministra aulas intensivas de língua, história e literatura hebraicas, e envida grandes esforços para alcançar ainda círculos brasileiros não judaicos.

Muitas das informações constantes neste trabalho foram prestadas pelo sr. P. E. La., da embaixada israelense, e pelo dr. R. M., um dos dirigentes do Centro Cultural Brasil-Israel de São Paulo. Das atividades de intercâmbio realizadas (este resumo naturalmente omite muitos contatos e atividades), muitas delas foram promovidas sob os auspícios particularmente de centros do Rio e de São Paulo, algumas em colaboração com The Association for Israel--Brasil Cultural Relations.

É naturalmente difícil avaliar o resultado e a repercussão desses contatos e atividades. Contribuem os conhecimentos e informações no nível puramente intelectual, de fato, para uma compreensão mais profunda, chegando a influir mesmo nas atitudes ou a mudar eventuais preconceitos? Serão os contatos pessoais em todos os casos úteis e, em caso de não o serem sempre, em que condições o serão? Deve-se salientar a boa vontade da imprensa brasileira, sempre disposta a entrevistar os expoentes israelenses que aqui chegam; disposição que às vezes é exagerada quando se trata de turistas que nada têm a dizer e que nenhum significado possuem. Seria desejável que se envidassem esforços coordenados para evitar decepções, dispêndio inútil de tempo e, por vezes, contatos contraproducentes – duplamente contraproducentes por prejudicarem as personalidades de real relevo e valor para o intercâmbio.

Os institutos que aqui incentivam o intercâmbio têm um bom serviço de recortes, fato que lhes possibilita avaliar, até certo ponto, a repercussão de suas iniciativas. Tais recortes são enviados a Israel, permitindo aos responsáveis de lá certa orientação nas suas iniciativas. Infelizmente, não nos consta que haja, por ora, cuidado semelhante no que se refere à repercussão das visitas de personalidades brasileiras na imprensa israelense. Seria interessante fazer-se, com base nos respectivos recortes e nos escritos publicados ultimamente aqui sobre Israel, e em Israel sobre o Brasil, de autoria de personalidades brasileiras e israelenses que visitaram respectivamente o outro país, pesquisas destinadas a avaliar a mútua repercussão, os aspectos que mais interesse despertaram, a exatidão das informações, a eventual formação de estereótipos nesses trabalhos, as atitudes manifestadas etc. Tais pesquisas deveriam também levar em consideração o aspecto quantitativo, por exemplo, através da medição das colunas-centímetro dedicadas, durante certo período, na imprensa de um país, aos fatos e personalidades do outro, procedendo-se, é claro, a uma avaliação proporcional já que os jornais de Israel costumam ter poucas páginas à sua disposição. Semelhante análise seria certamente de utilidade para dar uma orientação mais segura às atividades dos institutos de intercâmbio.

Conclusão

Diante do exposto, parece não existir obstáculos fundamentais capazes de dificultar o intercâmbio cultural entre ambos os países, pelo menos na medida em que tais obstáculos possam decorrer das próprias peculiaridades dessas culturas. Evidentemente, as bases europeias de ambas as nações não são as mesmas e muitos fatos contribuem (ou contribuíram) para que esses elementos básicos encontrassem uma elaboração divergente nos dois países. Numa época menos impositiva no estabelecimento de padrões semelhantes no mundo inteiro, o ambiente natural, os fatores históricos e as condições gerais, sem dúvida, levariam à formação de culturas radicalmente diversas. Atualmente, porém, o patrimônio ocidental comum parece suficientemente amplo para facilitar os contatos, sendo que essa situação certamente se acentuará ainda mais no futuro diante da implantação de padrões semelhantes num mundo que se torna cada vez menor.

O intercâmbio já existente, incentivado pelas embaixadas e pelos institutos especializados, certamente poderia ser beneficiado pela colaboração e orientação da Unesco. É possível que algumas das sugestões apresentadas neste trabalho sejam aproveitáveis. Destacamos, antes de tudo, a necessidade de um levantamento bibliográfico, filmográfico e discográfico etc., com os respectivos comentários e indicações resumidos, de tudo quanto possa afigurar-se essencial ao conhecimento mútuo dos dois países. Somente com base nessa documentação poderiam ser elaborados eventuais planos destinados a orientar as futuras iniciativas. Seria de importância saber, de forma geral, aquilo que os dois povos pensam um do outro e, nesse sentido, uma pesquisa como a recomendada, sobre as opiniões e os estereótipos, seria certamente de interesse. Certos estereótipos desfavoráveis que talvez existam poderiam eventualmente ser "amortecidos" pelo próprio intercâmbio, se bem orientado.

Para o conhecimento mútuo em maior profundidade e a sua comunicação correta, bem como para o eventual aproveitamento das experiências sociais particularmente de Israel, sem dúvida faz-se necessária a concessão de bolsas de estudos para educadores e especialistas em ciências sociais. O mesmo se refere, obviamente, às especialidades científicas indicadas no subtítulo sobre o intercâmbio na esfera da "civilização". Uma das áreas de interesse mútuo ainda pouco explorada no intercâmbio entre os dois países é a da religião, cuja abordagem mais intensa poderia igualmente servir para estimular contatos interconfessionais no próprio Brasil (e também em Israel), particularmente entre a maioria católica e a minoria judaica, no sentido de se apreciarem mutuamente os valores dessas religiões e de se diminuírem eventuais preconceitos existentes.

No que se refere, em geral, ao intercâmbio dos valores da cultura espiritual (no sentido restrito), foi por várias vezes salientada a importância de se integrarem as manifestações isoladas no contexto maior da cultura, tanto espiritual quanto material, a fim de facilitar a compreensão mais profunda de tais valores. Deve haver sempre uma possibilidade de se mostrar, mesmo na apresentação, por exemplo, da música chinesa, de tão difícil acesso à sensibilidade ocidental, que se trata de um fenômeno entendível a partir da configuração da cultura total. Seria, finalmente, de importância aferir o efeito de certas iniciativas no âmbito do intercâmbio através de pesquisas relativas à repercussão obtida em determinados casos. Ao mesmo tempo, deveria ser examinado em quais circunstâncias o intercâmbio de pessoas é realmente útil e quais os contatos que se recomendam em cada caso. Parece que foi O. K. que propôs, certa vez, um estudo dessa questão. Não sabemos se o estudo foi feito.

RENASCIMENTO DE UMA LÍNGUA[1]

O renascimento de uma língua "morta" é, ao que parece, fenômeno inédito. Seria difícil encontrar na história um caso como o da língua hebraica que, depois de um "sono" de dois mil anos, desperta para uma segunda vida, tornando-se de novo o idioma geral de um povo.

Com efeito, o hebraico deixou de existir como língua de comunicação cotidiana cerca de duzentos anos antes de Cristo, quando foi substituído pela língua aramaica. Desde então, continuou existindo apenas como língua escrita ou ritual, destinada quase exclusivamente a fins religiosos, à semelhança do latim, do antigo búlgaro (Igreja Ortodoxa Russa) e do copta (Igreja Etiópica).

As dificuldades de se fazer reviver uma língua, mesmo que só em estado de agonia, são tremendas. Prova disso são as tentativas baldadas do movimento *félibrige* (Fréderic Mistral),

---

1. JSP 26 fev. 1950.

405

visando ao renascimento da língua provençal, e os esforços frustrados do governo de Eire que, apesar de impor a língua gaélica como matéria compulsória nas escolas, exigindo dos professores o perfeito conhecimento desse idioma, não consegue impedir a crescente expansão do inglês.

Desde há cerca de dois mil anos, os judeus costumam falar as línguas dos respectivos países em que vivem, ao lado do ídiche (dialeto alemão medieval), no que se refere aos judeus da Europa Oriental, e do ladino, no que se refere aos judeus de origem ibérica (os sefaradim). É verdade que, durante todo esse período, o hebraico nunca deixou de ser usado nas orações. Tratava-se, contudo, de uma língua "aprendida", artificial, como o é o latim da Igreja Católica Romana.

Babel, o Grande Perigo

Na segunda metade do século XIX, mesmo antes de nascer o sionismo político, inicia-se, entre os judeus, um movimento em favor do hebraico, impulsionado mais por um sentimento místico de saudosismo do que por motivos pragmáticos.

O próprio Herzl, fundador do sionismo político, não sabia ainda falar o idioma ancestral. No entanto, logo que as aspirações sionistas tomaram forma definida, impunha-se na Palestina a necessidade inadiável de uma unidade linguística. É que os judeus chegados à Palestina no fim do século passado falavam ídiche, ladino, alemão, francês e russo; os iemenitas falavam árabe e os judeus do Irã, o persa. Assim, tornou-se imprescindível uma língua comum, não só para possibilitar a comunicação entre os diversos grupos, mas também para criar um sistema educacional unificado como base de uma nação homogênea.

"Alô, Táxi!", na Língua do Livro Sagrado

É evidente que imensos esforços tinham de ser envidados para adaptar a língua dos profetas aos tempos da bomba atômica.

O hebraico atual é essencialmente o hebraico da *Bíblia*, visto que a língua não passou, de um modo geral, pelas transformações que caracterizam a evolução de uma língua viva. O cidadão inglês de hoje não é capaz de ler, sem preparo, a obra de Chaucer; e até Shakespeare já oferece certas dificuldades. O mesmo se dá com todas as línguas modernas. Mas a criança israelita aprende nas escolas de Israel a mesma língua em que foi redigido o *Pentateuco*.

Surge daí uma infinidade de problemas curiosos. O fato de que o homem da rua, para chamar um táxi, recorre a uma língua sagrada forçosamente terá influência sobre os serviços religiosos, ameaçados de serem secularizados. De outro lado, porém, esse fato é capaz de dificultar, em certos casos, a tradução adequada de textos científicos e outros, em consequência da constante sedução exercida pelos valores religiosos da língua bíblica.

Desse modo, quando o poeta Bialik traduz o *Guilherme Tell*, de Frederico Schiller, é levado, pela peculiar gravitação da língua, a traduzir termos neutros como "destino" ou "fado" pela palavra "Deus". Da mesma forma, saiu-se o tradutor da *História Universal do Povo Judaico* (de Dubnov) com uma versão "linda", mas pouco exata.

O título passou a ser *História do Povo Eterno* – e isso devido ao caráter intrínseco de uma língua religiosa. Qualquer deputado de boa-fé tem de exercer um constante controle sobre a sua linguagem para não imprimir aos seus discursos uma aura grandiosa e divina; e, de outro lado, os termos religiosos ficaram de tal modo parte integrante da língua culta geral que se torna quase impossível discutir adequadamente problemas teológicos por falta de uma terminologia específica, não contaminada pela linguagem cotidiana.

Assim, a língua religiosa é ameaçada de ser secularizada e a língua secular tem a atmosfera da transcendência.

O Profeta que Previu a Eletricidade

Ao lado de tais problemas gerais, surgem outros em consequência do uso de termos bíblicos para designar fenômenos modernos. O exemplo mais drástico é o da palavra *haschmal* (eletricidade), que ocorre em Ezequiel com referência a uma substância não bem definida, mas de vivo fulgor. Na tradução grega emprega-se o termo *electron* (âmbar).

O uso de âmbar para produzir eletricidade estática levou ao emprego moderno da palavra. Pode-se imaginar a confusão de uma criança israelita que conhece apenas a acepção moderna da palavra *haschmal* – isto é, eletricidade –, ao encontrá-la na *Bíblia*, ainda que seja em conexão com um profeta.

E Miriam Disse: "OK!"

Muitos termos antigos e seus derivados tornaram-se portadores de significados modernos. *Haschmal*, eletricidade, transforma-se em *haschmalai* (eletricista) e *haschmalit* (o bonde). Outras palavras foram adaptadas por extensão do seu sentido; a palavra *matsav* (posição) significa também "situação" ou "*status* social"; a palavra *sivá* (vizinhança física) estende o seu uso para "meio ambiente". Outras palavras foram simplesmente emprestadas, geralmente na sua forma germânica ou russa. Exemplos: rádio, *telefon, bank* (instituição de crédito), *oto* (automóvel), *bus, sigariya* (cigarro), *maksimum, energiya, kontsert* (concerto) etc. Entre os termos ingleses emprestados encontram-se: *sport, film, toast, pudding, O.K.* (ókei), *jeep, tank* etc. O sufixo "ai", correspondente ao sufixo "ista" em português, cria um *sportai* (esportista), *jeepai* (motorista), *tankai* etc. Muitas outras palavras de uso internacional foram simplesmente traduzidas, outras substituídas por termos nativos. Dessa forma, a palavra "telegrama" vem sendo substituída pelo termo otimista *mivrak*, derivado de "relâmpago"; *al chut* é a tradução literal de "sem fio", e da mesma forma traduzidas palavras como *Weltanschauung, fait accompli* etc.

Palavras Produzidas em Série

A estrutura da língua hebraica facilita a compreensão de palavras recém-cunhadas que diariamente são lançadas no "mercado". Quanto ao vocabulário, o hebraico está em plena efervescência. Cada jornal, cada livro, cada discurso, contém novos termos e, anualmente, milhares de palavras são acrescentadas ao "estoque" da língua. Um Conselho Linguístico (Vaad ha-Laschon), a Academia da Língua Hebraica, realiza constantemente enquetes destinadas a criar novos termos para conceitos modernos; qualquer cidadão pode enviar sugestões. Preferem-se geralmente derivados bíblicos. Após amplas discussões, o plenário decide a oficialização de determinadas palavras, publicando periodicamente boletins especiais e suplementos anuais do dicionário.

É evidente que o uso popular consagra ou rejeita, em última instância, tais palavras fabricadas em série. As contribuições dos escritores são naturalmente grandes, existindo mesmo um dicionário especial em que se encontram reunidas as criações vocabulares do poeta C. N. Bialik. Para o linguista, Israel é um verdadeiro laboratório em que se podem estudar as várias fases da evolução da linguística, tais como diferenciação de formas padrão e subpadrão, o desenvolvimento de vários níveis de uso, o surgir de uma língua infantil, gíria, jargão profissional, calão e muitos outros fenômenos.

Uma língua em plena evolução, que não somente permite, mas exige a criação de novas palavras, que não se cristalizou ainda em rígidas estruturas e que, pela própria revolução vocabular possui um alto teor de ambiguidade e

409

grande poder metafórico é, evidentemente, um eldorado para os poetas. Não admira, portanto, que a literatura hebraica atual seja particularmente produtiva no terreno da poesia.

Nada de "Poesia Alienada"

O clássico entre os poetas do renascimento hebraico é Chaim Nachman Bialik (falecido em 1934), cujos poderosos versos de métrica severa captam, à maneira realista, a atmosfera dos *pogroms* da Europa Oriental do início do século. Nota-se na sua poesia um novo sentimento da natureza, tão típico para as novas gerações palestinas que procuram uma comunhão profunda com o solo, as "forças telúricas", e com os animais inocentes, integrados no silêncio dos campos. Essa procura da inocência e das fontes puras do ser exprime-se também no amor das crianças, traço marcante da poesia de Bialik.

Outros poetas da geração mais velha são Saul Thernikovski e Jacó Fichman, ambos ligados às correntes tradicionais da poesia ídiche; embora influenciados, espiritualmente, pela poesia ocidental do século passado, inspiram-se, no que se refere à linguagem, no modelo bíblico.

À geração intermediária – isto é, a geração que imigrou na juventude para a Palestina – pertencem os dois mais influentes poetas vivos, Abrão Schlonski e Uri Zvi Grinberg, os dois polos antagônicos da moderna poesia israelita. Schlonski é socialista, com forte tendência revolucionária, e pertence aos colonizadores antigos do solo palestino. Atualmente, porém, costuma escrever, à maneira europeia, num café de Tel Aviv – o "Carlton" –, onde se reúnem em torno dele os seus discípulos e fãs, corrigindo textos, batendo papo e discutindo política e poesia. Schlonski é considerado um dos melhores tradutores e mais originais criadores no terreno linguístico,e sabe aproveitar com maestria as possibilidades metafóricas e "lúdicas" do hebraico. Numa entrevista dada ao jornalista Peter Schmid, acentuou o fato de que o léxico hebraico se compõe de determinadas estruturas básicas de consoantes, correspondentes a determinadas categorias de conceitos. A variação das vogais entre as consoantes, que formam a raiz, determina a noção exata do termo. Por exemplo: a raiz *l m d* refere-se à categoria de "estudar", "aprender" etc. *Lmidá* é o ato de aprender, *limed* significa "ele ensinou", *limud* é ensino, *talmud* é "estudo", *lamdan*, um "homem erudito", *melamed*, "professor" etc. "A nossa palavra para fuzil", explicou Schlonski ao jornalista, "é *rové*, derivada de uma raiz que significa 'acertar, penetrar'".

Essa raiz servia, desde tempos remotos, para designar também a primeira chuva que fecunda e penetra a terra; da mesma forma, exprime o abraço amoroso e os fenômenos eróticos que, como a chuva, são símbolos de fecundidade. A mesma raiz ainda se relaciona com lei religiosa, a *Torá*, que também fecunda e penetra o homem. Com tais raízes formadas de consoantes, pode-se jogar maravilhosamente, visto que significado e termo têm uma congruência curiosa. *Sekel*, por exemplo, significa "intelecto", *kessel* é "estupidez"; uma simples inversão das letras transforma o conceito no seu contrário.

Uri Zvi Grinberg é o inimigo cordial de Schlonski, pois pertence politicamente à extrema direita, ao revisionismo (*Irgum*). Com os seus poemas, considerados por alguns a mais alta expressão poética da atualidade israelita, tornou--se um dos criadores da mística nacional, cujo tema constante é Jerusalém.

À "novíssima geração", que já nasceu nos coletivos dos pioneiros *(kibutzim),* pertence Mosche Tabenkin. Não sendo um grande poeta, é, todavia, representativo para uma geração que já não tem nenhuma ligação com o gueto ou com a burguesia ocidental e que se sente perfeitamente "normalizada" e integrada no ambiente da terra palestina.

Embora se note na moderna poesia hebraica uma constante pesquisa à procura de novos caminhos e novos meios de expressão, capazes de apreenderem a realidade recente, falta totalmente a "arte alienada", a arte dos *délicats* (para usar a expressão de Tolstói), tão típica para a poesia ocidental moderna. Não existe "poesia hermética". Imprimindo aos seus versos um forte cunho popular, os poetas procuram a comunicação imediata com as massas. Imbuídos de intenso *eros*, empenham-se em penetrar e fecundar o povo como a primeira chuva a terra.

O Inferno Perdido

Fenômeno interessante nota-se na moderna novelística hebraica: grandes prosistas como Schmul Josef Agnon, Chaim Hazaz e Guessin, pertencendo à geração dos imigrantes mais antigos, depois de terem chegado ao país das suas saudades, mostram um curioso saudosismo com respeito à vida dos guetos e do infernal ambiente dos *pogroms*, de onde emigraram. Muitas das obras desses novelistas descrevem com ternura aquele mundo ortodoxo, profundamente religioso, das aldeias judaicas da Rússia, Lituânia e Polônia.

Hazaz, particularmente, retrata nos seus livros a vida tradicional dos judeus russos, não escondendo a sua tristeza ante o desaparecimento desse último refúgio de um mundo mítico, não tocado pelo progresso ocidental. Formalmente influenciado por James Joyce, representa, todavia, uma ideologia conservadora.

A ação de uma das suas narrações, "O Pregador", passa-se num dos modernos coletivos palestinos. O herói levanta-se, repentinamente, durante uma assembleia dos membros do *kibutz* e profere um discurso herético: os judeus, afirma, não teriam sido forçados a exilar-se, eles teriam escolhido, livremente, o exílio, pois o próprio sentido de sua existência seria o de serem vítimas de perseguições.

É a Normalidade Anormal?

Com efeito, o tema da "normalização" preocupa os intelectuais sionistas e os judeus não sionistas de maneira extrema.

Dois mil anos de perseguições, de vida marginal e extraordinária, não teriam outro sentido senão o de se constituir, ao fim de tudo, um pequeno Estado levantino, lar de um povo "normal". A anormalidade milenar da situação judaica – o destino de Jó – não teria, na realidade, um sentido profundamente humano e religioso que se perderia com a integração num Estado secular? Não simbolizava o judeu, pelo seu destino de exilado, a situação essencial do ser hominal – a anormalidade humana que visa à irrupção para o transcendente? Não seria o estado normal, no fundo, incompatível para um ser marcado por um destino sobrenatural? São tais as perguntas levantadas por alguns dos maiores escritores que se refugiam "nos bons velhos tempos" do exílio, observando com desconfiança o presente heroico dos pioneiros nos seus coletivos, em que não se educam Jós, mas sim Davis – Davis que não tocam a harpa, mas que, em compensação, sabem manejar a funda.

O sofrimento e a angústia que criaram um Kafka, o desarraígamento que se transformou, pela sublimação, em sensibilidade e espiritualidade extremas, a riqueza do folclore judaico surgida em consequência do atrito com as diversas culturas dos povos-hospedeiros – tudo isso [...] tende a desaparecer. David – isso significa normalidade, saúde, sangue e solo.[2]

Todavia, tais não são as ideias do jovem novelista Mosche Schamir, que representa a voz da nova geração de Davis, já nascidos e educados na Palestina e isentos de qualquer pretensão masoquista de pertencerem a um "povo eleito para sofrer" a fim de simbolizarem o ser hominal. No seu primeiro romance, *Ele Andou pelos Campos* (também adaptado para o palco), descreve a vida típica de um coletivo. Não se trata de grande arte, mas a obra é representativa.

---

2. Peter Schmid, De Jó a David, revista *Weltwoche* (N. do A.).

LASAR SEGALL[1]

O falecimento de Lasar Segall, a 2 de agosto de 1957, impõe-nos a ausência dolorosa de um grande homem e grande artista. Homem e artista, é preciso acentuá-lo, pois o que se convencionou chamar a "desumanização" da arte, a redução da arte à sua pureza estética, levada até à abstração de todos os outros valores, não encontrou – pelo menos para a sua própria obra – o consentimento de Lasar Segall, por mais aberto que fosse a todas as pesquisas pletóricas.

Antiacadêmico ele próprio – e isso desde o início da sua aprendizagem na Alemanha –, expoente do modernismo, nunca ingressou nas fileiras do abstracionismo; permaneceu leal ao expressionismo pelo menos na questão básica de se conservar figurativo, convencido de que os valores estéticos, ainda que primordiais na obra de arte, não se corrompem, mas se enobrecem e aprofundam quando

---

1. CI 16 ago. 1957 e 30 jun. 1959.

415

apoiados nos valores humanos: valores vitais, sociais, morais e religiosos. Repetimos: não que se opusesse a outras experiências ou se tivesse tornado intolerante face a outras tendências. Mas, no que diz respeito à sua própria arte, mostrou-se inflexível, bem de acordo com seu gênio que, apesar da doçura e cordialidade das suas maneiras, podia armar-se, em questões essenciais, de uma veemente firmeza, de teimosia até mesmo de atitudes de desafio e polêmica.

Lasar Segall sempre timbrou em lançar todo o homem na sua arte, não somente o artista transformado em asceta e *Hungerkünstler*[2] que, de tanto jejuar, acaba devorando o homem. Nas suas obras palpita toda a sua vitalidade, todo o seu *páthos* social, todo o seu moralismo grave e angustiado e todo o seu sentimento místico-religioso. Não via sua glória num despojamento (por mais despojado que fosse) que filtrasse as suas experiências até que restasse apenas o sumo estético de uma geometria abstrata. Seu triunfo era o de levar todas as impurezas da vida para as suas grandes telas e decantar essas impurezas, aniquilá-las e suspendê-las na forma estética válida, na estrutura sintética, nos tons soturnos e reservados da sua palheta – cinzas, marrons, violetas, terra de Siena queimada, raramente azuis, raramente vermelhos.

O milagre da arte – achava – não reside na eliminação do humano em favor da música das esferas e de harmonias estéticas entretidas consigo mesmas, mas na integração do humano nessas harmonias e dessas harmonias no humano. Estava firmemente convencido de que o homem necessita da arte e a arte do homem.

Daí a afirmação de Segall: "Não considerava o homem apenas como composição de formas, mas procurava também nele a expressão do seu Ser". E ainda mais incisivo:

E analisando a necessidade que me impelia a dar forma artística ao que por fim fora sentido, pensado e vivido, indagava de mim mesmo se a arte, seja qual for a sua época e escola, quando

2. Jejuador, literalmente "artista da fome".

visa apenas realizações estéticas, num jogo de formas puramente decorativas ou intelectualmente organizadas, não é a negação das verdades mais profundas e enraizadas do artista em sua qualidade de ser humano.

Tal concepção pressupõe, naturalmente, uma imensa disciplina artística, pois nas artes o caminho para o inferno é calçado de sentimentos generosos, sinceridade humana e temas patéticos. A grandeza de Segall reside no fato de ele não ter sacrificado nenhuma parcela da autonomia estética e, através de um labor incansável, ter conquistado essa vitória extraordinária de viver em paz com sua consciência de homem e artista, ambos unidos, integralmente, na sua obra, sem que nenhum cedesse ao outro nem um passo sequer. Essa integridade é a pureza da arte segalliana. Nela se unem e conjugam as duas sinceridades de que fala Mário de Andrade: a do homem e a do artista. Nessa obra pictórica não existem valores humanos que não tenham sido totalmente "suspensos" (*aufgehoben*, diria Hegel) na composição sintética e rigorosamente estruturada, na combinação sutil de tons, no jogo de contrastes e correspondências, no ardor da fantasia criadora.

Nesses valores humanos estão "suspensos" e conservados também os valores especificamente judaicos, aos quais Segall se sentia profundamente ligado "já que o ofício de meu pai era desenhar à mão as letras do Sefer-Torá". Mas mesmo quando dedicado, com ternura e doloroso protesto, ao judaico, visava essencialmente ao universal.

Ao fazer um quadro como *Navio de Imigrantes*, pensava no destino humano em geral, não no destino especificamente judaico. No *pogrom*, procurava ultrapassar a tragédia nacional para alcançar a essência humana [...] Não creio que desejava fazer propaganda. O primordial era exprimir-me.

Evidentemente, exprimir-me de modo tal que houvesse possibilidade de comunicação. Não procuro, porém, a comunicação; creio, todavia, que expressando o que me comove com sinceridade e com o máximo de perfeição que me é dado alcançar, exprimindo-me com lealdade à minha visão e à minha arte, a obra há de encontrar ressonância em corações sensíveis, despertando o eco humano que a arte deve obter. Por isso, embora eu seja adepto de máxima liberdade no que se refere à pesquisa artística, não creio muito na arte abstrata [...] que frequentemente se transforma em jogo afastado da compreensão humana. Deformo a figura humana ou a forma natural segundo as necessidades estéticas e de expressão, não me sujeito a regras acadêmicas, mas não descambo para o abstracionismo puro, inteiramente desligado do conteúdo humano.

Essa bela autodefinição exprime não apenas uma opinião, mas o próprio homem e artista – o cuidado intelectual, a ponderação cautelosa, a modéstia, o senso de justiça, a tolerância, mas, ao mesmo tempo, a absoluta firmeza e a fé no homem. Segall formulou-a para nós por ocasião do seu 60º aniversário, que foi festejado com grande repercussão a 21 de julho de 1951. Os círculos intelectuais brasileiros, então como agora, no momento infausto do seu desaparecimento, renderam carinhosa homenagem ao artista que, em 1913, por ocasião de sua primeira estada no Brasil, fizera em São Paulo e Campinas as primeiras exposições de obras modernistas. Não é essa a hora para examinar o impacto dessas mostras sobre o movimento modernista brasileiro, revolução emancipadora do espírito nacional que iria eclodir em 1922. Certamente foi da maior influência a exposição (1917) de Anita Malfatti que, como Segall, estudara em Berlim e Dresden, pois somente então, quatro anos após a iniciativa de Segall, possibilitada por Nestor Pestana, José de Freitas Valle e outros ilustres brasileiros, o clima aqui amadurecera para as experiências revolucionárias. Cabe a Segall, de qualquer maneira, a prioridade das exibições modernistas no Brasil.

Radicou-se aqui definitivamente em 1924. Nascido em 1891, em Vilna, passou, nessa terra, o Brasil, que muito amou e que o acolheu de braços abertos, exatamente a segunda metade de sua vida. Se a arte brasileira muito lhe deve, também a sua arte muito deve ao Brasil, em cuja gente, vida e paisagem encontrou inspiração para numerosos dos seus mais belos quadros.

* * *

As relações de Lasar Segall com o judaísmo, sua participação emocional no destino judaico, manifestaram-se não somente através das suas obras artísticas. Nosso trabalho profissional deu-nos frequentes oportunidades para conversarmos com Segall sobre questões judaicas da atualidade.

Consagração Europeia de Lasar Segall

Faz pouco que a sra. Jenny Klabin-Segall voltou de sua grande viagem pela Europa, toda ela feita a serviço da obra de seu marido. Tendo partido em outubro do ano passado, retirou obras de Segall reunidas na xxix Bienal de Veneza para uma exposição retrospectiva juntando-as aos numerosos trabalhos trazidos do Brasil, a fim de que dessa forma se pudesse dar uma visão mais ampla da obra de um dos maiores pintores do nosso tempo nas exposições que, sucessivamente, iriam realizar-se em Barcelona, Madri e Paris.

A vida da sra. Jenny Klabin-Segall é dedicada ao legado artístico deixado por Lasar Segall, cujo espírito vive na casa da rua Afonso Celso como se ainda estivesse entre nós. Todos os objetos parecem impregnados da sua presença inefável. Dos seus numerosos quadros comunica-se ao ambiente a grave beleza do seu humanismo.

Repercussão na Europa

A sua esposa fala-nos da grande e sincera receptividade que a obra de Segall encontrou nas cidades em que suas obras foram exibidas sob o patrocínio do Ministério das Relações Exteriores do governo do Brasil e das respectivas instituições de cultura e arte na Espanha e França, cujo governo igualmente patrocinou a exibição em Paris. As exposições realizaram-se no Palácio de la Virreina de Barcelona, no

Museu Nacional de Arte Contemporânea de Madrid e no Musée National d'Art Moderne de Paris. A repercussão, disse-nos dona Jenny, representou, segundo as palavras de Jean Cassou, um marco profundo e duradouro e ultrapassou, na verdade, de longe os limites das três cidades mencionadas (para não falar de Veneza), visto os recortes de jornais e periódicos holandeses, alemães, austríacos e de outros países que tivemos oportunidade de ver, revelarem a consagração europeia da arte de Lasar Segall, consagração definitiva de um artista há muito conhecido e apreciado no continente em que se formou e conquistou suas primeiras glórias, mas que desde então raramente entrou em contato direto com sua obra.

"El Gran Brasileño de Vilna"

"El gran brasileño de Vilna", "o pintor mais célebre do Brasil, com Portinari e Di Cavalcanti", cuja "contribuição para a grande revolta do expressionismo alemão foi absolutamente autônoma", o pintor que é, "pela sua inspiração e força, o descendente moderno das composições góticas do século XV", o pintor em cujas obras "encontramos os fatores essenciais próprios aos artistas eslavos contemporâneos" e "de quem o Brasil sem dúvida se orgulha", já que "ali certamente terá vivido mais feliz do que jamais poderia ter sido na Alemanha – ele que evocou nos seus quadros os horrores de uma ditadura insensata" (a última das citações é do *Frankfurter Rundschau*). Lasar Segall é, ainda, "o representante mais genuíno do caráter russo e ao mesmo tempo da alma do judeu oriental" – se lermos todas essas apreciações deslumbradas dos grandes críticos europeus, ao tornarem a entrar em contato com a obra de Segall, verificaremos o seu esforço em defini-lo como expressionista alemão, como "eslavo", brasileiro ou judeu. Porém o fato é que a arte de Segall é universal e é impossível enclausurar seu grande humanismo e a vasta temática da sua obra numa definição ou num conceito que lhes impusessem fronteiras geográficas ou lógicas. É nisso também que insiste a sua esposa, ao falar-nos do *Navio dos Emigrantes*, cujo poder épico impressionou profundamente os críticos europeus.

Die ewigen Wanderer

Presenciou a entrevista o sr. Oscar Klabin Segall, que sugeriu à mãe que nos contasse o curioso episódio de uma importante obra do pai, *Die ewigen Wanderer* (Os Eternos Peregrinos), quadro que há muito tempo se encontrava no Museu de Dresden mas de que, finda a guerra, não se teve mais notícias. Todo o mundo sabe que os quadros de Lasar Segall foram confiscados ou, em parte, queimados como "arte degenerada" pelos nazistas, perdendo-se assim obras preciosas. Mas há poucos anos veio uma carta de um colecionador francês que comunicou ter adquirido o quadro mencionado. E que os franceses, ao invadirem a Alemanha, descobriram essa obra no sótão da casa de um alto funcionário nazista e levaram o tesouro a título de reparação. Posto em leilão pelas autoridades francesas, o quadro foi adquirido pelo colecionador. No sr. Oscar, por ocasião de sua viagem a Veneza para cuidar da exposição dos quadros do pai na Bienal, recuperou o quadro – pagando, aliás, um elevado preço e tendo que ceder, além disso, uma obra da última fase do pintor.

– Quando se realizará a exposição dos quadros de seu marido em Israel, há tanto tempo planejada?

– É difícil dar uma data exata – responde dona Jenny – O conjunto de obras exibido nas exposições mencionadas encontra-se depositado na Europa, já que no fim desse ano se realizarão duas grandes mostras, uma no Palais des Beaux Arts de Bruxelas, outra no Museu Stedelik, de Amsterdã. Talvez se verifique também uma exposição na Alemanha, mas hesito ainda. De um lado, dever-se-ia fazer essa exposição, precisamente na Alemanha, para comunicar ao povo alemão a mensagem humanista do meu marido. De outro lado, não posso deixar de me debater em certas dúvidas. De qualquer modo, tudo se fará para que a exposição em Israel não seja adiada em demasia.

ARNOLD ZWEIG

In Memoriam[1]

Faleceu, na Alemanha Oriental, o romancista e ensaísta, grande narrador alemão da tradição psicológico-realista do século XIX, tradição, é verdade, modificada (embora não radicalmente) pelo seu engajamento socialista, mercê do qual se tornou um dos mais festejados autores da Alemanha Oriental. Basta dizer que em muitas cidades da RDA existem ruas com seu nome.

Oriundo de Glogau, onde nasceu em 1887, Arnold Zweig (que não é parente de Stefan) estudou, em várias universidades, filosofia, psicologia, línguas e, mais tarde, sociologia e ciências econômicas. Participou da Primeira Guerra Mundial, de início como soldado na frente ocidental, em Lille e Verdun. Em seguida, foi transferido para

1. CI 16 dez. 1968.

Kovno, então centro militar intelectual onde, nas proximidades de Hindenburg e Ludendorff, o comando constituíra uma espécie de academia composta de notáveis escritores e artistas. Em 1918, Zweig obteve o Prêmio Kleist pela sua peça *Assassínio Ritual na Hungria,* na qual aborda o famoso processo de Tisza-Eszlar.

Seu talento de sutil analista psicológico se manifesta cedo em *Novelas em Torno de Cláudia* (1912). A fama e o êxito, todavia, vieram com o romance *A Disputa em Torno do Sargento Grischa* (1928), obra cuja ideia fundamental foi concebida no período de Kovno. Na sua primeira versão, como peça teatral, encenada por Alexander Granowski, com os cenários de George Grosz, a obra não obtivera o mesmo sucesso. O próprio romance, durante anos um dos maiores êxitos literários na Alemanha, não chegou a dar-lhe fama duradoura em escala nacional ou universal. Pode-se dizer que Arnold Zweig é hoje quase completamente ignorado no mundo ocidental – e na própria Alemanha Ocidental –, embora talvez seja o autor alemão mais lido no mundo graças às tiragens enormes de suas obras na China, Rússia, Polônia etc.

O romance *Sargento Grischa* narra o destino de um prisioneiro de guerra russo que, fugitivo recapturado e acusado de espionagem, é condenado à morte, apesar de sua inocência comprovada (trata-se de um caso realmente acontecido). É que o comando supremo pretendia, mediante uma punição exemplar, combater os adversários da guerra mobilizados pela revolução russa e impedir o contágio por ideias revolucionárias. É característico que a narração focalize um crime oficial, um assassínio jurídico. A justiça é, para Zweig, como o fio para J. Wassermann, tema central – e esse *páthos* da justiça reflete-se na própria atitude do romancista que procura evitar qualquer acento unilateral na apresentação das personagens e do militarismo prussiano, tanto assim que alguns representantes deste se empenham valorosamente na defesa do inocente soldado russo. O fato de, por fim, vencer o general Schieffenzahn

424

(imagem de Ludendorff) sugere a corrupção e decomposição de um sistema em cuja engrenagem ainda se mantém e resistem numerosos expoentes tanto mais admiráveis de valores humanos tradicionais. A justiça, inicialmente para Zweig, como para Wassermann, um fenômeno meramente moral e individual, torna-se para o primeiro, de modo crescente, um problema que não pode ser separado do contexto social. No caso em foco, não faltam militares de alto nível ético, mas a estrutura de um sistema apodrecido e injusto forçosamente leva ao triunfo da injustiça.

A Disputa em Torno do Sargento Grischa é apenas parte de um grande ciclo de romances cujo título geral é *A Grande Guerra dos Homens Brancos*, ciclo de que fazem parte romances como *Jovem Mulher de 1914*, *Educação Diante de Verdun* e vários outros. No seu todo, o ciclo apresenta um vasto panorama histórico da época da Primeira Guerra Mundial, estudo minucioso do militarismo prussiano e vasto painel da sociedade guilhermina em geral. Paralelamente, todavia, se trata de um grande *Erziehungsroman* (romance de amadurecimento) que mostra de certa forma, através do desenvolvimento espiritual do escritor judeu Werner Bertin (e do de outras personagens contrapostas aos que não evoluem e que se fixam numa rígida atitude passadista, fechada às transformações), a própria evolução espiritual do narrador e romancista. Tanto Bertin como o jovem Zweig eram apaixonados "psicólogos", particularmente ligados à psicanálise. Zweig, aliás, era amigo pessoal de Freud. Mas Bertin, tanto quanto Zweig, ao amadurecerem, reconhecem cada vez mais que os problemas psicológicos devem ser integrados no tecido concreto da respectiva sociedade histórica, já que os fenômenos psíquicos não ocorrem no vácuo e não podem ser separados dos sociais. O homem é um ser plástico. Não existem impulsos de agressão ou destruição abstratos e eternos, acima da história, mas apenas um comportamento histórico do homem. A suposição de que o homem é, por natureza (isto é, eternamente), um "animal agressivo", é ideológica: prepara e justifica o fascismo. Essa concepção de Zweig, que corresponde à antropologia moderna, merece destaque em face de livros de divulgação popular como *African Genesis*, de Robert Ardrey, que retrocedem a uma teoria de instintos há muito ultrapassada. Essa teoria atualmente nem sequer é mantida, de forma integral, em relação aos próprios animais, depois de se ter verificado que muitos de seus comportamentos são determinados em escala bem mais ampla de aprendizagem do que de rígidos esquemas instintivos.

Zweig, durante muito tempo sionista apaixonado, fugiu em 1933 para a Palestina, onde se fixou em Haifa. Seu engajamento judaico se manifesta não só na peça acima citada, mas em obras ensaísticas como *A Tarefa do Judaísmo* (1933; em colaboração com Lion Feuchtwanger), em *A Face do Judaísmo Oriental* (1920), *O Novo Canaã* (1925; sobre a Palestina), em obras sobre o antissemitismo e sobre o judaísmo alemão. Nos seus romances é grande o número de personagens judaicas, em geral típicas representantes da burguesia judaica alemã, com suas qualidades positivas e negativas. O conhecido romance *O Machado de Wandsbeck*, em que de novo mostra como a engrenagem desumana de um sistema – no caso, o do nazismo – torna culpados mesmo os bem intencionados, apareceu primeiro em hebraico (1943) e só bem mais tarde em alemão.

Depois do retorno à Alemanha, fixou-se em Berlim, parte oriental, tendo sido eleito presidente da Academia Alemã de Artes (RDA). Em 1958, foi-lhe conferido o Prêmio Lênin da Paz. O seu grande prestígio permitiu-lhe externar opiniões críticas corajosas contra aspectos da vida na RDA. Tornou-se famoso um discurso em que se empenhou em favor de mais ampla liberdade individual e em que exigiu maior humanização da máquina organizacional e do aparelho estatal.

A EPOPEIA DOS MACABEUS[1]

No ano de 167 a.C., o rei Antíoco IV, determinado a unificar as partes dispersas do seu império, que incluía a Palestina e a Síria, iniciou uma política de supressão da liberdade religiosa, até então assegurada, impondo uma religião estatal e a adoração do deus grego Zeus. Foi proibido aos judeus, por decreto, sob pena de morte, o exercício de sua religião e a manutenção dos seus costumes tradicionais. Um velho sacerdote judeu, de nome Matatias, ofereceu, no entanto, resistência: "Não importa", disse aos emissários reais, "se os outros povos do reino abandonam cada qual a forma ancestral de sua religião: eu e meus filhos continuaremos vivendo segundo o convênio dos nossos pais". Esse desafio ao poder de Antíoco marca o início de uma rebelião que se prolongou por trinta anos, epopeia de libertação que

1. CI 7 set. 1953 e *Quincas Borba*, out. 1953. Resenha sobre o livro *Os Meus Gloriosos Irmãos*, de Howard Fast, Rio: Beit M. Anilevitch, 1952, com tradução de J. Guinsburg.

encontrou a sua expressão numa festa religiosa até hoje celebrada pelos judeus.

A obra de Howard Fast narra de modo admirável essa epopeia de Matatias, o pai, e de seus filhos, os chamados macabeus. Trata-se de um livro eminentemente popular – popular, porém, num sentido bem diverso dos *thrillers* e *best-sellers* tão do agrado das massas à procura de evasão. Há muito pouco "romance" nesse romance e nada do espírito falsamente romântico de *E o Vento Levou...* É um livro que trata do passado não com o saudosismo doentio dos mortos, mas com a esperança daqueles que vivem e, nesse sentido, é uma obra atualíssima. Livro duro, másculo, por vezes brutal e selvagem, impregnado de amargo otimismo, trata não obstante de personagens cheias de doçura e anelo de paz, personagens que se movem exatamente na linha em que o realismo transcende para o mito. É uma das maiores qualidades do livro. O autor encontrou os termos exatos para colocar as figuras no chão real da Judeia, dando-lhes toda a nitidez de homens reais num ambiente real, mas deixando-lhes, ao mesmo tempo, a magnitude e o mistério do mito.

Todavia, não se trata apenas da epopeia dos macabeus, das vicissitudes da terrível guerra judaica contra os sucessores decadentes de Alexandre, da guerrilha de um punhado de homens munidos de arcos e flechas contra enxames de mercenários pesadamente armados. A obra revela-se igualmente como uma indagação quase angustiosa em relação à essência do povo judeu e à sua unicidade e singularidade. Tal indagação é realmente o tema secreto do livro, tema proposto pelo narrador fictício da história, Simão ben Matatias, o último dos irmãos macabeus. Após trinta anos de luta vitoriosa, velho e solitário, poderoso tetrarca em Jerusalém, Simão recebe a visita do legado romano Lentulos Silanus. A chegada do romano com as suas perguntas insistentes desperta na mente do tetrarca o turbilhão do passado e, assim, começa a revolver as suas recordações – toda a trágica e gloriosa luta, os imensos sacrifícios, a morte do irmão Judá, líder da rebelião. Eis porque Simão escreve o relato de seus gloriosos irmãos, "na esperança de que, das profundezas de minha memória, surja alguma compreensão sobre a nossa origem e o nosso destino, nós que somos judeus e que não nos parecemos a nenhum outro povo". Essa indagação, esse tema secreto se entrelaça em contraponto com o tema visível e proclamado do livro – a luta pela liberdade, a resistência à tirania sírio-helênica. Esse entrelaçamento dos dois temas tem uma profunda lógica. Que valeria a resistência se não houvesse nada a defender? Que valeria a liberdade se ela não servisse para resguardar valores supremos, normas sagradas e um sistema de vida digno de ser defendido?

O fulcro de toda tentativa de compreensão "sobre a nossa origem" é, como se exprime Simão, uma "estranha e sagrada frase": "Outrora, fomos escravos na terra do Egito". Decorre daí não só o anseio da liberdade e o orgulho do judeu que não "curvará o joelho perante homem algum e nem mesmo perante Deus", mas também toda uma forma de vida diversa daquela dos outros povos – sistemas que têm a liberdade como a sua condição –, a liberdade de ser diferente e de viver segundo normas singulares. "Eu sou um velho, vagando no passado e tentando compreender as coisas que fazem de um judeu um judeu". O relato de Simão, no qual presta contas perante a sua própria consciência e, ao mesmo tempo, procura fazer entender ao legado romano e a si mesmo a misteriosa singularidade desse povo – que celebrou um convênio com um Deus absurdamente invisível, povo que liberta os seus escravos numa era construída sobre os alicerces da escravidão e que não tem soldados num mundo povoado de mercenários –, esse relato não soluciona o mistério, apenas o propõe, lançando uma sonda que, no entanto, não consegue explorar a profundidade do enigma.

É com um golpe de mestre que Howard Fast abandona o relato do macabeu Simão para apresentar ao leitor o relato do legado romano Lentulos Silanus sobre a Judeia, escrito em termos sóbrios e frios para o Senado de Roma. Termos que se diferenciam inteiramente daqueles de Simão, cujo manuscrito é redigido, na expressão do próprio legado, num estilo "patético e emotivo". Do ponto de vista estético, o relato do legado devolve ao romancista a sua liberdade de autor, depois de se ter identificado por inteiro com Simão e o seu modo apaixonado, subjetivo, de ver os acontecimentos.

Através do legado, o romancista, inicialmente identificado com os macabeus, transforma-se em gentio e vê o povo judeu "de fora", com a fria e quase maldosa curiosidade de quem observa os estranhos costumes de um povo diverso, cujo modo de vida lhe parece inconcebível, totalmente absurdo e mesmo pernicioso e perigoso para o modo de vida dos romanos.

O legado reconhece as grandes virtudes desse "espantoso" povo, mas igualmente o odeia e critica-lhe "o arrogante e inflexível sentimento de orgulho e superioridade, o qual, de certa forma, se mescla com uma incrível humildade". Mesmo entre si se tratam com arrogância e, quando realizam grandes coisas, como de fato realizam, não se lhes pode prestar reconhecimento como aos outros povos, "pois o judeu é demasiadamente consciente das suas realizações".

Através do relato do legado romano, a narração de Simão é dotada de um plano de fundo e o objeto de ambos os "manuscritos" – o povo judeu – começa a se destacar desse segundo plano graças à perspectiva criada pelas sombras. O objeto, projetado por assim dizer por dois aparelhos, de ângulos diversos, revela-se, como num filme estereoscópico, na sua plasticidade tridimensional. Visado de dois lados, o seu lugar singular é determinado com mais precisão, como que por meio de uma sondagem com antenas radiogoniométricas. Essa técnica de "localização" nos espaços histórico, ideológico e metafísico, através da focalização do mesmo objeto de diversos ângulos, é levada ao virtuosismo pela focalização recíproca não somente do objeto (o povo judeu) mas também dos próprios aparelhos focalizadores, isto é, dos próprios autores dos relatos. O romano não apenas descreve os judeus, mas também Simão, autor do relato sobre os macabeus. E num epílogo é focalizado, por sua vez, o legado romano, bem como os próprios romanos, do ângulo dos judeus.

Essa técnica virtuosa, todavia, é aplicada com a máxima singeleza e não perturba em nada o tom essencialmente popular da narração, que acaba apresentando uma imagem soberba não só da guerra dos macabeus, como também do próprio povo judeu, sem no entanto tirar o véu poético do mistério que envolve a essência mítica das figuras centrais.

Não nos parece essencial empregar o critério do rigor histórico em se tratando de uma epopeia nacional, que se tornou base de uma festa religiosa. Importante, porém, é que seja comunicado o sentido profundo dos acontecimentos. Há, na obra de Howard Fast, indubitavelmente, deformações históricas, tanto no que se refere a Antíoco como ao *back ground* histórico da época, e bem assim no que diz respeito aos próprios macabeus. Muita coisa é interpretada a partir do homem de hoje. O "antissemitismo" do legado romano, por exemplo, bem como o dos helenos, alimenta-se de traços modernos, inteiramente alheios aos gentios daquela era. Os macabeus, de outro lado, tornaram-se, no romance, defensores de um "estilo democrático de vida" que, de modo algum, corresponde à sua fanática intolerância e ao totalitarismo com que se impuseram como minoria à maioria.

Num sentido mais amplo e essencial, porém, Howard Fast dá uma interpretação correta. Os macabeus realmente tinham que forçar os seus compatriotas e correligionários a continuarem judeus, e dessa forma salvaguardaram o direito do povo de ser diferente dos outros. Tornar esse povo igual aos outros foi o propósito de Antíoco. De certo modo, os macabeus deram ao mundo um exemplo de democracia, esse termo sendo entendido no sentido de que cada povo deve ter direitos iguais para ser diferente dos demais povos. Para atingir esse fim, contudo, os macabeus não respeitaram os direitos de uma coletividade. O seu fanatismo religioso era, então, um favor de sobrevivência, pois não havia diferença entre religião, costumes e tradições, cultura, sistema econômico e vida nacional. Tudo era totalidade integrada.

No entanto, Howard Fast move-se num curioso círculo ao glorificar a luta pela liberdade. Não se trata somente da liberdade frente à opressão sírio-helênica, mas também, e essencialmente, da liberdade dos judeus para poderem viver segundo o seu próprio sistema de vida. Isso é destacado com vigor e justiça. Ao descrever e analisar, entretanto, esse sistema de vida, Simão verifica que a essência desse sistema é, de novo, a liberdade. Eles lutam, portanto, pela liberdade a fim de salvaguardarem um sistema cuja essência é a liberdade – liberdade para que fim? Para viverem livremente? Trata-se de um círculo vicioso inerente à dialética da liberdade. A liberdade pela liberdade é uma curiosa espécie de niilismo, a não ser que se defina mais de perto o sentido da segunda liberdade, da qual a primeira (a política) é a condição básica. É precisamente essa definição pela qual Simão se empenha, angustiado, no seu relato.

Em termos históricos, contudo, a situação apresenta-se um pouco diversa. Os macabeus lutaram pela liberdade de manterem um sistema *sui generis* de totalitarismo religioso no qual, por assim dizer, cada gesto e cada ação estavam predeterminados por leis rigorosas. Essas leis, porém, como emanação de um elevado princípio transcendente, moral e espiritual, constituíram a própria essência da liberdade visto que, para falar com Hegel, "a substância do espírito é a liberdade". Por mais que se possa divergir, portanto, nos pormenores, da interpretação de Howard Fast, forçoso é reconhecer que o seu livro apresenta, no fundo, uma reconstituição essencialmente correta, embora em adaptação fortemente atualizada, do significado histórico da guerra judaica, sem que caia na maioria dos clichês que geralmente estereotipizam a epopeia dos macabeus.

Demos a essa obra espaço considerável porque ela nos soa muito mais complexa do que possa parecer, à primeira

432

vista, ao leitor embalado pelo vigor extraordinário da narração; e porque a edição dessa obra se reveste de grande importância no nosso acanhado meio cultural judaico. Com essa sua primeira publicação, a editora Beit M. Anilevitch Ltda. inicia o que esperamos seja um longo caminho de êxitos e realizações.

IN MEMORIAM MAX BROD[1]

Poucas semanas depois da morte de Arnold Zweig, faleceu em Israel, aos 84 anos, o romancista, pensador e compositor Max Brod. Embora autor de uma vasta série de livros, o desaparecido conquistou fama mundial não graças aos seus próprios trabalhos e sim mercê da obra de seu amigo Franz Kafka, de quem se tŏrnou biógrafo, intérprete e editor póstumo. Se de um lado se apagou a serviço de um amigo, de outro lado se projetou, em virtude desse mesmo empenho, muito para além do realce que a própria obra lhe teria proporcionado.

Nascido em 27 de maio de 1884 em Praga, Brod se formou em direito e tornou-se, em seguida, funcionário, à semelhança de Kafka. Na década de 1920, depois de ter exercido funções no Conselho Ministerial da Tchecoslováquia, trabalhou como crítico teatral e musical do *Prager Tageblatt*.

1. CI 31 dez. 1968.

435

Sionista ardente desde os inícios do século, principalmente depois de ter absorvido o pensamento de Hugo Bergmann, emigrou, em 1939, para a Palestina, onde se tornou conselheiro literário da famosa companhia teatral Habima.

Brod integra o que se convencionou chamar de "Escola de Praga", de que faziam parte, entre outros, autores como Rilke Werfel, Kafka e F. Weltsch, este último um pensador com quem Brod escreveu a obra filosófica *Intuição e Conceito* (1913). Na segunda década do século xx sentia-se próximo do expressionismo, identificando-se principalmente com suas aspirações de lutar por uma nova sociedade; mais tarde, contudo, distanciou-se desse movimento por considerá-lo demasiadamente teórico e, por isso mesmo, inautêntico.

A produção literária de Brod foi enorme – seus romances e novelas, a maioria dos quais ultrapassa o gênero da literatura de entretenimento, embora de feitio esmerado e um pouco pretensioso, contam-se às dezenas. Particularmente numerosos são os seus romances de amor em que aparecem com frequência personagens judaicas, principalmente femininas, geralmente bem caracterizadas. Entre essas obras destacam-se narrações como *Franzl ou um Amor de Segunda Categoria* (1922), *Vida com uma Deusa* (1923) e, sobretudo, *A Mulher de que se Tem Saudade* (1927) e *Reino Mágico do Amor* (1928) – obras cujos títulos por si só já bastam para caracterizá-las. Brod lançou-se também ao romance de educação e formação, típico da tradição alemã. Assim narra em *Stefan Rott ou O Ano da Decisão* (1931) os conflitos íntimos de um colegial de dezessete anos, bem como a sua busca incessante de uma cosmovisão estável, num mundo de valores em plena derrocada. Nessa obra já se definem as concepções fundamentais que mais tarde iria expor em obras de teor filosófico-religioso.

É, contudo, no romance histórico que Brod se distingue mais e em que atingiu maior relevo. Nesse campo, seu melhor livro – certamente o mais importante de toda a sua obra narrativa – é *O Caminho de Tycho Brahe a Deus* (1916), em que conta como o astrônomo dinamarquês, renunciando às suas ambições pessoais, se empenha junto ao imperador Rudolfo I, de modo abnegado, pelo triunfo de J. Kepler, que iria tornar-se seu sucessor e que o superaria de longe no pensamento astronômico. Esse romance faz parte de uma trilogia com o título geral de *A Luta pela Verdade*, cujo segundo volume é *Reubeni: Príncipe dos Judeus* (1925). Nele narra a conhecida história do falso Messias que pretendeu libertar a Terra Santa das mãos dos turcos, visando ao mesmo tempo à libertação do povo judeu. O terceiro volume é *Galileu na Prisão* (1948), em que o autor apresenta um vasto afresco do Renascimento, como pano de fundo das lutas do fundador da física moderna contra a Inquisição.

Entre as obras do pensador, de forte tendência religiosa, merecem destaque *Paganismo, Cristianismo, Judaísmo* (2 volumes, 1921) e *Disseits und Jenseits* (aproximadamente *Aquém e Além*, isto é, mundo terreno e mundo transcendente), obra ampla em que sobressaem estudos como "Da Crise das Almas" e "Da Cosmovisão das Ciências Naturais Modernas" (1947). Principalmente nessa obra, expõe a sua tese do "adorar" e do "ajudar", segundo a qual cabe ao homem discernir entre o nobre e o vil infortúnio. Aquele, o nobre infortúnio, liga-se à própria condição humana, ao fato de, como ente finito, se ver colocado em conexões universais infinitas, ao fato de morrer (embora aspire à imortalidade), de ser mutável nos seus sentimentos, de depender do seu corpo, de estar limitado no seu conhecimento. Esse nobre infortúnio decorre de tudo que é inevitável e em face de que permanecemos impotentes. Nesse âmbito, devemos nos manter numa atitude de humilde adoração diante do insondável aceitando, devotos, a nossa condição.

Já o vil infortúnio é evitável e pode ser combatido. Nesse âmbito, sobretudo social, exige-se a intervenção ativa do homem. Acumularíamos culpa terrível – principalmente como judeus – se mantivéssemos a humildade passiva, própria, ante o mistério e a transcendência, em face do que pode ser transformado e do que é acessível à ajuda; em face, portanto, de instituições sociais injustas e, em geral, em face do mundo humano aberto à praxis e à ação moral e social. Com ira verdadeiramente bíblica, dirige-se contra a confusão entre os dois âmbitos. Não há peso maior do que considerar como males eternos e inevitáveis calamidades perfeitamente superáveis e acessíveis ao domínio humano, tais como a guerra, o ódio racial, "o ódio entre os povos, a opressão social de certas camadas populares" (*Vida Combativa*, autobiografia de Brod). Combater tais males evitáveis afigura-se a Brod como dever absoluto.

Homem de grande amplitude espiritual, Max Brod atuou em campos múltiplos. Traduziu, entre outros, poemas de Catulo e Jules Laforgue; escreveu poesia que influenciou Franz Werfel; discorreu, em ensaios, sobre música e compositores; e destacou-se também como compositor de danças camponesas, canções baseadas em versos de Goethe e, principalmente, do conhecido *Requiem Hebraicum*. Sua fama, entretanto, origina-se sobretudo do seu dedicado trabalho a serviço de Kafka. A pesquisa atual, nesse campo, reconhece os méritos de Brod – que, afinal, salvou a obra do amigo –, mas discorda, às vezes com veemência, das suas interpretações, que partem frequentemente mais da religiosidade e do sionismo do intérprete do que dos textos de Kafka, aliás nem sempre editados pelo amigo com o necessário apuro filológico.

Max Brod não produziu obras extraordinárias em nenhum dos campos da sua vasta atividade criativa. No conjunto, porém, surpreende e suscita admiração pela notável multiplicidade dos seus dotes, pela enorme versatilidade, pela tremenda capacidade de trabalho e pelo *ethos* profundamente humanista que anima e enobrece suas obras e atividades[2].

2. Este artigo e o "In Memoriam Arnold Zweig" estão agrupados em "Dois Falecimentos", no Suplemento Literário de *O Estado de S.Paulo* de 18 jan. 1969.

SCHOLEM ASCH

Modéstia à parte – acreditamos poder dizer que ninguém em sã consciência poderá negar a extraordinária intensidade com que a Comissão de Cultura cuida do setor. Um ou outro talvez não esteja satisfeito com a orientação dos programas – sobre isso sempre se pode discutir e discordar. O empenho, porém, não pode ser posto em dúvida. As realizações da comissão são múltiplas e variegadas. E, de um modo geral, pode-se dizer que os sócios da CIP sabem corresponder a esse zelo da nossa comissão. Talvez não compareçam em número tão elevado como se desejaria. Mas há sempre uma participação viva dos presentes e todos estão ainda lembrados dos grandes êxitos alcançados por ocasião das comemorações de Thomas Mann e Heinrich Heine: realizações memoráveis sob todos os pontos de vista. Ao lado disso, os programas permanentes dos jornais falados e mesas-redondas encontram um interesse cada vez maior.

Qual não foi, por isso, a nossa surpresa quando, por ocasião da anunciada conferência de J. Guinsburg sobre Scholem Asch, compareceram somente quatro sócios, além de um grande romancista brasileiro interessado em ouvir um dos maiores conhecedores da literatura ídiche sobre o maior autor ídiche da atualidade! Não é do nosso feitio encobrir um fracasso. Digamo-lo de vez: o rubor subiu-nos à face. De Scholem Asch não precisamos falar, todos o conhecem. Quanto ao conferencista, é amplamente conhecido, particularmente nos círculos intelectuais brasileiros, nos quais é considerado um dos mais sagazes e lúcidos críticos da literatura em geral e da literatura ídiche em particular. Nesse terreno, tem desenvolvido uma atividade de repercussão imensa. Traduziu, editou ou comentou os maiores autores ídiches, alistou grandes expoentes do espírito brasileiro no entusiasmo por essa literatura e editou com enorme êxito a sua brilhante tradução do *Dibuk*. Ainda agora, está aparecendo na própria *Crônica* sua belíssima tradução do *Rabi de Bacherach*, de Heine.

J. Guinsburg é um profissional das letras. Sabem quanto é preciso trabalhar para viver decentemente dessa profissão? Se dizemos quinze horas por dia, domingos e sábados incluídos, talvez seja pouco. Sabem quanto um profissional consciencioso gasta para preparar uma conferência gratuita de meia hora sobre Asch, subtraindo essas horas do seu serviço diário? Se dizemos dez horas, seria ridículo, porque atrás dessas dez horas há toda uma vida dedicada a estudos especializados.

Acresce mais um aspecto: J. Guinsburg não faz parte do círculo da CIP. É por gentileza e apreço particular à CIP que aceitou a incumbência de falar aos nossos sócios. Espera-se, em tal caso, além do interesse natural por um programa excelente, uma atitude de grato apreço também por parte do nosso círculo.

Insistimos nesse assunto porque a conferência foi adiada para o mês de abril. O conferencista, por mais incrível que pareça, não se aborreceu. Acha que a culpa cabe à noite chuvosa. Talvez ela caiba também a nós, que não temos feito bastante propaganda, que não temos acentuado que se tratará, além da breve conferência, de um debate livre acerca da atitude religiosa de Asch em face do judaísmo e cristianismo, considerados por ele como religiões intimamente irmanadas.

Temos certeza de que, quando anunciarmos pela segunda vez essa conferência, poderemos contar com um comparecimento numeroso e compacto dos sócios e amigos da CIP, que sempre costumam mostrar tanta compreensão pelos programas da Comissão de Cultura.

FOCOS E MOTIVOS[1]

O âmbito de interesses manifestos neste volume de críticas e comentários literários tem a configuração de elipse; seus motivos giram, em ampla curva, em torno de dois focos, o brasileiro e o judaico. Entre os vinte estudos de *Motivos*, apenas dois são dedicados a temas que não se ligam de algum modo a esses focos: um sobre *Doutor Jivago*, de Boris Pasternak, motivado pelo Prêmio Nobel conferido ao autor russo, e outro sobre *O Leopardo*, do príncipe de Lampedusa. Os demais trabalhos ocupam-se com autores brasileiros (Graciliano Ramos, Herculano Pires, Paulo Dantas, Ibiapaba Martins, Jorge Amado, Rachel de Queirós, Antônio Olavo Pereira, Ricardo Ramos), ou com versões ou análises brasileiras de autores estrangeiros (Álvaro Lins sobre Proust, Boris Schneiderman, como tradutor de Tchékov),

---

1. Sobre J. Guinsburg, *Motivos*, coleção Ensaio, v. 29, da Comissão de Literatura do Conselho Estadual de Cultura do Estado de São Paulo, 1964 (N. do A.).

443

ou então com autores ou assuntos especificamente judaicos (Samuel Rawet, Howard Fast, Scholem Asch, Marcel Simon, Kafka, Heine).

O volume inicia-se com um estudo (de 1954) sobre *As Memórias do Cárcere*, de Graciliano Ramos. Partindo de uma análise dos problemas do gênero das memórias, ligados ao "irritante pronomezinho" (o Eu) e à tendência ao solipsismo inerente à forma memorial, J. Guinsburg demonstra que o autor estudado se eleva acima desse egocentrismo. Transcende-o, embora permaneça "dentro do ego", graças ao "sóbrio controle racional", à "indissolúvel ligação afetiva com a humanidade" e à "força criadora"[2] (p. 8). A grande obra de Graciliano é uma "descida gradual no abismo" e nas trevas do cárcere, torna-se o retro de toda uma fase da vida brasileira, de toda uma nação agrilhoada pela ditadura semifascista. Pouco a pouco, esboça-se "em nossa mente uma gigantesca figura humana, de punhos acorrentados, com a amargura e a revolta impressos nos olhos. É a condição humana espezinhada em sua dignidade e em seus mais sagrados direitos"[3].

A análise de J. Guinsburg revela um fato surpreendente. Embora partindo da subjetividade pessoal, Graciliano chega a superar a interioridade individual que passa a converter-se em "tela panorâmica e objetiva do mundo exterior", abrangendo um vasto universo de problemas humanos, sociais e políticos em que ficção e depoimento alternam-se para criar a unidade estilística da obra de arte. Precisamente ao pôr em relevo, criticamente, a sua sensibilidade peculiar e ao expor, dessa forma, a sua própria personalidade, precisamente por realçar e se dar conta das deformações subjetivas, o autor cria a base para atingir a objetividade almejada.

É com profundo envolvimento que J. Guinsburg nos faz o relato do "sombrio e sufocante mundo de opressões e aviltamentos" das *Memórias*, mundo por sua vez superado

---

2. Idem, p. 8.
3. Idem, p. 10.

pela fé que esse escritor pessimista e duro, apesar de tudo, deposita no homem, na sua solidariedade e na sua "resistência ante as forças que o degradam e na sua luta por um mundo melhor"[4].

Demoramo-nos nesse trabalho – um dos mais notáveis e característicos do livro – por ele se nos afigurar o "tipo ideal" da crítica de J. Guinsburg. Ela tende a ser, antes de tudo, um ato simpático de empatia, de identificação com a obra, fato manifesto no estilo, muitas vezes carregado de impulsos postiços que, irrompendo em imagens e metáforas e entrando em choque com a precisão da linguagem do crítico, suscitam certo movimento sinuoso e um pouco barroco. Graças a essa intensa participação do crítico, o leitor é conduzido para dentro da obra focalizada pelas mãos de um leitor sensível, de grande experiência emocional. Quando o crítico é entusiasmado – e talvez se entusiasme com demasiada frequência – é só com esforço que consegue distanciar-se da obra e objetivá-la. Por isso, raramente chega à análise e dissecação frias de textos que o comoveram. Mas quando o esforço é bem sucedido, como na crítica apontada, a emoção é elevada a um raciocínio lúcido que, sem separar-se dela visto tê-la assimilado, nos apresenta sondagens profundas e exatas na organização geral e na estrutura estética da obra. Mostrar a validade dessa estrutura significa justificar a emoção e o sentimento de valor através do raciocínio – o que, afinal, é uma das tarefas fundamentais da crítica.

Dizíamos que a crítica de J. Guinsburg tende a esse tipo ideal. Essa tendência se realiza plenamente quando encontra um grande escritor digno de exaltação. Em alguns casos – parece-nos –, o entusiasmo não se justifica por inteiro e o raciocínio, então mais frouxo, comprova isso. Em outros, menos comprometido pela emoção, o crítico torna-se "crítico" no sentido mais específico do termo; o raciocínio, agora desenvolto e agudo, aponta defeitos, erros, desafinações, incoerências, ideias e concepções duvidosas. Podemos então

4. Idem, p. 12.

ter certeza da valorização exata, não só pela sagacidade da argumentação, mas também porque J. Guinsburg pertence ao tipo dos críticos que raramente escrevem sobre livros que não lhe inspiram simpatia nenhuma.

É através da valorização positiva do romance que, por exemplo, põe em dúvida a validade da tese de *Barrabás, o Enjeitado*, de Herculano Pires, segundo a qual o povo judaico teria enjeitado, em nome de um ilusório princípio nacional, a oportunidade histórica de se salvar e de salvar a humanidade, mantendo-se cego ante a prédica do Salvador. Herculano Pires é, ao que tudo indica, um filossemita e, como tal, exige muito dos judeus; muito, isto é, um pouco demais: todo um povo deveria assumir uma posição metafísica que, ademais, só centenas de anos depois iria revestir-se de ampla relevância histórica. Com toda a razão, J. Guinsburg põe reparos nessa tese,

porquanto em nome da missão ética de Israel ela estabelece a sua total alienação política e histórica. Esse povo deveria renunciar à sua existência como tal, submeter-se pacificamente ao jugo romano, dissolver-se entre as nações, a fim de propagar a Boa Nova, a mensagem da fé e amor[5].

Os argumentos que J. Guinsburg em seguida aduz contra essa tese parecem-nos irrefutáveis, pelo menos nos termos do raciocínio histórico-secular da razão empírica. É verdade, há certo desencontro porque Herculano Pires parte de uma premissa religiosa posta como axioma absoluto. Mas quem não se coloca nessa posição, através de um ato de fé suprarracional, dificilmente lhe seguirá o pensamento.

É impossível acompanhar mais de perto a rica experiência literária que se revela na variação dos comentários reunidos em *Motivos*. Bastam esses dois exemplos. Merece ainda realce a aguda visão sociológica do autor, que situa as obras focalizadas no contexto maior da vida histórica e lhes extrai a veracidade social, sem que nunca se possa falar

5. Idem, p. 15.

de uma crítica sociológica unilateral, tendente a dissolver a obra de arte em fatores extraliterários.

Mundo Brasileiro e Judaico

Nessa excelente coleção de livros de ensaios em que, mercê do auspício oficial, vão saindo a preço insignificante escritos de expoentes representativos da atividade intelectual paulista e brasileira, o volume *Motivos*, de J. Guinsburg, é o de nº 29. Reúne duas dezenas de críticas e comentários literários sobre livros e temas variados, principalmente brasileiros e judaicos. Entre os brasileiros, são focalizados autores como Graciliano Ramos, Jorge Amado, Paulo Dantas, Rachel de Queirós, Ricardo Ramos e outros; e entre os judeus, entre outros, Kafka, Heine, Scholem Asch. Em alguns casos, autor brasileiro (ou de língua portuguesa) e tema judaico se reúnem: assim, nas críticas sobre o romance *Barrabás, o Enjeitado*, de Herculano Pires, e sobre os *Contos do Imigrante*, de Samuel Rawet.

Segundo Guinsburg, Samuel Rawet é o primeiro contista a dar ao assunto da imigração, e em especial da imigração judaica, "a amplitude e o nível requerido para integrá-lo nas letras nacionais"[6]. A obra é valorizada pelo fato de fugir à fácil tentação das "terceiras classes" e das *East Sides,* tão corriqueiras nesse tipo de ficção. O comentário sobre Rawet torna-se particularmente interessante pela exposição do reflexo literário das várias fases imigratórias nos principais centros americanos – exposição realizada com o agudo discernimento sociológico que, em geral, distingue a crítica de J. Guinsburg. Os contos de Rawet já se inserem numa linha muito desenvolvida desse tipo de literatura, que floresceu sobretudo na América do Norte. O novo imigrante – o de Rawet – já não é do tipo tradicional; tem nível de cultura mais elevado, é o

6. Idem, p. 45.

447

"refugiado", "deslocado", "sobrevivente". Seu tipo é, agora, "síntese de três condições" – de ser judeu, imigrante e marginal; por isso, alinha-se entre os grandes símbolos que, na literatura contemporânea, definem a situação do homem "alienado". É esse o contexto de que fazem parte os contos analisados por J. Guinsburg.

De particular interesse é, também, a apreciação do romance, *Moses, Prince of Egypt*, de Howard Fast, em que o conhecido autor judeu-americano faz uma versão romanceada de certa fase desconhecida da vida de Moisés, entre a sua adolescência e a maturidade, preenchendo uma lacuna do texto bíblico. Essa versão, baseada na moderna egiptologia, procura caracterizar Moisés em termos psicossociais como membro da *intelligentsia* progressista do Egito. Fast nos propõe, portanto, um Moisés "historicizado", situado no ambiente e na época do mundo egípcio de então e esboçado segundo a perspectiva da verossimilhança. Motiva-o psicologicamente como "uma espécie de bastardo nobre, inquieto, desajustado, descontente (dir-se-ia um intelectual moderno!"[7]. Defrontamo-nos, pois, com um marginal moderno, em certa medida semelhante aos "alienados" de Samuel Rawet. Porém, essa modernização e humanização acabam redundando, segundo a crítica de J. Guinsburg, em amesquinhamento da grande figura bíblica. "Descendo do pedestal, o 'caráter' lendário é diminuído", saindo ao fim uma espécie de mocinho de cinema. O realismo que o autor pretendeu infundir ao mito acaba tornando o herói tão irreal ou mais irreal do que o próprio mito. Este último, pelo menos, tem em seu favor a "objetividade, não do que 'foi'", impossível de apreender, mas do que "veio a ser", isto é, do que se tornou verdade, do que acabou sendo destino histórico e cristalização simbólica.

"No Início do Cristianismo" é o título de um comentário sobre o livro *Sectes Juives au Temps de Jésus* (Seitas Judaicas no Tempo de Jesus), de Marcel Simon. Nele se

7. Idem, p. 92.

aborda e define o significado politico-religioso dos saduceus, fariseus, zelotas e da sinagoga alexandrina (Filo). O autor estende-se em particular sobre a seita dos essênios e as afinidades e os antagonismos entre estes e o cristianismo nascente. O artigo conclui com uma palavra de Renan: "Nada se desenvolveu no cristianismo que não tenha suas raízes no judaísmo dos séculos I e II a.C."

Ao lado dessas e de outras críticas dedicadas a temas e autores judaicos, encontramos no volume exposições incisivas sobre escritores brasileiros, devendo-se destacar os trabalhos sobre Graciliano Ramos, Ricardo Ramos (filho de Graciliano) e Paulo Dantas, assim como Boris Pasternak e o príncipe de Lampedusa (*O Leopardo*). O conjunto demonstra bem a amplitude dos interesses de J. Guinsburg. Sua crítica geralmente é a do leitor intenso e experiente que, identificado com o mundo criado pelo autor, procede expondo esse mundo, enquanto ao mesmo tempo lhe sonda a organização literária. Só num segundo movimento (não necessariamente num sentido temporal ou manifesto em exposição sucessiva) procura analisar-lhe os méritos e defeitos. Às vezes detém-se na exposição e apreciação simpática, quase sem valorizar. Na própria escolha da obra, para fins de comentário, costuma haver uma valorização pelo menos parcialmente positiva. No entanto, em face do valor particularmente elevado de uma obra ou, de outro lado, em face de incoerências e desafinamentos acentuados, o crítico se sente tentado a analisar mais a fundo e a valorizar positiva ou negativamente. A maioria dos trabalhos de J. Guinsburg exige leitura atenta e concentrada, já que a sua densidade parece ser resultado de um processo de eliminação. Seu estilo, às vezes sinuoso, nem sempre isento de preciosismo, rico de metáforas e de certo ardor retórico, é revelador de um pensamento tenso, dramático, às vezes atormentado, carregado de emoção.

DECADÊNCIA E REGENERAÇÃO DA CULTURA[1]

A humanidade atravessou, na sua história, supondo-se que se possa falar de "uma" humanidade e de "uma" história – várias crises de alcance longínquo. A crise atual talvez não seja mais tremenda do que outras do passado, mas nosso celebrado senso histórico, nossa sensibilidade para o passageiro e relativo de todas as estratificações, estruturas e normas historicamente desenvolvidas, nossa consciência aguda do fato de que parecemos nos encontrar irremediavelmente entregues ao oceano histórico, com suas marés vazantes e montantes, toda essa talvez apenas aparente capacidade (cultivada pelo Romantismo e aperfeiçoada por W. Dilthey e outros) de "compreender" a história e de penetrar a sua *Gestalt*, a sua configuração, o sentido das épocas, possa nos permitir uma visão extremamente lúcida da decadência de nossa cultura.

1. *Correio Paulistano,* 18 ago. 1948.

451

É óbvio que também em outras épocas muita gente lamentava a desintegração dos costumes. É um truísmo que cada geração, chegando a uma certa idade, chora os bons tempos passados, simplesmente por se ligarem aos anos luminosos da juventude e também porque a nossa memória, essa otimista retrospectiva, costuma fazer uma seleção benevolente e bem maquilada das experiências remotas. Todavia, nesses casos trata-se de observações geralmente casuais, subjetivas e superficiais. No máximo se referem à crise de uma dada nação. Durante e depois da Guerra dos Trinta Anos na Alemanha, havia, nesse país, naturalmente, escritores que se queixavam de que tudo ia de mal a pior. Porém a França, a Inglaterra e a Espanha iam alcançando, ou já haviam alcançado, o cimo do esplendor cultural e político. Tais observações pessimistas dos escritores alemães daquela época tão desastrosa para a nação germânica, além de forçosamente limitadas no que se referente à amplitude geográfica, careciam também da penetração na profundidade dos fenômenos culturais e históricos.

Da mesma forma, a sátira de todos os tempos costuma, em cada caso, criticar e ridicularizar certos costumes e defeitos da época. No entanto ela aponta defeitos individuais, excessos, ridicularias que são da natureza do homem em todos os tempos, ou então se dirige contra uma parte da sociedade, pressupondo, no fundo, normas e valores absolutos, inabalados, de acordo com os quais, por meio dos quais e baseado nos quais se torna possível aferir o desvio e a desagregação daquelas camadas criticadas.

Atualmente, a crise parece ter alcançado não somente certas nações, certas camadas, certas sociedades, mas também a cultura – pelo menos a cultura ocidental – na sua totalidade. Tudo parece corroído. As próprias normas morais, os mais altos valores científicos – a verdade e a objetividade –, as leis da natureza e certas categorias básicas do pensamento – como a causalidade –, parecem ser consumidos pela voragem da crise – uma crise tão radical e total que nem ao menos podemos avaliar e aferir a sua profundeza e intensidade, visto terem até acabado com a estabilidade das normas, ou seja, com os meios e instrumentos espirituais para medir o afastamento da "normatividade". Antigamente, os reformistas e utopistas desesperavam do seu tempo e da sua sociedade; porém eles tinham fé no futuro, na natureza humana e no progresso. Hoje, nem essa fé possuímos. Falar de progresso tornou-se sinônimo de debilidade mental e, o que é pior, de idealismo.

Todo um grupo de filósofos aplica um insano labor racional para provar que as forças racionais prejudicam e paralisam as capacidades vitais do homem e que, por isso, deveriam ser desprezadas e substituídas pelos instintos e pelos "impulsos profundos". Porém a razão é o último baluarte dos valores e normas. Expulsando-se a razão do mundo, exila-se dele também todo sentido. O cosmos, o mundo organizado, iniciam-se com o *logos*, já o dizia São João. O desprezo da razão significa o advento do niilismo – o sintoma mais característico da doença do nosso tempo. As consequências desse niilismo são visíveis no comportamento das massas. Quem já não crê em nada torna-se vítima fácil da credulidade e dos impostores de toda espécie que atualmente arruínam o mundo.

Somente em tal época poderia surgir uma obra como a de Osvald Spengler, que voluptuosamente farejava a agonia e, revolvendo as feridas sangrentas do nosso tempo, pregava, com grandiloquência, o "heroico" consentimento, o "resoluto conformismo" com a farra da perdição.

O número de livros dedicados a esse problema é legião. Citamos, por serem acessíveis em português, o excelente estudo do historiador holandês J. Huizinga, *Nas Sombras do Amanhã: Diagnóstico da Enfermidade Espiritual do Nosso Tempo*, volume 46 da coleção Studium e a valiosa obra do historiador católico Emmet John Hughes, *Ascensão e Decadência da Burguesia*, editado pela Agir, em 1945.

Mais recentemente, foi traduzido para o português o ensaio do pensador alemão Albert Schweitzer, *Decadência e Regeneração da Cultura*, pela Melhoramentos, em 1948.

Qualquer obra de Schweitzer, notável filósofo, teólogo, musicólogo e médico, interessa não apenas em virtude do seu valor intrínseco, mas também por encerrar as concepções de um grande homem que, além de pensador profundo, sempre procurou transformar as suas ideias em realidade: é conhecido o seu nobre empreendimento em Lambarene, na África Equatorial, onde construiu um hospital, tornando-se *Negerdoktor*.

O ensaio ora traduzido não é propriamente uma filosofia da cultura no sentido de oferecer um sistema solidamente fundamentado. Schweitzer apresenta apenas um esboço vigoroso, extremamente lúcido, dos sintomas e causas da decadência da nossa cultura, tentando indicar, ao mesmo tempo, em breves traços, a terapêutica capaz de levar a uma renascença da humanidade.

Embora não estejamos de pleno acordo com a opinião do autor, ou seja, de que a falência da filosofia é a causa preponderante da crise contemporânea – opinião um tanto unilateral decorrente da sua concepção histórica acentuadamente espiritualista e individualista –, devemos reconhecer que foi ele quem, como um dos primeiros pensadores da atualidade, revelou com grande acuidade os imensos danos causados à cultura ocidental pelo irracionalismo da época – tendência essa que, constatando inicialmente a poderosa influência do irracional sobre todos os nossos atos e sobre todos os fenômenos culturais, transformou-se depois, subrrepticiamente, na glorificação do irracional, chegando finalmente a considerá-lo um valor mais alto do que o racional. Tal procedimento levou certos filósofos ao curioso esforço de, ao reconhecerem o fundo irracional e, consequentemente, amoral da realidade, esboçarem ideias igualmente irracionalistas – como se o ideal tivesse que corresponder ao real, ao invés de, contrariamente, indicar rumos mais elevados à realidade. A monstruosidade dessas concepções, ainda hoje em plena flor, é acentuada pelo fato de que emanam precisamente da filosofia, cuja "vocação mais profunda" é ser "paladina e guardiã da razão".

454

Em magistral e penetrante análise – hoje ainda mais atual do que há 25 anos, quando publicou a obra –, Schweitzer expõe a situação trágica do homem num mundo enlouquecido no qual, desde a infraestrutura econômica até as estruturas mais elevadas do pensamento filosófico, o absurdo e a demência parecem impor-se de modo cada vez mais irremediável. Surge bem nítido diante dos nossos olhos o homem atual, o "indivíduo" da nossa época, esmagado pela rotação terrível de uma vida despersonalizada, desumanizada, mecanizada, escravizada e dispersa – uma vida cuja gravitação e tremenda pressão parecem espremê--lo, de tal maneira que dele nada resta senão uma casca oca, sem cérebro, sem entranhas, sem coração e sem alma – um autômato ajustado para jogar baralho e tomar coquetéis.

A que ponto esse vazio de ideias do homem da atualidade chegou a formar nele uma segunda natureza, revela-o a sociabilidade que pratica. Onde quer que tenha oportunidade de conversar com seu semelhante, faz todo o possível para não se afastar do terreno das generalidades, de modo a não entrar nunca numa verdadeira troca de ideias".

Com o aniquilamento do sentido moral da cultura, moralidade alicerçada na razão, o homem entregou-se, desamparado e confuso, a um nacionalismo desvairado e à loucura do poder mitizado – forças irracionais que parecem substituir uma verdadeira, uma raciocinada hierarquia de valores. "Que a razão e a moralidade não têm o direito de meter o bedelho nas concepções nacionalistas, é coisa de que o povo, a massa, fazem questão fechada, em nome dos seus mais caros sentimentos e convicções".

A tais concepções românticas, estetizantes, mórbidas, imbuídas das grandes atitudes de um pessimismo heroico, ao mesmo tempo requintado e bárbaro, a todos esses mitos de século XX, a esses frutos de um Nietzsche deformado e mal digerido, tão apetitosamente servidos por Osvald Spengler e Ludwig Klages, e tão tristemente apodrecidos na obra de Alfred Rosenberg, a tudo isso contrapõe Albert

Schweitzer uma "concepção raciocinante" do mundo, de essência ao mesmo tempo otimista e moralista, que afirma "a vida e o mundo como coisas valiosas em si mesmas". O fim último da cultura é o aperfeiçoamento moral de cada um. Essa ética e esse racionalismo, essa nova época da Ilustração, teriam de manifestar-se, portanto, em primeiro lugar no âmago de muitos indivíduos, a fim de se tornarem poderosos e para se transformarem em uma nova e verdadeira cultura, baseada numa sólida cosmovisão e numa correspondente visão da vida. A filosofia, ao invés de viver afastada do mundo e do povo, isolada nas universidades, teria que se desincumbir, como no Século das Luzes, da sua missão oficial, que é orientar o pensamento, estabelecendo verdadeiras normas de ação e de comportamento. Há que se ressaltar que, atualmente, depois da Segunda Guerra Mundial, e em meio a uma paz tão podre como a Dinamarca de Hamlet, obviamente ainda estamos, provavelmente, menos inclinados a participar do otimismo individualista do autor do que os primeiros leitores da obra, há 25 anos atrás. Disse bem o autor – e a energia atômica ainda não tinha sido liberada – que pouco adiantará dominar a natureza em redor enquanto não soubermos dominar a nossa própria natureza humana através da força da razão. A transformação do indivíduo, de muitos indivíduos, de inúmeros indivíduos, a sua verdadeira, íntima, profunda transformação – tal é a ideia do autor: eis um problema essencialmente religioso. É o problema da graça. Schweitzer, o teólogo, bem o sabe. Mas ao homem não é dado fazer com que a graça desça dos espaços celestes. A sua ação, assim nos parece, está limitada ao terreno mundanal. O homem não pode transformar o homem até as suas mais íntimas estruturas. O que ele pode fazer é transformar as condições nas quais o homem vive. Talvez, feito isso (quem sabe?), a graça se comisere do homem, baixando das alturas e transformando-o até que surja o novo Adão.

A tradução do professor Pedro de Almeida Moura – de quem conhecemos, aliás, belas versões de poemas de R. M.

Rilke – parece-nos atingir o máximo de fidelidade sem perder nada em força verbal, em clareza e em expressividade. O prefácio e as notas do tradutor completam e ilustram, de modo condizente, a obra cuja publicação, pela companhia Melhoramentos, precisamente na hora atual, é uma ideia digna de encômios.

ALOCUÇÃO À JUVENTUDE[1]

Há certo tempo, perguntei a uma moça judia de cerca de vinte anos se tinha gostado das duas Antígones, de Sófocles e Anouilh, que tanto êxito tiveram quando apresentadas em São Paulo. Ela respondeu: "Que coisa chata! Dormi o tempo todo!"

Isso me surpreendeu. Não só porque a apresentação das duas peças foi magnífica e porque se trata de duas grandes peças; mas particularmente porque ambas as Antígones são símbolos da juventude: a Antígone de Sófocles de uma juventude numa cultura ainda sólida e de valores ainda inacabados (embora já ameaçados; os sofistas e Eurípides eram contemporâneos de Sófocles): e a Antígone de Anouilh de uma juventude numa cultura em transição, de valores intimamente solapados. A Antígone clássica morre porque não transige quando se trata de honrar as normas e os valores

1. CI 24 set. 1954.

459

tradicionais da sua sociedade. A Antígone moderna morre também porque não transige e porque não aceita compromissos. Mas numa cultura em decomposição, não há nenhuma norma, nenhum valor em cuja defesa ela pudesse se sacrificar; ela morre porque não sabe para que valeria a pena viver; morre para manter a pureza de sua decisão, uma vez tomada, e para não conspurcar a sua pureza inflexível ao contato de uma vida sem sentido, feita de transigências, compromissos e conluios aviltantes. A clássica Antígone sabe porque morre, a moderna não o sabe, mas ambas morrem porque são jovens e ardentes e não se contaminaram ainda com a indolência, o marasmo e a modorra dos adultos que, nos embates da vida, adquiriram a flexibilidade de moluscos.

Essa flexibilidade moluscular da Idade da Razão caracteriza, em compensação, o Creonte de Anouilh, por cuja vontade Antígone tem de morrer. Esse, sim, é o tipo acabado do homem maduro e triturado pela vida, homem conscientemente disposto a todas as transigências e compromissos que o momento exige. Creonte não tem mais ilusões, nem entusiasmo. Mas tem ainda uma grande qualidade, na peça de Anouilh. Ele sofre porque conhece a indecência da sua posição. E aceita conscientemente o sacrifício de se enlamear ao contato com a imundície, pois alguém tem de estar aí para se sujar.

Se me perguntarem a quem se poderia comparar a nossa juventude, eu diria que nem a Antígone, nem a Creonte. Ela não tem a determinação firme e a fome do absoluto, que distingue ambas as Antígones; e tampouco tem a consciência do seu marasmo que distingue o Creonte de Anouilh. A média da nossa juventude parece assemelhar-se aos soldados da peça de Anouilh. Estes, enquanto o mundo é sacudido nos seus fundamentos, enquanto uma guerra ameaça a sobrevivência da *polis* e os problemas básicos são revolvidos por Antígone e Creonte, esses soldados jogam durante esse tempo, impassivelmente, baralho, inconscientes do que se passa.

Não falo, evidentemente, de todos os jovens, mas de uma ideologia, de um espírito coletivo. Chamo essa ideologia de ideologia do *Good Time* – ou ideologia do "Mata Tempo". A nossa juventude mata o tempo – essa matéria-prima preciosa – em vez de vivê-lo. Trata-se de jovens entediados e *blasés* antes do tempo, vivendo no vácuo de diversões mecanizadas.

Eduard Spranger, cujo livro sobre a psicologia da juventude me parece fundamental, ao caracterizar a diferença essencial entre a infância e a juventude, diz que a criança vai de prazer em prazer, e a sua vida é, a bem dizer, composta de momentos ou pontos, dos quais nenhum é ligado ao outro. O tempo da criança é ainda ilimitado. Tudo isso é natural porque a criança não descobriu ainda o próprio Eu, não se debruça ainda sobre si mesma e vive entregue, inteiramente, às solicitações de cada instante, dissolvendo-se no fluxo do tempo.

A descoberta do Eu – eis, segundo Spranger, a diferença essencial que separa a juventude da infância. Isso implica a descoberta da continuidade de uma instância em nós que permanece sempre ela mesma e que, ao mesmo tempo, se desenvolve através da vida. Em conexão com isso, ocorre a eclosão de uma nova consciência do tempo. Aos dezessete anos, uma jovem, antes de ir a um baile, escreve no seu diário: "Por esta árvore passarei hoje de noite novamente e, aí, toda a alegria terá passado!" Esse instante, comenta Spranger, marca a irrupção repentina da juventude numa jovem que, até então, tinha sido criança.

O que me assusta, ao observar a nossa juventude, é esse espírito infantil de numerosos jovens que vivem inteiramente entregues aos momentos de *good time*. São vidas impressionistas como são impressionistas aqueles quadros da escola francesa, quadros feitos de inúmeras pequenas pinceladas. Porém, enquanto as paisagens dos pontilhistas formam um todo, as vidas dispersas em momentos sem significação nunca formarão uma totalidade. Falta-lhes toda continuidade. São vidas atomizadas, reduzidas aos simples fenômenos vegetativos, entregues a estímulos primários e reagindo nos moldes de reflexos condicionados. De farra em farra, de baile em baile, esborrifam-se essas existências em momentos vazios. Falta a esses jovens aquela consciência do Eu e a reflexão de que, em cada instante, se perdem irremediavelmente se não viverem para a totalidade de uma vida da qual cada ação, irrevogavelmente, faz parte. Cada momento se entretece implacavelmente no tecido de uma vida. Mas uma vida tecida de momentos de *good time* é podre e fragmenta-se ao impacto da primeira ventania.

Para que a vida se possa elevar acima do mero vegetar e acima da fragmentação em momentos de *good time*, ela deve visar uma unidade espiritual e de vontade, deve impregnar-se de determinados valores. A vida individual, atomizada e dispersa em cacos de diversões sem significado, para que possa adquirir continuidade, deve transcender-se em direção de normas visadas e de valores almejados. Só assim a existência adquire solidez, firmeza, consistência e uma unidade que se manifestará em todos os momentos. Uma vez conquistada essa diretriz, todos os instantes participarão desse núcleo íntimo que, pela força de sua irradiação, transformará a vida em uma *Ganzheit*, em uma totalidade. Então, o próprio prazer e cada momento de *good time*, tão necessários para a nossa vida, se impregnarão do seu verdadeiro sentido.

O que é isso – ter sentido? Algo tem sentido se faz parte de uma totalidade valiosa, como um momento significativo do todo. Assim, numa sentença cada palavra tem um sentido determinado; toda sentença, por sua vez, tem sentido em determinado trecho de um livro, e esse trecho, finalmente, tem sentido na totalidade da obra que representa um valor científico, moral, artístico etc. Assim também têm sentido as nossas ações, vivências, divertimentos, experiências, se forem significativos na totalidade da nossa vida individual. Contudo, para que essa vida, como um todo, tenha sentido, ela deve estar integrada, da mesma forma como o trecho de um livro, numa relação maior de valores; deve, portanto, ser parte significativa de uma sociedade, de uma cultura, deve subordinar-se a determinadas normas e visar os valores dessa cultura e dessa sociedade, sustentando-os ou transformando-os, defendendo-os ou combatendo-os; mas, de qualquer modo, convivendo com eles, quer seja em constante fricção, quer seja em fecunda aprendizagem.

Ressalta, de imediato, que o caos da nossa cultura atual dificilmente oferece à juventude direção e rumos; e o entrechoque de valores, todos eles em rápida transição, dificulta a orientação, particularmente dos jovens da classe burguesa. O jovem é, por natureza, um ser em que reina a anarquia das tendências. Se a isso ainda se acrescenta a anarquia dos valores objetivos, é claro que a juventude encontra dificuldade em desenvolver em si, paulatinamente, um plano que dê solidez e continuidade à sua existência.

Quero destacar apenas três momentos que, em parte, explicam a indolência e o marasmo da juventude judaica e da juventude em geral nos países americanos. Em primeiro lugar, eu salientaria que a cultura espiritual não tem prestígio nas Américas e a juventude, naturalmente, vai em busca de prestígio. Deve-se essa falta de prestígio a várias causas, entre as quais acentuo que se trata de países e povos relativamente jovens, até certo ponto ainda imbuídos do espírito da fronteira e do pioneirismo que, em povos novos, despreza os valores culturais. A isso se liga a ideologia do êxito material, tão bem caracterizado na peça *A Morte do Caixeiro Viajante*, de Arthur Miller. Essa ideologia faz com que os jovens não procurem um rumo, mas uma profissão. É evidente que uma juventude que geralmente faz parte das classes médias e que não vive em íntimo contato com as duras necessidades da vida, como a juventude proletária, somente através do conhecimento, da cultura e da vontade e decisão individuais pode imbuir-se de valores e normas de ação.

Em segundo lugar, eu salientaria um traço sintomático da cultura americana que bem caracteriza a sua atomização e fragmentação. Refiro-me à adoração dos *fatos*. Os americanos de todas as partes têm uma verdadeira paixão pelo fato desconexo, isolado. Não os interessa integrar os fatos isolados numa relação mais ampla, não lhes importa coordenar os fatos para uma visão de conjunto, não os preocupa saber o sentido dos fatos a partir de uma concepção geral, capaz de dar aos momentos isolados uma estrutura. Isso já se revela no feitio dos jornais americanos, que geralmente são um receptáculo gigantesco de fatos caóticos, contraditórios, desencontrados, sem nexo algum. O comentário quase desapareceu, enquanto na imprensa europeia o comentário ainda tem papel de destaque. Esse ofuscamento pelos fatos sem sentido ressalta também aquela mania das perguntas e respostas nas seções de "Você sabia?", "Responda esta!", dos foto-testes e das palavras cruzadas, seções em que a cultura de uma pessoa é aferida pelo conhecimento de fatos sem nexo e sem sentido. Ora, numa cultura de palavras cruzadas e *puzzles* idiotas, a juventude pode encontrar tudo, menos um sentido e um rumo. Esse impressionismo dos fatos sem nexo corresponde, exatamente, ao impressionismo dos jovens, que se dissolvem e se perdem em momentos estanques de diversão e *good time*.

O terceiro ponto que eu destacaria para explicar a desorientação da nossa juventude é a adoração exclusiva da liberdade, nessa nossa cultura ocidental. A liberdade, evidentemente, tem uma importância incomensurável, importância que cresce na medida em que ela é ameaçada. Mas como liberdade política (e não falamos, aqui, da liberdade da "vontade", no sentido filosófico), ela não é um valor em si, mas apenas uma condição para algo. Transformar uma condição, por mais importante que seja, em valor supremo é fazer de um meio um fim e inverter o sentido das coisas. Lembra esse processo a tragédia do homem que acumula dinheiro a sua vida inteira e não chega a ter tempo para fazer dela um uso razoável. À custa de tanto cuidar da liberdade, todo mundo se esqueceu para quê essa liberdade deverá servir. Esqueceu-se de proteger, prestigiar e fortalecer os valores culturais e sociais que crescem na roça da liberdade e dão sentido a ela.

Todos esses fatos – e mencionei só alguns – contribuem poderosamente para a desorientação da juventude em geral. No que se refere particularmente à juventude judaica brasileira, acrescentam-se ainda vários outros fatores. Em primeiro lugar, a marginalidade de uma juventude relativamente assimilada que vive no limiar entre as solicitações de duas culturas e duas coletividades. Tal fato costuma aumentar a insegurança que já é traço típico da juventude, enquanto diminui, ao mesmo tempo, a integridade de jovens muitas vezes incapazes de harmonizar a multiplicidade dos apelos e sugestões a eles dirigidos. Acresce que se trata da segunda geração, geração particularmente sacrificada porque, da cultura dos pais, ainda apanharam umas facetas externas sem terem uma relação íntima com ela, e da cultura do novo país apanharam geralmente os momentos mais superficiais sem, por enquanto, se sentirem profundamente ligados a ela. Assim, são um composto de duas culturas mal digeridas. Ocorre ainda que os pais, geralmente, ao chegarem ao novo país, procuram de início estabelecer-se economicamente, deixando-se seduzir pela ideologia do êxito material, do qual esperam que lhes garanta o prestígio social de que têm uma sede imensa. Dos pais, portanto, de modo geral não se pode esperar uma orientação para os filhos. Estes, por sua vez, muitas vezes se envergonham dos pais porque os "velhos" não sabem falar bem o português e têm ideias "antiquadas". Essa atitude negativa para com os pais é transmitida a toda a cultura paterna, em grande parte dos casos de essência judaica ou ídiche. A oposição aos pais, o conflito de gerações poderiam ser fecundos se houvesse realmente rumos que se oferecessem aos jovens. Quando estes, porém, faltam, não resta nada a não ser o vácuo que, pelo menos em parte, poderia ser preenchido pelos valores tradicionais.

Pessoalmente, acho que, em geral, fala-se da juventude de um modo um tanto vago. A juventude é, a bem dizer, uma descoberta do romantismo do século passado, mas só há trinta anos ela começou a ser objeto de pesquisas curadas.

A idade infantil é, ainda hoje, muito mais conhecida do que a fase juvenil, que se estende da puberdade até mais ou menos aos 24 anos. Isso naturalmente varia segundo a classe, a região e mesmo o estado civil. O matrimônio produz um amadurecimento mais rápido, assim também o exercício de uma profissão. Um operário chega muito mais cedo à idade adulta do que um jovem das classes médias, o que, evidentemente, é uma imensa vantagem para este último, pois a juventude representa um grande valor na existência de um indivíduo. Se já na infância se decidem aspectos importantes da vida psíquica e mental, é na juventude que se decide a atitude do indivíduo em face do mundo dos valores e do mundo cultural. Durante essa fase, o ser vive em plena evolução, em pleno vir-a-ser, e decorre daí a sua instabilidade e habilidade psíquicas. É por isso que oscila entre insolência e timidez, egoísmo e abnegação, sociabilidade e procura de solidão. Decorre também dessa instabilidade e insegurança íntimas que o jovem vai em busca de valores que possam dar à sua vida continuidade e firmeza, apoio profundo e consistência. É nessa etapa que o ser descobre o mundo espiritual, que começa a duvidar (por isso tem anseio do líder) e entra na fase das perguntas metafísicas: "Por que sou eu? Por que vivo? Qual é o sentido de tudo isso?"

Frente a esse mundo de problemas e valores recém--descobertos, o jovem, quase em estado de choque, vive frequentemente numa crise de angústia porque os valores não se lhe organizam numa hierarquia compreensível e as respostas às suas dúvidas não o satisfazem. Essa inquietação é um dos momentos mais preciosos da juventude e não posso crer que ela falte aos nossos jovens. Platão falou de "embriaguez espiritual da adolescência e Comte a chamou de "Idade metafísica". Bem, disso pouco se percebe entre os jovens de hoje. Talvez, porém, sejam apenas menos expansivos e tenham mais pudor do que gerações anteriores. Estou certo de que, em determinada fase, a maioria luta, hoje, como lutaram antes as gerações mais velhas com o problema da religião, e ainda que tenha deixado essa fase atrás de si, quer me parecer que uma vida que jamais tenha entrado em contato com os problemas do infinito e do absoluto, é mais pobre e nunca poderá chegar a uma fase de verdadeira maturidade.

Ainda hoje, creio eu, a juventude é ávida pelo absoluto e toda a sua disponibilidade é apenas tempo de espera, vir--a-ser, seleção consciente ou inconsciente de valores. Não conheço a juventude atual suficientemente para julgá-la, mas suponho que ela seria uma juventude desgraçada caso lhe faltasse aquela curiosidade proteiforme, aquela fome intelectual que é tão típica dessa fase da vida. Em suma, não creio que essa juventude seja diversa da juventude em geral, nem creio que lhe possam faltar as características eternas dessa etapa da vida. O que se dá é que ela está atônita em face de um mundo que lhe parece absurdo e sem sentido. É por isso, talvez, que ela se submeteu à ideologia destruidora do *good time*. Em última análise, a sede anormal e exclusiva de diversões talvez nada seja senão a expressão de um profundo pessimismo. Atônita, a juventude não sabe em que direção crescer. Integrar-se onde e em quê? Decidir-se para qual rumo e para qual finalidade?

Caso me perguntem se sei se a juventude de hoje cumpre a sua missão, tenho que dizer que não sei. Duvido, porém. De qualquer modo, sei que ela tem uma missão. Citando Maurice Debasse, diria que entre o momento em que o jovem toma consciência do seu próprio valor e aquele em que vai ser dominado por valores sociais, por vezes medíocres, existe um tempo de espera que deverá ser cultivado e protegido: o momento do apelo dos valores estéticos e morais que permitem à personalidade jovem tomar firmeza e profundidade. O papel desse período, continua Debasse, é o de permitir a cada jovem descobrir os seres, isto é, o "Eu" e o "Tu", na expressão de Martin Buber. Em seguida, o jovem deveria esforçar-se por alargar ao máximo o seu horizonte (em parte através da leitura), desenvolver as suas virtualidades e reconhecer as suas mais variadas possibilidades antes de fazer a sua escolha. Que a juventude não se limite prematuramente pela decisão (cada escolha significa uma tremenda limitação!), mas que estude todas as possibilidades, que participe de tudo, que fecunde a sua imaginação no contato com o teatro e com a arte, e que se esforce por atingir um nível superior de cultura. Somente a certa altura se lhe desvendam, realmente, a paisagem conturbada e revoltada do nosso mundo. Nessa idade, o indivíduo tem ainda o entusiasmo e a disponibilidade para ampliar o seu ser. Mais tarde terá de limitar-se, terá de definir-se, terá de decidir-se por determinado caminho.

Na vida social, a missão do jovem é importantíssima. Sem a sua integração, de qualquer modo, numa coletividade, a sua vida não terá, como vimos, sentido. A sua missão dentro da coletividade – já o dizia Acácio – é ser o elemento dinâmico, a fonte de entusiasmo e de energia; o seu ardor deve evitar que a coletividade estagne e se anquilose. Longe de opor-se à mudança, deve desejá-la. A juventude deve representar aquele elemento intransigente do tipo de Antígone, que desprezava os compromissos e a astúcia, salvaguardando, com a sua dignidade, os mais altos valores que a excessiva flexibilidade avilta.

A coletividade, enfim, necessita do "impulso tonificante" e do entusiasmo da juventude. Mas esse impulso e esse entusiasmo são vazios em si e apenas uma energia cega, a menos que se decantem ao contato com valores sobreindividuais, adotando-os ou repelindo-os, canalizados por eles ou deles se desviando, mas de qualquer forma tomando conhecimento deles. Só assim a energia e o entusiasmo juvenis se tornam valiosos e fecundos. O essencial é que a juventude se arranque desse triste estado de torpor procurando ser ela mesma, não se deixando boiar, qual cortiça, na superfície morna e oleosa da indolência, embalada pelo ondular sonolento dos momentos dispersos e vazios.

Não estou fazendo um discurso de propaganda ou de proselitismo, e não me cabe especificar a quais valores e a qual coletividade me refiro. A última decisão se decide no foro íntimo de cada um, por mais que o homem esteja condicionado pelas circunstâncias. Raramente, porém, uma geração de jovens viveu um momento tão decisivo, tão rico de possibilidades e tão pleno de sugestões para as forças íntimas dessa fase importante da vida. Que a juventude, ao menos, entre em choque com os valores que se lhe apresentam e que depois se decida. Com a firme decisão das duas Antígones, não para morrer, porém, para viver. Uma juventude que deixasse escapar essas oportunidades imensas para encontrar um rumo num mundo caótico ficaria condenada ao papel daqueles soldados que jogam baralho enquanto, no terremoto do nosso tempo, velhos mundos desaparecem e novos mundos surgem, mundos necessitados de quem queira ajudar a construí-los.

Uma juventude assim se condenaria a viver uma vida ao bel prazer dos momentos e das impressões passageiras, num instante em que ela tem oportunidade de dar sentido e continuidade à sua vida, pela solidariedade com valores que transcendem o mero vegetar ao correr dos dias.

O MOISÉS DE SCHILLER...
E DE CECIL B. DE MILLE[1]

Foi graças à indicação do ministro Goethe que Schiller ocupou durante certo tempo a cadeira de história da Universidade de Jena. A esse fato devemos sua preleção sobre Moisés, publicada em 1790 no período *Thalia*. O pequeno trabalho está eivado de preconceitos contra os judeus. No entanto, é preciso situá-lo na época pré-emancipatória e reconhecer o esforço do escritor ilustrado, imbuído das ideias do Século das Luzes e da Declaração dos Direitos Humanos, em superar esses preconceitos. Esse seu racionalismo liberalista, que de um lado se externa na tentativa de fazer justiça aos judeus, leva-o, de outro lado, a reduzir a plenitude do fenômeno religioso – do qual Moisés é uma das testemunhas máximas – a uma espécie de filosofia político-moral. Moisés, na apreciação schilleriana, transforma-se

1. CI 30 nov. 1959.

de profeta de uma poderosa religião em estadista e moralista hábil e sagaz. Essa concepção de Moisés corresponde mais ou menos à de um moderno judeu reformista de Nova York ou à de um sócio excessivamente liberal da Congregação Israelita Paulista. Falta a, esse Moisés, completamente o carisma – o dom da graça divina, a aura sagrada e majestosa de quem fora incumbido pela divindade de uma missão transcendente. Não é coincidência que Schiller fracassasse, no mesmo ponto, na sua obra, procurando dar a Joana esse halo celeste. O seu Moisés, que parece ter lido Locke e Voltaire, explica o malogro da sua Virgem.

O Sociólogo Schiller

Schiller verifica, de início, que "a fundação do Estado judeu por Moisés" é um dos acontecimentos mais memoráveis da história universal, pelas grandes consequências sobre o mundo "que perduram até este momento. Sem a religião dos hebreus não haveria cristianismo, nem islamismo". Ela nos transmitiu "uma verdade preciosa, a doutrina do deus único". Essa doutrina, conquanto fosse durante muito tempo apenas objeto da cega fé do povo hebreu, desse modo ao menos se conservou até que, em tempos mais esclarecidos, se transformasse em "princípio racional". Por isso, o povo hebreu é "um povo importante da história universal". Temos de ser justos para com ele, por causa do "mérito sublime do seu legislador", ainda que esse povo seja apenas um "vaso impuro e ordinário no qual se guardava algo de extremamente precioso". Devemos, pois, respeitar "o canal que, por mais impuro que fosse, foi escolhido pela providência para trazer-nos o mais nobre de todos os bens – a verdade".

É extremamente viva e enfática a descrição que Schiller nos dá dos sofrimentos pelos quais o povo israelita passou no Egito. O rebaixamento dos escravos israelitas suscitou o desprezo dos egípcios – causadores desse estado vil – e a consequência desse desprezo foi o rebaixamento ainda maior, daí resultando, por sua vez, desdém crescente por parte dos egípcios. Schiller vê com lucidez impressionante o círculo vicioso que se estabelece em qualquer situação semelhante e que ainda recentemente foi analisado por Gunnar Myrdal, no seu famoso livro *An American Dilemma* (Um Dilema Americano). Vemos aí o preconceito causando a desmoralização dos negros, a desmoralização aumentando o preconceito e assim em diante. "Milagre nenhum", diz Schiller,

que a atitude bárbara dos egípcios contra os judeus ia crescendo na medida em que as consequências desse tratamento bárbaro se tornaram mais visíveis, ao ponto de se acabar por puni-los de forma cada vez mais dura pela miséria que os próprios egípcios lhes tinham causado.

De entre um povo tão desmoralizado e embrutecido não poderia surgir o salvador desse povo: nem dentre os egípcios que o desprezavam. Haveria, pois, de tratar-se de um hebreu educado entre os egípcios. Esse homem providencial foi Moisés que, segundo as fontes um tanto turvas de Schiller, foi iniciado de certos mistérios esotéricos egípcios nos quais se ensinava um deus único, ente um tanto abstrato, mais um princípio filosófico ou maçônico (Schiller refere-se à maçonaria) do que um deus vivente. Nessa sociedade secreta combatia-se também com veemência o politeísmo popular.

O Estadista Moisés

Tornado assassino de um egípcio, Moisés foge e, tomado de ódio contra os opressores do seu povo, resolve salvá-lo. Mas nada se pode esperar de um povo desfibrado e envilecido por uma escravidão de quatrocentos anos. Antes de empreender a liberação desse povo é preciso torná-lo capaz de receber tamanho benefício. Como dar-lhe essa capacidade, esse vigor, bravura, confiança e entusiasmo? Ora, fazendo-o ter fé na proteção divina. Visto que Moisés nada descobre no mundo visível que possa dar força a sua nação acovardada, é preciso encontrar esse apoio no mundo invisível, sobrenatural. O Moisés de Schiller lança-se agora a uma cuidadosa análise do tipo de deus que mais conviria nessas circunstâncias ao seu povo. Conviria, porventura, o verdadeiro deus – aquele ente abstrato e filosófico dos mistérios egípcios em que ele, Moisés, pessoalmente acredita? Porém como poderia supor-se, mesmo remotamente, que esse povo bárbaro e boçal fosse capaz de apreender a verdade difícil daquela elite egípcia? Além disso, esse deus sublime, esse princípio racional, evidentemente, não iria lutar pelo povo israelita, nem iria dar-se ao incômodo de fazer milagres por ele. De outro lado, poderia Moisés dar-lhes um ídolo, um deus falso? Impossível: para tal, Moisés é uma personalidade demasiado sábia e de estatura moral demasiado elevada. Não poderia basear seu grandioso empreendimento desde o início numa mentira. Eis o dilema. Não pode revelar ao povo o verdadeiro deus, abstrato demais, nem um ídolo que seria uma fraude. Resta uma única saída: *proclamará o verdadeiro deus de uma forma fabulosa e popular*. Tomada esta resolução, Moisés analisa sua "religião racional", investigando o que lhe cabe eliminar dela e o que acrescentar-lhe para garantir a reação favorável dos hebreus. O supremo ente – aquele princípio universal – deve tornar-se, evidentemente, um deus zeloso, combativo, principalmente *nacional* – mas deve conservar as suas qualidades verdadeiras de *único* e *onipotente*. "O que poderiam os hebreus ter feito com um deus filosófico? Mas com esse *deus nacional*, ele, Moisés, fará milagres entre seu povo". Como estadista genial, Moisés sabe que não pode dispensar o verdadeiro deus,

pois Moisés é um grande e nobre homem e não deseja fundar na fraude uma obra que deverá durar. Pretende tornar os hebreus de fato felizes pela constituição (política e moral) que lhes pensa dar e isso só é possível se basear a lei na verdade. Mas, para tal verdade seu povo é ainda muito bruto; não pode, portanto, inculcar-lhe pelo capricho puro da razão [...]. Portanto, deve atribuir ao verdadeiro deus – que lhes pretende revelar – qualidades que o tornam compreensível e recomendável às fracas cabeças israelitas. Terá de revesti-lo, pois, de um traje pagão e ficar satisfeito se apreciarem, no verdadeiro deus, apenas esses elementos pagãos, acenando a própria verdade sob o manto pagão.

Um Moisés Requintado

O leitor avisado já terá percebido, sem dúvida, que precisamente esses elementos "pagãos", isto é, "irracionais" – elementos que transformam o mero princípio filosófico em deus vivo, pessoal, zeloso – são os atributos essencialmente *religiosos* que tornam possível uma relação verdadeiramente religiosa com esse ser. A um princípio filosófico-ético não se pode, de sã razão, dirigir preces. Admitindo-se o pensamento de Schiller, todo o culto religioso torna-se uma espécie de reunião social essencialmente profana que apenas se finge de sagrada. Todas as preces passam a ser mero "fazer de conta como se…" O Moisés de Schiller é um estadista genial, criador ao mesmo tempo de uma grande ética. Porém, não é o profeta ao qual, na sarça ardente, se revelou o Deus vivente. (Sobre o Moisés de Schiller, aliás, o sr. Herbert Gerstmann já escreveu um artigo, logo no n. 1 da *Crônica Israelita*).

Há muitos Moisés além daquele de Schiller – o de Heine, por exemplo, ou aquele de Thomas Mann. Este último já assinalou o Moisés schilleriano, superando-o ao mesmo tempo ao devolver-lhe o *carisma*. Trata-se, porém, de uma devolução apenas antropológica, a partir da perspectiva de uma ciência moderna que estudou o fenômeno religioso em sociedades primitivas. Dessa restituição científica do halo místico resulta o esplêndido humor da novela *A Lei* (*Das Gesetz*). É um grande Moisés, ainda engrandecido pela carinhosa ironia do autor. Contudo é o Moisés de uma época cética e sofisticada. Moisés de uma elite requintada.

É literatura sobre Moisés, de um autor demasiado honesto para fingir a fé no Moisés autêntico.

O Moisés de Cecil B. de Mille

Como negar essa espécie de saudade que sentimos do primitivo, do autêntico Moisés? Daquele Moisés que realmente tira as sandálias ante a presença real da divindade real. Divindade que vive e fala nas chamas da sarça ardente e, pessoalmente, encarrega da grande missão um Moisés como que queimado pelo carisma? Reconheçamos que Cecil B. de Mille, apesar de tantos momentos de mau gosto (mas isso é uma objeção apenas estética!) e de tantos tiques hollywoodianos, pelo menos na intenção voltou à pureza da origem. Pessoalmente, preferiríamos uma narrativa de outro estilo – mais expressiva, mais distorcida, enfim, mais expressionista –, narrativa isenta desse realismo muito higiênico, lavado em banheiros de mármore e retocado nos salões de beleza dos estúdios cinematográficos. Mas confessamo-nos solidários com o ingênuo Moisés do cineasta norte-americano. *Não há outro. Só este, só este.* As massas que há mais de vinte semanas lotam aquele cinema, sabem-no. Quem as observa, vê como elas ficam "trêmulas" e sentadas, embora de "joelhos frouxos", sacudidas pelo impacto do *numinoso*. Os que caçoam do filme, perderam algo de muito precioso, algo de inefável. Ai! Nem sequer acreditam em milagres, coisa que até como crianças acreditaram?

HUMOR JUDAICO[1]

Infelizmente, o sarau destinado ao humor judaico, que fora anunciado pela Comissão de Cultura[2], teve de ser adiado, já que um dos principais participantes se achará ausente para restabelecer-se de uma enfermidade. Só podemos desejar e esperar que volte completamente refeito, cheio de bom humor, como convém a uma realização do tipo planejado.

Dizemos "cheio de bom humor" embora tenhamos as nossas dúvidas acerca de se o humor judaico é precisamente uma manifestação de "bom humor". Segundo o velho Galeno – sabem, o famoso médico romano –, o bom humor é consequência de uma mistura harmoniosa dos humores (das secreções glandulares), isto é, o bom humor significa, na realidade, "bons humores". Quer nos parecer, porém,

---

1. Manuscrito sem data. Publicado originalmente em *Anatol "On The Road"*, São Paulo: Perspectiva, 2006, p. 142.
2. Da CIP.

que particularmente o humor judaico é, ao contrário, manifestação não da harmonia, mas da desarmonia de humores, expressão de conflitos, de uma profunda tensão que se descarrega no chiste, da mesma forma que uma carga elétrica na chispa.

Tanto na ironia, como mais de perto no humor judaicos, externa-se o homem machucado pela realidade que lhe é madrasta. O homem ferido pelas coisas pode agir de várias maneiras: pode fugir, evadir-se para não enfrentá-las; pode reagir, para dominá-las. Para dominá-las, a minoria judaica geralmente não teve forças; mas era forte o bastante para, na sua fortaleza íntima, não escolher o caminho da fuga. Enfrentou, pois, a realidade, mas preparando-a, antes, pela interpretação: insatisfeito, não a reconheceu como tal, transformou-a pelo prisma da mente. Na ironia, o judeu dá uma cusparada sobre a *Jüdische Gass* e o mundo, lá de cima do primeiro andar; no humor, cospe também, mas para cima, do porão: vai ver que o projétil líquido volta ao ponto de partida.

A soberba da ironia e a humildade do humor emanam, em essência, da mesma instabilidade de quem se sente ao mesmo tempo superior e inferior, de quem logo ri, logo chora. Na ironia, o judeu apresenta o ideal como se fosse real; no humor, apresenta o real como se fosse o ideal; em ambos os casos, a realidade triste, pobre, brutal, é desvalorizada, visto que ela perde para o ideal; no fundo, ela é "desrealizada", pois, como a gente poderia viver se ela fosse realmente real? Isso não exclui o profundo realismo do humor judaico: a realidade está sempre presente, embora apenas para ser desfeita e dissolvida.

A pressão das coisas é tremenda. Essa pressão impele o judeu, qual locomotiva, para a frente, empurra-o adiante e ele se agita febrilmente, nunca satisfeito. Felizmente, a caldeira é munida de válvulas, através das quais se esguicha o vapor do chiste, antes que ela arrebente. Ah! Como é bom rir-se da realidade! Agora sim, restabelecido o equilíbrio através da descarga da gargalhada, reina o bom humor, resultado da expulsão dos maus humores através do chiste.

Vê-se, desse modo, que o palhaço trágico não é nenhum mito. É um grave sinal quando perdemos o humor: isso prova que aceitamos a realidade como ela é; prova que estamos satisfeitos. Não há coisa mais triste do que estar satisfeito. E é por isso que a Comissão de Cultura, certa de que os sócios da CIP (Congregação Israelita Paulista), como bons judeus, nunca poderiam estar satisfeitos – uma das tarefas mais importantes da Comissão consiste, mesmo, em evitar que reine demasiada satisfação –, é por isso que estamos planejando uma pequena descarga coletiva mediante uma noite humorística. O adiamento, naturalmente, veio atrapalhar tudo e esperamos que a insatisfação seja agora suficientemente generalidade para possibilitar, graças ao atraso, um bom sarau humorístico.

ALFRED HIRSCHBERG:
O JORNALISTA ADMIRADO[1]

Jurista de formação, dedicado a múltiplas atividades no campo israelita, Alfred Hirschberg foi, por vocação e paixão, sobretudo jornalista especializado em problemas judaicos. Essa vocação se manifestou cedo no Central-Verein, associação importante dos judeus alemães. Ocupando nela, de início, altos cargos como administrador e conselheiro jurídico, tornou-se, em seguida, redator-chefe do excelente periódico da Associação (*C.-V. Zeitung*), já numa fase em que o exercício dessa função exigia grande coragem pessoal, em face da pressão cada vez mais ameaçadora do regime nazista[2].

1. *Resenha Judaica*, 2ª quinzena set.1972. Relembrando um ano da morte de Alfred Hirschberg.
2. Alfred Hirschberg exerceu, na Associação Central dos Judeus Alemães, de 1920 a 1927, a função de assistente de diretoria. De 1927 a 1933 ocupou, além de outros cargos, o de redator do jornal; e de 1933 a 1938, isto é, até o fechamento do periódico pelo regime nazista, o de redator-chefe (N. do A.).

481

À vocação jornalística unia-se, de forma natural, o engajamento na causa judaica. Desde cedo, a história do povo judeu e as questões político-sociais e culturais ligadas à vida judaica representavam o foco dos seus interesses. Esse fato já era ressaltado, na sua tese de doutoramento, na qual abordou o problema jurídico da ofensa a coletividades.

Diante disso, não admira que logo depois da sua radicação no Brasil, em 1940, lhe tenha sido confiada a orientação cultural e jornalística da *Crônica Israelita*. Durante trinta anos, apoiado na colaboração incansável de sua esposa Eva, Alfred Hirschberg dedicou à *Crônica* o melhor do seu tempo e a sua enorme capacidade de trabalho. A tal ponto se empenhava nessa tarefa que o periódico acabou por tornar-se expressão característica de sua personalidade, além de relevante instituição do judaísmo paulistano. Embora não faltassem vozes contrárias à orientação impressa por ele à *Crônica*, hoje já não se pode negar a função vital exercida pelo quinzenário, no terreno da informação, educação e consciencialização judaicas, da intercomunicação dos grupos israelitas locais e do fortalecimento do senso coletivo, ainda que fosse, por vezes, pela discordância. A *Crônica*, ela mesma um fato histórico, servirá de fonte indispensável aos futuros historiadores do judaísmo brasileiro.

Durante três décadas, apareceram na *Crônica*, com regularidade admirável, os comentários e artigos de fundo de Alfred Hirschberg. Deve-se ter em mente, ao lhes ressaltar o mérito, o fato – no caso particularmente doloroso – da emigração que dificultou ao comentarista a comunicação direta com os leitores. Excelente autor em língua alemã, que sabia formular com vigor e finura, não se arriscava a redigir os seus trabalhos em português. Submetia-os à mediação de tradutores que, na pressa do labor jornalístico (e não tendo, eles mesmos, ainda o pleno domínio da língua nacional), não poderiam alcançar o nível de escritos que, se redigidos não para o tradutor, isto é, sem pretensão estilística, mas para a publicação na língua original, teriam apresentado nível literário incomparavelmente superior.

Mas mesmo através dessa forma opaca, nunca deixaram de transparecer o espírito e a personalidade do autor. Seus artigos nutriam-se de um grande saber histórico e de vastos conhecimentos judaicos, que lhe facilitavam a análise aguda dos problemas atuais do judaísmo, nas várias partes do globo. Espírito equilibrado e conciliador, mostrava-se avesso a extremismos, avaliando com prudência e serenidade os prós e os contras. Embora totalmente engajado na causa do judaísmo, tanto assim que abordava os problemas gerais do nosso mundo a partir dos interesses e da perspectiva judaicos, tinha o dom – hoje raríssimo – de saber distanciar-se do que lhe era caro, isto é, de ver também os pontos de vista e as razões dos adversários. Semelhante capacidade de exame objetivo – que de modo algum exclui o fervor pela causa abraçada – tornava-o infenso a um nacionalismo estreito e demagógico. Não cabia no seu feitio o uso de antolhos cavalares. A ironia o resguardava da retórica fácil e dos arroubos demasiado adolescentes. Hirschberg tinha humor, e humor e fanatismo não se casam. Tinha uma visão arejada das coisas; ampla, mesmo quando tratava de assuntos locais, de questões e questiúnculas de grupos e grupinhos (com que talvez tenha perdido tempo em demasia). Integrando os problemas judaicos no contexto universal, nunca perdeu, por isso mesmo, o senso das proporções.

A tudo isso se acrescenta a sua faculdade de abrir-se, mesmo em idade mais avançada, a novas ideias, num constante esforço de renovação. Por mais que a cultura alemã lhe tenha marcado a personalidade, não pertencia ao tipo do imigrante definitivamente moldado pela terra de origem, fechado ao influxo da cultura diversa. Homem de curiosidade, flexível, sempre disposto a aprender, acessível aos valores do novo país, graças sobretudo à convivência com a juventude brasileira, manteve-se jovem até o fim. Os seus artigos testemunham esse processo incessante de rejuvenescimento mental, mercê do qual participava com interesse ardente da agitação do momento, observando e interpretando, com instrumentos conceituais sempre atualizados, os eventos dramáticos da atualidade. Essas qualidades, essenciais à vocação do jornalista, são traços característicos dos seus escritos. Desde já se deverá cogitar de preparar uma seleção deles para ficarem resguardados na moldura durável do livro, em tradução cuidadosamente revista e refeita.

25 ANOS DE ROLÂNDIA[1]

Na editora Landeschriften (Berlim-Bonn) saiu um pequeno volume intitulado *25 Anos de Rolândia* (*25 Jahren Rolandia*), com uma série de estudos sobre a colonização do Norte do Paraná. O livro contém ensaios de Emil Rauch (Zurique), sobre "A Colonização no Brasil, Ontem e Hoje"; Hendrik Meijer (Haia-Rio), "Questões Gerais da Colonização de Imigrantes Europeus no Brasil"; Max Hermann Meier (Rolândia), "Rolândia, Um Exemplo de Colonização Realizada por Alemães"; Gordon Fox (São Paulo), "Recordações do Início da Colonização no Norte do Paraná"; Johannes Schauff (Rolândia-Sterzing), "A Sociedade Privada de Estrada de Ferro e Colonização"; Jan G. Whittle (São Paulo), "Pioneiros e Colonizadores no Norte do Paraná"; Arthur Hugh Miller-Thomas (Londrina), "Diretrizes para a

---

1. Suplemento Literário de *O Estado de S. Paulo*, n. 110 (nov. ou dez. 1958).

485

Colonização Racional na Mata Virgem"; Geert Koch-Weser (Rolândia), "Café e Colonização"; Hermann von Freeden (Ratzeburg), "Marcos da Colonização Alemã no Brasil Meridional após a Primeira Guerra Mundial".

O livro reúne material precioso sobre uma das mais bem sucedidas colonizações em toda a América Latina, nos domínios da antiga empresa inglesa Cia. de Terras Norte do Paraná, cujo pioneiro, no que se refere a Rolândia, foi o antigo estadista democrático alemão Erich Koch-Weser. Entre os desbravadores da região de Rolândia o núcleo principal era constituído de elementos alemães, particularmente de famílias que abandonaram a Alemanha a partir de 1933. A maioria desses pioneiros era formada de elementos citadinos: comerciantes, bancários, professores, médicos, juristas, engenheiros e – felizmente – também alguns agrônomos. O processo de adaptação desses elementos à vida de início extremamente dura, e a lenta "ruralização" desses intelectuais alemães, é um dos capítulos fascinantes da imigração ao Brasil.

UM MÁRTIR JUDEU[1]

O estudo do historiador brasileiro Arnold Wiznitzer é dedicado a uma das mais extraordinárias figuras do martirológio: Isaac de Castro, um jovem de 22 anos que, extraditado da Bahia, então capital da colônia portuguesa do Brasil, apareceu a 15 de dezembro de 1647 num auto-da-fé em Lisboa, sendo queimado vivo, dias depois, por não querer renegar o Deus dos seus antepassados. Baseando-se nas poucas fontes existentes, o historiador narra o destino desse jovem de grande cultura, que falava talvez seis línguas e que, segundo todos os indícios, fora enviado ao Brasil para assistir, na colônia, os cristãos novos desejosos de continuar seguindo secretamente as práticas do rito judaico. Durante cerca de três anos, Isaac de Castro resistiu nos cárceres da Inquisição à tentação de salvar a sua vida pela adoção da

---

1. CI 16 ago. 1958. Resenha do livro: Arnold Wiznitzer, *Isaac de Castro, Brasilian Jewish Martyr*. Separata da publicação da *American Jewish Historical Society*, v. XLVII, n. 2, dez. 1957.

487

fé católica a que, segundo a Igreja, pertencia pelo batismo (pois na ocasião os judeus não batizados não sofriam os castigos da Igreja; somente aqueles que se converteram ou foram convertidos – mesmo em idade tenra – ao cristianismo, continuando assim mesmo leais às leis judaicas).

Os inquisidores fizeram, no caso, esforços quase que desesperados para salvar o jovem, sem êxito, porém. Ele morreu – segundo escreveu o então embaixador francês em Lisboa, Monsieur Lasnier, ao Cardeal Mazarin – "queimado vivo, anunciando e confessando de viva voz a lei de Moisés [...] Persistiu sempre na sua crença infeliz, exclamando bem alto, até o último suspiro: Eli, Adonai, Sabaot; nunca se viu semelhante resolução e constância"[2].

Todos os fatos documentados da vida desse heroico jovem, bem como o procedimento inquisitorial, foram cuidadosamente ajuntados pelo autor e, na medida em que as fontes originais o permitem, ele as explorou com a perspicácia do historiador experimentado, através de um processo sagaz de inferências e interpretações.

De 1603 a 1748, cerca de 400 judeus foram enviados do Brasil a Lisboa para comparecerem ante o tribunal da Inquisição. Dezoito foram condenados à pena capital, mas quase todos estes adotaram, no último instante, a fé católica a fim de serem estrangulados em vez de queimados vivos. Somente um deles, Isaac de Castro, permaneceu firme até o último momento. Preferiu a morte nas chamas para santificar o nome de Deus.

---

2. [...] brulé publicant et professant hautement la loy de Moyses [...] Il persista toujours en sa malheureuse créance jusque au dernier soupir criant à haute voix: Ely, Adonay, Sabahot, jamais l'ont n'a y vu une telle résolution et constance.

GLOSSÁRIO DE TERMOS
E EXPRESSÕES HEBRAICOS
E OUTROS

Agudat Israel (ou simplesmente *Agudá*): do heb. *agudá*, sindicato, partido político ultrarreligioso fundado em Israel pelos judeus de origem asquenazita.

Aficoman: de etimologia incerta, designa a metade de *matzá* reservada logo no início da ceia de Pessakh para ser comida ao final.

Ahad Haam: lit. "um [alguém] do povo"; pseudônimo do escritor, pensador e ideólogo do sionismo cultural Ascher Zvi Hirsch Ginsberg (1856-1927)

Aliá: lit. subida. Na Bíblia designa a ida (subida) a Jerusalém, por ocasião das festas religiosas; modernamente, cada uma das ondas imigratórias que a partir do século XIX se dirigiu à Terra de Israel.

Al [ló] khut: "sem fio".

Asquenaze: de Asquenaz, Alemanha; judeu da Europa Central e Oriental.

Bat-mitzvá (derivada de *Bar-mitzvá*): lit. filha do mandamento; denominação dada à menina judia que, aos treze anos, ingressa na maioridade religiosa; por extensão, a solenidade que marca esse evento.

Balebatim: forma ídiche do heb. *bal bat*. Burgueses, no sentido europeu do termo.

489

Batlonim: forma ídiche do hebraico *batlan* (pl. *batlanim*). Indolente, mandrião; designa indivíduos que nos guetos dedicavam-se unicamente aos estudos e às orações, vivendo da caridade coletiva e desligados da vida prática.

Brakhá: bênção.

Brit: lit. pacto, aliança; designa o pacto entre Deus e os hebreus no deserto.

Cabalat Schabat: do heb. qabalat schabat, lit. recepção do sábado. Prelúdio ao serviço religioso do Schabat, na sexta-feira à noite.

Compte rendu analytiques: francês, atas, relatórios, resenhas analíticas.

Dubner Maguid: maguid designa um pregador itinerante hábil no relato de narrativas religiosas. Aqui se refere a Iakov ben Wolf Kranz de Dubno (Lituânia hoje Ucrânia), o Maguid de Dubno.

Elohim: um dos nomes bíblicos de Deus.

Ein dokhim et ha-schaá: lit. "não perder a hora", no sentido de não perder a oportunidade.

Ersatz: alemão, lit. imitação, substituição, compensação, com um sentido um tanto pejorativo.

Fuersorge: alemão, assistência social.

Galut: exílio, diáspora. Empregado genericamente para designar a dispersão do povo judeu após a destruição do Segundo Templo.

Grossgemeinde: alemão, grande comunidade.

G[u]emará: comentário, exegese; Nome da segunda parte do *Talmud*, destinada à interpretação da *Mischná*; por extensão às vezes designa o *Talmud* como um todo, particularmente o da Babilônia.

G[u]ilui Schekhiná: lit. revelação (descobrimento) da presença divina.

Ganzheit: alemão, totalidade.

Geist: alemão, espírito.

Halutz (pl. *halutzim*): lit. pioneiro, vanguarda. Designa os precursores do retorno a Eretz Israel e, principalmente, os que se estabeleceram nas colônias agrícolas coletivas.

Hanucá: lit. dedicação, renovação. Solenidade que comemora o feito dos macabeus, também conhecida como Festa das Luzes.

Hagadá: nome dado ao livro que contém a narrativa do Êxodo do Egito e as demais partes do seder, o rito doméstico das duas primeiras noites do Pessakh.

Halakhá: lit. guia, tradição, prática, regra ou lei. Designação dada ao conjunto da tradição legal judaica, uma das duas partes em que se convencionou dividir o *Talmud* (a outra é a *Agadá*).

Haschmal: termo bíblico que no hebraico moderno significa "eletricidade", na acepção que lhe deu o poeta Iehuda Lev Gordon (1830-1892).

Haschmali: elétrico.

Haschmalai: eletricista.

Haschmalit: bonde.

Hungerkünstler: alemão, jejuador, literalmente "artista da fome".

Hutzpe: forma ídiche do hebraico *hutzpá*, lit. atrevimento, ousadia, descaramento.

Ieschivot (forma ídiche *ieschives*): plural de *ieschivá*, escolar ou seminário rabínico, academia talmúdica, escola de estudos religiosos judaicos superiores.

Iom Kipur: lit. dia da expiação; também chamado Dia do Perdão; feriado religioso de penitência e exame de consciência que cai dez dias após o Ano Novo judaico.

Iordim: plural, lit. "aqueles que descem"; refere-se aqueles que emigram de Israel para outros países.

Ischuv: distrito, povoado, colônia, comunidade, nestsa última acepção tanto em referência a cada uma das comunidades judaicas na diáspora, como em relação a Israel.

Iungerman (*Jinge männer*): lit. ídiche; "moço", abrangendo uma variedade de significações, inclusive casadoiro.

Ivrit: lit. "hebraico".

Judisch Gass: alemão, designa genericamente, rua ou bairro judaico; forma ídiche: *idische gas.*

Kehila: comunidade, congregação.

Kessel: termo com acepções contraditórias, podendo significar tanto estupidez como confiança.

Kherem: lit. excomunhão, pessoa sob julgamento divino.

Khrein: termo ídiche derivado do heb. *hazeret*; raíz amarga que se come por ocasião de Pessakh.

Kibutzim: plural de *Kibutz*, do heb. *qibutz*, comuna israelense agrícola ou agroindustrial baseada na posse comum da propriedade e dos meios de produção.

Kidusch: do heb. qidusch, lit. santificação; designa a benção que se recita sobre o pão e o vinho antes das ceias sabáticas e festivas.

Kiduschin: do heb. *qiduschin*, lit. consagração ou dedicação; em geral refere-se ao casamento.

Kindergarten: alemão, jardim de infância

Klapper: lit. bater (na porta); termo ídiche característico do Brasil que designa o vendedor ambulante que vai de casa em casa e vende a prestação.

Kohelet: do heb. *qohelet*, lit. "o homem da assembleia", por extensão, o livro bíblico em que aparece tal personagem, o *Eclesiastes.*

Koscher: forma ídiche de *kascher*, lit. bom, aprovado, ritualmente puro; refere-se principalmente à alimentação que segue estritamente as prescrições bíblicas quanto ao seu preparo.

Lamdan: erudito, versado nas *Escrituras.*

Lemidá: lit. o ato de aprender, aprendizagem.

Limed: lit. "ele estuda".

Limud: ensino.

Linat Hatzedek: a Sociedade Beneficente Linat Hatzedek, depois chamada Policlínica, que fazia antendimento ambulatorial e pequenas cirurgias; funcionava na esquina das ruas Ribeiro de Lima e Prates, no Bom Retiro, em São Paulo.

Maabará (pl. *maabarot*): lit. acampamentos, na acepção de habitação provisória.

Magbit (pl. *magbot*): instituição para coleta de fundos.

Mahon: instituição de ensino.

Matzá (pl. *matzot*): pão ázimo, comido exclusivamente durante as festividade de Pessakh, para recordar ao judeu o Êxodo da "terra da servidão".

Mediná: Estado.

Medinat Israel: Estado de Israel.

Melamed: lit. profesor, em geral aquele que ensina as primeiras letras.

Mezuzá: estojo metálico que contem, em pergaminho, os primeiros versículos da oração Schmá ("Ouve, ó Israel...) e que, colocada no batente das portas, serve de talismã.

Min ha-Schamaim: lit. "vinda dos Céus", no sentido de revelada por Deus; expressão utilizada em referência à *Torá*.

Minian: forma ídiche, *minien*; lit. contar, numerar, atingir determinado número (quórum); designação do conjunto de dez pessoas (homens) indispensáveis para a realização de qualquer rito judaico.

Mischhná: lit. lição, repetição; nome dado à coletânea de leis e preceitos orais que, a partir da destruição de Jerusalém por Tito, foram objeto de trabalhos de hermenêutica bíblica. Divide-se em seis ordens e 63 tratados que formam o núcleo e a primeira parte do *Talmud*. Seu ordenador e codificador foi o Rabi Iehudá ha-Nasi, o Patriarca.

Mitzvá (pl. *mitzvot*): lit. mandamento, preceito, dever moral; designa também uma boa ação.

Mivrak: palavra derivada de *barak*, raio, relâmpago; no hebraico moderno designa o telegrama, o carbograma e afins.

Moire: ídiche, do heb. *moré*, professor.

Moschavim: plural de *moschav*, lit. estabelecimento, residência. Aldeia ou colônia em bases cooperativistas.

Olim: lit. "os que sobem", plural de *ole*, de origen bíblica, referia-se aos peregrinos que "subiam" a Jerusalem por ocasião das festas; atualmente o termo designa aqueles que imigram para Israel (ou seja fazem *aliá*).

Parnosse: ídiche, ganha-pão.

Pessakh: a "Páscoa" (palavra daí derivada) judaica, comemora a libertação do Egito.

Purim: festa que celebra o feito de Ester, que salvou os judeus no reinado de Assuero.

Qadosch: lit sagrado, santidade.

Rosch Haschaná: lit. "cabeça do ano", a festa de Ano Novo judaico.

Rové: arma, fuzil; termo derivado da mesma raíz hebraica de encetar, penetrar.

Schadkhen: ídiche, casamenteiro, hebraísmo derivado de *schatkhen*.

Schein, nicht Sein: alemão, lit. "aparência, e não ser".

Schnorrer: ídiche, lit. mendigo, pedinte.

Seder: lit. ordem; celebração familiar das duas primeiras noites da Páscoa judaica.

Sekel: lit. intelecto.

Schabat: o Sábado.

Schabbesdigkeit: lit. "sabaticidade", característica de algo de ser sabático.

Schelikhim: plural de *schaliakh*, enviado, emissário.

Schelikhim (sing. *Schelikhá*): plural, lit. emissários, enviados.

Schepen: holandês, pode referir-se a um conselheiro ou secretário municipal, ou a um juiz.

Schul: ídiche, escola; em geral refere-se à sinagoga.

Svivá: lit. vizinhança; meio ambiente.

S'choire: ídiche, derivado do hebraico *schorá*, mercadoria.

Tahanun: lit. suplicação; designa uma parte dos serviços litúrgicos, de manhã e à tarde.

Talmud: compilação de escritos de numerosas épocas, sobre inúmeros temas, por vários interpretes da Bíblia e da Lei Oral. A coletânea talmúdica constitui-se numa verdadeira encyclopedia de legislação, folclore, lendas, disputas teológicas, crenças, doutrinas morais e tradições históricas da vida judaica durante sete séculos, do II a.E.C até o v d.E.C. Há duas versões, designadas pelos locais de sua redação: o Talmud de Jerusalém e o da Babilônia. É ainda subdividido em *Mischná* (a Lei) e G[u]*emará*, cada um com diversos tratados.

Teschuvá (pl. *teschuvot*): penitência, arrependimento.

Vaad ha-Laschon: a Academia da Língua Hebraica em Jerusalém.

Este livro foi impresso na cidade de São Paulo,
nas oficinas da Orgrafic Gráfica e Editora, em junho de 2012,
para a Editora Perspectiva.